Les espaces
de l'identité

Les espaces de l'identité

Sous la direction de
Laurier Turgeon
Jocelyn Létourneau
Khadiyatoulah Fall

LES PRESSES DE L'UNIVERSITÉ LAVAL
1997

Les Presses de l'Université Laval reçoivent chaque année de la Société de développement des entreprises culturelles du Québec une aide financière pour l'ensemble de leur programme de publications.

Nous remercions le Conseil des arts du Canada de l'aide accordée à notre programme de publications

Données de catalogage avant publication (Canada)
Vedette principale au titre :

Les espaces de l'identité

ISBN 2-7637-7541-1

1. Identité collective. 2. Identité collective – Québec (Province). 3. Changement social. 4. Sociologie urbaine. 5. Relations interethniques. 6. Québécois – Identité ethnique. I. Turgeon, Laurier, 1954-   . II. Létourneau, Jocelyn, 1956-   . Fall, Khadiyatoulah.

HM131.E86 1997   302.3   C97-941002-9

Traitement de texte : Louise Bernard et Aline Cantin
Révision : Aline Cantin, Marie Parent et Madeleine Pastinelli
Mise en pages : Daniel Huot
Couverture : Chantal Santerre

Illustration de la couverture : Jean-Paul Lemieux (1967), *Orion*, huile sur toile, 178 x 129 cm. Collection particulière.

Photographie : Patrick Altman

Distribution de livres UNIVERS
845, rue Marie-Victorin
Saint-Nicolas (Québec)
Canada G7A 3S8
Tél. (418) 831-7474 ou 1 800 859-7474

Introduction

Laurier Turgeon
CÉLAT et Département d'histoire, Université Laval

Jocelyn Létourneau
CÉLAT et Département d'histoire, Université Laval

Khadiyatoulah Fall
CÉLAT, Université Laval,
et CERIID, Université du Québec à Chicoutimi

Ce livre représente une contribution collective des chercheurs du CÉLAT aux études sur le fonctionnement des identités au Québec et dans d'autres parties du monde. Plutôt que de s'interroger sur la modernité du Québec et d'essayer d'assigner une place à cette entité politique à l'intérieur du Canada ou dans la hiérarchie des sociétés postmodernes, nous voulons prendre le Québec comme terrain d'observation privilégié des nouvelles articulations entre le local et le global que provoque la tourmente planétaire d'aujourd'hui. Tout autant que l'analyse des espaces centraux, l'observation des espaces jugés périphériques et des dynamismes locaux permet d'appréhender les tensions et les enjeux du monde moderne[1]. Comme la plupart des autres sociétés occidentales, le Québec est secoué par la transnationalisation des échanges, la fragmentation de la société et la montée des tensions ethniques. Mais, peut-être plus encore que d'autres sociétés, le Québec est sensible à ces transformations en raison de sa situation à la frontière encore ténue entre l'héritage à préserver et l'avenir à construire, en raison aussi de l'ambivalence de sa culture politique, voire de la bipolarisation (fédéral-provincial) de son espace politique. Le Québec pourrait être comparé à ce nageur, si bien décrit par Michel Serres[2], qui quitte pour la première fois son île au milieu du fleuve afin de rejoindre l'une des berges, encore inexplorée. Au beau milieu du parcours, alors qu'il se débat contre les courants pour se frayer un chemin, il se retrouve dans un entre-deux,

---

1. Richard FARDON, «Introduction», dans R. FARDON (sous la direction de), *Counterworks. Managing the Diversity of Knowledge*, Londres et New York, Routledge, 1995, p. 4.
2. Michel SERRES, *Atlas*, Paris, Éditions Julliard, 1994, p. 24.

suspendu à un non-lieu, qu'aucune carte ne décrit. Inquiet, il se demande s'il doit retourner à la familiarité de son île ou se lancer dans l'étrangeté du monde.

Les tensions entre globalisme et localisme produisent, pour reprendre Alain Touraine, un clivage entre le monde des échanges et le monde des essences, le monde du sens et le monde des signes, bref, le monde de l'économie et le monde des cultures[3]. S'étendant sur toutes les parties du globe, le monde des échanges peut imposer sa domination, prétendre à l'universalisme et mettre à distance celui des cultures, isoler celles-ci même, au nom de la protection de traditions menacées. Car l'idéalisation de la culture conduit à son idéologisation et, à coup sûr, à sa marginalisation. Le monde des échanges pousse le monde de la culture à se replier sur lui-même et à pratiquer un ethnocentrisme pour justifier son existence. De plus, ce monde, qui est celui des minorités et des pays économiquement dominés, est condamné à affirmer son identité sur un mode théâtral. Il doit sans cesse se dire (dans sa propre langue) et se montrer (par la spécificité de ses pratiques) pour compenser une force économique et politique absente[4]. Cette mise en scène des pratiques culturelles contribue à les extraire de leur contexte de production, à les figer dans le temps et donc à rassurer faussement sur la vitalité du groupe. L'identité théâtrale a aussi comme caractéristique de se définir négativement: elle dit qu'elle n'est pas l'autre en parlant d'elle-même. Non, je ne suis pas Américain, je suis Amérindien; non, je ne suis pas Français, je suis Corse; non, je ne suis pas Canadien, je suis Québécois... Le discours tourne sur lui-même et renvoie à une «mêmeté». L'identité du monde des échanges, elle, fonctionne sur le mode actantiel: elle s'inscrit dans l'action économique et politique plutôt que dans les pratiques culturelles. Au lieu de se dire et de se montrer, elle se fait[5]. Elle évite de parler d'elle-même pour passer inaperçue et mieux rendre compte de l'autre[6]. Fondée sur des rapports de domination, l'identité actantielle se construit par rapport à l'autre en disant ce qu'est l'autre. Elle a le pouvoir de le nommer, de le décrire, de l'édifier même, pour le rendre visible et le tenir à l'écart. C'est une identité qui produit des effets parce qu'elle est appuyée sur une force politico-économique réelle.

---

3. Alain TOURAINE, *Critique de la modernité*, Paris, Fayard, 1992; et «Identité et modernité», dans Michaël ELBAZ, Andrée FORTIN et Guy LAFOREST (sous la direction de), *Les frontières de l'identité: modernité et postmodernisme au Québec*, Québec et Paris, Presses de l'Université Laval et L'Harmattan, 1996, p. 14-15.

4. Michel DE CERTEAU, *La culture au pluriel*, Paris, Éditions du Seuil, 1993 [© 1974], p. 126-127.

5. Vintila MIHAILESCU, «En/quête d'identité: une introduction», *Civilisations*, vol. 42, n° 2, 1993, p. 15.

6. Pauline GREENHILL (*Ethnicity in the Mainstream: Three Studies of English Canadian Culture in Ontario*, Montréal et Kingston, McGill-Queen's University Press, 1994, p. 15-28) a bien démontré comment la majorité anglophone de l'Ontario masque sa culture et son ethnicité.

Il faudrait pourtant bien se garder de considérer ces catégories comme étant fixes et déterminées exclusivement par des forces externes. Le statut identitaire d'une unité sociale est aussi le résultat de dynamismes internes, de l'intention des membres qui la composent. Une identité peut changer d'orientation et se transformer selon la définition qu'on lui donne. Ceux qui inscrivent l'identité dans un processus historique, qui la voient comme un héritage dont il faut préserver l'intégrité de génération en génération, risquent d'adopter une attitude passéiste et fataliste envers eux-mêmes. Percevant l'unité sociale comme une essence déjà constituée, voire naturelle, il leur suffit de la montrer puisqu'elle est une chose acquise, déjà faite. Loin de susciter l'action, une telle démarche entretient l'inertie.

Ceux qui appréhendent l'identité comme une chose construite, comme un processus socio-politique plutôt qu'une essence figée dans le temps, s'appliquent quotidiennement à la faire et à la refaire. Cette conception plus pragmatique inscrit l'identité dans le flou constant des relations sociales, qui sont, par définition, provisoires, mobiles et dynamiques. L'identité est donc, pour eux, un travail perpétuel de remise en cause et de reconstruction d'une communauté non pas culturelle, mais communicationnelle, où les consensus sont sans cesse renégociés. Dans cette perspective, l'unité sociale résulte moins de traits culturels partagés, encore moins d'une mémoire collective, comme la pensée atomiste nous a habitués à l'envisager[7], que des interactions renouvelées entre ses membres. Cette conception holiste du système social met l'accent sur la pluralité de ses membres et sur le rôle qu'ils jouent les uns par rapport aux autres. La pluralité est la condition même de l'existence du système : on ne peut comprendre une chose que par rapport à d'autres choses, «car la qualité signifiante est une propriété collective qui ne peut être attachée qu'à plusieurs signes pris ensemble[8]». Les acteurs se déterminent réciproquement et leurs contacts constituent la société[9]. L'analyse est centrée, donc, sur l'agir des acteurs sociaux plutôt que sur des totalités symboliques et des structures déterminantes abstraites.

C'est une chose de s'assigner une identité, encore faut-il se la faire reconnaître. Une unité sociale, pas plus qu'un individu, ne peut se définir seule. Pour être fondée, nous rappelle Charles Taylor, une identité doit être reconnue tant par les personnes qui la composent que par celles de l'extérieur[10]. L'agir de chaque individu et de chaque groupe représente une

---

7. Voir, à ce sujet, Vincent DESCOMBES, *Les institutions du sens*, Paris, Éditions de Minuit, 1996, p. 12, 95-153.

8. *Ibid.,* p. 103.

9. Voir Anselm STRAUSS, *La trame de la négociation*, Paris, L'Harmattan, 1992 ; et Maurice BLANC, *Pour une sociologie de la transaction sociale*, Paris, L'Harmattan, 1992.

10. Charles TAYLOR, *The Sources of the Self. The Making of Modern Identity*, Cambridge, Harvard University Press, 1989 ; «Les sources de l'identité moderne», dans M. ELBAZ, A. FORTIN et G. LAFOREST (sous la direction de), *Les frontières de l'identité*, p. 347-364.

tentative pour recomposer le monde et, en même temps, pour faire reconnaître sa différence. C'est cette lutte pour la reconnaissance et les négociations qui en découlent qui mettent les individus et les groupes en rapport les uns avec les autres et c'est par elles que se forgent des consensus. Ainsi, la pluralité devient unité, elle forme une totalité signifiante. Le problème qui se pose aujourd'hui est celui de savoir quelle stratégie adopter pour se faire reconnaître. Comme beaucoup de petites et même de grandes entités politiques, le Québec hésite entre deux voies : celle de l'indépendance politique, qui lui apporterait une reconnaissance formelle au sein des nations constituées, mais qui risque de l'entraîner dans un culturalisme isolationniste ; ou encore celle du maintien de son association fédérale avec le Canada, qui lui assurerait une participation au monde des échanges, mais qui risque de le fondre dans le creuset culturel canadien.

Les reconfigurations identitaires sont en effet l'un des problèmes majeurs des sociétés contemporaines. La mondialisation des économies et des cultures (centres commerciaux, superproductions cinématographiques, internationalisation du tourisme), la détérioration des anciens blocs politico-économiques (l'Ouest et l'Est) et la composition de nouveaux ensembles géopolitiques (l'Europe, l'ALÉNA), le développement effréné des villes, les mouvements migratoires et le brassage des populations, l'éclatement de la famille et la montée de l'individualisme pulvérisent les cadres de référence établis et creusent l'incertitude. Dans ce monde instable et difficile, des individus et des groupes cherchent de nouveaux lieux identitaires, certains dans le fondamentalisme, l'ethnicisme et le régionalisme, d'autres dans le postmodernisme, le pluriculturalisme et l'internationalisme. Problème de l'heure, le processus de redéfinition des marqueurs identitaires mobilise les nouveaux courants de pensée en sciences humaines et sociales — le déconstructivisme, la sociocritique, l'ethnohistoire, les *cultural studies*, le *new intellectual history* —, qui, chacun, essaient d'en rendre compte.

Nous ne prétendons pas proposer ici une formule méthodologique qui permettrait de faire une ontologie de l'identité. Notre projet est moins ambitieux. Comme une carte, il veut fournir des repères utiles destinés à situer nos déplacements et à mieux dire le lieu où nous sommes. Il vise aussi à démontrer comment on dit et comment on pratique une identité. Une attention particulière est accordée à la notion d'espace défini comme un « lieu pratiqué »[11], c'est-à-dire un lieu où se déploie une stratégie identitaire. La simple marche est une pratique de l'espace, de même que la lecture est l'espace produit par la pratique du lieu que constitue un écrit. Qu'il s'agisse du marcheur ou du lecteur, dans chaque cas, l'espace fournit au sujet un champ pour se construire. Investir physiquement un lieu, c'est en même

---

11. L'expression est de Michel DE CERTEAU, *L'invention du quotidien. Arts de faire*, Paris, Gallimard, 1990, p. 173.

temps instituer un territoire et produire du sens qui remplace l'absence. Loin de constituer une mappemonde, les contributions de ce livre dessinent des points, établis par les auteurs selon leurs spécialisations et leurs compétences. Il s'agit d'une pluralité en train de former une unité plutôt que d'une totalité constituée. Comme l'identité elle-même, l'analyse du social est toujours un projet, une chose en devenir, en construction.

Même si les chercheurs du CÉLAT ne pensent pas tous de la même manière, ils partagent un certain nombre d'idées qui fondent leur projet collectif. D'abord, tous croient que le Québec est touché plus que jamais par le phénomène des reconfigurations identitaires : pensons au référendum sur la question nationale, à la périurbanisation de Québec et de Montréal, à la multiplication des communautés culturelles, à la «crise» amérindienne. Ensuite, ils optent pour une définition pluraliste et dynamique des identités. Pour eux, l'identité est construite. Elle n'est pas une substance figée dans le temps, mais plutôt un processus continuellement en mouvement. Ils évitent, toutefois, de mettre en opposition les conceptions essentialistes et constructivistes de l'identité, car ils reconnaissent que les deux sont intimement liées. Tout en étant construite, l'identité tend toujours à recourir à des éléments essentialisés — par la socialisation et l'histoire surtout — pour se faire, comme si elle avait besoin de s'incorporer le passé, le lien social et les traits culturels pour se légitimer[12]. Ils favorisent enfin les études à caractère comparatif, ayant la conviction que les regards portés sur d'autres sociétés et sur d'autres lieux éclaireront la compréhension du fonctionnement des dynamiques identitaires au Québec. Cette approche comparatiste fournit une vision plus globale des processus identitaires et inscrit le Québec dans le monde plutôt qu'elle ne l'en isole au nom d'un patrimoine qui lui serait spécifique.

Par intérêt heuristique et pour organiser le partage des matières, nous avons divisé l'ouvrage en trois parties qui représentent chacune un lieu sensible aux constructions identitaires : les espaces nationaux ou étatiques, les espaces urbains et les espaces interculturels. Ce plan propose un itinéraire qui va des macroespaces que sont les États et les villes vers les microespaces de contacts qui mettent en relation des individus et des petits groupes. En plus de donner une logique à l'organisation des matières, la variation des échelles d'observation permet de saisir la structure feuilletée des identités et l'enchevêtrement complexe des liens sociaux[13]. La manipulation des échelles d'analyse n'est pas seulement une procédure d'instrumentation des chercheurs, elle est le lot des acteurs. Obligés de s'adapter aux contextes mobiles et aux niveaux variables du jeu social, les acteurs

---

12. Craig CALHOUN, «Introduction», dans C. CALHOUN (sous la direction de), *Social Theory and the Politics of Identity*, Oxford, Blackwell, 1994, p. 14-17.

13. Jacques REVEL, «Introduction», dans J. REVEL (sous la direction de), *Jeux d'échelles. La micro-analyse à l'expérience*, Paris, Seuil/Gallimard, 1996, p. 13.

XII   *LES ESPACES DE L'IDENTITÉ*

composent, par leurs expériences concrètes, avec ces sous-systèmes qui se superposent et s'emboîtent[14]. Ainsi, cette progression par paliers permet aux auteurs de dégager, couche par couche, la stratigraphie des identités.

La première partie vise à expliquer les mécanismes de formation des identités dans le cadre des États-nations, l'un des espaces les plus investis par les sociétés modernes. Sans prétendre être exhaustifs, les auteurs abordent des aspects théoriques et empiriques des identités nationales par l'étude des pratiques narratives, historiques, architecturales et artistiques. S'inspirant des travaux de Northrop Frye, Guy Mercier et Gilles Ritchot explorent les rapports entre le récit mythologique — qui est à la base de la formation des espaces — et la géographie et l'histoire. Selon Northrop Frye, la mythologie structure l'expérience humaine de l'espace et du temps. Guy Mercier et Gilles Ritchot élargissent cette perspective en soutenant que la structuration de l'expérience spatio-temporelle par la mythologie est elle-même supportée par une structuration de l'expérience mythologique par la géographie. L'efficacité mythologique serait liée à l'existence d'une structure géographique fondée sur l'application, à travers les règles de propriété, d'un interdit universel qui suspend tout rapport immédiat avec le monde extérieur. Ils avancent donc l'hypothèse selon laquelle la mythologie émergerait de la structure géographique en même temps que celle-ci se maintiendrait en raison de l'efficacité de la mythologie. On trouve ici les fondements d'une théorie géographique de la mythologie.

Plus concrètement, Luc Noppen et Lucie K. Morisset s'interrogent sur les rapports entre la mythologie d'un lieu, de nature forcément abstraite, et sa mise en forme matérielle. Plus que toute autre chose, c'est le cadre bâti qui concrétise les mythologies fondatrices d'un groupe, d'une nation ou d'une civilisation. Creuset d'une ontogenèse, manifeste intentionnel ou projection d'une mémoire collective, le monument est une construction identitaire par excellence. La coïncidence n'est d'ailleurs pas fortuite entre l'étymologie de la «mémoire», exaltation des racines communes, et celle du «monument», ancrage du souvenir éternel. Le monument perpétue des réminiscences dans la mesure où il est reconnu et consacré par une autorité. Après avoir fait un bilan critique de l'intervention étatique dans les pratiques monumentales du Québec, les auteurs proposent une modélisation systémique de la consécration monumentale axée sur cinq valeurs: valeur d'âge, valeur d'art, valeur d'usage, valeur de matérialité et valeur de position.

Marc Grignon et Juliana Maxim constatent une transformation fondamentale dans la théorie architecturale en France au XVIIIe siècle, lors du déclin de l'État monarchique et de l'émergence de la sphère publique et, avec elle, de l'État moderne axé sur des valeurs bourgeoises. Longtemps

---

14. Bernard LEPETIT, «De l'échelle en histoire», dans J. REVEL (sous la direction de), *Jeux d'échelles*, p. 81.

soumise à des règles très strictes qui voulaient que tout édifice reflète le statut social de son propriétaire, l'architecture commence à s'émanciper de l'emprise de la noblesse et à s'affirmer comme une discipline autonome régie par ses propres règles de fonctionnement. L'accent est alors mis sur les qualités expressives des bâtiments, sur la recherche du nouveau et du particulier, et sur une multitude de caractéristiques hétéroclites et incommensurables, adaptées aux fonctions des bâtiments et aux désirs des propriétaires. Les auteurs décortiquent méticuleusement cette mutation en suivant les glissements sémantiques du mot «convenance» qui devient un enjeu capital dans le discours architectural au XVIIIe siècle.

Pour se construire, la nation doit aussi se dire par le texte, littéraire et historique. Réal Ouellet, Alain Beaulieu et Mylène Tremblay observent que le roman canadien-français, puis québécois, est traversé par le couple nomadisme/sédentarisme. Si le roman dit «de la terre» du XIXe siècle récuse explicitement le nomadisme au profit d'un enracinement à la fois terrien et territorial, celui de la première moitié du XXe siècle valorise le nomadisme et, en même temps, tient un discours sédentariste. Les auteurs voient dans cette contradiction un malaise: ou bien le nomade disparaît comme il est venu, en coup de vent, ou bien, prêchant la révolte mais n'osant la faire, il sombre dans la folie. Même dans le roman contemporain, on retrouve ce héros vagabond qui ne cesse de pleurer la terre à jamais perdue et qui ne peut s'imaginer autrement que réduit à l'impuissance. En étudiant les manuels d'histoire du Québec, Jocelyn Létourneau parvient à des conclusions plus optimistes. Si, jusque vers la fin des années 1960, le récit historique tend à être fondé sur le «chromo» de marge, la situation change par la suite. La nouvelle «génération» de manuels propose une version de l'histoire collective qui est décisivement marquée par l'idée de succès collectif. Ce succès s'exprime de trois manières: par une résistance obstinée et gagnante contre l'assimilation et la marginalisation orchestrées par l'*autre*; par un enracinement et une affirmation victorieuse de *soi* avec l'*autre*, grâce à *lui* ou malgré *lui* ; par la montée d'une majorité désireuse de vivre chez *soi* sans rejeter l'*autre* et aspirant à mettre ainsi un terme à son exil dans le territoire de son histoire.

Dans le domaine de l'art, Marie Carani constate également une fracture très nette, un avant et un après tranchés par le *Refus global* automatiste de 1948. Avant, l'art canadien-français ou québécois a valeur d'image: il met en peinture des paysages du pays profond, des scènes de la vie du peuple d'ici et des images sécurisantes du passé rural. Après, il repose surtout sur l'expression et l'expressivité plastique, tant figuratives modernes que non figuratives et abstraites, et non sur la représentation ou sur le message national à transmettre. L'art change radicalement de sens. Au lieu de représenter les valeurs collectives de la nation, il les interroge, les remet en question, invente de nouveaux idéaux et engendre une libération collective. Loin d'être au service de la nation, l'art s'automatise, élabore ses propres codes, refuse de se soumettre aux codes sociaux, conteste même la notion de nation pour créer autre chose. L'acte artistique devient donc une transgression de l'ordre établi, l'expression d'une anarchie créatrice et «une vision atemporelle qui rejette ou fait plier le présent historique».

L'État-nation doit sans cesse se donner à voir et à toucher pour convaincre de son existence. Entité devenue trop importante pour se montrer en grandeur nature, la nation contraint ses promoteurs à mettre au point toutes sortes de pratiques métonymiques destinées à la représenter. La mise en texte du passé par le livre d'histoire, la mise en action des citoyens par le roman, la mise en forme de l'espace par l'architecture sont autant de moyens destinés à rendre visible et palpable la nation. Pour Philippe Dubé et Andrée Lapointe, le musée est un autre moyen de représenter, en miniature, le territoire de la nation. Ce n'est certainement pas un hasard si le premier musée, créé au début du XIXe siècle, a été fondé à Québec, la capitale politique et culturelle de la province. Ne faut-il pas voir là une volonté, de la part de ses concepteurs, de représenter le territoire depuis son centre et, donc, de ramener les objets jugés significatifs à ce point de convergence? Ce n'est sans doute pas un hasard non plus si ce premier musée canadien et québécois a été, en fait, une collection d'animaux naturalisés, compte tenu du rôle moteur de la nature dans l'imagerie de la jeune nation en formation.

La deuxième partie est consacrée aux villes. Le développement des villes est un des phénomènes marquants de l'époque moderne. Les villes exercent un pouvoir d'attraction sans précédent sur les populations — plus de 90 % des habitants des pays industrialisés vivent dans des villes — et elles organisent largement les États-nations. C'est dire toute l'importance de la ville comme territorialité symbolique, mémorielle et communicationnelle. Bogumil Jewsiewicki montre bien que la ville est le lieu de production des récits de la conscience politique et de la nation. Il prend l'exemple d'une manifestation organisée à Kinshasa, capitale du Zaïre, contre le régime dictatorial de Mobutu. Comme bon nombre de capitales, Kinshasa est devenue le centre de décision du pays et donc le pôle de toutes les luttes politiques. La marche des chrétiens à Kinshasa, le 16 février 1992, marque le début de l'intériorisation du processus de démocratisation et la fin du despotisme. Si cette manifestation a eu autant d'importance, c'est en raison de sa nature et de sa mise en mémoire. Bogumil Jewsiewicki nous rappelle que ce sont des événements réels, plus que des idées, qui forment les conditions d'existence des hommes. Le rôle politique d'un événement, son potentiel pour l'action dépendent de la manière dont il devient un élément de l'histoire. La structure narrative donne un schème explicatif du passé, charge l'événement d'un sens politique et le dote d'un potentiel d'action.

Mais pour devenir un «lieu de mémoire», il faut encore qu'un lieu dispose des intermédiaires culturels destinés à initier le processus d'agglomération des récits des témoins, ce qui ne peut se réaliser qu'en ville.

La ville est non seulement le lieu privilégié de la parole, elle est une parole agglomérée. Jean Du Berger explique comment le laboratoire d'ethnologie urbaine qu'il dirige a saisi cette parole des gens de la ville de Québec. Il soutient que les témoignages recueillis expriment l'expérience urbaine, car le témoin qui parle est le produit des instances qui l'ont formé, informé, influencé, contrôlé: lorsque l'acteur social parle, c'est la ville qui parle. Il fait appel aux concepts de performances, de pratiques culturelles et de fonctions urbaines pour redonner place à l'acteur social, à son groupe d'appartenance, aux comportements concrets et aux contextes. La méthodologie d'enquête privilégiée repose sur une combinaison de deux techniques d'entrevue: celle du récit de vie et celle du récit de pratiques; l'approche accorde ainsi une priorité à l'individu et à ses perceptions. La ville, lieu de l'oral, est l'aboutissement d'une longue et sinueuse démarche qui a fait de la pratique orale un élément constitutif de l'identité collective.

La ville est aussi le lieu de transformation des apparences des gens. Le vêtement est sans doute le meilleur indicateur de ces transformations en raison même de la rapidité de son renouvellement. En s'arrêtant sur l'habillement des femmes en milieu urbain québécois pendant la décennie 1940, Agathe Gagné-Collard, Suzanne Lussier et Jocelyne Mathieu ont constitué un corpus très large et varié, composé de journaux, de revues féminines, de photographies et de textes oraux. Déjà, à cette époque, il n'y a plus de décalage entre la ville et la campagne, la première s'est étendue à tous les recoins de la seconde. Le monde rural vit au rythme du monde urbain. En revanche, il y a des décalages entre les modèles vestimentaires proposés et ceux qui sont pratiqués. Les femmes s'approprient des modes, les adaptent à leurs moyens et à leurs goûts, les personnalisent et les individualisent. Loin de produire un modèle unique, la consommation de masse suscite des réactions individuelles fortes et une individualisation des comportements et des identités.

Marcel Moussette et Réginald Auger creusent la face cachée de la ville, son passé matériel enfoui dans le sol. Ils font une lecture archéologique de la genèse de la forme urbaine pour savoir comment les projets politiques et sociaux, mais aussi les contraintes économiques et physiques, et même les événements, viennent s'investir dans l'organisation matérielle de la ville. La ville de Québec, capitale de la Nouvelle-France, et plus tard de la province de Québec, leur offre la possibilité de dégager, couche par couche, l'archéologie de cette morphogenèse, à travers des fouilles à différents endroits, et de reconstituer, à rebours, le fonctionnement matériel de son histoire. Chaque couche d'occupation est contextualisée, à l'aide de documents historiques ou d'archives orales, pour mieux cerner la signification des artefacts qui s'y trouvent. Les auteurs définissent la ville comme un écosystème, soit une collection d'entités reliées entre elles et en interaction constante, formant un ensemble intégré à un environnement qui l'alimente.

Par son essence même, l'identité résulte d'une lutte pour la reconnaissance, de relations compétitives entre groupes et d'un rapport de force interculturel. La troisième et dernière partie de ce livre est destinée à mieux comprendre comment l'identité se construit par rapport à l'*autre* et à identifier les métissages qui découlent des contacts interculturels. Laurier Turgeon s'interroge sur la manière dont les Amérindiens et les Français de la Nouvelle-France, puis du Canada, ont négocié leur identité à travers l'échange d'objets matériels. Il soutient l'hypothèse voulant que les objets deviennent des «opérateurs» d'identité lorsqu'ils sont appropriés par les membres d'une autre culture. C'est moins l'objet lui-même que l'acte d'appropriation qui produit la tension interculturelle créatrice d'identité. L'auteur prend comme point de départ de son analyse l'exposition d'un chaudron de cuivre au Musée de la civilisation de Québec, dans le cadre de l'exposition intitulée «La rencontre de deux mondes: Français et Indiens en Amérique du Nord», présentée à l'occasion des fêtes de commémoration du 500e anniversaire de la découverte de l'Amérique en 1992. Il essaie de comprendre pourquoi ce chaudron d'origine européenne est devenu un objet identitaire pour les Québécois après avoir fait un détour par les groupes amérindiens. Il cerne les usages de l'objet dans sa culture d'origine, retrace son parcours transculturel et repère ses nouveaux usages dans sa culture de réception. S'inspirant de la méthode dite «historico-géographique» mise au point pour étudier les contes populaires, Laurier Turgeon part du principe selon lequel l'objet matériel, comme le récit oral, porte marqué sur lui l'usage qui en est fait. Il fait aussi le choix d'étudier un seul objet. Isoler un objet particulier et éclairer ses contextes de production et de réception semble être le moyen le plus sûr de comprendre le fonctionnement des objets dans les processus de construction identitaire.

La ritualisation des objets et des espaces est une manière efficace d'affirmer les identités et de les ancrer dans un lieu. Daniel Arsenault évalue, à partir de deux études de cas, dans quelle mesure il est possible de délimiter des espaces rituels dans des contextes archéologiques préhistoriques et de reconstituer ainsi un paysage rituel ancien en se basant sur l'étude des résidus matériels, y compris ceux de nature iconographique, qui s'y trouvent. Ces pratiques rituelles se caractérisent par l'appropriation de lieux particuliers reconnaissables soit par la construction d'ouvrages architecturaux (ou monuments), soit par de simples artifices temporaires qui n'affectent pas l'état naturel de l'endroit occupé. À partir de deux ensembles distincts, l'auteur tente de réaliser la topologie de deux paysages rituels préhistoriques, le premier concernant des sites précolombiens du Pérou (culture mochica, env. 50 av. à 750 ap. J.-C.), le second, des sites de peintures rupestres au Québec. Une telle démarche, qui prend en compte autant les lieux aménagés (contexte mochica) que les lieux laissés à leur état naturel (contexte préhistorique québécois), permet de voir les possibilités et les limites d'une analyse contextuelle de lieux rituels préhistoriques où sont exposés *in situ* des documents iconographiques.

Denys Delâge, de son côté, étudie l'ensemble des rapports — matériels, idéologiques, sociaux et politiques — noués entre Européens et Amérindiens du Québec depuis l'époque coloniale. Il recourt au concept d'«alliance» pour traiter globalement des relations entre ces deux groupes. La mise en œuvre d'une périodisation lui permet de décrire les caractéristiques propres à chacune des quatre grandes alliances de l'histoire de ces relations: l'alliance franco-amérindienne (1534-1760), l'alliance anglo-amérindienne (1760-1815), l'alliance canado-amérindienne (1815-1960) et l'alliance actuelle (1960-1996). L'histoire de ces rapports oscille, en fait, entre deux grands paradigmes: celui de la rencontre, caractérisé par les échanges et les interinfluences, et celui de la conquête, qui conduit à la dépendance, à la dépossession même. La période de l'alliance canado-amérindienne est sans doute celle qui a été la moins favorable aux Amérindiens, qui ont été obligés de céder leurs terres par traité pour de maigres compensations financières, de vivre dans le territoire réduit d'une réserve et d'accepter leur prise en charge par l'État. La période actuelle s'avère la plus prometteuse, car les Amérindiens ont recouvré toutes les libertés démocratiques: le droit de vote, le droit d'association, le droit de libre circulation sur le territoire et le droit à l'éducation. Même si la condition des Amérindiens s'est améliorée et qu'ils sont désormais des citoyens canadiens de plein droit, ils demeurent néanmoins le groupe le plus pauvre au Canada, celui le moins scolarisé et celui dont le taux de suicide est le plus élevé. Les rapports sont encore davantage ceux du paradigme de la conquête que ceux de la rencontre. Comme la plupart des groupes sociaux stigmatisés, les Amérindiens doivent lutter contre une identité attribuée, définie généralement par des traits négatifs, en recourant à des marqueurs identitaires fortement essentialisés (les liens naturalisés avec la terre, la tradition ancestrale, la spiritualité naturelle, etc.).

Georges Vignaux et Khadiyatoulah Fall nous conduisent sur un tout autre terrain, celui du langage, des frontières qu'il construit et de son fonctionnement interculturel. Ils tentent d'effectuer un rapprochement entre l'activité de langage et les modalités d'expression des identités culturelles. Ceux qui s'interrogent sur le langage et sur la construction du sens se rendent compte à quel point chaque discours, même assuré, trahit son impuissance à «cerner» un objet dans le moment même où il s'efforce de le construire.

L'article que signent ici les deux auteurs pose qu'il en est de même de l'expression des identités culturelles, qui sont des temporalités et des espaces nécessairement mouvants non seulement parce qu'ils sont en évolution de par l'histoire, mais encore parce qu'ils ne se définissent et ne s'authentifient qu'à la «frontière» d'autres espaces et d'autres temps, eux aussi culturels.

I
LES TERRITOIRES DE LA NATION

Géographie et mythologie

Les fondements épistémologiques
d'une théorie géographique de la mythologie

Guy Mercier
CÉLAT et Département de géographie, Université Laval
Gilles Ritchot
CÉLAT et Département de géographie, Université Laval

> If everything is permissible to me, the best and the worst; if nothing
> offers me any resistance, then any effort is inconceivable, and I
> cannot use anything as a basis, and consequently every undertaking
> becomes futile. Will I then have to lose myself in this abyss of
> freedom?
> Igor Stravinsky, Poetics of Music.

La structuration de l'espace et du temps par la mythologie

Selon Northrop Frye, l'expérience humaine de l'espace et du temps
porte l'empreinte d'une incontournable médiation mythologique. Toute
société serait assujettie à des représentations idéalisées de l'humanité. Ces
représentations formeraient l'«enveloppe culturelle» qui distingue
l'homme de la nature. Ce serait à travers ces représentations que les sujets
humains verraient et interpréteraient leur propre existence et celle du monde
extérieur:

> All human societies are insulated to some degree by a culture that surrounds
> them and separates them from nature. There are no noble savages, in the sense
> of purely natural men for whom this integument of culture has disappeared.
> What we live in, says Wallace Stevens, is a description without place. This
> "description", on its verbal side, is a mythology or body of sacrosanct stories,
> rituals, traditions: a social skin that marks the boundary between ourselves
> and the natural environment[1].

---

1. Northrop FRYE, *The Great Code. The Bible and Literature,* Toronto, Academic Press
Canada, 1982, p. 50-51.

Ce que Frye compare à une «peau sociale» ou à une «frontière» renverrait à un principe de négativité. L'humanité n'adviendrait à l'existence que dans la mesure où une «frontière» est tracée entre elle et la nature.

Anthropocentrique, la mythologie, d'après Frye, ne s'adresse qu'à l'homme. L'homme n'existe pas sans la mythologie et la mythologie n'a pas de sens en dehors de l'existence humaine:

> In every age there is a structure of ideas, images, beliefs, assumptions, anxieties, and hopes which express the view of man's situation and destiny generally held at that time. I call this structure a mythology, an its units myths. A myth, in this sense, is an expression of man's concern about himself, about his place in the scheme of things, about his relation to society and God, about the ultimate origin and ultimate fate, either of himself or of the human species generally. A mythology is thus a product of human concern, of our involvement with ourselves, and it always looks at the world from man-centred point of view[2].

Si la mythologie est une «structure» en vertu de laquelle l'homme est coupé de la nature, il faut en déduire que la position géographique et historique de chaque sujet humain à la surface de la terre ne peut pas être directement rapportée à la seule diversité phénoménale de l'ordre naturel. La trajectoire et la position d'un sujet humain n'échappant pas à l'emprise mythologique, l'expérience humaine de l'espace et du temps — de la géographie et de l'histoire — ne peut pas faire l'économie de la signification. La mythologie conférerait une signification à l'expérience humaine de l'espace et du temps, de la géographie et de l'histoire. Plus encore, ce serait à travers la signification mythologique de sa trajectoire et de sa position dans l'espace-temps que le sujet parviendrait à se construire.

La mythologie, selon Frye, énonce la vérité. Elle aurait pour fonction de dire aux sujets ce qui est vrai: «*Myths are usually assured to be true, stories about what really happened.*[3]» La vérité en cause n'est pas intrinsèque à l'expérience géographique et historique réalisée par le sujet humain qui s'engage dans une trajectoire et qui se dirige vers une position. Elle s'applique à la signification qui «enveloppe» cette expérience. Plus radicalement, la vérité réside en la négativité, qui est la condition de possibilité de l'expérience de la signification, c'est-à-dire de l'existence humaine. Que la culture coupe l'homme de la nature, que cette négativité soit en principe constitutive d'humanité: cela seul est vrai.

C'est pourquoi, toujours selon Frye, la vérité énoncée par la mythologie est surdéterminée par l'autorité qui impose la négativité. Le principe de

---

2. N. FRYE, *The Double Vision. Language and Meaning in Religion,* Toronto, University of Toronto Press, 1991a, p. 105-106. *Cf.* aussi N. FRYE, *The Modern Century,* Toronto, Oxford University Press, 1991b, p. 43; N. FRYE, *The Secular Scripture. A Study of the Structure of Romance,* Cambridge (Mass.) et Londres, Harvard University Press, 1976, p. 9 et 14.

3. N. FRYE, *op. cit.,* 1976, p. 16.

négativité est expérimenté par le sujet sur le mode d'une privation. L'humanité subjective se construit à travers l'expérience de la privation de la nature. Cette privation ne peut pas, par conséquent, être imposée au sujet par lui-même, à la faveur d'une prise de conscience, par exemple, ou d'une intention personnelle guidée par la bonne foi. Cette privation est imposée au sujet par une autorité extérieure à lui. Le même raisonnement vaut pour la vérité. Le statut de celle-ci ne saurait uniquement dépendre de l'adhésion personnelle puisque le sujet ne saurait exister sans cette vérité, c'est-à-dire sans la signification qu'elle supporte et sans la négativité qu'elle dit.

La qualité d'être vrai est garantie par une autorité extérieure au sujet. Elle doit de plus être reconnue comme telle par le sujet. C'est en ce sens que la mythologie se qualifie non seulement par la vérité qu'elle formule, mais aussi, et davantage même, par l'autorité qu'elle met en scène[4]. Certes, la mythologie est la condition de possibilité de la signification parce que la vérité existe, mais cette condition s'accomplit parce que le sujet est tenu en respect. Ce respect rend la vérité crédible. Mais quel est le moyen employé par la mythologie pour faire autorité et ainsi garantir la vérité qui permet la signification?

Au service de la mythologie, l'autorité veille à plonger les sujets dans un état de méconnaissance. L'énoncé mythologique est seul recevable comme vérité parce que tout ce qui n'en relève pas est tu:

> The anxiety of society, when it urges the authority of a myth and the necessity of believing it, seems to be less to proclaim its truth than to prevent anyone from questioning it. It aims at consent, including the consent of silence, rather than conviction[5].

En d'autres termes, la mythologie fait autorité en empêchant le sujet de reconnaître sa propre ignorance. Aussi longtemps que le sujet est maintenu dans la méconnaissance de son ignorance, la vérité énoncée sur le mode mythologique demeure la référence. Ainsi, la fonction de la mythologie, avant même d'énoncer la vérité, est de proclamer l'autorité qui écarte d'avance toute question. La mythologie doit réduire à néant toute parole autre que la sienne pour que celle-ci soit absolument la seule à être écoutée et crue. Il y aurait donc un statut structural de la vérité dans l'ordre mythologique, si bien que le contenu de la vérité importerait moins que les conditions structurales de l'existence de l'autorité qui l'impose.

La négativité fondamentale imprègne ainsi la signification, dont la vérité ne tient pas dans ce qui est dit mais dans ce qui n'est pas dit ou «interdit». Nous pouvons concevoir sur cette base que la mythologie, forte de sa «consigne du silence», ne laisse jamais l'expérience humaine échapper à son emprise. La mythologie s'incarne en toute réalité humaine empirique,

---

4. *Ibidem.*
5. *Ibidem.*

quelle qu'elle soit. D'après Frye, l'expérience humaine de la géographie et de l'histoire devient, sous l'emprise de la mythologie, un rituel. Et grâce à ce rituel, toute expérience humaine est une épiphanie de la mythologie : « *the manifestation or showing forth of it in action*[6] ». Ainsi, nos gestes, nos biens, nos paysages et nos discours témoignent de notre adhésion à la mythologie ; ils sont autant de rites qui attestent que nous faisons corps avec l'autorité et la vérité mythologiques, que nous leur sommes fidèles.

C'est ainsi que la mythologie agit dans le monde à travers la narrativité[7]. Elle fait du sujet une figure de récit. Elle dramatise sa présence ici et maintenant en l'insérant dans une fiction. Elle structure par conséquent la trajectoire et la position spatio-temporelles. En racontant le début et la fin de l'histoire d'un sujet, d'une société ou de l'univers, la mythologie saisit le présent en l'associant à la fiction d'un commencement et d'un terme. Le déplacement des sujets dans l'espace et dans le temps, surdéterminé par le récit mythologique, ne se réduit pas à une série d'événements sans autre valeur que d'être uniques et à jamais révolus. Bien au contraire, ce récit fait croire que les points dans l'espace et dans le temps ne font pas que se suivre indéfiniment et indifféremment[8]. Leur succession n'est pas fortuite. Elle a du sens car elle trace le chemin du sujet vers une fin que le récit dévoile. Par cette manœuvre, la mythologie désenclave du présent le sujet qui, bien que confiné dans l'ici et maintenant, a une vision du passé et du futur[9]. Doué de cette vision, il ressent ce que fut sa création et ce que sera sa fin. Ce qui amène Frye à soutenir que la mythologie rend le début et la fin éternels puisqu'ils servent continuellement à donner du sens au moment présent[10].

La mythologie confère à la géographie et à l'histoire une portée téléologique. En prenant un sens par la mythologie, la succession des événements dans l'espace et dans le temps n'est pas attribuable au hasard. En formulant ce qui doit advenir[11], la mythologie oriente l'événement — la « saillance » — vers un but, vers ce que le sujet, la société et l'univers doivent devenir. Cette téléologie crée les conditions d'une eschatologie, c'est-à-dire d'un « faire-vouloir » qui mobilise le sujet. La mythologie inspire le drame de ce dernier en tant qu'il anticipe sa perdition ou son salut[12]. À travers le récit mythologique, le sujet prendrait connaissance d'une vérité eschatologique. Cette vérité sur son être et le monde lui permettrait d'interpréter la signification morale des événements présents. Ainsi, il serait supposé savoir

---

6. *Idem*, p. 55.

7. *Idem*, p. 37. *Cf.* aussi Jean PETITOT, «Le savoir, le devoir et l'espoir, ou la connaissance comme émancipation», dans Roger-Pol DROIT (éd.), *Science et philosophie, pour quoi faire ?*, Paris, Le Monde Éditions, 1990, p. 221.

8. N. FRYE, *op. cit.*, 1976, p. 125.

9. *Idem*, p. 112 et 178-179.

10. N. FRYE, *op. cit.*, 1991b, p. 49.

11. N. FRYE, *op. cit.*, 1982, p. 47.

12. N. FRYE, *op. cit.*, 1991b, p. 42-52.

que sa trajectoire spatio-temporelle peut le conduire à la damnation ou à la rédemption[13].

L'assise géographique de la mythologie

L'intérêt de la contribution de Frye au regard de la théorie géographique réside dans l'association qu'elle établit entre la mythologie et la position du sujet dans l'espace et le temps. Le récit mythologique, selon Frye, modèle la géographie et l'histoire en leur conférant une dimension eschatologique. Car, sous son emprise, les mouvements du sujet dans l'espace et dans le temps correspondent à une trajectoire qui signifie qu'il se dirige soit vers sa perte, soit vers son salut. En résumé, Frye pose que la mythologie structure l'expérience humaine de l'espace et du temps, de la géographie et de l'histoire.

Notre propos soumet à cet égard l'hypothèse théorique suivante : la structuration de l'expérience spatio-temporelle par la mythologie serait elle-même fondée sur une structuration de l'instance mythologique par la géographie. En effet, l'efficacité mythologique ne serait-elle pas liée à l'existence d'une autre «structure», géographique celle-là, et fondée sur l'application d'un «interdit spatial» qui suspend tout rapport immédiat avec le monde extérieur? La mythologie ne serait-elle pas le corollaire de cette structure géographique en donnant un sens au report de la conjonction du sujet avec le monde extérieur? De même, la structure géographique pourrait-elle rester stable sans l'énonciation mythologique d'une trajectoire eschatologique? On s'aperçoit que la question qui se pose concerne la détermination réciproque de la mythologie et de la géographie, de la structure mythologique et de la structure géographique. Notre intention est de montrer qu'il est pertinent d'avancer l'hypothèse que la mythologie émerge de la structure géographique en même temps que celle-ci se maintient grâce à l'efficacité de la mythologie.

Pour comprendre l'assise géographique de la mythologie, l'analyse de la signification portée par cette dernière ne suffit pas. Il faut en plus interroger les fondements de la communication et du langage. Frye n'aborde pas cette question. Il part du principe que le langage — la signification — existe, sans s'attarder sur sa genèse. L'économie du langage — *« The order of words*[14] *»* — lui importe plus que son origine. Or la géographie dispose actuellement de ce qu'il faut pour proposer une interprétation pertinente relativement à l'émergence de la communication et de la narrativité. Cette interprétation s'arrime, comme l'a montré Gaëtan Desmarais[15], à la théorie

---

13. N. FRYE, *op. cit.,* 1976, p. 134 et suiv.

14. N. FRYE, *op. cit.,* 1982, p. 103.

15. Gaëtan DESMARAIS, «De la théorie de la forme urbaine au parcours morphogénétique de l'établissement humain», *Cahiers de géographie du Québec,* vol. 36, n° 98, 1992a, p. 251-274;

du langage de René Thom[16] et au structuralisme dynamique de Jean Petitot[17]. Pour les fins de la présente démonstration, l'argument s'en tiendra cependant à la problématique plus spécifiquement géographique du rapport homme-nature[18]. Il s'agit d'expliquer comment on peut, par déduction, formuler certaines prémisses d'une théorie de la mythologie et du langage à partir de la conception du rapport homme-nature telle qu'elle est approfondie par la géographie structurale dynamique[19].

Signification et fonction

Considérons comme un postulat la conclusion de Frye voulant que le monde des choses soit investi de sens, que les biens qui nous entourent aient une signification. Or quelle est l'origine de cette signification? Procède-t-elle de la fonction des différents biens? En d'autres mots, une chose acquiert-elle une signification simplement parce que, étant donné l'usage que l'on en fait, elle s'avère nécessaire, commode, agréable, réconfortante, etc.? Vue sous cet angle, la signification qui recouvre un bien repose sur le rôle positif que celui-ci joue dans le fonctionnement de la vie matérielle et symbolique. Il est indéniable que les biens sont intégrés à l'économie parce qu'ils ont une fonction matérielle ou symbolique. Cela ne suffit pas toutefois pour rendre compte de la signification. Ne peut-on pas aussi postuler que la signification d'un bien apparaît, non pas lorsque sa fonction se réalise à travers la consommation, mais, au contraire, quand la réalisation des effets de la fonction est impossible? En effet, si la consommation d'un bien présuppose une fonction, cela n'implique pas que la signification se rattache à la fonction seulement quand celle-ci est réalisée. Pour que la signification émerge, ne faut-il pas plutôt que la fonction d'un bien soit en quelque sorte

---

G. DESMARAIS, «Projection ou émergence: la structuration géographique de l'établissement bororo», *Recherches sémiotiques/Semiotic Inquiry*, vol. 12, n°s 1-2, 1992b, p. 189-215; G. DESMARAIS, *La morphogenèse de Paris, des origines à la Révolution. Une analyse morphologique, dynamique et sémiotique*, Paris, École des Hautes Études en Sciences Sociales, thèse de doctorat en sciences du langage, 1993.

16. René THOM, *Paraboles et catastrophes*, Paris, Flammarion, 1983; R. THOM, «Saillance et prégnance», dans *L'inconscient et la science,* Paris, Dunod, 1991, p. 64-82.

17. J. PETITOT, «Hypothèse localiste, modèles morphodynamiques et théories cognitives: remarques sur une note de 1975», *Semiotica,* vol. 77, n°s 1/3, 1989, p. 65-119; J. PETITOT, *op. cit.,* 1990, p. 216-240.

18. Sur la formulation de cette problématique en géographie, *cf.* Paul CAVAL, *Géographie humaine et économique contemporaine*, Paris, PUF, 1984; David N. LIVINGSTONE, *The Geographical Tradition,* Oxford, Blackwell, 1992; Guy MERCIER, Histoire de la pensée géographique, coll. «Notes et documents», n° 11, Département de géographie, Université Laval, 1995.

19. Cette géographie présente l'originalité de rapporter la compréhension des formes de la surface de la terre à des objectivités transcendantales, rompant ainsi avec la tradition empiriste. *Cf.* les remarques de G. DESMARAIS, *op. cit.,* 1992a, p. 251-274, sur la distinction phénomène-objet, ainsi que la «légitimation philosophique» proposée par Jean-Paul HUBERT, «Sur les prétentions scientifiques et la légitimité philosophique d'une théorie des formes de l'établissement humain», *Cahiers de géographie du Québec,* vol. 36, n° 98, 1992, p. 275-298.

isolée de la consommation? Et comment cela peut-il se produire autrement que par l'interruption de la consommation, par la disjonction du sujet consommateur et de la chose consommée?

Signification et valeur

Le raisonnement en voie d'être ébauché à propos de la signification rejoint les propositions de l'économie politique sur la valeur. L'économie politique, qu'elle soit d'inspiration classique ou marxiste, a toujours distingué la « valeur d'usage » de la « valeur d'échange[20] ». Adam Smith, reprenant *La Politique* d'Aristote, écrivait à ce sujet en 1776:

> The word value, it is to be observed, has two different meanings, and sometimes expresses the utility of some particular object, and sometimes the power of purchasing other goods which the possession of that object conveys. The one may be called "value in use"; the other, "value in exchange"[21].

Évoquant ces deux aspects, Smith énonça ce que l'on nomme depuis lors le « paradoxe de la valeur[22] » : « *The things which have the greatest value in use have frequently little or no value in exchange; and, on the contrary, those which have the greatest value in exchange have frequently little or no value in use.[23]* »

La distinction entre la valeur d'usage et la valeur d'échange permet de saisir qu'un bien peut être effectivement destiné à être utilisé — c'est son utilité — sans pour autant qu'il le soit toujours immédiatement. En effet, il arrive d'une part qu'un bien ne soit pas utilisé parce qu'il manque au potentiel usager. Il arrive d'autre part que celui qui dispose du bien renonce à l'utiliser afin de l'échanger. En reconnaissant la distinction entre valeur d'usage et valeur d'échange, l'économie politique fait voir qu'elle ne confond pas l'utilité d'un bien avec la réalisation de celle-ci dans l'usage.

---

20. Vue sous cet angle, la proposition de Jean BAUDRILLARD sur la « valeur-signe » ne donnerait finalement qu'un supplément d'information à propos de la valeur d'usage: *Pour une critique de l'économie politique du signe*, Paris, Gallimard, 1972. *Cf.* notre commentaire dans Guy MERCIER et Gilles RITCHOT, « La dimension morale de la géographie humaine », *Diogène*, n° 166, 1994, p. 43-54.

21. Adam SMITH, *The Wealth of Nations*, Londres, J. M. Dent and Sons, 1975, p. 24-25. ARISTOTE écrivait bien avant (*La Politique*. Texte français présenté et annoté par Marcel Prélot, Paris, Gonthier, 1983, livre I, chapitre II): « Il y a donc [...] un genre de richesses naturelles propre à l'économie domestique comme à l'économie politique. Mais il existe aussi un autre genre de biens et de moyens qu'on appelle communément et avec raison spéculatifs [...]. Quelques-uns les confondent avec les richesses [...] à cause de leur affinité. Quoiqu'ils n'en soient pas bien éloignés, ce n'est pourtant pas la même chose [...]. Entrons en matière par l'observation qui suit: chacune des choses que nous possédons a deux usages, dont aucun ne répugne à sa nature, mais, pourtant, l'un est propre et conforme à sa destination, l'autre détourné à quelque autre fin. Par exemple, l'usage propre d'un soulier est de chausser; on peut aussi le vendre ou l'échanger pour se procurer de l'argent ou du pain, ou quelque autre chose, et cela sans qu'il change de nature ».

22. Paul A. SAMUELSON, William D. NORDHAUS et John McCALLUM, *Economics*, Toronto, McGraw-Hill Ryerson, 1988, p. 429-430.

23. A. SMITH, *op. cit.*, p. 25.

Par conséquent, un bien peut être utile, ou jugé tel, avant même d'exister[24]. Tout en étant déclaré utile, il peut en effet ne pas être utilisé ou être inutilisable, voire ne pas être encore produit ni terminé.

Selon l'économie politique, il existe bien une disjonction entre l'utilité et l'usage. L'extinction de cette disjonction s'opère à travers un processus qui rend possible l'usage d'un bien par un sujet afin que l'utilité de ce bien se réalise. Tant que le bien n'est pas disponible ou qu'il n'est pas utilisé, son utilité reste, comme le mentionne Marx, une «abstraction» dont on connaît l'existence, non pas grâce à l'usage, il va sans dire, mais par l'intermédiaire du langage. La conjonction entre l'utilité et l'utilisation repose donc, d'abord et avant tout, sur la reconnaissance et l'expression préalables de la non-disponibilité ou du non-usage d'un bien utile. Cette reconnaissance et cette expression constitueraient la valeur. À ce propos, Jean-Baptiste Say, commentant David Ricardo, notait en 1819 que «la *Valeur,* cette qualité abstraite par laquelle les choses deviennent des *Richesses,* ou des *portions de richesses* », n'apparaît que lorsqu'elle est reconnue et avouée[25]. Sans cette déclaration, les sujets ne peuvent se diriger vers des biens qui, lorsqu'ils pourront s'y conjoindre, constitueront leur richesse.

Cette dernière proposition requiert certaines précisions. La reconnaissance et l'expression de la non-disponibilité ou du non-usage d'un bien utile — la valeur — fixent la condition de base de l'échange par lequel adviendra la réalisation de l'utilité dans l'utilisation. En effet, pour que l'échange démarre, il faut que le non-usage d'un bien soit annoncé, communiqué. Cette annonce du non-usage prépare l'échange d'un bien. Car, pour que l'échange soit conclu, il faut que deux sujets se rencontrent et s'entendent. Leur entente porte sur la valeur du bien échangé. Comme le note Ricardo, la mesure de cette valeur n'est pas l'utilité; elle repose plutôt sur ce qu'il faut à l'acheteur et sur ce qu'il a fallu au vendeur pour entrer en possession du bien. Autrement dit, la valeur prend forme à partir de la disjonction qu'il y a entre l'utilité et l'utilisation. C'est la mesure de cette disjonction qui justifie le prix à payer.

L'échange n'est possible que si le bien est à la fois non disponible à l'acheteur et non utilisé par le vendeur. La disjonction entre l'utilité et l'usage qui détermine la valeur étant la condition de possibilité de l'échange, l'utilité du bien échangé ne se manifeste que si l'usage reste virtuel. Dès ou tant que cette utilité se réalise, un bien perd sa valeur d'échange puisque l'usage que l'un fait d'un bien rend celui-ci inutilisable pour un autre. Comme le note Ricardo:

---

24. N'est-ce pas ce jugement avant existence que confirment ce que l'on appelle les «analyses de marché»?

25. Jean-Baptiste SAY, dans David RICARDO, *Des principes de l'économie politique et de l'impôt,* traduit par F. S. Constancio, Paris, J. P. Aillaud, 1819, tome 1, p. 2. Souligné dans le texte.

Utility then is not the measure of exchangeable value, although it is absolutely essential to it. If a commodity were in no way useful, — in other words, if it could in no way contribute to our gratification — it would be destituted of exchangeable value, however scarce it might be, or whatever quantity of labour might be necessary to procure it[26].

On retrouve cet argument chez Marx, pour qui la valeur d'échange présuppose à la fois l'utilité et le non-usage. L'auteur du *Capital* soutient que l'utilité seule ne confère au bien consommé qu'une valeur d'usage : « L'utilité d'une chose fait de cette chose une valeur d'usage.[27] » Quand elle est consommée, cette chose constitue une richesse : « Les valeurs d'usage ne se réalisent que dans l'usage ou la consommation. Elles forment la *matière de la Richesse*.[28] » Aussi longtemps qu'il y a usage d'un bien, son utilité ne peut se traduire en valeur d'échange. Pour Marx, la valeur d'échange existe seulement quand la valeur d'usage ne se réalise pas et demeure ainsi une abstraction :

> Les valeurs d'échange des marchandises doivent être ramenées à quelque chose qui leur est commun et dont elles représentent un plus ou un moins. Ce quelque chose de commun ne peut être une propriété naturelle quelconque, géométrique, physique, chimique, etc., des marchandises. Leurs qualités naturelles n'entrent en considération qu'autant qu'elles leur donnent une utilité qui en fait des valeurs d'usage. Mais d'un autre côté il est évident que l'on fait abstraction de la valeur d'usage des marchandises quand on les échange. Dans l'échange, une valeur d'utilité vaut précisément autant que toute autre, pourvu qu'elle se trouve en proportion convenable[29].

En d'autres mots, la valeur d'échange existe quand, dans la communication entre un acheteur et un vendeur, l'utilité se conçoit sans se réaliser. Quant à l'échange, il n'est conclu qu'au terme d'une négociation qui porte, non pas sur l'utilité du bien, mais sur l'appréciation relative — par l'acheteur et le vendeur — de la disjonction qui existe entre l'utilité et l'usage du bien ciblé. Ainsi, selon Marx :

> La valeur d'échange apparaît d'abord comme le rapport quantitatif, comme la proportion dans laquelle des valeurs d'usage d'espèce différente s'échangent l'une contre l'autre, rapport qui change constamment avec le temps et le lieu. La valeur d'échange semble donc quelque chose d'arbitraire et de purement relatif ; une valeur d'échange intrinsèque, immanente à la marchandise, paraît être, comme dit l'école, une *contradictio in adjecto*[30].

***

---

26. D. RICARDO, *On the Principles of Political Economy and Taxation*, vol. 1 de *The Works and Correspondance of David Ricardo*, édité par Piero Sraffa, avec la collaboration de M. H. Dobb, Cambridge, Cambridge University Press, 1951 (1re édition : 1817), p. 11.

27. Karl MARX, *Le Capital*, Paris, Éditions Sociales, 1977 (1re édition : 1867), vol. 1, p. 41.

28. *Idem*, p. 42. Souligné dans le texte.

29. *Ibidem*.

30. *Ibidem*.

Selon l'économie politique classique ou marxiste, l'effacement de la disjonction entre l'utilité et l'usage passe par le travail humain. Les biens résultent du travail humain; ils ne sont consommables qu'au terme d'une élaboration technique plus ou moins poussée. Sans cette intervention technique, il n'y a pas de bien. C'est pourquoi, s'inspirant de Smith, Ricardo considérait que la valeur d'un bien est proportionnelle à l'effort consenti pour le produire, pour le rendre utile et disponible. Ce postulat, qui est au cœur de toute sa doctrine, l'amena à soutenir que l'abondance de richesse détruit la valeur:

> Value [...] essentially differs from riches, for value depends not on abundance, but on the difficulty or facility of production. The labour of a million of men in manufactures, will always produce the same value, but will not always produce the same riches. By the invention of machinery, by improvements in skill, by a better division of labour, or by the discovery of new markets, where more advantageous exchanges may be made, a million of men may produce double, or treble the amount of riches, of "necessaries, conveniences, and amusement", in one state of society, that they could produce in another, but they will not on that account add any thing to value; for every thing rises or falls in value, in proportion to the facility or difficulty of producing it, or, in other words, in proportion to the quantity of labour employed on its production[31].

Marx a repris cet argument en précisant que le dénominateur commun qui sert à déterminer la mesure de la valeur d'un bien échangé est «le quantum de travail dépensé pendant sa production[32]». «Le quelque chose de commun qui se montre dans le rapport d'échange des marchandises est [...] leur valeur; et une valeur d'usage, ou un article quelconque, n'a une valeur qu'autant que du travail humain est matérialisé en lui.[33]»

L'économie politique classique ou marxiste insiste, pour expliquer la disjonction qui sépare l'utilité de l'usage, sur les nécessités de la production. La géographie économique a complété cette définition en montrant que cette disjonction est aussi creusée par la simple différence qu'il y a entre la distribution spatiale des lieux de production et celle des lieux de consommation. Parmi plusieurs, Brian Berry a soutenu que la production, le commerce et la consommation sont des activités qui n'obéissent pas aux mêmes critères de localisation. Alors que la production a tendance à se concentrer, la consommation reste plutôt diffuse, si bien que l'échange doit se réaliser dans des «places de marché» dont la localisation résulterait d'un équilibre ou d'un compromis entre la géographie de la production et la géographie de la consommation[34]. Entre la production d'un bien et sa consommation, il

---

31. D. RICARDO, *op. cit.*, 1951, p. 273.

32. K. MARX, *op. cit.*, vol. 1, p. 43.

33. *Ibidem.*

34. Brian J. L. BERRY, *Geography of Market Centers and Retails Distribution*, Englewood Cliffs (N. J.), Prentice-Hall, 1967.

existe donc une distance spatio-temporelle qui doit être franchie avant que ne soit aboli, dans la consommation, le non-usage qui conférait au bien sa valeur. Cette distance commande, à l'instar de la production en elle-même, un travail dont il faut tenir compte dans la mesure de la valeur du bien.

Valeur et interdit de propriété

Si l'économie politique a su observer que la valeur, par opposition à la richesse, présuppose le non-usage d'un bien, force est de constater que l'argument n'a pas été poussé jusqu'au bout. Si l'on admet que la valeur est l'inverse de la richesse, il faut, pour que l'argument soit cohérent, que le concept de disjonction entre l'utilité et l'usage soit élargi à sa dimension politique. Sinon, comment rendre compte du fait qu'il ne suffit pas qu'un bien soit techniquement produit et qu'il soit transporté au lieu de consommation pour qu'il soit finalement disponible à l'usage auquel il est destiné? En effet, un bien peut être techniquement achevé et être là à l'endroit et au moment mêmes où un éventuel consommateur éprouve le besoin de s'en servir, mais demeurer inaccessible en raison de l'interdit de propriété. D'ailleurs Marx, après d'autres, avait dénoncé la propriété privée des moyens de production comme étant l'obstacle qui frustrait le prolétariat de la juste jouissance des fruits de son labeur[35]. Cette observation, aussi judicieuse soit-elle, n'a pas abouti, chez Marx, à un approfondissement théorique. En effet, ce dernier n'a pas incorporé le concept de propriété à sa théorie de la valeur. À ce chapitre, il est resté fidèle à l'économie politique classique. Marx a plutôt mis l'accent sur la dimension morale et le rôle politique de la propriété. D'une part, il a stigmatisé l'immoralité de la division sociale du travail engendrée par la concentration des moyens de production entre les mains de la bourgeoisie. D'autre part, il a élaboré un programme politique conséquent, prônant l'établissement de la propriété communiste.

Pourtant, l'impossibilité politique de se conjoindre à un bien, alors que toutes les conditions matérielles sont réalisées, illustre le rôle universel de l'interdit de propriété qui disjoint l'utilité de l'usage en refusant au sujet l'accès à ce bien. On peut avancer que l'interdit est en fait la seule détermination du non-usage dont procèdent la valeur et l'échange. Car l'échange, en toute logique, ne présuppose pas nécessairement qu'un travail ait eu lieu auparavant, que ce soit pour produire un bien ou pour l'emporter au lieu de

---

35. Marx, en collaboration avec Engels, écrivait: «par la division du travail, il devient possible, bien mieux il arrive effectivement que l'activité intellectuelle et matérielle, — la jouissance et le travail, la production et la consommation, échoient en partage à des individus différents [...]. Cette division du travail implique en même temps la répartition du travail et de ses produits, distribution inégale en vérité tant en quantité qu'en qualité; elle implique donc la propriété» (K. Marx et Friedrich Engels, *L'idéologie allemande*, Paris, Éditions Sociales, 1968, p. 46-47).

consommation. Ne suffit-il pas, plus fondamentalement, de seulement connaître l'utilité du bien pour pouvoir l'échanger? N'est-ce pas plutôt l'échange conclu ou envisagé comme tel qui enclencherait le processus de la production et du transport?

La propriété bloque toute conjonction immédiate avec les biens qui composent notre environnement et dont la forme originelle est sémantique et narrative. C'est pourquoi, l'interdit de propriété crée les conditions structurelles d'un non-usage qui permet la reconnaissance et l'expression d'une valeur. Ce non-usage projette le sujet dans un univers eschatologique où les biens de substitution ont une valeur. Cette valeur, communiquée grâce au langage, pousserait les sujets à donner, par le travail, un contenu empirique à tout bien de substitution.

L'interdit de propriété, l'État et la communication

L'interruption de la consommation, d'où surgit la signification, présuppose une structuration de l'espace et du temps fondée sur l'interdit. Cet interdit, qui se manifeste empiriquement sous la forme de la règle de propriété[36], bloque toute consommation immédiate du bien par le sujet. Sous le coup de l'interdit, tout rapport du sujet aux biens est socialisé. Car, avant de se conjoindre à un bien, le sujet doit recevoir l'autorisation du corps social politiquement organisé. Ce corps social — l'État — administre à la fois l'interdit général et les permissions singulières qui composent cet interdit[37]. Tant que le corps social garde son efficacité, la possession d'un bien doit se conformer à la règle de propriété, sous peine d'être condamnée ou réprimée[38]. Ainsi, en raison de l'interdit qui frappe l'espace humanisé — l'ensemble des biens —, la consommation est toujours postérieure à la rencontre du sujet avec l'État. En édictant l'interdit général, l'État représente alors tous les autres sujets qui détiennent des permissions singulières sur le bien ciblé. Au cours de cette rencontre, le tiers étatique adresse au sujet la règle de propriété; cette règle actualise l'interdit en spécifiant les conditions de l'accession à la propriété. Ce n'est qu'une fois ce message transmis et reçu que le sujet peut s'engager dans une trajectoire eschatologique et, à terme, s'approprier le bien de substitution. On comprend donc

---

36. G. Mercier et G. Ritchot, *op. cit.*, p. 49; Jean-Jacques Wunenburger, *Questions d'éthique*, Paris, PUF, 1993, p. 9.

37. G. Mercier et G. Ritchot, *op. cit.*, p. 43-54.

38. Certes, un contrevenant peut échapper à la condamnation et à la répression. Est-ce que cela signifie pour autant que la règle de propriété est superfétatoire, qu'elle est simplement un outil ne servant qu'à améliorer les rapports entre les individus mais dont on peut se passer? Autrement dit, l'existence de l'exception — le contrevenant — est-elle la preuve que le sujet peut exister sans la règle de propriété? Le contrevenant peut toujours, par des mesures dilatoires, se maintenir dans l'impunité. Il n'en demeure pas moins qu'il continue à violer les droits des autres dont l'existence est du coup diminuée, menacée.

que la consommation — la conjonction du sujet avec le bien de substitution — est précédée par une communication sociale qui la subordonne. Le sujet peut consommer seulement après que l'interdit et la permission lui ont été signifiés.

Interdit et institution du sujet

Pour saisir la portée de la préséance de la communication de l'interdit sur la consommation, il faut éviter tout réductionnisme historiciste. Contrairement à ce qu'avancent plusieurs théories du contrat social, l'interdit ne s'impose pas *a posteriori* à des sujets déjà constitués. L'interdit n'est pas un produit de l'histoire qui survient à un moment donné, quand se fait sentir le besoin de réguler les rapports sociaux; il n'est pas une technique d'«ingénierie sociale» dont se dotent les individus pour améliorer le fonctionnement du groupe et pour assurer à chacun (version libérale) ou à certains (version marxiste) le plus d'avantages possible[39]. Il faut plutôt considérer que l'interdit est la condition première de l'existence du sujet et de la société[40]. Certes, cette existence s'incarne dans l'histoire, elle advient au travers de faits empiriques tangibles. Toutefois, aucun de ces faits n'assure à lui seul la pérennité de l'existence du sujet. Si l'interdit n'est pas constamment actualisé, le sujet et la société sont déchus de leur existence humaine. Ainsi, l'humanité des sujets et des sociétés ne devient un fait historique — daté — que dans la mesure où l'actualisation de l'interdit est «éternelle». Bref, il faut considérer que l'interdit n'est pas un simple fait de l'histoire humaine puisqu'il est à tout moment la condition même de cette histoire.

L'objectivité des sujets humains

L'actualisation continue de l'interdit institue l'humanité des sujets. Elle ne les crée pas dans leur matérialité mais dans leur objectivité[41]. Cette opération est politique et discursive. Le sujet advient à l'existence parce que le tiers étatique lui reconnaît une identité politique. Cette identité consiste, d'une part, en l'attribution au sujet de droits. Ces droits, positifs et spécifiques, confirment que l'interdit général — universellement négatif — a produit des entités politiques différenciées. D'autre part, l'existence politique de ces entités différenciées est garantie par la nomination. Chacune étant pourvue d'un nom propre officiellement reconnu, l'ordre politique prévoit que les entités ne doivent pas être confondues entre elles. Grâce à la nomination, chaque entité est irréductiblement elle-même, absolument

39. *Cf.* la présentation de la théorie du contrat social chez Locke, Rousseau et Marx, dans G. MERCIER, «Prémisses d'une théorie de la propriété», *Cahiers de géographie du Québec*, vol. 30, n° 81, 1986, p. 319-341.

40. G. MERCIER et G. RITCHOT, *op. cit.*

41. J. PETITOT, *op. cit.,* 1990, p. 223 et suiv.

différente des autres. Ainsi, l'interdit génère, par l'intermédiaire de l'objectivité d'une négativité universelle, des positivités — des «saillances» politiques et discursives — ontologiquement différenciées par la spécificité des droits et de la nomination.

La nomination et l'objectivité des sujets

Un sujet étant une entité ontologiquement différenciée par une structure politique et discursive, la continuité de son existence requiert une stabilité structurelle. La qualité de sujet n'est jamais acquise une fois pour toutes. Il faut que les conditions de son institution soient efficaces en permanence pour assurer son maintien. Cette stabilité procède de la cohésion des droits et de la non-confusion des noms propres.

La cohésion

La cohésion des droits garantit que l'objectivité de l'interdit est adéquatement traduite sur le mode positif. Cette nécessaire cohésion implique que les droits ne soient pas contradictoires entre eux, sans quoi ils s'annuleraient réciproquement. De plus, la cohésion est assurée lorsque le «système juridique» est rationnel. En effet, il est nécessaire, comme l'a souligné Hans Kelsen, que le raisonnement qui guide l'application des normes se conforme à la rigueur syllogistique, car il s'agit du seul moyen assurant la cohésion au sein du système juridique[42].

Par ailleurs, la structuration de l'instance mythologique par la géographie atteste que la «logique» du système juridique trouve son fondement, non pas dans les substances (historiques, économiques, psychologiques, etc.) des corps localisés, mais dans la position de chacun de ces corps au sein d'une «topologie» des places permises en raison de l'interdit spatial[43]. En deçà de l'obligatoire rigueur syllogistique, la cohésion des droits présuppose donc que le raisonnement juridique s'appuie sur des prémisses qui résistent à l'arbitraire subjectif. Autrement dit, il y a cohésion parce que ce ne sont pas les sujets qui décident des droits mais un «Tiers majuscule[44]», parfaitement autre et représenté par l'État, qui assure que les catégories politiques de l'espace et du temps ont le même sens pour tous.

Si la définition des prémisses du raisonnement juridique obéissait à la volonté subjective, le droit serait en porte-à-faux par rapport à l'indécidable

---

42. Hans KELSEN, *Pure Theory of Law*, Berkeley, University of California Press, 1970, p. 202-203.

43. J.-P. HUBERT, *op. cit.*, p. 289. *Cf.* aussi, concernant la différence entre la substance et la position, notre retour à Aristote dans G. RITCHOT, G. MERCIER et Sophie MASCOLO, «L'étalement urbain comme phénomène géographique: l'exemple de Québec», *Cahiers de géographie du Québec*, vol. 38, n° 105, 1994, p. 260-301.

44. Pierre LEGENDRE, «Le ficelage institutionnel de l'humanité», *Anthropologie et sociétés*, vol. 13, n° 1, 1989, p. 63.

objectivité de l'interdit qui le fonde[45]. C'est pourquoi les prémisses doivent être dictées par une instance absolument extérieure aux sujets, une instance qui empêche que les fondements de la pensée juridique soient constamment remis en cause par tout un chacun. Comme le mentionne Kelsen, les droits ne peuvent être déduits des actes de la volonté subjective. Ils ne peuvent être que la manifestation d'une objectivité qui détermine le sens des actes volontaires et qui permet de les interpréter. Cela signifie que le droit positif doit être une pure pensée rationnelle. Plus encore, il faut que le droit soit un acte de l'intelligence humaine qui donne au sujet le moyen de repérer, dans l'ordre du langage, l'interdit et l'eschatologie qui le structurent[46].

La non-confusion

La stabilité structurelle des sujets est également assurée par l'exclusivité nominale. Le sujet, identifié par un nom propre auquel sont attachés des droits, conserve une spécificité ontologique dans l'ordre de l'humanité (conforme à l'objectivité de l'interdit), puisque son nom ne désigne que lui-même[47]. Ainsi, parce qu'il est nommé, il n'y a pas de confusion possible. Même si l'un se fait passer pour l'autre et usurpe ses droits — ce qui au reste est criminel —, cet autre ne «disparaît» pas pour autant, car sa «place publique» reste vide, témoignant ainsi de l'incorrigible imperfection du crime[48].

La non-confusion des noms propres implique plus largement que le statut ontologique des sujets humains et repose sur le fait que le langage est capable de rendre compte adéquatement — sans confusion — non seulement des sujets qui composent une société humaine, mais aussi de tous les droits que ces sujets possèdent et de tous les biens sur lesquels s'appliquent ces droits. Autrement dit, il faut que l'objectivité des sujets et des biens — qui confère à chacun un statut ontologique spécifique — soit prise en charge et transmise adéquatement par le langage pour qu'opère la communication de l'interdit général et des permissions singulières. Si le langage ne sait pas nommer correctement — sans confusion — les objectivités qui composent le monde, et notamment celles constituées par les sujets humains, l'existence de ces sujets en particulier et de la société en général est compromise.

---

45. H. KELSEN (*op. cit.*, p. 203) écrit: «*The norm whose validity is asserted in the major premise is a basic norm if its objective validity is not questioned.*»

46. H. KELSEN, *op. cit.*, p. 203. *Cf.* aussi Simone Goyard-FabrE, *Essai de critique phénoménologique du droit*, Paris, Klincksieck, p. 274 et suiv.

47. P. LEGENDRE, *L'empire de la vérité*, Paris, Fayard, 1983, p. 25. Même dans le cas des personnes qui portent des noms identiques, il est entendu que leur identité est différente. Il existe divers moyens techniques — coordonnées à la naissance, empreintes — pour faire en sorte que le nom de l'un, même s'il est semblable à celui d'un autre, ne désigne pas cet autre.

48. *Cf.* la notion de «vacuum» en géographie humaine structurale, réinterprétée par G. MERCIER et G. RITCHOT, *op. cit.*

Le langage et la communication de l'interdit

La communication de l'interdit général et des permissions singulières est la condition pour que s'actualise la structuration politique de l'espace-temps, d'où émerge l'existence des sujets humains. Cette communication fonctionne dans la mesure où le langage est conforme à l'objectivité de l'interdit qu'il doit transmettre.

Dire la séparation des existences

Le langage est fidèle à l'interdit parce qu'il donne des noms différents aux sujets et aux biens que l'interdit sépare et différencie. Grâce à ces noms, grâce à leur contenu sémantique propre, la non-fusion ontologique entre deux sujets distincts, ou entre un sujet et un bien, se trouve confirmée. En procédant à cette nomination des sujets et des biens, le langage fait entendre à chaque sujet — qui en fait devient tel en se reconnaissant dans l'énoncé — que les autres sujets et que les biens ont chacun une existence distincte de la sienne.

Dire la fin de l'immédiateté

En plus de proclamer la différence ontologique de chaque sujet et de chaque chose, le langage doit dire, pour transmettre l'interdit, que la conjonction d'un sujet et d'un bien ne peut être immédiate, qu'elle est reportée plus loin et plus tard. Le langage doit désigner le bien de substitution auquel le sujet, structuré par l'interdit, est appelé à se conjoindre au terme d'un parcours géographique et historique.

Dire la valeur

La valeur du bien dont le sujet n'a pas la possession doit lui être signifiée. Sans cette signification de la valeur à travers le langage, sans cette indication de la trajectoire eschatologique, l'édification politique du sujet risque d'être chancelante. Car la négativité de l'interdit ne se traduirait pas, dans la communication, par une positivité. Si l'interdit génère des droits de propriété, c'est que le langage dévoile en faveur du sujet actuellement privé la valeur de ce dont il sera gratifié plus tard. La communication de l'interdit général, et des permissions singulières qui en découlent, exige donc que le langage soit conforme à la structure politique que l'interdit promulgue. Bref, il doit y avoir une cohésion entre ce qui est dit et ce qui est interdit.

L'interdit : les champs sémantique et narratif

L'obligatoire cohésion entre le langage et l'interdit doit se manifester à la fois sur le plan sémantique et sur le plan narratif.

Sur le plan sémantique, le langage est cohérent quand les entités séparées par l'interdit, autant les sujets que les biens, sont désignées comme telles. C'est à cette condition que le langage permet à chaque sujet de reconnaître son existence propre, celle des autres et des biens. Ainsi, le sujet peut distinguer qui et quoi est concerné dans un énoncé. Il peut de la sorte savoir ce que désigne le «je», le «tu», le «il»[49] et le «cela» qui sont en cause dans un énoncé. Si le sens d'un de ces éléments lui échappe durablement, son accès à la connaissance des objectivités qui contraignent son expérience est compromis. D'une part, il ne pourra pas reconnaître la valeur du bien de substitution vers lequel il doit se diriger en vertu de l'interdit. D'autre part, la géographie et l'histoire qui le séparent de ce bien de substitution lui deviennent insaisissables. Sans jalon eschatologique, le sujet ne peut trouver la direction — le sens — de la trajectoire qui mène à ce bien.

Cette direction du sujet dans l'espace et dans le temps repose non seulement sur la cohésion sémantique de l'énoncé, mais aussi sur sa qualité narrative. En effet, l'énoncé doit rendre signifiante (non absurde) la suite géographique et historique des faits que l'interdit place entre le sujet et le bien de substitution. En relatant cet itinéraire, le langage organise un récit où s'établit un rapport entre un début — l'ici et maintenant de la privation — et un terme — le bien de substitution auquel le sujet est appelé à se conjoindre plus loin et plus tard. Cette narration est eschatologique, car elle indique la direction — le sens — vers le bien de substitution; elle connecte la négativité fondamentale de l'interdit universel avec la positivité des permissions singulières. Elle confère au sujet la «vision», pour employer le mot de Frye, de l'ailleurs et du futur. Grâce à cette vision, le sujet voit apparaître, au-delà de sa privation immédiate, le bien de substitution dont l'existence lui est communiquée par la valeur. La distance qui l'en sépare prend un sens au travers de la narrativité: organisé en récit, l'«ordre des mots» rend crédible l'existence du bien de substitution — même s'il n'est pas immédiatement accessible — tout en indiquant la voie pour y accéder.

Au-delà et ici-bas

En communiquant l'interdit et la valeur, le langage plonge les sujets dans un ordre mythologique. Cet ordre procède d'une autorité qui édicte l'interdit et qui certifie la valeur du bien de substitution. Les mythologies, aussi variées soient-elles, doivent être regroupées en deux catégories fondamentales, dans la mesure où elles se différencient en fonction du caractère surnaturel ou naturel de l'autorité en cause et du bien de substitution valorisé.

Les mythologies de l'au-delà

Dans les mythologies de l'au-delà, l'autorité est placée hors du monde. D'essence divine, cette autorité proclame un interdit pris en charge par la

---

49. Pronom neutre et non pas masculin.

religion. Cet interdit est mis en œuvre par une instance déléguée qui agit sur terre au nom de l'autorité divine. Le salut, lui aussi, échappe à l'espace et au temps terrestres. La vie ici-bas n'est qu'un épisode d'une destinée qui exige que le sujet délaisse le monde et rejoigne, dans l'au-delà, l'autorité divine salvatrice. Pour sa part, la damnation est tout autant projetée dans l'au-delà de ce monde comme une impossible conjonction du sujet avec la divinité.

Bien que la conjonction avec le bien ultime ne se réalise pas dans la géographie et l'histoire humaines, cela ne signifie pas pour autant que l'autorité, dans les mythologies de l'au-delà, ne reconnaisse aucune valeur à des biens de substitution terrestres. Mais la valeur de ces biens reste surdéterminée par le bien ultime hors de ce monde. Dans cette perspective, les biens terrestres acquièrent une valeur dans la mesure où ils signifient le franchissement d'une étape vers un salut tout aussi surnaturel que l'autorité qui l'accorde. Ce serait en ce sens que le mythe biblique, notamment, condamne l'idolâtrie que constitue la tentative de substituer un bienfait terrestre au bien ultime. Comme l'indique Frye, le monde terrestre, dans la Bible, n'est pas dépourvu de bonté ni de beauté[50]. Toutefois, la bonté et la beauté qui se manifestent dans le monde ne sont que des signes de l'existence divine qu'il ne faut pas attribuer au monde lui-même.

Tout comme elles placent l'autorité et le salut hors de ce monde, les mythologies de l'au-delà présentent les sujets humains comme étant des créatures divines à l'origine. Ainsi, l'instance divine est à la fois le commencement et la fin des trajectoires humaines. Bien que ces trajectoires traversent l'espace-temps terrestre, ni leur début ni leur aboutissement n'en font partie.

Les mythologies de l'ici-bas

En l'absence d'autorité divine et de révélation du bien surnaturel, les mythologies de l'ici-bas célèbrent une autorité humaine et publicisent un salut terrestre. Dès lors, l'autorité est déléguée par l'État à des personnes physiques ou morales qui deviennent *de facto* des institutions ordonnatrices comme, par exemple, la monarchie, le parti, la république, voire, ainsi que l'a montré Pierre Legendre en explicitant le narcissisme contemporain, l'individu. Quant au salut, il adopte des formules aussi variées que tous les bienfaits terrestres, individuels et collectifs, que l'on puisse connaître ou imaginer. Le bien ultime est alors une «île» d'où le mal serait éradiqué: *Utopia*. Quant à la damnation, elle peut survenir quand un obstacle insurmontable se dresse entre le sujet et le bienfait ciblé. Il apparaît ainsi que le salut et la damnation puissent être, dans les mythologies de l'ici-bas, des

---

50. N. Frye, *op. cit.*, 1982, p. 68.

états expérimentés en même temps. Plus encore, on peut estimer qu'à la limite ces deux états se confondent dans l'utopie.

Alors que les mythologies de l'au-delà subordonnent la géographie et l'histoire humaines au plan divin, les mythologies de l'ici-bas investissent l'espace-temps humain d'une «économie de salut» intrinsèque. De même, ces mythologies de l'ici-bas dénient toute origine surnaturelle des sociétés et des sujets; ces derniers sont plutôt conçus comme n'ayant d'autres horizons que la géographie et l'histoire proprement humaines et naturelles.

Les mythologies de l'ici-bas, la science et la démocratie

Les mythologies de l'ici-bas appellent la connaissance scientifique. Toute mythologie soulève la question des origines et des fins de l'humanité. Or, pour répondre ici-bas à une telle question, y a-t-il d'autre choix que de reconnaître l'autorité de la science? Cette dernière n'est-elle pas la seule instance capable de confirmer la parfaite immanence des processus humains et naturels? L'ordre mythologique ne doit-il pas conférer à la science l'autorisation et la responsabilité de dire l'objectivité de l'interdit et de la valeur, c'est-à-dire d'énoncer la vérité de l'être humain?

Si notre démonstration est pertinente, la vérité de l'être humain repose sur l'objectivité de l'interdit de propriété et de la trajectoire eschatologique. Ainsi, le rôle mythologique de la science consisterait à certifier que chaque sujet humain est institué par cette objectivité qui transcende et subordonne sa réalité empirique. Grâce à cette connaissance, chaque sujet peut savoir que son existence n'est pas une pure détermination de la géographie et de l'histoire. Bien au contraire, il peut comprendre que c'est l'objectivité de sa propre existence qui, en quelque sorte, génère la géographie et l'histoire humaines. Confirmé par la science dans cette vérité sur lui-même, le sujet peut envisager la triple question formulée par Emmanuel Kant et reprise par Jean Petitot[51]: «Que puis-je savoir? Que dois-je faire? Que m'est-il permis d'espérer?»

Dans cette perspective, la science crée les conditions d'une authentique démocratie. En se soumettant à l'autorité de la science, le sujet peut librement assumer la responsabilité de sa propre objectivité. En sachant ce que son objectivité lui donne à être, il peut dès lors accepter l'interdit — «refuser» la fusion à la nature — et prendre part, dans le respect de l'objectivité d'autrui, à la désignation de sa trajectoire eschatologique.

Par contre, si la science est battue dans sa mission de reconstituer l'interdit et l'eschatologie, l'ordre mythologique de l'ici-bas laisse le champ libre à des langages sans savoir, incapables de dire la vérité du devoir et de l'espoir, de l'interdit et de l'eschatologie. Si le langage ne transmet pas la

---

51. J. Petitot, *op. cit.*, 1990, p. 219.

vérité scientifique de l'objectivité de l'existence humaine, le sujet n'a pas accès à la connaissance de la privation fondamentale et de l'exigence eschatologique qui fondent son être et sa liberté.

Sans la connaissance de l'objectivité de l'existence humaine, le sujet « oublie » qu'il est un être de devoir et d'espoir. Cependant, étant donné qu'il ne peut pas pour autant échapper à sa propre objectivité, le sujet méconnaissant est alors condamné à vivre le devoir comme une contrainte triviale, tandis que son espoir devient vulnérable à la manipulation. Tant que cette manipulation opère, le sujet reste aliéné à lui-même. Puisque l'objectivité de son existence ne s'impose pas à lui au travers de la vérité scientifique, il ne lui reste, pour se distraire de cette aliénation, que le cynisme ou le ressentiment.

De la production des monuments

Paradigmes et processus de la reconnaissance[1]

Luc Noppen
CÉLAT et École d'architecture, Université Laval

Lucie K. Morisset
CÉLAT, Université Laval

Parmi les lieux de culte qu'une expertise d'ensemble du paysage culturel de Québec nous a récemment conduits à étudier, la cathédrale Holy Trinity s'est révélée la plus ancienne des églises sur le territoire actuel de la ville[2]. En vertu de cette vénérable qualité d'ancienneté, qui le plus souvent préside à la consécration des monuments, on aurait cru que l'État eût déjà depuis longtemps entrepris de protéger l'église anglicane. Mais la cathédrale Holy Trinity n'a été classée qu'en 1989, bien après d'autres lieux de culte, catholiques, quoique plus jeunes. Ce très récent geste juridique, qui consacre si tardivement un haut lieu dont on aura en quelque sorte «oublié», jusqu'à hier, l'existence, nous fait nous interroger sur les rôles et les objectifs de l'intervention étatique dans la préservation et la transmission des héritages culturels. Un état de la question sur le sujet démontre que le «monument» pose aujourd'hui des problèmes théoriques et pratiques nombreux à qui tente de le décoder. Dans un premier temps, notre essai tente de défricher ce champ problématique. L'analyse nous conduit, dans un second temps, à une modélisation systémique de la consécration monumentale.

Notre objectif est de proposer un modèle opérationnel à la consécration des monuments, qui offre à l'étude de ceux-ci, mais surtout aux gestes de reconnaissance institutionnelle, un ensemble de critères validant cette reconnaissance. Ce faisant nous avons constaté que le «monument historique» actuel, que dénoncent les critiques récentes, s'enrobait de maintes connotations oblitérant le caractère mnémonique inhérent au monument, et qui nous

---

1. Cette recherche s'est faite dans le cadre du programme «Le rôle de l'architecture et de la forme urbaine dans la constitution d'une identité collective: histoire des pratiques, des idées et des objets de reconnaissance patrimoniale au Canada français et au Québec», subventionné par le fonds FCAR (programme de soutien aux équipes de recherche).

2. Luc NOPPEN et Lucie K. MORISSET, *Lieux de culte situés sur le territoire de la ville de Québec. Fiches analytiques,* tome 2, Ville de Québec, 1994.

sont apparues responsables des problèmes que connaissent aujourd'hui les pratiques patrimoniales. C'est pourquoi il nous a d'abord paru essentiel de retourner de ce monument «perverti» au monument originel, dont nous déterminerions ensuite les caractéristiques définitoires. Au chapitre «Du monument historique au monument», l'analyse de «L'ici-maintenant monumental» et de «L'évolution du monument et de ses qualifications» nous a permis de dégager ces caractéristiques du monument: d'une part, de n'exister que par la reconnaissance d'une collectivité qui y trouve son identité, d'autre part, d'agir sur la mémoire par le biais de vecteurs bien précis auxquels s'ancre le jugement de la collectivité.

Ce développement théorique fonde l'élaboration du modèle de consécration dont nous discutons ensuite, en prenant prétexte de l'exemple de la cathédrale Holy Trinity de Québec.

***

Imaginons que «l'espace» soit une donnée objectale — Kant en eût été bien surpris — où se modéliseraient éventuellement les mémoires collectives qui forgent l'identité d'un groupe, d'un peuple, d'une nation. Pareil «espace identitaire» revêtirait une silhouette architecturale: celle du «monument», médiateur des représentations collectives, possible creuset des mythologies et des désirs d'une civilisation. Devenu «historique» à l'ère industrielle, le monument s'assortit aujourd'hui d'un appareil de sauvegarde et de conservation qui consacre son rôle mnémonique, d'ailleurs inscrit dans l'étymologie commune de la mémoire et du monument. Mais la destination du premier d'ancrer la seconde, séculaire, prend une dimension nouvelle depuis que l'État, sous le couvert de «l'héritage culturel», a entrepris d'assumer systématiquement la relation syntagmatique mémoire/identité collective/monument.

Or, le contenu et, partant, la sauvegarde des *héritages culturels* ne font pas consensus. La signification et la portée du «monument historique» posent un problème majeur: au «syndrome patrimonial» récemment dénoncé, il faut comprendre que, stérile ou féconde, la conservation architecturale — c'est-à-dire la sélection et la consécration des monuments — procède plus par *bonnes intuitions* que dans le cadre de quelque méthode. En marge des rapports conflictuels de la contemporanéité à l'histoire, que l'on constate le «dépérissement de la compétence d'édifier[3]» ou qu'on craigne la menace présentée par les industries culturelles pour la préservation des monuments, il presse d'actualiser le système, les motivations, les critères des choix qu'implique, aujourd'hui, la consécration de chaque monument[4].

---

3. Françoise CHOAY, *L'allégorie du patrimoine*, Paris, Seuil, 1992.

4. Outre F. CHOAY, *L'allégorie du patrimoine, op. cit.*, lire Henri-Pierre JEUDY, «Le malin génie d'un lieu réinventé», *Hauts lieux. Une quête de racines, de sacré, de symboles*, Paris, Autrement, mai 1990, p. 50-57 (Série «mutations», n° 15).

C'est sur ce problème particulier du rapport architecture/mémoire/identité collective que nous entendons, ici, apporter quelques réflexions.

Sur des problèmes actuels des pratiques patrimoniales

Les interrogations que nous soulevons quant à la conservation architecturale ne sont pas chose nouvelle ; l'on sait, depuis la «Charte de Venise» (1964), les préoccupations — abondamment diffusées — des organismes internationaux sur la question. Ces dernières années, cependant, les Choay, Loyer, Balut, Dulau, Parent, pour n'en nommer que quelques-uns, ont dressé de ces efforts de concertation culturelle un sombre bilan : en dépit d'une volonté manifeste d'apporter quelque coordination à la gestion d'un corpus protégé en constante expansion, l'on constate aujourd'hui, de toutes parts, l'inadéquation des «structures patrimoniales» actuelles au patrimoine en question. Les critiques aboutissent à quatre constats (la désuétude du monument historique, l'utilité et la pertinence des gestes de l'État, l'amnésie des monuments, le positivisme et l'«opacité» du monument historique), qui résument les déplorables résultats de discours qui auront, à tort, postulé la «transparence de la notion de monument historique[5]». C'est au départ de ces problèmes actuels, que nous résumons plus loin, que nous proposerons d'éclairer la constitution et la production monumentale.

Sur la désuétude du monument historique

Le premier de ces constats concerne la difficulté, aujourd'hui, d'aborder sous la même étiquette de patrimoine l'ensemble des témoins auxquels le vouloir patrimonial a entrepris, ces cent dernières années, de garantir l'éternité.

La notion de *monument historique,* apparue au XIXe siècle aux fins de désigner les témoins de l'âge classique menacés par la Révolution industrielle, prétend aujourd'hui recouvrir un corpus élargi aux bâtiments industriels et à l'architecture contemporaine. Or, François Loyer le remarquait récemment[6], le vocable *monument historique* tel que défini par le romantisme n'épouse que par d'impossibles contorsions ces nouveaux patrimoines, dont les définitions architecturales ou les connotations fonctionnelles n'ont, souvent, rien de commun avec la notion courante de *monumental.* On comprendra dès lors que, aux côtés des églises et châteaux

5. F. CHOAY, «À propos de culte et de monuments», préface à la réédition d'Aloïs RIEGL, *Le culte moderne des monuments. Son essence et sa genèse,* Éditions du Seuil, 1984 [1903], p. 11.

6. François LOYER, «Le patrimoine contemporain. Naissance d'une doctrine», dans Robert DULAU (dir.), *Apologie du périssable,* Rodez, Éditions du Rouergue, 1991, p. 274-279. Lire aussi, du même auteur, *Les monuments historiques demain, Actes du colloque,* Paris, Direction du patrimoine, 1984, p. 64-68, ainsi que «La modification des critères dans l'évaluation du patrimoine contemporain. Préalables à une politique de protection», *Les enjeux du patrimoine architectural du xxe siècle, Actes du colloque,* Paris, Ministère de la Culture et de la Communication, 1987, p. 66-70.

séculaires, la villa Savoye de Le Corbusier, aujourd'hui monument historique, demeure un cas d'exception[7].

L'on objectera bien entendu que le cas français trouve, en Amérique, peu d'équivalents. La jeunesse du paysage architectural aura certes relativisé le corpus monumental, en regard d'un héritage allégé, ici, de plus de mille ans. Mais à l'heure où, au Québec, l'institutionnalisation de la consécration culturelle devait faire basculer le *monument* vers le *monument historique,* peut-être la législation calquée sur celle de la France apportat-elle outre-mer quelque fantôme de l'ancien continent; force est de constater, quoi qu'il en soit, l'archaïsme équivalent du patrimoine classé au Québec. Ainsi, *Les Chemins de la mémoire,* ouvrage en deux tomes qui répertorie les monuments et sites classés et reconnus par l'État québécois, compte davantage de maisons rurales que d'architectures dignes du Paris d'Haussmann; les structures industrielles et les œuvres modernes ne s'intègrent guère plus au patrimoine québécois qu'elles ne sont présentes dans celui de la France. À Montréal, les récents débats sur la protection d'une œuvre de Mies van der Rohe[8] font écho à une contestation planétaire[9]: non seulement les structures de protection et la dénotation du *monument historique,* inventées en d'autres temps, ne s'accordent plus au contexte de conservation, mais les multiples ajustements apportés à la pièce à ce carcan définitoire inadéquat portent à n'en pas douter la responsabilité des contours nébuleux de la notion monumentale actuelle, dont la récente *monumentalisation* de la cathédrale Holy Trinity de Québec est d'ailleurs révélatrice.

Sur l'utilité et la pertinence des gestes de l'État

Le patrimoine croît ainsi dans la mesure où s'étend le passé dont on souhaite conserver les témoins, d'autant plus que, téléologisme aidant, on comprend aujourd'hui plus qu'au XIXe siècle le devoir de notre époque de léguer elle-même ses propres monuments au corpus des hauts lieux, ce qui n'est d'ailleurs pas étranger aux frictions édification/conservation mises en lumière par Françoise Choay[10]. Comme l'évoque Pierre Nora, « l'extension même de la notion de patrimoine s'est accompagnée de sa redoutable

---

7. Lire notamment Jean-Pierre DUFOIX, «La maison du fada», dans Robert DULAU (dir.), *Apologie du périssable, op. cit.,* p. 36-43.

8. Que résumait France VANLAETHEM, «Une architecture à redécouvrir. Un patrimoine à préserver», *ARQ Architecture-Québec,* n° 71, février 1993, p. 5.

9. Outre F. LOYER, «Le patrimoine contemporain. Naissance d'une doctrine», *op. cit.,* lire Michel HUET, «Mémoire d'architecture — Objet de droit», *La conservation de l'œuvre construite de Le Corbusier,* Paris, Fondation Le Corbusier, 1990, p. 15-26. Le problème de la conservation du «patrimoine moderne et contemporain», en plus d'autres titres cités ici, a notamment fait l'objet en 1987 du colloque *Les enjeux du patrimoine architectural du xxe siècle,* dont les actes, publiés (Ministère de la Culture et de la Communication, 1987), recèlent de précieuses discussions sur la redéfinition nécessaire du monument, au vu de ses nouveaux champs d'expertise.

10. F. CHOAY, *L'allégorie du patrimoine, op. cit.*

diversification. Comme sa promotion d'un redoutable principe d'inflation[11]».

Et l'accroissement des connaissances, au XXe siècle, se révèle plutôt
néfaste au regard de l'intervention étatique en matière de patrimoine. Il est
certes impossible de tout conserver, *a fortiori* sous la gouverne de l'État ; et
s'il s'avère urgent de «créer la législation nécessaire à la protection effective
d'un patrimoine beaucoup plus étendu que celui de quelques milliers de
monuments historiques[12]», les erreurs de parcours que l'on constate aujour-
d'hui laissent douter des voies, voire de l'utilité de la reconnaissance
institutionnelle, fondée sur les choix d'un groupe d'initiés à l'égard d'un
héritage prétendument universel. À l'éclectisme excessif d'un patrimoine
issu d'une «irrépressible envie de vouloir tout garder[13]», se couple ainsi la
dérisoire méconnaissance du «patrimoine» sélectionné, dans lequel

> la seule communauté à se retrouver [...] est celle des amateurs, historiens
> d'art, archéologues ou architectes : eux, ou leurs pareils, décident du classe-
> ment et utilisent les classés comme matériau de leur métier ; juges et parties,
> ils protègent ainsi fort bien leurs intérêts catégoriels[14].

Sur l'amnésie des monuments

La situation est d'autant plus critique que, comme plusieurs l'ont
remarqué, il n'existe actuellement aucun critère de «classement», à
l'échelle planétaire et a-temporelle à laquelle on s'attendrait à voir le
monument s'établir[15]. Les critiques actuelles sont unanimes : il importe

---

11. Pierre NORA, «L'opération de mémoire», dans Robert DULAU (dir.), *Apologie du
périssable, op. cit.,* p. 11.

12. F. LOYER, «Le patrimoine contemporain. Naissance d'une doctrine», *op. cit.,* p. 278.

13. À ne pas savoir quoi conserver et pourquoi le faire, on comprend la tentation de tout
sauvegarder, en vrac, dans la crainte de perdre un bien inconnu. Rappelons ici ce juste vocable du
«*complexe de Noé*» que Françoise CHOAY a assigné à ce phénomène dans *L'allégorie du patrimoine,
op. cit.,* p. 162. Plus qu'une simple méfiance envers la modernité, l'excès pathologique de la
conservation patrimoniale nous apparaît comme la conséquence d'une crainte irraisonnée de
«détruire» quelque patrimoine futur, dont l'identification serait certes mieux servie par une approche plus rationnelle.

14. Pierre-Yves BALUT, «De l'irrépressible envie de vouloir tout garder», dans Robert DULAU
(dir.), *Apologie du périssable, op. cit.,* p. 289. L'auteur a fort éloquemment décrit cette situation
déplorable du «monument» actuel : «[...] Si au moins, quelque communauté s'y reconnaissait, y
trouvait son identité, l'inutilité scientifique, pratique ou esthétique gagnerait quasiment sa rédemption. Mais l'occurrence est rare, car on n'admet pas comme critère de classement la prise en compte
du lien qu'un groupe social se reconnaît avec un autre, antérieur, à travers quelque prétexte que ce
soit».

15. À titre d'exemple, il est effectivement difficile de comprendre comme des énoncés de
«critères» la «valeur universelle exceptionnelle du point de vue de l'histoire, de l'art ou de la
science» (*Conventions et recommandations de l'Unesco relatives à la protection du patrimoine
culturel,* Paris, Unesco, 1983) ou «l'état physique, l'intégrité des caractéristiques architecturales,
le style, l'originalité sur le plan technologique et la qualité de l'environnement immédiat» (*La loi
sur les biens culturels et son application,* Québec, Ministère des Affaires culturelles, 1987). À ce
chapitre, cependant, il faut noter que le récent débat autour de la protection du patrimoine du XXe
siècle se révèle fructueux. Ainsi, Marcus Binney évoquait notamment les nouvelles directives

maintenant de «déterminer ce qui [...] va faire l'objet d'une sélection[16]». Or, en ce qui concerne l'identification de ces monuments que l'on voudrait à jamais porteurs de nos mémoires, Pierre-Yves Balut a fort clairement exposé que

> les procédures de décision sont toujours scientifiquement aussi floues et c'est un euphémisme. Le critère de classement reste la valeur intrinsèque de l'exemplaire, sans grand examen de son intérêt en relation aux autres déjà classés ou classables auxquels il ressemble d'une façon ou d'une autre ; moins encore de son intérêt vis-à-vis de ce à quoi il est associé. L'examen des séries ou ensembles associatifs est à la merci du hasard capricieux, suivant la sollicitation des choses ou des gens[17].

À Québec, l'exemple du classement tardif de la cathédrale Holy Trinity en est révélateur : en l'absence de critères, l'opportunité immédiate, au cas par cas, surdétermine la constitution du monument et la production monumentale. En marge de ces critères qu'il est forcément impossible de retracer, il faut poser le problème de la sélection des monuments en aval de leur consécration, afin d'expliquer ce qui, à ce jour, aura retenu sinon la reconnaissance, du moins l'intérêt des conservateurs.

Il est vrai que le texte de l'acte de classement de la cathédrale évoque, à plusieurs reprises, l'ancienneté du monument ; demeure cependant que cet *âge,* comme nous le remarquions récemment[18], n'est apparu — littéralement, puisque l'état de conservation de la cathédrale la «datait» au sein d'un paysage remis à neuf par la restauration — qu'après le classement de la presque totalité de l'actuel corpus des monuments et sites historiques du Québec. L'on aura compris bien entendu que ce geste récent du gouvernement québécois arrive en conclusion d'une série de reconnaissances qui, elles, se sont attachées au *visage français*[19] d'un territoire qu'on en est venu à proclamer national. En amont du patrimoine que Dumas — parmi d'autres — souhaitait préserver «au nom de la survivance de la race[20]», derrière «l'héritage français» de Trudel[21], et même en transparence du capital

---

destinées, au Royaume-Uni, à protéger le patrimoine récent (après 1939) : «La sélection ne concernera que des bâtiments d'une importance strictement nationale ou internationale». Les édifices inscrits seront «ou de très grande qualité architecturale, ou des exemples d'innovations technologiques, de conception ou de style, ou seront associés à des personnes ou à des événements d'une signification nationale exceptionnelle». «La protection du patrimoine du XXe siècle», *Les enjeux du patrimoine architectural du XXe siècle [...]* ; citons notamment, parmi ces actes, le texte de F. LOYER, «La modification des critères dans l'évaluation du patrimoine contemporain. Préalables à une politique de protection», p. 66-70.

16. F. LOYER, «Le patrimoine contemporain. Naissance d'une doctrine», *op. cit.,* p. 276.

17. P.-Y. BALUT, «De l'irrépressible envie de vouloir tout garder», *op. cit.*

18. Lire L. NOPPEN, «Quebec City», *Le fil des événements,* 9 février 1995, p. 7 et 18-19.

19. *Ibid.*

20. Sylvio DUMAS, «Un problème de survivance», *Notre héritage historique,* Québec, Société historique de Québec, 1951, p. 7-10 («Cahiers d'histoire», n° 3).

21. Marcel TRUDEL, «Conservons notre héritage français», *Notre héritage historique,* Québec, Société historique de Québec, 1951, p. 15 («Cahiers d'histoire», n° 3).

touristique que s'efforçait de constituer Beaudet[22], comment ne pas reconnaître le phénomène éminemment identitaire qui gouverne la constitution des corpus monumentaux?

Certes, c'est là, nous en convenions plus haut, la destination *sine qua non* du monument que de modéliser les représentations collectives. Au vu de la reconnaissance institutionnelle que l'on connaît, ce motif noble d'une pérennité culturelle, dont l'État se ferait médiateur, se heurte à deux facteurs qui dominent manifestement cet acte de représentation qu'est la consécration monumentale.

D'une part, si, à l'heure actuelle, la pérennité culturelle est naturellement antinomique des impératifs financiers de n'importe quelle institution gouvernementale, il est impossible de désolidariser l'action gouvernementale des implications économiques qui le plus souvent paraissent motiver le geste de classement. À cet égard, l'évaluation médiatique du classement de la cathédrale Holy Trinity — «*The classification will enable the Cathedral to seek government funding for the renovations[23]*» — va de soi. Les historiens d'art s'étonneront cependant devant cette motivation, inscrite à l'acte de classement parmi les qualités reconnues à l'architecture de l'édifice: «Compte tenu que les agents du ministère des Affaires culturelles ont fait valoir le caractère d'urgence du classement parce que les travaux doivent être entrepris au plus tôt[24]». Existe-t-il toujours quelque adéquation entre un *objet classé* et un *monument*?

L'on reconnaîtra aussi, au chapitre de cette «décadence matérialiste» du monument, l'extension actuelle du patrimoine, dénoncée par Babelon et Chastel, qui redéfinit le monument en vertu de potentiels marchandages assassins de la culture qu'ils prétendent préserver. Ainsi la liste du patrimoine mondial de l'UNESCO serait, planétarisation oblige, la source d'une bien étrange monumentalisation[25]:

> La notion de *bien culturel* ne se confond pas ou ne devrait pas se confondre avec celle de bien patrimonial: les objets de collection, les témoins ethnologiques [...] sont ou peuvent être des biens culturels dignes d'attention; ils ne sont pas, semble-t-il, pour autant, sinon par métaphore, des éléments d'un

---

22. Louis BEAUDET, *Québec, ses monuments anciens et modernes [par un Québécois]*, Québec, Société historique de Québec, 1973 [1890] («Cahiers d'histoire», n° 25).

23. Karen MACDONALD, «Cathedral is Officially Historic Treasure», *The Chronicle Telegraph*, 10 janvier 1990, p. 25.

24. *Extrait du procès-verbal de la réunion de la Commission des biens culturels du Québec tenue à Montréal, le 31 octobre 1989*, Québec, Ministère de la Culture, 1989.

25. Ce problème de l'industrialisation du patrimoine a été aussi soulevé par F. CHOAY, *L'allégorie du patrimoine, op. cit.*, p. 161, qui décrit l'inadéquation patente de la consécration universelle en vertu de critères de reconnaissance locaux: et impérialisme culturel d'un groupe d'initiés (Choay évoque le cas d'un objet sacré conservé par des «profanes» pour sa valeur d'art) n'est que l'un des symptômes de cette pathologie d'un corpus monumental construit par et en fonction de quelque avant-garde, excluant *a priori* les rapports du monument à la collectivité.

patrimoine, si celui-ci est toujours défini par une valeur autre que celle de la connaissance scientifique. Il en est résulté le fait curieux que de nombreux pays du Tiers-Monde ont été amenés à désigner des monuments, des ensembles, des sites qui pouvaient, en raison de leur intérêt local, leur constituer un «patrimoine». L'appareil des traditions et des coutumes, véritable charpente de ces sociétés, n'impliquait pas un ordre de symboles monumentaux comparable à celui des contrées occidentales: il a fallu en improviser un. C'est une question de dignité. Mais l'artifice saute aux yeux[26].

D'autre part, nonobstant l'économie de la monumentalisation, l'on est forcé d'admettre l'idéologisme unilatéral de l'appareil d'État. L'exemple de la cathédrale Holy Trinity est révélateur d'un épisode britannique devant lequel l'histoire du Québec demeure réticente — *L'architecture en Nouvelle-France*, qui regroupait aux yeux de Morisset le paysage construit depuis Champlain jusqu'au XXe siècle, est ici un titre éloquent[27]. Or, le classement à la pièce de *documents* de cette histoire, on le constate aujourd'hui, constitue un syntagme isolé où la *reconnaissance* tient peu de place: rares sont ceux, en effet, qui peuvent s'identifier à ces mémoires dont les deux derniers siècles sont à toutes fins utiles oblitérés.

À défaut de notoriété, inhérente au *monument*[28] mais apparemment pas au *monument historique,* le corpus des monuments classés — en vertu de facteurs économiques ou d'un besoin immédiat de représentation — ressemble en fait davantage à un fonds d'archives qu'à un paysage mémoriel. Si Notre-Dame de Paris fait l'unanimité de la nation française, force est de constater que peu de monuments du Québec rallient les Québécois à leurs mémoires. Certains émergent ainsi du *patrimoine français* défini sous les gouvernements Gouin et Taschereau; d'autres proviennent de l'offensive touristique menée dans les années 1940 par le ministère des Affaires municipales, de l'Industrie et du Commerce[29]. Ainsi l'inventaire de la qualité documentaire que détaillent certains textes des *Chemins de la mémoire* — ils discutent d'objets dont on n'aura pas toujours convenu de l'intérêt collectif et dont les motifs de classement, inégaux, ne révèlent qu'occasion-

---

26. Jean-Pierre BABELON et André CHASTEL, «La notion de patrimoine», *Revue de l'art,* n° 49, 1980, p. 29.

27. Gérard MORISSET, *L'architecture en Nouvelle-France,* Québec, [chez l'auteur], 1949.

28. Contentons-nous ici de citer Riegl: «Par monument, au sens le plus ancien et véritablement originel du terme, on entend une œuvre créée de la main de l'homme et édifiée dans le but précis de conserver toujours présent et vivant dans la conscience des générations futures le souvenir de telle action ou telle destinée». Aloïs RIEGL, *Le culte moderne des monuments […],* op. cit., p. 35.

29. L'association est facile entre, d'une part, cette parole de Jean-Marie Gauvreau, chargé d'enquêter sur l'artisanat et le tourisme: «Qu'on ne craigne pas d'intensifier le cachet canadien, avec une note régionale bien marquée [...]. Plus nous donnerons une ambiance québecquoise plus le touriste sera conquis, plus il désirera revenir et s'attarder dans le Québec»; et, d'autre part, le «chalet suisse» inventé, comme Jacques Gubler l'a démontré, par le tourisme anglo-saxon. Jean-Marie GAUVREAU, *Artisans du Québec,* Trois-Rivières, Les Éditions du Bien public, 1940, p. 37; et Jacques GUBLER, *Nationalisme et internationalisme dans l'architecture moderne de la Suisse,* Genève, Éditions Archigraphie, 1988.

nellement d'éventuels témoignages — réunit sous l'étiquette «classé» un corpus parfois non représentatif et non évocateur. C'est sans doute à ces monuments amnésiques — l'expression sidère — que se réfère la préface du même ouvrage: «Ils sont là [...] à défier le temps et les *œuvres à la mode.* Ce sont nos monuments et sites historiques, autrement appelés biens culturels[30]».

«Vides de substance», pour paraphraser Balut[31], ces monuments anonymes, choisis en vertu de critères obscurs, n'ont pas de mémoire. Aujourd'hui, non seulement les seules caractéristiques physiques des monuments potentiels esquissent un paysage de symboles défiant l'appréhension globale, mais en outre la *mémoire* que sous-tend chacun varie selon le sujet — celui qui a classé, surtout —, l'objet — le «patrimoine multiple et contradictoire» qu'évoque Loyer —, l'époque et le lieu.

Entre les lieux que l'on classe au nom des personnages illustres qui les ont habités et ceux dont le classement protège l'œuvre d'architectes notoires, entre les témoins d'une tradition révolue et les porteurs du génie original et créateur, entre le précieux document que convoite le spécialiste et l'objet ludique ou nostalgique du visiteur, la sélection de *monuments* dont on ne conçoit clairement ni le rôle, ni la portée, ni les destinataires en est réduite à fluctuer selon le pouvoir des décideurs.

Sur le positivisme et l'«opacité» du monument historique

Cette «opacité» du monument historique, comme la désigne Choay[32], n'est pas sans rappeler le *texte* de Derrida, «qui n'est un texte que s'il cache au premier regard, au premier venu, la loi de sa composition et la règle de son jeu[33]». Mais le caractère spécifique du monument, justement, ne tient-il pas à la dissociation de l'*écriture* et de la *lecture*?

De fait, l'on conviendra, à l'instar de Riegl qui fut l'un des premiers à l'admettre[34], qu'il n'existe aucun monument en dehors de la perception que nous avons d'un *a priori* éventuellement construit, mais autrement anonyme[35]. L'axiome, on l'a vu, n'est malheureusement pas de tous les discours : la seule confusion entre l'*interprétation* et l'*objet interprété*, dans le cas du classement de la cathédrale Holy Trinity, en est l'illustration éloquente. Comment expliquer en effet, autrement que par positivisme, que

30. Commission des biens culturels du Québec, *Les Chemins de la mémoire*, Québec, Les Publications du Québec, 1990 [tome 1]; 1991 [tome 2].

31. P.-Y. BALUT, «De l'irrépressible envie de vouloir tout garder», *op. cit.*, p. 289.

32. F. CHOAY, «À propos de culte et de monuments», p. 11.

33. Jacques DERRIDA, *La dissémination*, Paris, Seuil, 1972, p. 71.

34. A. RIEGL, *Le culte moderne des monuments [...], op. cit.*

35. La question de la construction monumentale, en ce qui concerne le caractère subjectif du monument, a notamment été détaillée par Jacques MATHIEU aux *Assises québécoises du patrimoine*, en 1992 («Le vernis du patrimoine», *Le forum québécois du patrimoine, Actes de la rencontre de Trois-Rivières*, Québec, s. éd., 1992, p. 5-10).

se retrouvent côte à côte, parmi les motifs invoquant le classement: «elle s'avère la plus ancienne du Québec», «elle a été conçue selon un plan classique inspiré de deux églises de James Gibbs de Londres», «la très grande qualité de son environnement immédiat» et «il s'agit d'un édifice formé d'un long rectangle coiffé d'un toit à deux versants et couronné en façade par une tour portant une flèche[36]»?

La confusion entre l'objet classé, les raisons motivant son intérêt, celles justifiant son classement, et le «monument», dont on a vu qu'il n'est plus nécessairement ni la source, ni la résultante de la reconnaissance institutionnelle, nous conduit à un quatrième constat des critiques récentes des pratiques patrimoniales: à fabriquer le patrimoine, on ignore souvent l'implicite subjectivité de la monumentalisation[37]. Dans ce contexte, comme l'écrit Choay,

> Le sens du monument historique chemine difficilement. La notion n'est pas détachable d'un contexte mental et d'une vision du monde. Adopter les pratiques de conservation des monuments historiques sans disposer d'un cadre historique de référence, sans attribuer une valeur particulière au temps et à la durée, sans avoir mis l'art en histoire, est aussi dépourvu de significa-tion que pratiquer la cérémonie du thé en ignorant le sentiment japonais de la nature, le shintoïsme et la structure nippone des relations sociales. D'où des enthousiasmes qui multiplient les contresens ou encore dissimulent des alibis[38].

D'où l'importance, à la base de critères qu'il reste à définir, d'une conscience critique qui mette en perspective la constitution du monument et le processus de sa production, d'une part, et qui restitue au monument son implication culturelle originelle, d'autre part. En d'autres mots, la constitu-tion d'un patrimoine (de monuments) pour legs procède des intentions du donateur, non du légataire et encore moins du legs en question: l'énoncé de critères qui ordonneraient ce processus de donation, réclamé par les récentes critiques, requiert que l'on détermine le point de vue du donateur.

Du monument historique au monument

Apparemment, et la chose est fort regrettable, le passage du *monument* au *monument historique* a oblitéré le caractère mnémonique autrefois inhé-rent au monumental comme au patrimoine. Pierre Nora a fort bien décrit la situation actuelle, résumant ces quatre constats que nous avons explicités:

---

36. *Extrait du procès-verbal de la réunion de la Commission [...].*

37. Choay expose partiellement le problème: «Tout récemment, on aurait pu s'attendre à voir contester le dogmatisme du monument dans le cadre des nouvelles politiques de réhabilitation et de participation des usagers, qui ont posé la question du patrimoine monumental en termes de destinataires et de signification sociale. Il s'avère cependant [...] que le postulat conservatoire et l'impérialisme du monument continuent de régner sous le couvert d'une légitimité sociale, elle aussi postulée, et arbitrairement confirmée». F. CHOAY, «À propos de culte et de monuments», p. 16.

38. F. CHOAY, *L'allégorie du patrimoine, op. cit.*, p. 21.

C'est, en fait, une économie nouvelle de notre rapport au temps et à l'espace qui se met en place, un vaste éclatement de notre mémoire historique et un déplacement de ses points d'appuis traditionnels [...]. Du même coup l'opération de mémoire n'a plus rien d'automatique et de spontané. Elle suppose un énorme travail d'élaboration à la fois conceptuel, juridique, administratif, architectural et financier. Elle implique le passage d'une conception presque passive du patrimoine comme héritage à une conception volontaire, directrice, normative, d'un patrimoine construit[39].

Or, si ceux que l'on désigne monuments ne sont plus dignes de la reconnaissance; s'il est aussi impossible de tout classer, par mesure de sécurité, qu'il s'avère absurde de dissocier la consécration, aux fins d'identité collective, de la reconnaissance par une communauté élargie; si les monuments varient, de la maison à la halle des machines et de la cathédrale au gratte-ciel, parallèlement aux mutations et aux revirements idéologiques qui gouvernent leur consécration, il importe, en cette fin de XXe siècle, d'actualiser la notion de monument, ne serait-ce que dans l'optique de pertinence qu'engage l'action étatique dans le domaine culturel. Au vu des problèmes et enjeux des pratiques patrimoniales actuelles, il s'agit de comprendre le processus de consécration monumentale dans le but de restituer au monument la reconnaissance naturelle que sa reconnaissance, en principe, implique; de même, il faut mettre en perspective la consécration actuelle et la consécration passée, afin d'en arriver à quelque idée globalisante qui gouverne, au-delà de l'idéologisme ponctuel, les choix nécessaires à la consécration future.

C'est dans ces objectifs que nous tenterons de modéliser puis de rendre opérationnel un système de constitution de ces monuments, dont on conviendra qu'ils ne peuvent plus être rassemblés de la même façon et sous les même bannières que le furent leurs ancêtres de la IIIe République. Il s'agit de retourner du monument historique au monument.

L'ici-maintenant monumental

Commençons au commencement: en quoi le monument historique ainsi dénoncé diffère-t-il du monument?

Le monument, selon Choay, «a pour fin de faire revivre au présent un passé englouti dans le temps»; le monument historique est quant à lui tantôt «constitué en objet de savoir intégré dans une conception linéaire du temps», tantôt, de surcroît, «œuvre d'art [s'adressant] à notre sensibilité artistique [...]: dans ce cas, il devient partie constitutive du présent vécu, mais sans la médiation de la mémoire ou de l'histoire[40]».

---

39. Pierre NORA, «L'opération de mémoire», dans Robert DULAU (dir.), *Apologie du périssable, op. cit.*, p. 11.

40. F. CHOAY, *L'allégorie du patrimoine, op. cit.*, p. 22.

Comprenons là qu'un monument historique qui serait, en outre, un monument aurait pour spécificité de transcender la contemporanéité, en perpétuant, par reviviscence continue, la pérennité de quelque souvenir. Ce souvenir s'incarnera, et survivra dans le monument par un certain nombre de symptômes propres à susciter l'intérêt, et *a fortiori* la reconnaissance. De ce point de vue, la distinction entre un monument commémoratif intentionnel (quelque statue équestre, par exemple) et ce même monument, toutefois classé en vertu de son pouvoir évocateur ou de son potentiel fédérateur de mémoires collectives, ne tiendrait qu'à ce que cette dernière lecture des symptômes diffère (éventuellement) de leur écriture originelle.

En 1903, l'historien d'art Aloïs Riegl, inventoriant les motifs constitutifs du monument dans cet ouvrage fondateur qu'est aujourd'hui *Le culte moderne des monuments. Son essence et sa genèse,* nommait ces symptômes «valeurs». À la recherche d'une définition du «monument historique» — qu'il proposa le premier —, Riegl identifie trois valeurs de «remémoration» (d'ancienneté, historique et de remémoration intentionnelle) et deux valeurs de «contemporanéité» (la valeur d'art et la valeur d'usage). La contribution aujourd'hui acclamée d'Aloïs Riegl tiendrait notamment, selon Choay, en ce qu'il distingue des qualités liées au passé, à la mémoire, de «nouvelles» qualités, liées au présent sans médiation mémorielle[41]. D'où, bien entendu, d'inévitables conflits — Boito s'y confrontait déjà, en restauration toutefois[42] — entre la valeur d'ancienneté et la valeur d'usage, par exemple, ou entre la ruine et le lieu fonctionnel.

Mais surtout, Riegl — et c'est là, en regard des problèmes que nous avons exposés, la majeure contribution du *Culte moderne des monuments* — propose les solutions à ces conflits en intégrant ceux-ci à des contextes historiques et culturels déterminant ce qu'il considère dès lors comme des cas particuliers. L'analyse de Riegl démontre l'importance d'une conscience critique qui prenne acte, outre des qualités isolées et/ou consubstantielles, du système de production de monuments et des intentions que celui-ci entretient à l'égard de la consécration monumentale[43].

Écrivant des «valeurs de contemporanéité» qu'elles sont «les autres valeurs qu'un monument peut représenter pour l'homme moderne[44]», Riegl

---

41. *Ibid.,* p. 29.

42. Lire notamment Camillo Boïro, *Résolution présentée au IIIe Congrès des ingénieurs et des architectes italiens,* Rome, 1883 (ce texte a été porté à notre attention par André Corboz, qui en a fourni la traduction). Le va-et-vient incessant de l'auteur entre le soin d'un état ancien décadent et le respect de l'intégrité de cette «décadence» témoigne éloquemment des conflits que devait entraîner, par définition, la *conservation* de l'*ancien*.

43. C'est cette conscience particulière qu'esquisse aujourd'hui la restauration critique, dans la foulée de Cesare Brandi qui, plus d'un demi-siècle après Riegl, définit «l'œuvre d'art», «matière» de la restauration, au départ de sa reconnaissance. Lire à ce sujet Cesare BRANDI, *Teoria del restauro,* Turin, G. Einaudi, 1977 [1963].

44. A. RIEGL, *Le culte moderne des monuments [...], op. cit.,* p. 63.

signe la prise en compte de l'indéniable existence du monument dans un espace-temps actuel, d'où il est jaugé, jugé, classé, bref où ses *qualités,* au regard du conservateur, deviennent *valeurs.*

Il ne saurait, à l'évidence, y avoir monument sans ce phénomène de valorisation, c'est-à-dire sans reconnaissance. Le «monument historique» aura acquis, du fait de son institutionnalisation[45], la connotation péjorative qui le relègue aujourd'hui au *passé,* excluant par exemple de sa désignation l'œuvre récente à laquelle le *Kunstwollen*[46] demeurerait sensible. Aucune surprise à ce que la mémoire — qui est pourtant, nous l'avons vu, inhérente au monument — n'entretienne plus que des liens ténus avec ces monuments *historiques.* Faculté de l'ici-maintenant, la mémoire ne peut rappeler le révolu, le passé, l'oublié, que si ces derniers se projettent dans un espace-temps simultané d'elle-même[47].

L'évolution du monument et de ses qualifications

Mais comment le monument loge-t-il cette diffuse *mémoire ?*

Le monument se révèle une part active d'un patrimoine communautaire (local, national, planétaire, etc.), dans la transmission duquel, par définition, il joue un rôle de protagoniste essentiel. En perpétuant les réminiscences et/ou en focalisant les caractères communs d'une collectivité, il est incubateur et paradigme des syntagmes identitaires. Or, on observera qu'une communauté du XXIe siècle ne se reconnaîtra pas la même identité que son ancêtre du XIXe siècle, de même qu'il existe des identités locales,

---

45. Sans doute cette institutionnalisation, au demeurant nécessaire pour la protection des biens étatisés (le cas de la France est exemplaire), requérait-elle cette théorisation peut-être excessive qui finit par conférer au monument historique un statut différencié du monument. Outre les travaux de Riegl, les écrits de Viollet-le-Duc, de Ruskin, pour n'en nommer que quelques-uns, auront érigé le monument historique en discipline, avec les avatars que pareil consensus scientifique pouvait entraîner, dont nous avons évoqué ici les hauts faits. À titre d'exemple des déviations que l'appréhension rationnelle et/ou littéraire aura imposées à ce qui demeurait jusque-là un concept implicite, citons ce passage du «monument» au «document», de Boito : «Étant donné que les monuments architectoniques du passé ne permettent pas seulement d'étudier l'architecture, mais servent, en tant que documents essentiels, à clarifier et à illustrer dans toutes ses parties l'histoire des différentes époques et des divers peuples; qu'ils doivent être respectés avec un scrupule religieux, précisément comme des documents». C. BOITO, *Résolution [...], op. cit.* On ne saurait bien entendu blâmer la conscience critique de l'auteur; force est de constater, cependant, que la «documentalisation» du monument, parallèle à la croissance de la discipline historique, aura relégué celui-ci corps et âme aux manipulations des intellectuels, plus qu'à la reconnaissance collective.

46. Entendons par là, notamment, le vouloir d'art et la sensibilité artistique qui l'accueille. Nous empruntons le vocable allemand à Aloïs Riegl, au terme des abondantes discussions et publications sur son usage. Le lecteur intéressé se référera, entre autres, à Otto PÄCHT, «Art Historians and Art Critics VI Alois Riegl», *Burlington Magazine,* mai 1963, p. 188-193, ainsi qu'à «l'introduction du traducteur», *Le culte moderne des monuments [...],* p. 21-32.

47. N'est-ce pas d'ailleurs cette spécificité du monument qu'esquissait Ruskin, lorsqu'il écrivait «the strenght which [...] connects forgotten and following ages with each others, and half constitutes the identity [...] of nations»? John RUSKIN, *The Seven Lamps of Architecture,* Londres, J. M. Dent and Sons, 1956 [1849], p. 191.

planétaires, occidentales ou orientales. La constitution du monument est en perpétuelle évolution.

Ni Boito, ni Ruskin, ni Riegl ne pouvaient prévoir la littérale explosion de la discipline historique et l'inflation du corpus cognitif que celle-ci allait produire, et dont nous avons revisité, plus haut, les avatars. Dire que la constitution du monument évolue, c'est surtout reconnaître que, puisque les *données* de l'objet se transforment, la lecture de l'objet mue dans la mesure où l'écriture de celui-ci aura imposé aux habitudes perceptuelles la prise en compte de différentes qualités : ainsi les amateurs apprécient-ils aujourd'hui l'*expressionnisme* formel, le *fonctionnalisme,* le *rationalisme, etc.* Aucune surprise à ce que le *patrimoine* ait pris l'expansion qu'on lui connaît, en même temps que chaque donnée nouvelle devenait une qualité sanctifiable. Et, en dépit des limites de l'imaginaire humain, la croissance exponentielle de tels procédés de consécration esquisse un avenir effroyable.

À la recherche des critères actuellement réclamés, il nous paraît plus réaliste de substituer à l'inventaire de ces *qualités* qu'on serait tenté d'entreprendre — et dont la futilité saute aux yeux, au regard de nos objectifs — la conceptualisation des qualifications (lire : action, manière d'apposer une qualité) par le biais desquelles l'objet devient monument. C'est une telle conceptualisation que, toutefois à l'enseigne d'autres objectifs, Riegl entreprenait en 1903 ; employées au lieu d'«utile», d'«évocateur» ou d'autres *qualités,* la valeur d'ancienneté, la valeur historique, la valeur d'usage, la valeur d'art de Riegl esquissent à nos yeux l'intérêt de décoder le monument par ses qualifications (non pas ses qualités), c'est-à-dire par les vecteurs qui orientent la lecture de l'objet, et auxquels s'ancre le jugement de celui-ci.

Nous n'entendons pas reprendre une à une les valeurs de Riegl pour en examiner la validité, la logique ou la pertinence, non plus que nous n'entendons retracer, depuis Riegl, l'histoire des qualifications apposées à l'objet. Il nous paraît cependant qu'en marge des vecteurs de lecture du passé, de l'esthétique, de la fonctionnalité et de l'intégrité[48] qu'esquissait Riegl, le XXe siècle a proposé une donnée que l'on ne peut dissocier des habitudes perceptuelles contractées depuis : celle du *contexte.*

Sans retracer non plus l'ontogenèse du contextualisme, il faut en effet reconnaître l'impact des travaux d'Alexander, de Rossi, de leurs contemporains et de leurs successeurs sur l'écriture et la lecture actuelle du *paysage construit*[49]. L'interrelation de la ville ancienne et de la ville nouvelle que

---

48. Sans être explicitement une valeur, dans les termes de Riegl, l'intégrité prend une part importante de l'appréhension de la valeur d'art, de la valeur d'usage, de la valeur d'ancienneté, de la valeur historique et de la valeur de remémoration intentionnelle. C'est pourquoi nous la proposons ici en *vecteur,* c'est-à-dire qu'elle *oriente* la lecture de l'objet.

49. Avec Christopher ALEXANDER (*Notes on the Synthesis of Form,* Cambridge, Harvard University Press, 1964), puis Aldo ROSSI (*L'architecture de la ville,* Paris, l'Équerre, 1981), l'architecture a en effet glissé de l'autoréférence à l'espace conceptuel infini du *contexte.* Le lieu,

proposait Giovannoni, dont Choay discute d'ailleurs au chapitre de «l'invention du patrimoine urbain[50]», y préludait: le monument entretient aujourd'hui avec son environnement un rapport dynamique, depuis que l'objet qu'ont modulé contextualisme et typomorphologie n'existe qu'à l'intérieur d'un cadre dont on ne saurait plus faire abstraction. Peut-être est-ce à l'enseigne de pareille lecture que les motifs de classement de la cathédrale Holy Trinity incluaient «la très grande qualité de son environnement immédiat[51]»; quoi qu'il en soit de l'importance qu'a prise cette donnée contextuelle, il nous paraît en résulter un nouveau vecteur, relatif à la position de l'objet, qui oriente la lecture de celui-ci en prenant acte du rapport dialogique encadrement/encadré.

C'est sur la base de ces qualifications, par le biais des vecteurs que nous avons énoncés, que nous proposons dans la suite de notre exposé un modèle systémique du monument qui, en aval des critiques recensées, permettra l'énoncé de critères actuels et opérationnels de la consécration monumentale.

Un modèle systémique du monument

Résumons: un *monument, aux yeux d'une collectivité,* conjugue *un* passé au présent par le biais de la *reconnaissance* d'un certain nombre de qualités formelles, fonctionnelles, etc. Nous avons nommé *qualification* l'action de lecture de ces qualités et avons retracé des vecteurs qui orientent, qui gouvernent cette qualification.

Certes, l'on conviendra que la genèse d'un monument, c'est-à-dire la reconnaissance dont une communauté l'investit, y (re)trouvant son identité par mémoire interposée, n'est pas nécessairement le fait d'une intentionnalité systématique et logiquement exprimée; la reconnaissance ressortit davantage à la diffuse *piété* de Ruskin[52], à une «singularité [qui] est moins dans la valeur explicite du signe que dans l'activité dont [le monument] atteste le déploiement et la durée[53]»; le monument, pour reprendre Babelon et Chastel, «s'impose à nous comme la matrice des signes et des symboles[54]». Les qualités qu'on reconnaît au monument sont ainsi concomi-

---

autrefois contenant, est devenu contenu de l'architecture. Au point où l'articulation de l'architecture à l'identité, comme le remarquait récemment Latek, en ressort aujourd'hui clairement. Nous avons discuté de ces métamorphoses du rapport architecture/mémoire dans L. Noppen et L. K. Morisset, «Édifier une mémoire des lieux en recyclant l'histoire usages et fonctions du passé dans l'architecture actuelle», *La mémoire dans la culture*, Sainte-Foy, Université Laval, CÉFAN/Les Presses de l'Université Laval, 1995.

50. F. Choay, *L'allégorie du patrimoine, op. cit.,* p. 151-156.

51. *Extrait du procès-verbal de la réunion de la Commission [...].*

52. Lire J. Ruskin, *The Seven Lamps of Architecture,* particulièrement le chap. VI: «The Lamp of Memory», p. 179-203.

53. J.-P. Babelon et A. Chastel, «La notion de patrimoine», p. 29.

54. *Ibid.*

tantes; de surcroît, l'opération de qualification est consubstantielle, du fait de l'interaction des vecteurs la gouvernant.

Nous sommes revenus du monument aux principes de sa reconnaissance. Ce sont ces principes qui, selon toute logique, devraient justifier la consécration et/ou la conservation. Nous en avons déduit le modèle systémique suivant, qui valide les critères que nous proposons, ensuite, aux pratiques patrimoniales actuelles.

Cinq valeurs monumentales

Au départ du contexte des pratiques monumentales actuelles, et en conclusion du cadre théorique énoncé ci-haut, nous avons déterminé cinq valeurs, correspondant aux vecteurs identifiés, et qui apparemment décrivent la consubstantialité monumentale: nous les nommons valeur d'âge, valeur d'art, valeur d'usage, valeur de matérialité et valeur de position. «Valeurs», parce que, antithétique de quelque vérité objective, cette désignation n'est significative que par rapport à l'expérience (au jugement) de l'objet: puisque la «valeur» fluctue dans la mesure du désir dont un sujet investit un objet — l'objet possédant d'autant plus de valeur que le désir du sujet est grand —, nommer *valeurs* les ingrédients du monument, c'est, *a priori,* reconnaître la subjectivité du processus monumental[55].

Les valeurs d'âge, d'art, d'usage, de matérialité et de position se réfèrent à des données factuelles qui renseignent éventuellement sur l'édification de l'objet; du point de vue de la reconnaissance, elles dénotent le jugement fondé sur l'intentionnalité de la monumentalisation. C'est pourquoi ces valeurs que nous proposons sont bipolaires: chacune constitue un passage entre l'ici-maintenant et l'objet décodé par la lecture que nous en faisons. De ce point de vue, les valeurs monumentales explicitent la consécration contemporaine, en même temps que l'examen de la constitution du monument renseigne sur les intentions — éventuellement commémoratives — de ses idéateurs.

Ainsi, les *valeurs* postulent la subordination de la consécration monumentale à la reconnaissance, c'est-à-dire à la validation, par la collectivité, du *potentiel monumental* qu'identifieront éventuellement spécialistes et chercheurs à l'objet. La constitution du monument en appelle ainsi à un système de production (du monument), au fil duquel l'objet se trouve investi de la notoriété que lui confèrent les valeurs.

Notre objectif ici, en décodant la construction d'un monument, est de proposer un modèle systémique de la consécration monumentale qui valide

---

55. Ce que soulignait d'ailleurs Jean-Claude VIGATO: «Les significations que portent les édifices sont susceptibles de variations même si rien ne change dans leur aspect». «L'histoire de la critique, un critère pour le patrimoine», *Les enjeux du patrimoine architectural du xxe siècle [...],* p. 75.

et rende opérationnelles, au regard des pratiques actuelles, ces cinq valeurs que nous proposons. Cela pourrait passer par le détail systématique d'un corpus large ; nous choisissons plutôt de procéder par l'analyse symptomatique d'un monument fort, qui illustrera l'exposé suivant de chacune des valeurs monumentales : la cathédrale Holy Trinity de Québec, dont nous avons déjà esquissé quelques aventures.

La cathédrale Holy Trinity livre en effet des documents très explicites sur le vouloir monumental qui a guidé sa genèse ; et depuis sa construction jusqu'à sa restauration récente, destinée au culte d'un groupe minoritaire, elle détient l'avantage de l'exception qui, forcée de se distinguer de la tradition, lègue à l'examen des traces déchiffrables comme telles. Au regard de son ontogenèse monumentale, la cathédrale apparaît comme le manifeste planifié et (finalement) préservé d'une identité collective particulière : elle témoigne éloquemment de la constitution comme du système de production des monuments.

La valeur d'âge (l'âge réel ou l'âge apparent)

Constituant le monument en *témoin* d'un *passé,* la valeur d'âge est à la source même du *monument historique.* La fonction historique d'un objet, en effet, tient à sa capacité de marquer une époque dont il mesure, depuis la contemporanéité, la distance. La reconnaissance du monument consacre d'abord le témoin d'une époque, d'une société, d'un fait d'histoire.

Mais la valeur d'âge se partage en deux pôles. On peut reconnaître ou documenter un âge réel qui serait en quelque sorte objectif. Mais cet âge réel — un fait d'histoire — se double d'une apparence d'âge qui, elle, ressortit aux valeurs attribuées : quel que soit l'âge d'un bâtiment, il peut être perçu comme plus ou moins vieux, dépendamment de son état de conservation ou de la nature des modifications qu'il a subies dans le temps. L'âge réel d'un bâtiment est une donnée conceptuelle, un outil des spécialistes ; il permet de comparer, de généraliser et offre des assises aux constructions mémorielles. La collectivité, elle, lit plutôt l'apparence d'âge.

C'est ainsi que la cathédrale Holy Trinity ne suscita l'intérêt que lorsque son vieillissement se fit apparent : les traces de son âge, d'autant plus évidentes qu'elles côtoyaient la relative jeunesse d'édifices fraîchement restaurés, évoquaient puissamment un *passé* que de lourdes restaurations antérieures avaient pratiquement oblitéré de l'arrondissement historique du Vieux-Québec. Puis l'on a découvert, dans la foulée de ce nouvel intérêt, que cet âge apparent se doublait de surcroît d'un âge réel : la cathédrale, ouverte au culte en 1804, devenait, par comparaison, la plus ancienne église que la ville ait conservée. D'où l'importance, au regard de la restauration nécessaire, de sauvegarder cette patine qui, à l'intérieur comme de l'extérieur, signalait l'édifice comme témoin évocateur.

En ancrant le présent au passé par des racines tangibles, la valeur d'âge fonde le rôle mnémonique du monument, rend crédible la mémoire qu'il véhicule. Nulle surprise à la récurrence de celle-ci, depuis Ruskin, dans tous les discours que le «patrimoine» intéresse[56]; c'est de cet âge aussi que les opposants de la modernité, choqués par une modernisation inconsidérée ou simplement méfiants envers la nouveauté, déploreront la disparition. Passé le romantisme du XIXᵉ siècle, toutefois, «l'âge» a aujourd'hui cédé le pas à d'autres valeurs; mais comme l'écrivait Lancaster, «*although the antiquarian heresy is far less widespread now [...] it is by no means dead, and the confusion between antiquity and merit is still a common enough threat to sound judgement*[57]».

L'on conviendra dorénavant que l'*âge* pris individuellement, qu'il tienne d'une apparence ou d'une datation réelle, appartient plus aujourd'hui à l'intérêt scientifique qu'à la focalisation d'une identité collective. Si l'âge (réel) est le fait d'un événement historique abstrait — quelque personnage aura habité une maison sans autre valeur, par exemple —, l'édifice n'en retiendra, au mieux, qu'une qualité documentaire. De même, l'âge apparent n'est pas une qualité en soi; peu apprécieront l'extrême dégradation d'un vestige qui n'évoquerait rien d'autre que sa propre décadence[58]. En revanche, si l'objet commémore physiquement un événement ou un phénomène historique — par une modénature explicite, comme celle d'une statue équestre, ou par quelque langage formel «daté» —, sa valeur d'âge, expressive, donne au monument le potentiel d'évoquer. L'évocation elle-même est alors le fait, on l'aura compris, de la coexistence d'autres valeurs, notamment de la valeur d'art.

La valeur d'art (l'œuvre intentionnelle ou la valeur attribuée)

La valeur d'art consacre «l'œuvre artistique ou architecturale», c'est-à-dire l'objet qui exprime un ensemble de significations par sa configuration

---

56. Arthur Buies a fait de la valeur d'âge, et surtout de l'»antiquarisme» auquel elle menait parfois, une probante description: «L'occasion est trop bonne pour ne pas dire en passant que le goût du vieux pour le vieux est une de nos grandes faiblesses, à nous, Québécois. Il n'y a rien, entre autres, que nous aimions autant que les maisons brûlées et il va sans dire que plus il y a longtemps qu'elles le sont, plus nous y tenons». Arthur Buies, *L'ancien et le futur Québec*, Québec, Darveau, 1876, cité par Sylvio Dumas et Marcel Trudel, *Notre héritage historique*, Québec, Société historique de Québec, 1951, p. 15.

57. Osbert Lancaster, «What should we Preserve?», *The Future of the Past*, Londres, Thames and Hudson, 1976, p. 66.

58. C'est là justement la différence essentielle opposant le *vestige* à la *ruine* propre à émouvoir l'esprit romantique le vestige n'évoque que le moment de sa décadence, alors que la ruine, en quelque sorte, fait de la somme des histoires du lieu une *mémoire* lisible non pas au seul âge du monument, mais plutôt à ses attributs formels éventuellement conséquents de son âge. Nous avons discuté de cette définition de la ruine et du vestige dans L. Noppen et L. K. Morisset, «Édifier une mémoire des lieux [...]», *op. cit.*

d'ensemble et/ou son traitement détaillé[59]. La valeur d'art peut être intentionnelle, par exemple lorsque l'ultime fonction de l'objet est de symboliser, de manifester, lorsque le créateur l'investit *a priori* d'un rôle d'étendard, de témoin implicite ou explicite. À ceux qui s'y sont intéressés récemment, la cathédrale Holy Trinity a livré une quantité impressionnante de documents attestant pareille destination symbolique. L'édifice se révèle le premier bâtiment à Québec dont on peut retracer la genèse, le processus créateur, sur des fondements textuels qui décrivent l'intention explicite de ses idéateurs de faire œuvre d'art[60], exemplaire et témoin de la nouvelle présence britannique dans la colonie. Les références à la théorie — notamment à Palladio, à Alberti —, le choix, à titre d'architectes, des ingénieurs militaires Hall et Robe — à l'époque les seuls, de surcroît britanniques, qualifiés pour la tâche requise —, la modélisation de l'édifice, la modénature de son architecture intérieure et extérieure en témoignent.

En 1982, c'est à n'en pas douter l'existence préalable de tels documents, commentant l'intention architecturale originelle, qui a encouragé la publication d'un premier rapport monographique sur la cathédrale Holy Trinity[61], s'attachant notamment à l'étude des systèmes de proportions proposés par le Britannique James Gibbs et utilisés à la cathédrale, à Québec. Puis l'intérêt croissant pour les qualités architecturales découvertes a conduit à l'émergence d'une valeur d'art attribuée, au long d'un cahoteux chemin, révélateur de la difficile médiation des identités en cause, au terme duquel idéologues et historiens ont convenu du rôle des bâtiments du classicisme britannique — la cathédrale Holy Trinity en était pionnière — dans l'architecture du Québec[62].

---

59. Précisons que nous entendons ici le vocable «art» selon sa dénotation première «d'ensemble de moyens, de procédés réglés qui tendent à une fin», et non dans l'esprit de sa plus récente connotation d'idéal esthétique.

60. Notamment la description qu'en a faite le major William ROBE, dans «The English Cathedral of Quebec», dans Fred C. WÜRTELE, *Transactions,* Québec, Quebec Literary and Historical Society, 1891.

61. Roger CHOUINARD et Pierre LANDRY, *La cathédrale anglicane de Québec. Étude de la composition architecturale et historique de la construction,* Sainte-Foy, Université Laval, École d'architecture, 1982.

62. En marge d'histoires dédiées à un visage français que la nation était à retracer, quelques recherches et publications, dégageant et maintenant cette «présence britannique» que la cathédrale s'était un jour efforcée d'affirmer, ont lentement étayé les circonstances de sa tardive reconnaissance. Parmi ceux-là: L. NOPPEN, «Thomas Baillairgé architecte le développement d'un néoclassicisme québécois», thèse de doctorat de 3e cycle, Université Toulouse-Le Mirail, 1976; *id., Les églises du Québec (1600-1850),* Montréal, Fides, 1977; L. NOPPEN, Claude PAULETTE et Michel TREMBLAY, *Québec. Trois siècles d'architecture,* Montréal, Libre Expression, 1979. Ces travaux, actifs participants de la construction d'un monument marginal et fondements des plus récents discours théoriques sur le cas de la cathédrale Holy Trinity (notamment L. NOPPEN, «Quebec City»; et L. NOPPEN et L. K. MORISSET, «Cathedral Church of the Holy Trinity», *Lieux de culte [...], op. cit.,* tome 2, Ville de Québec, 1994), illustrent éloquemment le rôle prépondérant du discours critique dans la production monumentale.

Vue et lue depuis la contemporanéité, la cathédrale Holy Trinity pouvait désormais se décoder comme témoin d'une intention artistique la distinguant des productions traditionnelles. La valeur d'art attribuée désigne ainsi la reconnaissance, au-delà de l'intention édificatrice, d'un vouloir de symbole (passé) dont on conçoit la renaissance ou la continuité. L'on peut ainsi reconnaître aujourd'hui l'intelligibilité d'une intention passée, notamment lorsque celle-ci, comme ici, ressortit à la manifestation d'une identité explicite; on peut aussi, nonobstant l'intentionnalité de l'édification, reconnaître dans le monument le témoignage d'une œuvre, d'un courant, d'une esthétique correspondant au *Kunstwollen* de la contemporanéité.

Ainsi, à l'opposé de la valeur d'art intentionnelle, la valeur d'art attribuée (exclusivement) consacrera l'objet *a priori* anonyme, qui se révèle *a posteriori* exemplaire au vu du discours interprétatif de l'histoire de l'art[63]. Mais, comme dans le cas de la valeur d'âge, la bipolarité de la valeur d'art illustre le pouvoir du monument de transcender le *passé*: la notoriété du monument est d'autant plus facilement construite dans la foulée d'une intention artistique originelle. L'intention exprimée mène en tout cas plus rapidement à la notoriété, en l'absence de valeur d'âge — surtout d'apparence d'âge.

Car la reconnaissance d'une valeur d'art ressortit aussi à l'unicité, qui s'accroît bien entendu dans la mesure où l'âge limite les échantillons et marque les archétypes. L'on aura par exemple découvert, dans la foulée de la cathédrale Holy Trinity, maintes transformations des propositions formelles de l'architecture religieuse au Québec, que le regard rétrospectif permet d'attribuer à la cathédrale. L'exemplarité à laquelle se rattache aujourd'hui la valeur d'art est d'autant plus grande que la valeur d'âge consacre rares, aux yeux de la lecture rétrospective, certaines dispositions.

La valeur d'usage (la fonction ou l'utilité)

La valeur d'usage consacre la fonctionnalité du monument. Celle-ci est étroitement associée aux typologies fonctionnelles en architecture, puisque c'est par sa forme essentielle que l'édifice apporte une réponse à un besoin, correspond à un «programme»: comme c'était le cas de la valeur d'art, on comprendra donc ici le lien étroit entre la reconnaissance de cet usage et la valeur d'âge du monument.

D'une part, on reconnaît à la valeur d'usage la représentation d'une fonction donnée: la notoriété ressortit dès lors à l'âge apparent et au *Kunstwollen*. Ainsi la cathédrale Holy Trinity présente-t-elle un caractère

---

63. On reconnaîtra ici les jugements hasardeux émis en d'autres temps au nom d'un exclusif *Kunstwollen* qui, fort heureusement, tend apparemment à délaisser ce totalitarisme esthétique. Ce serait justement là, selon F. CHOAY, *L'allégorie du patrimoine, op. cit.*, p. 192, l'un des problèmes constitutifs du corpus monumental actuel, dont l'irrépressible croissance nous ferait regretter des jugements plus catégoriques.

d'unicité exceptionnel : liées au cérémonial anglican, ses dispositions programmatiques constituent en outre, au début du XIXe siècle, le prototype d'une nouvelle fonctionnalité qu'expriment l'organisation spatiale, le mobilier, etc. Or, cette expression s'associe ici à celle de l'âge apparent, qui marque «l'usage d'époque»: quoique l'on connaisse depuis peu d'importantes modifications à l'intérieur de l'édifice[64], ces dernières, inscrites dans la continuité de l'usage original, n'ont pas altéré l'homogénéité de l'ensemble et, partant, sa lisibilité[65].

D'autre part, la valeur d'usage concerne aussi l'utilité du monument, c'est-à-dire son adéquation à un usage actuel ou potentiel, dans une perspective plus pragmatique. Il existe ainsi des édifices qui ne sont que des témoins d'usages pour lesquels ils ont été érigés et des monuments qui, tout en conservant les qualités qu'on leur reconnaît, peuvent être reconvertis à d'autres usages. Mais la fonction, passée ou actuelle, peut, en s'associant à l'expression d'une valeur d'âge (âge réel), servir un usage commémoratif: c'est le cas par exemple d'un monument «millésimé» dont la fonction est de rappeler — de commémorer — un événement, un fait d'histoire. De ce point de vue, la cathédrale Holy Trinity se distingue, non seulement en demeurant utile aujourd'hui, mais aussi en inscrivant cette utilité dans la continuité de sa fonction initiale, sans compromettre l'expression de celle-ci: la cathédrale Holy Trinity continue ainsi d'être un monument du point de vue de l'évocation d'un usage, partiellement tributaire de l'intention artistique reconnue. La concomitance de la nouvelle destination de monument du bâtiment restauré, d'une part, et de son utilisation culturelle offrant en spectacle la fonction consacrée, d'autre part, illustre ce dialogue synchronique, entre la construction et la reconnaissance, de la valeur d'usage avec la valeur d'âge et avec la valeur d'art.

La valeur de matérialité (l'intégrité physique ou l'intégrité formelle)

La valeur de matérialité qualifie la constitution matérielle de l'objet. Cette valeur connote d'une part la composition physique, notamment les dispositions constructives; d'un point de vue cognitif, la cathédrale Holy Trinity a par exemple révélé l'archétype de nouvelles habitudes de construction (liées à l'intention artistique)[66], que valide l'état actuel du bâtiment.

---

64. En 1897-1898, l'architecte Harry Staveley a planifié l'installation de bancs pour les choristes, le remplacement de l'autel originel et celui de la chaire, déplacée à cette occasion à l'emplacement initial des fonts baptismaux, et l'ajout d'un étage à la galerie ouest. Au terme de ces travaux, il ne restait plus du mobilier originel que la balustrade du chœur. Lire, à ce sujet, L. NOPPEN et L. K. MORISSET, «Cathedral Church of the Holy Trinity»; et *id., Un monument devant l'histoire la cathédrale Holy Trinity,* Sillery, Septentrion, 1995.

65. Cette réflexion sur la valeur d'usage, alimentant le débat sur l'intérêt des «intérieurs d'époque», a été amorcée dans L. NOPPEN, «Les intérieurs d'époque: de l'art d'habiter» et «L'habitat mis en scène», *Continuité,* n° 51, automne 1991, p. 15-25.

66. L. NOPPEN et L. K. MORISSET, «Cathedral Church of the Holy Trinity»; et *id., Un monument devant l'histoire [...].*

Cette matérialité, objet d'une curiosité archéologique, a notamment suscité l'intérêt des interprétations identitaires auxquelles elle a révélé la transition, parfois conflictuelle, entre les pratiques traditionnelles héritées de la Nouvelle-France et le renouveau apporté par le Régime britannique[67]. Puis, évaluée en termes pragmatiques, cette intégrité physique influe aussi sur l'état actuel du bâtiment — l'on reconnaîtra ici les conséquences parfois hasardeuses d'innovations technologiques autrement remarquables[68] — que l'on décrira, selon le cas, bon ou mauvais au regard de sa conservation.

D'autre part, la valeur de matérialité statue sur l'intégrité formelle : on évalue alors l'état intact, l'état représentatif ou l'état exceptionnel, ce qui, en définitive, confère une notoriété au monument ; c'est cette intégrité que chérit Cesare Brandi, lorsqu'il spécifie de ne restaurer que la matière, non pas l'image de «l'œuvre d'art[69]». Le poids de la valeur de matérialité est ainsi largement dépendant des autres valeurs : l'intégrité formelle qualifie, au-delà de la valeur d'âge, la valeur d'art et la valeur d'usage ; et le lien étroit entre la reconnaissance de ces dernières et l'expression de la valeur d'âge explique la désaffection collective pour les édifices reconstruits ou restaurés à neuf, dépouillés de l'intégrité formelle qui les aurait proclamés *authentiques*.

La valeur de position (rapport centripète ou rapport centrifuge)

La valeur de position évalue le rapport d'un édifice à son environnement. Elle concerne, antérieure au rôle du monument, la qualification du site : la recherche historique peut dégager des choix spécifiques à cet égard, visant notamment à enrichir la perception de l'édifice. Ce rapport centripète du cadre à l'objet, auquel s'associent les notions de proximité, d'intégration, etc., renseigne ainsi sur l'intentionnalité de l'édification, se liant éventuellement à la valeur d'art, à la valeur d'usage et à la valeur d'âge.

Ainsi, la construction de la cathédrale Holy Trinity sur la place d'Armes porte la signature des arrivants britanniques. Traditionnellement, les églises catholiques s'ouvraient alors sur la place publique : l'église des récollets par exemple, que la cathédrale remplace, avait façade sur la place d'Armes, vers l'est, en dépit de l'usage orientant habituellement les églises.

---

67. *Ibid.*

68. Citons pour mémoire le cas notoire de la villa Savoye de Le Corbusier, d'ailleurs évoqué à ce titre par F. LOYER («*Le choix technique trop audacieux de l'architecte était largement en avance sur les possibilités de son époque*»), «La modification des critères dans l'évaluation du patrimoine contemporain. Préalables à une politique de protection», *Les enjeux du patrimoine architectural du xxe siècle [...]*, p. 66.

69. C. BRANDI, *Teoria del restauro, op. cit.* Au sujet des rapports authenticité/intégrité du monument restauré, il faut lire Michel PARENT, «Problèmes de la restauration avec l'environnement sociologique et culturel», *Monuments historiques,* numéro hors série, 1977, p. 15-19, qui a fort intelligemment discuté des liens que devait entretenir la matérialité du monument avec le pouvoir évocateur de celui-ci.

La cathédrale Holy Trinity, si elle domine le nouveau centre institutionnel des Britanniques, tourne le dos à la place d'Armes, vers laquelle se dresse son chevet; puis, à l'image des églises protestantes, elle s'entoure d'un enclos dont l'effet ségrégatif révèle la conception toute britannique de l'organisation urbaine.

Depuis cette valeur initiale de la cathédrale, qui tirait profit de son environnement, l'âge et l'usage de l'œuvre ont inversé peu à peu le rapport du cadre à l'objet. Déjà, au moment de la construction, son haut clocher proclamait Québec la seule ville qui soit, au monde, dotée de deux cathédrales; valeur de signal fondatrice d'un paysage connu de l'arrondissement historique — combien de gravures, aquarelles, images représentent ce clocher? —, la cathédrale Holy Trinity apparaît en outre aujourd'hui admirablement située sur la place d'Armes, devenue dans la foulée de sa construction le centre de la ville renouvelée. Et, comme le prestigieux édifice, les églises catholiques ont peu à peu délaissé la place publique — où elles n'étaient plus seules régnantes — pour se replier, elles aussi, dans des enclos. La valeur de position centripète de la cathédrale se double ainsi d'une valeur de position centrifuge, puisque le monument paraît déterminer la perception, voire l'ordonnance de son environnement construit.

Constitution et production du monument: une approche systémique

Entre la lecture de l'objet et la production du monument, à quelques ajustements linguistiques près, les valeurs d'âge, d'art, d'usage, de matérialité, de position font écho à des qualités séculaires et récurrentes à l'échelle planétaire. De même, l'on conviendra que la notion de *potentiel monumental,* en ce qu'elle désigne le passage possible de l'anonymat à la reconnaissance, est inhérente à la définition même du monument.

L'évolution du corpus monumental, puisque le processus de reconnaissance demeure, ressortit plutôt aux variations du poids relatif de chacune des valeurs (stables) dans la constitution monumentale. Bref, si la dénotation des valeurs monumentales est invariable, leur connotation, elle, varie: la constitution monumentale dépend de l'intention qui gouverne le jugement, au départ de l'une ou l'autre valeur. C'est pourquoi la seule énumération analytique des valeurs investies dans le monument ne peut suffire à expliciter la production et la constitution monumentale. Au paradigme cartésien de Riegl, nous proposons donc de substituer, pour rendre opérationnelle notre définition de la constitution monumentale, le paradigme systémique[70] suivant, qui rend compte du fonctionnement de la production monumentale, au départ des liens entre les constituants du monument: les relations du contexte (de production) à l'objet produit (le

---

70. Nous empruntons le «paradigme systémique» à André OUELLET, *Processus de recherche Une approche systémique,* Sillery, Presses de l'Université du Québec, 1991.

monument), les relations de la connaissance à la reconnaissance, les relations de l'édification de l'objet à sa notoriété et, surtout, les relations de la constitution monumentale à chacune des valeurs, prises individuellement, et aux interrelations de ces valeurs que nous avons esquissées plus haut. Le modèle systémique déduit de ce fonctionnement représente la constitution monumentale et les mécanismes qui l'articulent, au sein du système de production des monuments.

De l'intention à la consécration
ou de la connaissance à la reconnaissance

Retraçant la production des monuments, le modèle représenté décrit le système de consécration monumentale : globalement, il retrace le passage, depuis la contemporanéité, de la connaissance de l'objet à la reconnaissance monumentale, ou d'une consécration antérieure à celle d'aujourd'hui. C'est ce passage, constitutif de la production monumentale, qui explique les résultats inégaux de la reconnaissance, par exemple celle de la valeur d'âge dont on aura investi la consécration de Place-Royale (Québec), dans les années 1960-1970, et qui reçoit aujourd'hui l'opprobre des tenants de l'authenticité[71]. Oscillant entre deux pôles, l'un décodant une éventuelle intention de représentation, l'autre désignant la représentativité, chacune des valeurs dont on investit le monument induira, selon le cas, une perception négative ou positive : on a vu par exemple que les valeurs injectées dans l'édification de la cathédrale Holy Trinity, explicitées par la recherche historique, ne conduisent aujourd'hui à la consécration que dans la mesure de leur actualisation, c'est-à-dire de leur possible reconnaissance par la collectivité, ici et maintenant.

L'édification de la cathédrale, comme on l'a vu, peut aujourd'hui être comprise en termes d'intentions. Aux valeurs d'art, d'usage et de matérialité correspondent alors ces trois attributs séculaires de l'architecture classique : la Beauté, la Solidité, la Commodité, qui désignent un *Kunstwollen* quasi universel qui dénote, dans le cas de la cathédrale Holy Trinity, la volonté des arrivants britanniques de *faire monument*. La contextualité, comme on la nommerait aujourd'hui, investit l'intention édificatrice d'une valeur de position centripète ; et la pérennité, inscrite dans la datation (concrète ou abstraite, littérale ou figurée) à laquelle s'associe la valeur d'âge, qualifie la projection de l'édification au-delà de l'immédiateté, dans un futur qui commémorera leur souvenir, par exemple.

Ces cinq intentions et les valeurs dont elles investissent éventuellement l'objet constituent le document que décrit l'historien ; elles explicitent la représentation, c'est-à-dire le processus (et son résultat) par lequel les édificateurs traduisent leurs positions en une image destinée à la reconnais-

---

71. On citera ici, notamment, F. Choay, *L'allégorie du patrimoine, op. cit.*

sance de celles-ci. Cible de la connaissance objective[72] offerte à la lecture (actuelle) de l'objet, l'édification ainsi analysée renseigne sur l'intentionnalité de ses idéateurs ; et si cette *édification* peut bien entendu être celle d'un objet nouveau, littéralement construit, elle peut aussi être le fait d'une monumentalisation antérieure, dont l'objet — le monument —, au-delà de sa production, devient lieu de représentation d'une collectivité qui y retrouve ses valeurs.

Mais — on ne le répétera jamais assez — il n'existe de monument que par reconnaissance des valeurs que le document recèle. La concrétisation du *potentiel monumental* en *monument* requiert ainsi, par-delà le document analysé, l'émergence d'une *notoriété* qui convertit les valeurs dont la contemporanéité investit le monument en critères qui distinguent celui-ci du corpus anonyme dont il est extrait, du fait des intentions de la collectivité à l'égard de sa consécration.

Entre l'édification de l'objet et sa notoriété, il revient au discours interprétatif de constituer la connaissance critique — elle révèle les connotations signifiantes du document assemblé par la connaissance objective — qui articule l'une à l'autre la connaissance objective et la reconnaissance. Bref, au-delà de l'examen de chacune des valeurs, l'évaluation du potentiel monumental doit se faire comparative : la connaissance critique concerne ainsi la représentativité de l'éventuel monument. Ici interviennent, donc, ces intentions de la collectivité à l'égard de la consécration : en conclusion de l'évaluation des valeurs d'âge, d'art, d'usage, de matérialité, de position, ce sont l'ancienneté, l'exemplarité, l'adaptabilité, l'authenticité, le rayonnement qui, ultimement, constituent le monument dans l'ici-maintenant.

Reconnaître le monument et transmettre son héritage

Toutes ces valeurs permettent d'évaluer le potentiel monumental d'un édifice (ou d'un ensemble architectural) ou de conclure sur les ingrédients de sa notoriété puis, de là, statuer sur l'opportunité de sa consécration officielle. Il va de soi, à tout le moins en principe, que la notoriété précède la reconnaissance. C'est aussi une lapalissade, au vu du monument dont nous avons défini la constitution et la production, que d'affirmer l'antériorité de la reconnaissance *de fait* (celle de la collectivité) par rapport à la reconnais-

---

72. On comprendra ici la notion de «connaissance objective» comme indépendante de l'intentionnalité, et concernant exclusivement la structure matérielle de l'objet analysé. De ce point de vue, la *connaissance objective*, comme l'a proposé Pirazzoli, diffère de la *connaissance critique* qui, elle, relève la structure thématique — c'est-à-dire, dans ce cas-ci, déduit les significations de la structure matérielle et de l'intentionnalité. C'est aux confins de ces deux «connaissances» que la connaissance totale de l'objet (signifié, signifiant), nommée *restitution*, sert de guide, pour Pirazzoli, au geste du restaurateur tenu de choisir entre les états antérieurs mis au jour par la connaissance objective et «compris» par la connaissance critique. Nullo PIRAZZOLI, «Conoscenza/Progetto», *Introduzione al restauro*, Venezia, Cluva Universita, 1987.

sance *institutionnelle* (celle de l'État qui octroie un statut légal au monument). Or, l'histoire que nous avons retracée plus haut compte maints cas contraires.

Nous avons, jusqu'ici, embrassé plus ou moins indifféremment l'action étatique et la reconnaissance collective sous le vocable «consécration». Le modèle systémique que nous avons proposé, s'attachant à décoder la constitution monumentale, a permis d'expliciter, par-delà l'ambiguïté qu'imposent aux productions mnémoniques les fluctuantes quêtes identitaires, le passage de la connaissance à la reconnaissance du monument. Mais, l'exemple de la cathédrale Holy Trinity le révèle, la reconnaissance institutionnelle n'est ni la conséquence de la reconnaissance collective[73], ni sa nécessaire motivation.

À l'évidence, le monument n'est qu'occasionnellement le fait de la reconnaissance institutionnelle. Il faut dire que le classement et autres gestes de l'État, au nom de la *nation,* impliquent l'appartenance d'une mémoire à une identité collective large, où plusieurs ne se reconnaîtront pas : en 1982, le refus des autorités de la cathédrale Holy Trinity d'une étude menant éventuellement au classement — parmi les «autres» biens culturels du Québec — est révélateur de tels enjeux de la reconnaissance institutionnelle. «Toute conservation d'un héritage», écrit Jean-Robert Pitte, «devrait sous-entendre de la part des héritiers le sentiment qu'ils ont à y trouver des avantages, plus que des soucis[74]». La reconnaissance, au nom de la collectivité de surcroît, engage les conservés autant que les conservateurs.

Une question de pertinence

C'est pourquoi la reconnaissance institutionnelle requiert une analyse en fonction de critères de pertinence plutôt extérieurs au monument. Il est certes malheureux que, le plus souvent, les lois et réglementations afférentes aient été invoquées — à la pièce et exclusivement — au nom de tels critères de pertinence, pour régler des situations d'urgence dont la somme constitue une part importante, mais non moins peu justifiée, des corpus monumentaux que l'on connaît. Cependant, en marge d'un idéal qui évaluerait, au fil d'un processus critique et conscient, le potentiel monumental des objets «classables», la dimension politique de la reconnaissance institutionnelle impose un ordre démocratique à la consécration officielle.

Aujourd'hui, les fonds se faisant rares, le volume des engagements antérieurs et la récurrence des dépenses remettent en question le recours aux

---

73. Comme F. Loyer le remarquait d'ailleurs à l'égard du patrimoine contemporain, le «vedettariat» de reconnaissances parfois issues d'intérêts particuliers ne valide surtout pas le geste institutionnel. F. Loyer, «La modification des critères dans l'évaluation du patrimoine contemporain [...]», p. 68.

74. Jean-Robert Pitte, «Le domaine rural», dans Robert Dulau (dir.), *Apologie du périssable, op. cit.,* p. 303.

reconnaissances légales ; le poids des intervenants (administrateurs, groupes de pressions) et des notions d'équité économique ou régionale interviennent aussi[75]. En vertu de cette pratique qui soumet les valeurs monumentales aux critères de pertinence, un édifice menacé, néanmoins en bon état et situé dans une région défavorisée, a plus de chances d'être reconnu légalement qu'une remarquable vieille chapelle désaffectée, située en milieu urbain, dont personne ne veut.

Quoique cet état des choses ait un fondement valable, cette situation de reconnaissance, souvent au nom du *political correctness,* peut paraître déplorable. Mais que les savoirs sur le patrimoine émergent des travaux, publications et conférences des spécialistes, ou que les requêtes de reconnaissance légale soient issues de la position de quelque autre groupe de pression, l'opinion de la collectivité se révèle malléable en ce qui a trait aux valeurs monumentales d'un édifice ou d'un site. Au-delà du savoir (expertise) et de sa diffusion (communication), il y a donc nécessité d'arbitrage, puisqu'il est question de choix sociaux : ce sont les critères de pertinence qui effectuent une sélection, contrainte et contingente, dans le corpus de «monuments potentiels» qu'engendre l'avancement des connaissances sur le cadre bâti et son histoire. Si la notoriété et les valeurs monumentales doivent fonder *a priori* la reconnaissance, les mesures légales ne peuvent — démocratie oblige — faire abstraction de cette pertinence qui doit, dans tous les cas, guider les gestes gouvernementaux[76].

Miser sur la notoriété

Contre le scientisme jaloux des choix de l'avant-garde, récusé par les critiques récentes — mais néanmoins, il faut l'admettre, constitutif de l'identité *collective* —, et aussi contre l'appropriation unilatérale du «monument» par l'industrie, notamment touristique, «l'intérêt public», ici juge et partie, pourvoyeur et héritier de la reconnaissance légale, garantit de fait le long terme des choix de conservation en tempérant au mieux les excès

---

75. Déjà en 1956, le *Committee on Standards and Surveys* (É.-U.) ne reconnaissait au *«Historical and Cultural Significance»* qu'une importance relative parmi d'autres critères d'évaluation des *«Historic Sites and Buildings»* et le comité suggérait notamment que soient pris en considération les «Suitability, Educational Values, Cost, and Administrative Responsability of Sponsoring Group». L'on comprendra bien entendu qu'à la différence de ce que l'on connaît des habitudes françaises (et québécoises), ces recommandations s'inscrivent dans le contexte nord-américain, où les monuments sont davantage le fait d'institutions particulières que d'entreprises étatiques au nom de la collectivité. Mais peut-être, aussi, ces monuments «pertinents» épousent-ils mieux les contours des collectivités restreintes auxquelles ils s'adressent.

76. Et dans cet ordre d'idées, comme Osbert Lancaster le soulignait, *« We must bear in mind that there are degrees of value, and economic necessity frequently imposes a choice. Therefore before we set up a howl in defence of some admirable but far from unique group of cottages or a Queen Anne rectory, let us always reflect whether or not our action is going to prejudice our chances of stopping the demolition of some acknowledged masterpiece threatened at a later date»* O. LANCASTER, «What should we Preserve?», p. 66.

Fig. 1 La cathédrale anglicane. Chevet vers la place d'Armes (photo Paul Laliberté).

documentalistes[77]. Devant un État démocratique, et de surcroît économique-ment dépourvu, l'on conviendra de toute façon que la notoriété assistera la transmission des héritages plus souvent et plus efficacement que le geste légal[78]. Pendant que la pertinence pare ainsi au plus pressant, protégeant menacés et oubliés, il reste aux spécialistes à proposer à la collectivité les

---

77. Et, comme le remarquait d'ailleurs Pascal Ory, «il n'est pas d'exemple de politique patrimoniale opposée au mouvement social». «De la nécessité du patrimoine», *De l'utilité du patrimoine, Actes du colloque,* Paris, Direction du patrimoine, 1992, p. 241.

78. Ne serait-ce qu'en ce qui concerne les plus récentes «adhésions» au corpus des monu-ments potentiels. Comme le soulignait F. Loyer, «Le problème du coût devient vite un problème de choix. Dans l'immensité du patrimoine existant, la sélection pourrait bien être sauvage et les protections accidentelles. Si l'on veut éviter une telle évolution, il faudra bien quantifier la demande de protection et opérer une sélection volontaire de ce que l'on désire, avec plus ou moins de force, conserver. Autant le problème se pose peu pour un patrimoine ancien dont la rareté fait la valeur, autant il devient critique lorsque ce patrimoine est pléthorique. Il faut dès lors lui trouver les moyens de se conserver par lui-même, pour la plus large part qui ne pourra pas bénéficier d'une protection effective». *Les monuments historiques demain, Actes du colloque,* Paris, Direction du patrimoine, 1984, p. 68.

Fig. 2 La cathédrale anglicane vue de l'intérieur (photo Paul Laliberté).

monuments écartés de ces choix de pertinence, que sauvegardera éventuellement leur seule notoriété. Ceux-là seront «garantis de l'éternité», pour paraphraser Poncelet, «par la tendresse de leurs visiteurs amoureux».

Sur les chemins de cette transmission tacite, la reconnaissance institutionnelle, libérée de cette confuse «opacité monumentale» qui aura malheureusement gouverné, on l'a vu, une «reconnaissance» tombée en désuétude, aura pour rôle d'étayer, d'un point de vue critique, la quête identitaire de la collectivité. En ce qui concerne cette délicate sélection d'un legs que l'on sait maintenant lourd de conséquences, il est à espérer que le modèle de consécration que nous proposons trouvera écho chez ceux qui, en marge des particularismes d'identités restreintes, voient aussi dans la protection des monuments l'enjeu «d'un accroissement illustré du savoir, de la conscience, de l'incontournable mémoire: celle de l'histoire, des hommes grands, exemplaires, même communs, des événements ou des faits de société[79]». Car à ce titre le monument et, plus largement, le contexte

---

79. P.-Y. BALUT, «De l'irrépressible envie de vouloir tout garder», *op. cit.*, p. 289.

physique demeurent les seuls ancrages d'un «patrimoine immatériel[80]», d'une mémoire qu'il reste aujourd'hui, selon toute apparence, à constituer. Pour cela, les paradigmes monumentaux, dans le cadre de l'approche systémique que nous avons suggérée, offrent la voie d'un rapport architecture/mémoire/identité plus fertile.

Une autre façon d'édifier

Notre objectif, qui était de proposer un modèle opérationnel à la consécration des monuments, nous a conduits à interroger l'héritage équivoque de deux siècles de pratiques patrimoniales, devenues insatisfaisantes et inconsistantes à bien des égards. Parmi les problèmes que notre examen a relevés, il en est un que nous n'avons qu'effleuré : celui de la «compétence d'édifier[81]» que scléroserait une ferveur aveugle, et excessive, du patrimoine.

Peut-être une conservation plus consciente de ses gestes et de ses choix induira-t-elle une différenciation salvatrice entre l'édification et la monumentalisation, qui distinguerait notamment la représentation de la représentativité. Mais il faut dire que la pratique du «monument historique», née d'un XIXe siècle dont l'historicisme construisait encore — littéralement — la mémoire, retrouve aujourd'hui par-delà le modernisme une postmodernité fervente de signifiants mémoriels[82].

De ce point de vue, dénouer les conflits de l'architecture et du monument transcende les seules pratiques patrimoniales : il s'agit de retisser, en regard d'identités démultipliées par la densification des mémoires, les rapports de contemporanéité au passé, dans une vision encore syncrétique de «l'environnement construit». Mais cela, comme disait le conteur, est une autre histoire.

---

80. Ce que Michel PARENT remarquait fort justement : «Toute la sociologie confirme que les pratiques de notre temps sont dominées par cette introduction soudaine de la projection du temps dans l'espace, de l'histoire sur l'environnement». «Problèmes de la restauration avec l'environnement sociologique et culturel», *Monuments historiques,* numéro hors série, 1977, p. 15.

81. Nous empruntons le vocable à F. CHOAY, *L'allégorie du patrimoine., op. cit*

82. Le rôle de mémorial du monument historique, dont F. CHOAY, *L'allégorie du patrimoine, op. cit,* p. 159 et suiv., a évoqué la récente revitalisation par l'industrie culturelle appartient désormais aussi à la création architecturale postmoderne, que le «retour de l'histoire» (Jean-Pierre ÉPRON (dir.), *Architecture : une anthologie,* tome 1 : *La culture architecturale,* Bruxelles, Pierre Mardaga, 1992) investit d'un rôle identitaire de remémoration qu'il reste à distinguer de celui des monuments du passé. Nous avons exploré cette avenue dans L. NOPPEN et L. K. MORISSET, «Édifier une mémoire des lieux en recyclant l'histoire [...]», *op. cit.* Au crépuscule du modernisme qui avait clairement ségrégué le «monument» par rapport à la «ville», la «question de l'intégration des ensembles historiques dans la vie collective de notre époque, à partir de 1975» (Choay), préludait à ces nouvelles confusions.

La convenance et
la représentation architecturale du rang social

Marc Grignon
CÉLAT et Département d'histoire, Université Laval

Juliana Maxim
CÉLAT et Département d'histoire, Université Laval

Dans le champ de la théorie architecturale française des XVIe et XVIIIe siècles, la règle de la convenance occupait une place particulière par la variété des définitions qu'elle a reçues. Parfois nommée bienséance, cette règle a oscillé entre la notion de décorum et la simple compatibilité entre un édifice et sa destination. Au XVIIIe siècle, son champ d'application a graduellement dérivé vers les qualités expressives des bâtiments, jusqu'à ce que la notion de caractère vienne la remplacer en revendiquant cet aspect de la conception architecturale.

Werner Szambien a documenté les principales étapes de la formation de la notion de caractère, de Boffrand à Boullée, tout en révélant la parenté de celle-ci avec la notion de convenance au XVIIIe siècle[1]. Cependant, cette étude, riche d'un point de vue documentaire, ne cherche pas à expliquer l'éclatement théorique de la notion de convenance et elle est par conséquent insuffisante pour nous faire comprendre les motifs de sa transformation en caractère. Cet éclatement doit être étudié, selon nous, comme un des moments de l'émergence de la sphère publique en France au XVIIIe siècle, dans une perspective, donc, qui déborde le cadre d'une histoire autonome de la théorie architecturale, puisque c'est justement l'émergence de cette sphère publique qui a permis le développement de l'architecture comme discipline autonome[2].

---

1. Werner SZAMBIEN, *Symétrie, goût, caractère*, Paris, Picard, 1986.

2. Dans son article sur le *Dictionnaire d'architecture* (1788-1825) de Quatremère de Quincy, Sylvia Lavin étudie l'apparition d'un public au sens moderne dans le champ de la critique architecturale et montre ainsi comment l'architecture a contribué au développement de la sphère publique : Sylvia LAVIN, « Re Reading the Encyclopedia : Architectural Theory and the Formation of the Public in Late-Eighteenth-Century France », *Journal of the Society of Architectural Historians*, vol. 53, n° 2, 1994, p. 184-192.

La convenance comme règle négative

C'est sous le règne de Louis XIV que la convenance a été définie en tant que principe fondamental de l'architecture, même si le processus de représentation auquel elle était destinée à servir de règle, soit celui de la magnificence, n'était pas nouveau[3]. Une des définitions les plus précises de la convenance apparaît dans les *Mémoires critiques d'architecture* de Michel de Frémin, ouvrage publié à Paris en 1702:

> Il me reste un mot à dire en abrégé de ce que j'entends de la convenance pour l'état des personnes qui font bâtir, c'est la science de ne rien mettre dans le bâtiment qui soit au dessus de la dignité et de la condition du maître, quand l'on le fait c'est une inconvenance, laquelle consiste dans l'oubli de son état ou dans l'omission des règles de la modestie et de la prudence[4].

Cette définition concise explique que tout édifice doit refléter le rang social de son propriétaire, et que c'est une grande erreur de s'adonner à des excès de forme et de décor qui laissent trompeusement croire à une position sociale supérieure à celle qu'on détient réellement. D'autres passages font voir comment, pour Frémin, l'aspect fonctionnel du bâtiment est aussi directement soumis à la convenance, tout manque de correspondance entre le rang social du propriétaire et la forme architecturale projetée pouvant compromettre l'accord qui devrait joindre cette forme à sa fonction. Pour Frémin, toute maladresse en plan ou en coupe peut être l'indice d'un manque de respect pour l'étiquette de la part de celui qui fait bâtir. Par exemple, Frémin ridiculise les imitations bourgeoises de l'architecture de la noblesse, telles que l'introduction de repos dans des escaliers qui n'en requièrent pas. Puisqu'il a à sa racine l'ambition sociale, un tel mépris des considérations pratiques constitue aussi un manque de décorum:

> Ce bourgeois charmé d'avoir un repos qu'il comprend être un trait de beauté, laquelle le distinguant, lui attirera toute la bourgeoisie voisine pour admirer sa dépense, c'est en usage bourgeois un flatteur contentement que de dire à son voisin que l'on fait bâtir, le dit à sa femme et la bourgeoise jouant à la triomphe chez ses voisines, publie son escalier et ses repos, et soutient que son architecte est le plus joli des hommes[5].

L'importance de ce lien entre l'architecture et le rang social sous l'Ancien Régime a été clairement expliquée par Norbert Elias, qui a démon-

---

3. Voir, par exemple, A. D. FRASER JENKINS, «Cosimo de' Medici's Patronage of Architecture and the Theory of Magnificence», *Journal of the Warburg and Courtauld Institutes*, n° 33, 1970, p. 162-170.

4. Michel de FRÉMIN, *Mémoires critiques d'architecture*, Farnborough, Gregg Press, 1967 [1702], p. 54-55.

5. *Ibid.*, p. 71. Dans ce passage, il est intéressant de remarquer l'utilisation faite du mot «publier» dans le sens ancien de «rendre public», ce qui montre de façon claire que les escaliers et les repos dont il est question sont voués à participer au processus de la représentation publique du rang social, qu'Habermas nomme «la publicité de représentation».

tré comment le prestige dépendait directement du paraître, et comment, par conséquent, celui-ci imprégnait tout aspect de la vie de la noblesse. Le déploiement du paraître, doté d'un sens fondamentalement différent de celui d'aujourd'hui, n'était pas que le simple reflet du rang social, mais le constituait de façon essentielle :

> Dans une société où chaque attitude d'un individu a une valeur de représentation sociale, les dépenses de prestige et de représentation des couches supérieures sont une nécessité à laquelle on ne peut se soustraire. Elles sont un instrument indispensable d'auto-affirmation sociale, surtout quand une compétition continuelle pour les chances de rang et de prestige tient en haleine tous les intéressés, comme c'était le cas dans la société de cour[6].

La signification sociale du paraître s'étendait à tous les aspects de la vie et elle impliquait une absence complète de distinction entre la vie privée et la vie publique. Elias fait voir, par exemple, comment le rituel qui se déroulait lors du lever du Roi Soleil était partie intégrante de son image publique. Le soin apporté à celle-ci pénétrait donc jusqu'au cœur même de ce que nous considérerions aujourd'hui comme l'intimité et, par là, évacuait toute possibilité d'existence de la vie privée dans son sens moderne. C'est dans ce contexte que la règle de la convenance doit être entendue.

Il est possible de trouver des formulations de cette correspondance entre l'architecture et le rang social dans la plupart des traités d'architecture depuis la Renaissance, même si elle ne se voit pas identifiée en tant que convenance ou bienséance. Selon le *Premier tome de l'architecture* de 1567 de Philibert de l'Orme, tout aspect du dessin d'une habitation doit être conçu en relation avec la position sociale de son occupant :

> Ainsi que ie le monstreray cy apres tant aux maisons Royales, qui doivent estre accompagnées pour ce faict, de vestibules, peristyles, portiques, & autres choses, qu'aussi aux maisons des Princes, Grãs seigneurs, prelats, & semblables, voire iusques aux marchands, bourgeois, gens de mestier & laboureurs, qui doivent tousiours cõsiderer ce qui est facile & possible à leur force & moiens, selon la qualité d'un chacun, à fin qu'ils ne dependent tant, qu'il faille emprunter, & exposer davantage que leur revenu ou traffique ne rapporte[7].

Cette citation fait voir comment toutes les habitations, du palais du roi jusqu'à la maison de l'artisan, participent d'une seule hiérarchie dont la graduation correspond aux différentes positions sociales. Cette hiérarchie universellement englobante apparaît aussi dans les nombreux traités illustrant les différents types d'habitations, comme le sixième livre de Sebastiano Serlio, non publié à l'époque, le *Premier livre d'architecture* de Jacques Androuet

---

6. Norbert ELIAS, *La société de cour,* traduit par Pierre Kamnitzer et Jeanne Etoré, Paris, Flammarion, 1985, p. 43.

7. Philibert DEL'ORME, *Le premier tome de l'architecture,* Paris, Léonce Laget, 1988 [1567], fol. 8r.

du Cerceau l'Ancien, de 1559, ou *Manière de bien bastir pour toutes sortes de personnes* de Pierre Lemuet, de 1623, où les bâtiments proposés sont classés selon les dimensions du terrain sur lequel ils pourraient être construits.

Les conditions historiques qui ont permis l'établissement d'une relation aussi nette entre la représentation et le rang social au Moyen Âge et sa continuation à l'époque classique ont été étudiées par Jürgen Habermas dans *L'Espace public.* Habermas soutient que l'association directe entre le rang social et les signes visibles du prestige est un aspect constituant de la non-division de la vie en des domaines privé et public pendant le Moyen Âge. Même si les notions de privé et de public existaient sous leur forme juridique (par exemple, l'accès commun au puits en faisait un puits public[8]), une sphère publique, dans le sens d'une «sphère de communication politique», était absente. La sphère publique médiévale était plutôt un domaine de représentation où le rang social avait à être perpétuellement démontré. Autrement dit, chaque aspect de la vie du seigneur était de nature publique, et cette publicité constituait le moyen par lequel son prestige était constamment, de façon concrète et visible, réaffirmé.

Par opposition à la sphère publique du Moyen Âge, la sphère publique moderne, apparue, dans le cas de la France, pendant le XVIIIe siècle, impliquait à ses côtés, et non plus fondue en elle, une sphère privée nettement distincte, dont le développement est allé de pair avec celui d'une nouvelle bourgeoisie de capitalistes et d'intellectuels. Cette nouvelle sphère publique, politique et critique constituait «le forum d'où les personnes privées rassemblées en un public s'apprêtaient à contraindre le pouvoir de se justifier face à une opinion publique[9]». La sphère publique moderne n'était donc plus structurée par la contrainte de la représentation, mais se constituait plutôt comme le lieu de discussions basées sur la critique effectuée au moyen de la raison et dont le cours et l'issue ne dépendaient ni du rang ni du prestige de ses participants.

La situation à l'époque classique et, plus spécifiquement, celle à la cour de Louis XIV, était encore dominée par la forme médiévale de la publicité de représentation, mais elle en constituait néanmoins une forme historique particulière, la construction lente de la convenance étant un des indices de l'installation de cette particularité. Dans le processus historique qui a amené la sphère publique médiévale à se transformer en une sphère publique moderne, la période de la monarchie absolue correspond au mo-

8. Jürgen HABERMAS, *L'Espace public. Archéologie de la publicité comme dimension constitutive de la société bourgeoise,* traduit par Marc B. de Launay, Paris, Payot, 1978, p. 18. Voir aussi Diane SHAW, «Boundaries in Medieval London: Putting the Private in Private Property», communication présentée au congrès annuel de la *Society of Architectural Historians,* Philadelphie, 27 avril-1er mai 1994.

9. J. HABERMAS, *L'Espace public...*, *op. cit.*, p. 36.

ment où la publicité de représentation, sur le bord de son effondrement, se voit le plus intensément concentrée en la personne du roi. L'analyse d'Elias de la société de cour soutient ici l'argument de Habermas selon lequel, à cette époque, la noblesse provinciale perd son pouvoir de représentation[10]. Cette concentration de la représentation à la cour royale est accompagnée d'une stricte codification de l'étiquette sous Louis XIV et la règle de la convenance acquiert, en architecture, la valeur d'un remède nécessaire aux abus qui s'étaient glissés dans la sphère de la représentation publique instaurée depuis le Moyen Âge. En architecture, la publicité de représentation devient alors l'objet d'une règle clairement définie sous les noms de convenance et de bienséance, comme si la tendance à l'ostentation architecturale soudainement se mettait à constituer une menace et en cela devait être endiguée.

Cet investissement de la signification traditionnelle d'une valeur défensive qu'est sa transformation en règle a laissé des traces dans la formulation de sa définition. Ainsi, les discussions concernant le rang social dans les textes de théorie architecturale passent de l'encouragement à bien concevoir un projet à la hauteur du propriétaire — comme chez Philibert de l'Orme — à la dissuasion de dépasser ce qui est convenable à son rang. Sous Louis XIV, la notion de convenance s'énonce ainsi selon une modalité négative, limitative, répressive, et se définit, en fait, comme une absence d'inconvenance, ainsi qu'on le voit dans le texte de Michel de Frémin. La définition de la convenance se charge d'expressions de blâme, de raillerie et de critique, qui apparentent sa nature à celle d'une censure sociale.

Ces observations couvrent une partie essentielle du contexte dans lequel les théoriciens de l'architecture ont senti le besoin de rendre explicite une règle de l'étiquette qui auparavant allait de soi, tout en tentant de donner à sa formulation l'allure superflue que peut assumer une démonstration de l'évidence, relogeant ainsi facticement la règle dans le domaine de l'incontestable dont elle était issue, mais dont elle s'était néanmoins détachée en tant que règle. Ce n'est pas que les abus étaient plus rares auparavant; c'est que ces abus avaient acquis une forme nouvellement menaçante, porteuse des signes de la montée au pouvoir de la nouvelle bourgeoisie. Dans ce contexte, les exemples de manque de respect au décorum constituent un leitmotiv des traités d'architecture publiés sous Louis XIV. Ainsi, dans un passage du *Nouveau traité de toute l'architecture* (1714) de Cordemoy, la bienséance est décrite à la fois comme le respect de la nature et des coutumes:

> Il seroit contre le bon sens, par exemple que des Portiques bien entendus, & fort magnifiques, régnassent le long des Halles ou des Boucheries, & que de superbes vestibules ou salons servissent à introduire le monde dans les

---

10. *Ibid.*, p. 21.

Magasins des Marchands. Il n'est pas nécessaire d'avertir icy qu'il n'y auroit pas en cela de Bienséance[11].

Ce passage montre le désordre auquel la règle de la convenance avait pour but de mettre fin ; c'est ce désordre sous-jacent qui donne sa forme crépusculaire à la convenance et qui détermine l'état tendu transparaissant dans son caractère limitatif, dans sa formulation négative, et dans la recherche inquiète d'une naturalité perdue. La convenance est donc cet effort pour instaurer un contrôle nouveau sur la publicité de représentation devenue vacillante, en un moment où les forces sociales qui mèneront à l'effondrement de ce système commencent à entrer en action.

De la convenance au caractère

Szambien et Pérouse de Montclos ont tous deux démontré qu'au XVIII⁰ siècle la notion de convenance a graduellement dérivé vers celle de caractère. Le point tournant de cette transformation se retrouve dans le *Cours d'architecture* de Jacques-François Blondel, publié au début des années 1770, où la convenance reçoit une définition tendant vers ce qui sera nommé caractère par d'autres auteurs :

> On dit qu'un bâtiment a de la convenance lorsqu'on a remarqué que la disposition extérieure et les principales parties de la décoration sont absolument relatives à l'objet qui a donné lieu à ériger l'édifice, lorsque l'esprit de convenance y préside, que la bienséance y est exactement observée, que l'ordonnateur a prévu dans toute son ordonnance le style et le caractère dont il devait faire choix, pour exprimer en particulier dans l'embellissement de nos temples de la décence ; dans les Palais des Rois de la magnificence ; dans les édifices publics, de la grandeur ; dans les monuments érigés à la gloire des grands, de la somptuosité ; dans les promenades, de l'élégance ; dans les bâtiments érigés pour la sûreté, de la solidité ; dans ceux élevés pour l'agrément, de la légèreté ; dans la demeure des riches particuliers, de la beauté ; dans les maisons à loyer, de la commodité ; dans le dedans des appartements, de la variété[12].

Cette définition montre combien lâche la notion de convenance était devenue à cette époque, incorporant tout un répertoire de caractères différents et les attribuant à autant de types architecturaux. Ainsi, la magnificence, dont les degrés composaient la substance de l'ancienne notion, devient ici un caractère parmi d'autres, celui qui est convenable aux maisons royales. De la même façon, la commodité n'est plus la face négative de la magnificence, mais un caractère positif qui sied aux maisons bourgeoises,

---

11. Jean-Louis DE CORDEMOY, *Nouveau traité de toute l'architecture*, Farnborough, Gregg Press, 1966 [1714], p. 85.
12. Jacques-François BLONDEL, *Cours d'architecture*, Paris, Desaint, vol. 1, 1771, p. 389-390.

caractère situé dans le même paradigme que l'élégance des maisons de campagne et la solidité apparente des prisons et des portes de ville.

Cette prolifération des caractères en fonction des types architecturaux a été rendue possible par l'affaiblissement de la hiérarchie implicite à la convenance traditionnelle. L'extension de la convenance à des types architecturaux autres que les habitations dépendait de sa transmutation en caractère. Plus précisément, l'application de la convenance à des types architecturaux variés, dont la hiérarchie symbolique était ambiguë, ne pouvait se faire sans un glissement de sens vers la fonction de l'édifice. Ce glissement, facile à réaliser dans le cas de l'habitation — la notion d'hôtel se réfère à une habitation nobiliaire et à un type architectural précis —, permettait d'appliquer la convenance à des constructions aussi variées que les ponts, les théâtres, les hôpitaux et les places publiques. Cette transformation, cependant, n'est pas le simple résultat d'une évolution autonome de la théorie architecturale. Elle constitue plutôt le processus par lequel l'architecture, précédemment traversée par les conventions sociales, est devenue une discipline jalouse de son autonomie.

L'application de la convenance à une architecture typologiquement plurielle et la perte de pertinence de la hiérarchie qu'elle avait tenté de renflouer ne peuvent s'expliquer sans se référer à deux tendances qui ont directement participé à l'apparition d'une sphère publique moderne en France au XVIIIe siècle. La première de ces tendances est la place de plus en plus grande donnée à l'argumentation rationnelle, indépendamment du rang social des participants à un débat, dans le milieu des arts et des lettres d'abord, et en politique ensuite. En effet, la nouvelle sphère publique peut être décrite, selon Habermas, comme un espace discursif où le rang social a perdu de son importance au profit de la raison, un espace où la bourgeoisie et la noblesse pouvaient échanger idées et opinions sur la base du meilleur argument plutôt que sur celle du prestige de celui qui l'énonce.

La sphère publique moderne s'est formée selon des voies différentes dans les divers pays européens, mais l'élément commun entre les cafés anglais et les salons français, par exemple, résidait dans «l'exigence d'une sorte de commerce de société qui, loin de supposer une identité telle que par exemple celle de la condition sociale, en fait au contraire complètement abstraction[13]». Dans cette sphère publique en émergence, deux choses étaient intimement liées: le peu de cas qu'on faisait du rang social, d'une part, et la place centrale donnée à l'argumentation rationnelle, d'autre part.

Cette dévaluation de l'importance attribuée au rang social dans les cercles intellectuels impliquait nécessairement la diminution de la nécessité de le représenter, ce qui, dans le champ de l'architecture, a permis à la convenance de dériver vers la représentation de la fonction des édifices, et

---

13. J. HABERMAS, *L'Espace* public..., *op. cit.*, p. 46.

ainsi de céder graduellement la place à la notion de caractère. C'est une étape de ce processus qui apparaît dans la définition de la convenance proposée par Blondel.

La deuxième tendance, solidaire de la première, est l'affranchissement des disciplines artistiques par rapport aux rituels religieux et politiques auxquels elles étaient auparavant destinées. Sur la base de la prépondérance accordée à l'argumentation rationnelle, les objets du discours critique, tels que la peinture, la musique et l'architecture, sont eux-mêmes devenus des disciplines subjectivement autonomes, échangeant leur fonction rituelle traditionnelle pour un rang nouveau de marchandise.

Habermas a examiné plusieurs exemples de cette transformation de la culture en marchandise, mais nous ne rappellerons que celui de la musique, qui est probablement le plus révélateur. Alors que la musique de cour était toujours destinée à accompagner un événement, les représentations publiques où une œuvre était jouée pour elle-même sont apparues avec les admissions payantes. De cette manière, l'autonomie de la musique, liée à sa transformation en marchandise, la rendait disponible à une critique rationnelle basée sur des critères strictement musicaux.

La transformation de la notion de convenance en caractère a eu un effet comparable dans le champ de l'architecture. En effet, la notion de caractère peut être comprise comme la substitution d'un critère proprement architectural à la représentativité non architecturale de la convenance. C'est, d'une certaine façon, la convenance transformée par les valeurs de la société bourgeoise en formation à l'époque.

La transformation de la convenance en caractère, comme les autres transformations examinées par Habermas, ne s'est pas produite d'une façon linéaire, et les deux notions se trouvent entremêlées de façon parfois curieuse dans les écrits théoriques du XVIIIᵉ siècle. Ainsi, dans le *Traité du beau essentiel dans les arts* (1752) de Charles Briseux, le vieux sens du mot convenance se trouve juxtaposé à l'idée d'une expression appropriée à chaque type architectural. Dans le passage suivant, Briseux identifie certains caractères pouvant être appliqués aux édifices selon leur type, bien que le thème général de son argument soit celui de la convenance louis-quatorzienne :

> On doit encor beaucoup d'égards et d'attention à l'état des personnes qui doivent occuper le bâtiment. Le majestueux convient à un Chateau. Le galant à une simple Maison de Campagne. La noblesse et la richesse à celles de la Ville et dans ces divers cas l'intérieur doit répondre au caractère de l'extérieur [...]. Il n'est que trop ordinaire que le Maitre [*sic*] de l'Edifice éxige un genre d'ornemens et un caractère de décoration supérieur et nullement convenable à son état[14].

---

14. Charles-Estienne BRISEUX, *Traité du beau essentiel dans les arts appliqué particulière-ment à l'architecture*, Paris, Chereau, 1752, p. 72-73.

Dans ces remarques, les positions contradictoires caractérisant la deuxième moitié du XVIII⁰ siècle cohabitent tant bien que mal. Malgré le fait que Briseux endosse une position plus conservatrice que celle de Blondel, il n'y a plus d'échelle unique sur laquelle on pourrait classer les édifices. Comme chez Blondel, on retrouve ici une série de caractères hétéroclites et incommensurables, chacun s'appliquant à un type architectural particulier, mais Briseux suppose néanmoins que ces caractères puissent être jugés en fonction de leur convenance ou de leur inconvenance, c'est-à-dire en fonction du rang de l'occupant de l'édifice.

La spécificité du nouveau contenu donné aux notions de convenance et de bienséance n'a été pleinement reconnue que lorsque le terme de caractère leur fut préféré. L'étape ultime de cette transformation se trouve dans l'*Essai sur l'art* d'Étienne-Louis Boullée, rédigé avant 1793. Ce texte définit l'architecture comme l'ensemble des moyens par lesquels un bâtiment peut créer chez le spectateur un effet qui correspond à sa destination : « Mettre du caractère dans un ouvrage, c'est employer avec justesse tous les moyens propres à ne nous faire éprouver d'autres sensations que celles qui doivent résulter du sujet.[15] » On ne peut réaliser cette tâche, selon Boullée, que par la maîtrise des moyens par lesquels la nature elle-même affecte nos états d'âme, soit les dimensions, la forme, les ombres et les lumières. Comme Szambien l'a montré, l'originalité de Boullée réside dans son intégration de la philosophie sensualiste de Condillac avec la typologie des caractères de Blondel[16]. Le caractère est ainsi un nouveau nom pour cette convenance où la question du rang social est reléguée au second plan. On peut l'expliquer comme une forme révisée de convenance où l'architecture, investie des nouvelles valeurs bourgeoises, s'est dégagée de la nécessité d'exprimer la hiérarchie sociale.

---

15. Étienne-Louis BOULLÉE, *Architecture. Essai sur l'art*, Paris, Hermann, 1968 [rédigé avant 1793], p. 73.

16. W. SZAMBIEN, *Symétrie...*, *op. cit.*, p. 180.

Identité québécoise, permanence et évolution[1]

Réal Ouellet
CÉLAT et Département des littératures, Université Laval
Alain Beaulieu
CÉLAT, Université Laval
Mylène Tremblay, Université Laval
CÉLAT et Département des littératures, Université Laval

La formation d'une identité canadienne

L'entreprise colonisatrice française en Amérique du Nord commence véritablement au début du XVIIe siècle, avec la construction de quelques postes de traite des fourrures dans la vallée du Saint-Laurent : à Tadoussac, à l'embouchure du Saguenay, en 1600 ; à Québec, en 1608. Le peuplement français, très lent, ne prend son essor que dans la décennie 1630, avec la formation de la compagnie des Cent-Associés. En 1660, la colonie comptera quelque 2 000 habitants d'origine française ; un siècle plus tard, au moment de la Conquête anglaise, ils seront environ 65 000. La plus grande partie de cette population vit alors concentrée dans la vallée du Saint-Laurent, mais la France revendique un territoire beaucoup plus vaste, qui englobe tout l'arrière-pays, des Grands Lacs jusqu'à l'embouchure du Mississippi.

Dès le départ, cette entreprise colonisatrice est tiraillée entre deux manières d'exploiter le territoire. D'une part, la métropole favorise l'agriculture pour enraciner la population sur un espace limité et, de ce fait, faciliter les contrôles administratifs et les opérations de défense. D'autre part, le commerce des fourrures, qui demeure jusqu'à la fin du Régime français une activité essentielle à la survie de la colonie, incite à l'expansion, car ce sont les Français établis dans la vallée du Saint-Laurent qui acheminent les fourrures jusqu'aux comptoirs de traite, en allant les chercher directement chez les nations amérindiennes de l'intérieur du continent. Très tôt s'établit donc une tradition de nomadisme qui touche non seulement les

---

1. À l'occasion, ce texte reprend et développe certains passages d'un article de R. OUELLET, «Aux origines de la littérature québécoise : nomadisme et indianité», dans *Mythes et mythologies des origines dans la littérature québécoise*, Bologne, Clueb, p. 1-32.

coureurs de bois proprement dits, mais aussi bon nombre de colons qui participent à la traite pendant leur jeunesse, ou encore deviennent *voyageurs* durant les mois d'hiver.

Cette tradition de nomadisme est un des principaux facteurs de distanciation culturelle progressive des *Canadiens* à l'égard de leur société d'origine. Mais plusieurs autres facteurs favorisent le développement rapide d'un nouveau sentiment d'appartenance et d'une nouvelle identité chez les colons français: l'éloignement de la métropole et l'isolement dans lequel ils vivent pendant plusieurs mois de l'année, l'adaptation à de nouvelles réalités géographiques et climatiques, le contact prolongé avec les Indiens, dont le mode de vie et la culture sont radicalement différents. Tout en étant apparentée à la société française par ses institutions civiles, militaires et religieuses, la société coloniale s'éloigne donc graduellement de tout un système de valeurs et de contraintes d'ordre politique, juridique et religieux.

L'émergence d'un sentiment d'appartenance au nouveau territoire se manifeste dès 1645, avec la formation de la Communauté des habitants, qui obtient pour les coloniaux le monopole de la traite des fourrures. Quinze ans plus tard, l'appellation spécifique de *Canadiens,* dont l'emploi se généralisera rapidement[2], marquera la reconnaissance d'une spécificité culturelle, confirmée par le témoignage de l'officier d'infanterie Duplessy Faber qui, dans une lettre à Vauban datée de 1698, qualifie déjà les Canadiens et les Français de «deux nations différentes[3]». En 1756, quelques années avant la chute de la Nouvelle-France, les propos souvent cités de Bougainville traduiront bien l'ampleur du fossé qui s'était creusé entre coloniaux et métropolitains:

> Les Canadiens et les Français, quoiqu'ayant la même origine, les mêmes intérêts, les mêmes principes de religion et de gouvernement, un danger pressant devant les yeux, ne peuvent s'accorder; il semble que ce soit deux corps qui ne peuvent s'amalgamer ensemble. Je crois même que quelques Canadiens formaient des vœux pour que nous ne réussissions pas, espérant que toute la faute retomberait sur les Français[4].

---

2. Dans *Histoire d'un mot: l'ethnonyme* Canadien, *de 1535 à 1691* (Sillery, Septentrion, 1995), Gervais CARPIN montre que le terme *Canadien* devient très fréquent dans la correspondance officielle vers 1685 pour désigner les descendants de Français nés au Canada. Le terme est suffisamment usuel, en avril 1691, pour qu'un «Mémoire du roi au gouverneur Frontenac et à l'intendant Bochart de Champigny» l'emploie à plusieurs reprises (*Rapport de l'archiviste de la province de Québec*, 1927-1928, p. 50-53).

3. *La Correspondance de Vauban relative au Canada,* textes présentés et établis par Louise DECHÊNE, Québec, ministère des Affaires culturelles, 1968, p. 6. Après avoir lu les lettres de Duplessy Faber, le secrétaire de la Marine, Maurepas (qui prendra trois mois plus tard le nom de son père, Pontchartrain), écrit à Vauban, le 21 janvier 1699: «On ne doit pas regarder les Canadiens sur le mesme pied que nous regardons icy les François, c'est tout un autre Esprit, d'autres manières, d'autres sentimens, un amour de la liberté et de l'indépendance, et une férocité insurmontable contractée par la fréquentation continuelle qu'ils ont avec les Sauvages» (*ibid.*, p. 32).

4. BOUGAINVILLE, «Journal de l'expédition d'Amérique commencée en l'année 1756, le 15 mars», dans *RAPQ*, 1923-1924, p. 377; *Écrits sur le Canada: Mémoires — Journal — Lettres,* Roland Lamontagne (dir.), Sillery, Pélican, 1993, p. 358.

Les principaux traits du Canadien

Parmi les principaux traits attribués aux Canadiens, l'esprit d'indépendance et le rejet de toute contrainte morale ou sociale reviennent avec le plus de constance. Si le jésuite Charlevoix, homme de cabinet, peut disserter calmement sur cet esprit d'indépendance des colons et écrire: «Les Canadiens respirent en naissant un air de liberté, qui les rend fort agréables dans le commerce de la vie[5]», les administrateurs coloniaux et les officiers militaires français se plaignent continuellement de l'entêtement, de l'insubordination, voire de l'arrogance des Canadiens[6], à un point tel qu'ils en arrivent, comme l'intendant Dupuy en 1727, à souhaiter une augmentation de l'immigration française dans la vallée du Saint-Laurent pour renouveler «une race de François, celle que les premiers y ont formée devenant fiere et canadienne à mesure qu'elle s'éloigne de son principe[7]». À la fin des années 1750, certains, comme Bougainville, voient même le jour où les Canadiens seront tentés de s'affranchir de la métropole: «quand le Canada sera bien établi, [...] n'est-il pas naturel qu'il s'y forme des royaumes et des républiques qui se separeront de la France[8]?»

Cette évaluation différente d'un trait comportemental se retrouvera dans tous les aspects de la vie coloniale: religieuse, militaire, familiale[9]. Ainsi, alors que l'intendant Hocquart juge les miliciens canadiens «naturellement indociles[10]», Charlevoix affirme qu'ils ont une «discipline» «propre» et une «impétuosité» qui les rend invulnérables «quand ils sont bien menés», c'est-à-dire quand ils ont «une grande idée de leur Commandant[11]».

---

5. CHARLEVOIX, *Histoire et description de la Nouvelle-France,* Paris, Nyon Fils, t. 3, 1744, p. 79; édition critique par Pierre BERTHIAUME: *Journal d'un voyage fait par ordre du roi dans l'Amérique septentrionale,* Montréal, Presses de l'Université de Montréal, coll. «Bibliothèque du Nouveau Monde», 1994, p. 234.

6. Voir, par exemple, ce témoignage de Duplessy Faber sur les «François Canadiens» «dont larogance, le peu de subordination et Lesprit est assé porté a la revolte et la desobeissance»; «la plus part [...] qui vont faire la traitte du Castor aux Ottawas et dans les pays d'en hault se sont revoltez ayant refusé d'obeir aux ordres de decendre tous, que leurs avoit envoyé suivant ceux de la Cour Mr le conte de Frontenac» (lettre du 16 septembre 1698, dans *La Correspondance de Vauban,* p. 16-17); voir aussi FRANQUET, qui reprend les mêmes termes: «Les Canadiens de l'état commun sont indociles, entêtés et ne font rien qu'à leur gré et fantaisie» (*Voyages et mémoires sur le Canada [1752-1753],* Montréal, Éditions Élysée, 1974, p. 103).

7. Lettre de l'intendant Dupuy à Maurepas, 20 octobre 1727, AC, C11A, vol. 49, f. 330; citée par G. FRÉGAULT, *Le Grand marquis,* Montréal, Fides, 1952, p. 102.

8. Propos rapportés par BOUGAINVILLE, dans son «Mémoire sur le Canada [...], janvier 1759», *RAPQ,* 1923-1924, p. 23; *Écrits sur le Canada,* p. 50.

9. Voir là-dessus Jacques MATHIEU, «L'Identité québécoise: l'approche de l'historien», *Approches de l'identité québécoise,* Québec, Cahiers du Célat, décembre 1985, p. 12-17.

10. Mémoire de l'intendant Hocquart, 1730, cité par Auguste GOSSELIN, *L'Église du Canada,* Québec, Imprimerie Laflamme, 1916-1917, vol. 2, p. 141.

11. CHARLEVOIX, *Histoire et description de la Nouvelle-France,* t. 3, p. 174; édition P. BERTHIAUME: *Journal d'un voyage,* p. 404. En 1730, pour faire échec à l'esprit d'insubordination et d'indiscipline du clergé canadien, Mgr Dosquet propose de placer un curé français entre deux

Cette indépendance d'esprit, rebelle à toute contrainte autoritaire, est naturellement liée par les administrateurs au nomadisme d'une bonne partie de la population masculine qui s'enfonce dans les bois pour aller chercher les fourrures des Indiens. Le gouverneur Denonville ne cesse de vitupérer la propension des Canadiens à abandonner «la charue, la pioche et la hache» pour prendre «le fuzil» et passer «leurs vies dans les bois, où ils n'ont ny curez qui les gesnent, ny peres ny gouverneurs qui les contraignent[12]». Outre le désordre et la «débauche» qu'elle provoque, la vie nomade rend les hommes «fiers», «libertains», indisciplinés, «faineans», et les détourne de la culture de la terre, essentielle à la survie de la colonie[13]. Aussi ne sera-t-on pas surpris de voir la métropole multiplier les ordonnances pour limiter les activités des coureurs de bois et fixer les habitants dans le cœur de la colonie.

L'ensauvagement des Canadiens

Le nomadisme et ses corollaires (l'esprit de liberté, l'estime de soi, l'instabilité, l'indiscipline, l'impulsivité) sont les traits principaux que les observateurs français attribuent aussi aux Indiens à la même époque[14]. Est-ce à dire que les Français établis en Amérique se sont «ensauvagés»? Le récollet Sagard l'affirme dès 1636 dans son *Histoire du Canada*[15], Marie de l'Incarnation le laisse entendre dans une lettre du 16 octobre 1666[16], et

---

paroisses dirigées par des prêtres canadiens (lettre à Maurepas, 11 septembre 1731, AC, C11A, vol. 56, f. 185, inventaire).

12. Denonville au ministre, 13 novembre 1685, AC, C11A, vol. 7, f. 89v°-90v°.

13. «Le grand mal des coureurs de bois est connu à Monseigneur mais non pas aussi grand qu'il est, il depeuple le pays de bons hommes, le rend indocile, indisciplinable, desbauché, en fait des nobles portant l'espée, la dentelle et pour eux et pour leurs proches qui sont tous Messieurs et Demoiselles, il ne leur faut plus parler de labourer la terre» (Denonville au ministre, 10 août 1688, AC, C11A, vol. 10, f. 66r°); «le grand nombre de coureurs a fait un notable prejudice à la colonie en corrompant l'esprit, le corps et les meurs des abitans qui s'entretenans dans l'esprit libertian et indepandant et faineant ampesche qu'ils ne se marient car l'air de noble qu'ils prenent à leur retour par leurs ajustemans et leurs debauches au cabaret depensant eincy tout leur profit en tres peu de temps fait que meprisans les peisans ils tienent au dessous d'eus d'epouser leurs filles bien qu'eus mesme soient peisans comme eus, et outre cela ne se veulent plus abesser à cultiver la terre et ne veulent plus entendre qu'à retourner dans les bois continuer le mesme metier ce qui donne lieu à quantité de debauches» (Denonville, «Memoire concernant le Canada pour Monseigneur le Marquis de Seignelay fait en janvier 1690», AC, C11A, vol. 11, f. 187v°-188r°).

14. Voir, par exemple, les chapitres 5 et 6 de la *Relation* de 1634 par le jésuite Paul Lejeune; ou encore ce portrait succinct par Denonville: «Les Canadiens sont tous grands, bien faits et bien plantez sur leurs jambes, accoutumez dans les necessitez à vivre de peu, robustes et vigoureux, mais fort volontaires et legers, et portez aux debauches. Ils ont de l'esprit et de la vivacité» (AC, C11A, vol. 7, f. 94v°).

15. «Les François mesmes, mieux instruits & eslevez dans l'Escole de la Foy, deviennent Sauvages pour si peu qu'ils vivent avec les Sauvages» (*Histoire du Canada*, Paris, Tross, 1866, t. 1 p. 166).

16. «Nos nouveaux Chrétiens Sauvages suivent l'armée Françoise avec tous nos jeunes François-Canadiens qui sont très-vaillans, et qui courent dans les bois comme des Sauvages» (*Correspondance*, nouvelle édition par Dom Guy OURY, Abbaye Saint-Pierre, Solesme, 1971, p. 768).

le gouverneur Denonville revient continuellement sur le sujet; au lieu de civiliser les Sauvages, les Français s'«indianisent»:

> L'on a creu bien longtemps que l'aproche des Sauvages de nos habitations estoit un bien tres considerable pour acoutumer ces peuples à vivre comme nous et à s'instruire de nostre relligion, mais je m'aperçoy Monseigneur que tout le contraire est arivé car au lieu de les acoutumer à nos loys, je vous asseure qu'ils nous communiquent fort tout ce qu'ils ont de plus mechant, et ne prennent eux mesme que ce qu'il y a de mauvais et de vicieux en nous[17].

Dans une autre lettre au ministre, le 16 novembre 1686, le gouverneur affirme qu'au contact des Amérindiens «nos enfans de jeunesse s'accoustument à leur exemple de n'avoir aucune sujettion ny obeissance tousjours maistres de leurs volontez, ne faisans autre chose que se promener de costé et d'autre sans dessein[18]».

Que les Canadiens aient subi l'influence des Amérindiens, cela est indiscutable. Très tôt, coureurs de bois, explorateurs, colons et même missionnaires adoptent les techniques amérindiennes dans le domaine du transport (le canot d'écorce l'été, les raquettes et le traîneau l'hiver), de l'habitat (la tente d'écorce), de l'alimentation (sagamité, viandes et poissons boucanés), de la médecine (usage de la suerie, des plantes curatives)… Les militaires canadiens ont aussi emprunté aux Indiens une pratique guerrière, la guérilla, et une manière de se loger mieux adaptées à la réalité géographique nord-américaine[19].

Mais plus qu'une influence, le mode de vie amérindien a exercé un attrait considérable sur bon nombre de colons qui côtoyaient fréquemment les Amérindiens à la chasse, à la guerre ou dans les agglomérations urbaines. Plutôt qu'un administrateur ou un militaire français, citons un observateur étranger, le Suédois Pehr Kalm, qui écrit en 1749:

> Il est […] remarquable que la plus grande partie des prisonniers européens qui, à l'occasion de la guerre, ont été pris ainsi et mêlés aux Sauvages […], n'ont jamais voulu revenir par la suite dans leur pays d'origine, bien que leurs père et mère ou leurs proches parents soient venus les voir pour tenter de les

---

17. Lettre au ministre, 13 novembre 1685, AC, C11A, vol. 7, f. 90v°. Voir aussi la lettre de Vauban à Maurepas, le 7 janvier 1699: «Il ne faudrait point tant se presser que l'on fait pour la traitte des peleteries. Car cela dissipe beaucoup de monde qui se perd dans les bois ou qui bestialisent comme les Sauvages avec qui ils s'acoquinent et deviennent comme eux» (*La Correspondance de Vauban relative au Canada*, p. 29).

18. Lettre au ministre, 16 novembre 1686, AC, C11A, vol. 7, f. 146r°.

19. «Ils sont sans tentes et n'ont d'autres couverts que des cabanes qu'ils font d'écorce d'arbres, abri très bon lorsque les courses ou partis de guerre duraient au plus un mois, insuffisants contre les injures de l'air lorsque la campagne dure six mois» (Bougainville, «Mémoire sur les milices du Canada, janvier 1759», *RAPQ*, 1923-1924, p. 29; *Écrits sur le Canada*, p. 58). Sur l'influence des techniques et du mode de vie amérindiens, voir Denys Delâge, «L'Influence des Amérindiens sur les Canadiens et les Français au temps de la Nouvelle-France», *Lekton*, vol. 2, n° 2, automne 1992, p. 105-191. Voir aussi Louise Côté, Louis Tardivel et Denis Vaugeois, *L'Indien généreux. Ce que le monde doit aux Amériques,* Montréal et Québec, Boréal et Septentrion, 1992.

en persuader et qu'eux-mêmes aient eu toute liberté de le faire. [...] On connaît également plusieurs exemples de Français qui ont volontairement épousé des femmes indigènes et ont adopté leur mode de vie; par contre on n'a pas d'exemple qu'un Sauvage se soit uni à une Européenne et ait pris sa façon de vivre[20].

Le nomadisme après la conquête du Canada par l'Angleterre

Il ne faudrait pas croire que se termine avec la Conquête anglaise cette affirmation d'une identité liée à la comparaison avec le Sauvage, présenté comme nomade et rétif à tout encadrement hiérarchique ou social contraignant. D'autant que le nomadisme d'une partie de la population masculine ne s'est pas arrêté en 1760. Après la Conquête, en effet, bon nombre de coureurs de bois d'origine française continueront, jusqu'en 1821, d'aller chercher les fourrures pour la compagnie anglaise du Nord-Ouest, installée à Montréal. En outre, avec le blocus napoléonien de 1806, les marchands anglais, qui s'approvisionnent en bois d'œuvre au Canada, engagent volontiers comme bûcherons ces nomades canadiens-français, si à l'aise en forêt et sur les cours d'eau. S'interrogeant sur les motifs d'une telle attirance pour la vie nomade[21], un prêtre qui les connaissait bien, Georges Dugas, répond, en des termes qu'on croirait empruntés à un auteur de la Nouvelle-France:

> La seule explication possible de ce goût étrange qui faisait abandonner si gaiement la vie civilisée pour la vie sauvage, était l'amour de la liberté sans contrôle [...]. Bien peu, parmi ces voyageurs du Nord, retournèrent au pays[22].

À cette tendance nomadisante s'ajoutera encore, à partir de 1840 environ, une forte migration vers les États-Unis, plus particulièrement vers la Nouvelle-Angleterre: la vallée du Saint-Laurent, dont la très grande

---

20. V*oyage de Pehr Kalm au Canada en 1749*, trad. par J. ROUSSEAU et G. BÉTHUNE, avec le concours de P. MORISSET, Montréal, Pierre Tisseyre, 1977, p. 726-727. Charlevoix écrivait la même chose quelques années plus tôt: «On ne peut pas même dire qu'ils [les Sauvages] ne sont enchantés de leur façon de vivre, que parce qu'ils ne connoissent point la douceur de la nôtre. Des François en assez grand nombre, ont vécu comme eux, & s'en sont si bien trouvés, que plusieurs n'ont jamais pû gagner sur eux, quoiqu'ils pussent être fort à leur aise dans la Colonie, d'y revenir; au contraire, il n'a pas été possible à un seul Sauvage de se faire à notre manière de vivre. On a pris de leurs Enfans au Maillot, on les a élevés avec beaucoup de soin; on n'a rien omis pour leur ôter la connoissance de ce qui se passoit chez leurs Parens: toutes ces précautions ont été inutiles, la force du sang l'a emporté sur l'Education: dès qu'ils se sont vûs en liberté, ils ont mis leurs Habits en pieces, & sont allés au travers des Bois chercher leurs Compatriotes, dont la vie leur a paru plus agréable, que celle qu'ils avoient menée chez nous» (*Histoire et description de la Nouvelle-France*, t. 3, p. 322; édition P. BERTHIAUME: *Journal d'un voyage*, p. 648).

21. Sur cette vie nomade au début du XIXᵉ siècle, voir l'important témoignage de Gabriel FRANCHÈRE, *Journal d'un voyage sur la côte nord ouest de l'Amérique septentrionale, pendant les années 1811-12, 13, & 1814*, édité, présenté et annoté par W. K. LAMB, trad. anglaise par W. T. Lamb, dans *Journal of a Voyage on the North West Coast of America during the Years 1811, 1812, 1813 and 1814*, Toronto, The Champlain Society, 1969, p. 203-322.

22. Cité par Christian MORISSONNEAU, dans *La Terre promise: le mythe du Nord québécois*, Montréal, Hurtubise HMH, 1978, p. 118.

majorité des habitants cultive la terre, n'arrive plus à nourrir les descendants des 65 000 colons français vaincus par les Anglais en 1760. Les nouvelles générations ne pouvant donc ni s'établir sur ces terres, ni travailler dans le commerce ou l'industrie modeste de l'époque, dominés par les Anglais, devront s'exiler. Pour la seconde moitié du XIXᵉ siècle, on évalue l'émigration nette à près d'un demi-million de personnes, sur une population qui progresse de 890 261 à 1 648 898 entre 1851 et 1901[23]. Si l'on pense que la moitié des quelque 650 000 francophones qui émigrèrent alors en Nouvelle-Angleterre revinrent au Québec, on aura encore une meilleure idée du brassage migratoire qui toucha presque toutes les familles. Ajoutons encore que plusieurs des émigrants revenus allèrent s'installer sur des terres qu'ils défrichèrent dans les Cantons de l'Est, le Lac-Saint-Jean ou l'Abitibi.

Refus du nomadisme et roman de la terre au XIXᵉ siècle

Cette mouvance migratoire se passa juste après la rébellion armée de 1837 (la seule que tentèrent contre l'Angleterre les descendants des colons français), au moment où le pouvoir clérical consolidait son emprise sur la population canadienne-française; elle s'accompagnait, paradoxalement, d'une forte immigration d'origine britannique, surtout sensible pendant les décennies 1830-1840 et 1850-1860: les villes de Québec et de Montréal[24] voient alors changer considérablement le poids démographique des anglophones qui composent, vers 1850, environ la moitié de la population montréalaise et 35 % de celle de Québec. Si l'on se rappelle encore que le commerce des fourrures et du bois, de même que l'industrie florissante des chantiers navals sont largement dominés par des hommes d'affaires anglais, on ne sera guère surpris de l'inquiétude des élites qui tenteront d'aménager au mieux la «survivance» canadienne-française[25]. Impuissante à freiner le flot migratoire venu des îles britanniques, cette élite essaya d'encadrer, voire d'encourager l'exode massif de ruraux en fondant des paroisses sur le modèle de celles du Québec. De cette manière, un nouveau Québec, ou plutôt un «Petit Canada», naîtrait outre-frontières, en pays anglo-saxon protestant. En même temps, politiciens, hommes d'Église et idéologues,

---

23. Voir Yolande LAVOIE, *L'Émigration des Canadiens français aux États-Unis avant 1930, mesure du phénomène*, Montréal, Les Presses de l'Université de Montréal, 1972; «Les Mouvements migratoires des Canadiens français entre leur pays et les États-Unis au XIXᵉ et au XXᵉ siècles: étude quantitative», dans Hubert CHARBONNEAU, *La Population du Québec. Études rétrospectives*, Montréal, Éditions du Boréal Express, 1973, p. 73-88. Y. Lavoie a supputé que si cette émigration ne s'était pas produite la population francophone du Québec serait de 9 000 000 au lieu de 5 000 000. Voir aussi Yves ROBY, *Les Franco-Américains de la Nouvelle-Angleterre 1776-1930*, Sillery, Sepentrion, 1990.

24. Entre 1851 et 1871, Québec passe de 45 000 à 59 000 habitants, Montréal, de 57 000 à 107 000.

25. Sur cette question, voir Fernand DUMONT, *Genèse de la société québécoise*, Montréal, Boréal, 1993, «L'Aménagement de la survivance», p. 191-236.

sensibles à cette saignée démographique et préoccupés du danger d'assimilation par les Anglais qu'avait préconisée lord Durham en 1839, prôneront
une occupation progressive de tout le territoire québécois, dont une grande
partie de l'exploitation avait été concédée à des compagnies forestières.
«Emparons-nous du sol», lisons-nous souvent sous leur plume, pour signifier qu'il fallait s'éloigner de la vallée laurentienne et gagner de plus en plus
vers le nord et vers l'ouest, jusqu'au Manitoba. Double migration de ruraux,
donc, en vue d'une sédentarisation ultérieure: vers les États-Unis, où ils
deviendront ouvriers urbains; vers le nord et vers l'ouest, où ils se feront
défricheurs-propriétaires de leurs «concessions». L'un des plus éloquents
propagandistes du défrichement du nord, Arthur Buies, voit dans cette
politique un moyen de canaliser le nomadisme profond de son peuple:

les Canadiens sentent le besoin irrésistible de se répandre au dehors,
d'essaimer au loin, comme tous les peuples aventureux et colonisateurs,
obéissant en cela à l'impulsion qui poussait les aïeux de leurs aïeux [...].
Les Canadiens ne sont pas tous nés pour le défrichement [...] mais tous
apparaissent comme possédés du désir instinctif, inconscient pour eux, mais
désormais manifeste pour l'observateur, désir de reconquérir pied à pied, et
par la voie de l'expansion naturelle, tout le terrain qui leur a été enlevé par
la conquête, de l'Atlantique aux Montagnes Rocheuses[26].

Cette situation particulière du développement de l'ancienne colonie
française nous incite à nous arrêter un moment sur l'idéologie des élites de
l'époque, telle qu'elle s'exprime dans le roman canadien-français naissant,
au lendemain de cette révolte de 1837[27]. Ce qui nous intéresse ici n'est pas
un problème d'histoire mais de perception.

Presque toutes les fictions de l'époque appartiennent à ce qu'on
appellera le «roman de la terre», qui durera jusqu'à la Seconde Guerre
mondiale. On a surtout retenu de ces œuvres l'éloge dithyrambique de la
culture du sol, qui seule assure le bonheur, la vertu, la richesse durable, et
la condamnation des «déserteurs» qui vont se perdre (dans tous les sens du
terme) dans les villes américaines ou dans les forêts canadiennes où ils
vivent comme des sauvages. Sur le plan diégétique, le roman de la terre
raconte habituellement une rupture[28]: aucun fils ne peut ou ne veut prendre
la succession du père. Si le fils quitte la terre paternelle pour tenter sa chance

---

26. *La Province de Québec,* p. 89-90; cité par C. MORISSONNEAU, *La Terre promise,* p. 75.

27. C'est aussi à ce moment que naît et se développe l'historiographie canadienne-française
avec Bibaud (1837), Garneau (1845-1852), Ferland (1861-1865), Faillon (1865-1866), Casgrain
(1861-1898).

28. Rupture avec la vie jusque-là heureuse, ordonnée et travailleuse d'une petite communauté
familiale: «Le bon ordre et l'aisance régnaient dans cette maison. Chaque jour, le père au dehors,
comme la mère à l'intérieur, montraient à leurs enfants l'exemple du travail, de l'économie et de
l'industrie, et ceux-ci les secondaient de leur mieux. La terre, soigneusement labourée et ensemen-
cée, s'empressait de rendre au centuple ce qu'on avait confié dans son sein» (P. LACOMBE, *La Terre
paternelle,* Montréal, Fides, 1981, p. 19).

à la ville, où il tombera dans la misère morale et physique, souvent il revient à la campagne, repentant, pour connaître les joies de la vie saine. Il peut aussi abandonner son rêve d'exercer une profession libérale pour prendre la tête d'une petite collectivité de défricheurs *(Charles Guérin* et *Jean Rivard)*. Autre variante : le père n'a pas eu de descendance *(Un homme et son péché)* ou encore son fils mort *(Menaud)* ou, pis, dégénéré *(Le Survenant),* ne peut prendre la succession.

Survolons rapidement cette production romanesque en commençant par le premier en date, *La Terre paternelle,* publié par Patrice Lacombe en 1846. Plus intéressant qu'il n'y semble à première vue, ce court roman met en scène la famille Chauvin dont le père donne sa terre à son fils aîné Jean-Baptiste, puis la reprend quand celui-ci n'arrive pas à survivre du travail agricole ; incapable de redevenir cultivateur, le père se fait marchand et se ruine. Perdant alors sa terre, achetée par un « étranger » anglophone, il tente sa chance à la ville mais sombre dans la misère et son fils aîné meurt. Le cadet, devenu coureur de bois, revient de voyage et, avec ses économies, rachète la terre paternelle et arrache la famille à son infortune.

Certes, *La Terre paternelle* exprime l'idéologie agriculturiste et conservatrice des élites, avec son apologie de la vie campagnarde[29] et son dénigrement de la ville et du nomadisme forestier. Mais il ne représente pas une microsociété autarcique éloignée de tout contact urbain : les Chauvin se rendent chaque semaine à la ville pour y vendre l'excédent de leur production agricole et artisanale. Bien plus, le nomadisme des coureurs de bois, condamnés parce qu'ils reviennent « au pays épuisés, vieillis avant le temps, ne rapportant avec eux que des vices grossiers contractés dans ces pays, et incapables, pour la plupart, de cultiver ou de s'adonner à quelque autre métier sédentaire profitable pour eux et utile à leurs concitoyens » (p. 51), reçoit une valorisation indirecte considérable puisque l'argent gagné par le cadet à courir la forêt a permis de récupérer le patrimoine. Par ailleurs, le « vieux Danis, ancien voyageur, âgé de près de soixante-dix ans, haut de taille, à traits fortement prononcés » (p. 75), est un personnage positif qui a soutenu la famille dans la misère et qui termine sa vie en chantant aux enfants de Charles « quelques chansons de voyageurs » (p. 95). Aussi, la fin du roman, qui vante « la joie, l'aisance et le bonheur » de la « famille, réintégrée à la terre paternelle » (p. 95), ressemble-t-elle à un *deus ex machina* bâclé pour faire plaisir aux tenants du pouvoir.

Un autre roman, paru en feuilleton en 1846 et en livre en 1853, *Charles Guérin* de Chauveau, raconte comment, après la mort du père marchand, la famille perd la plus grande partie de son patrimoine aux mains d'un spécu-

---

29. Vers la fin de son roman, P. Lacombe affirme vouloir peindre « L'enfant du sol tel qu'il est, religieux, honnête, paisible de mœurs et de caractère, jouissant de l'aisance et de la fortune sans orgueil et sans ostentation, supportant avec résignation et patience les plus grandes adversités » (p. 94).

lateur d'origine étrangère, tente sa chance à la ville, mais échoue à nouveau. Après diverses péripéties, le fils cadet, Charles, étudiant en droit, rêveur et oisif jusque-là, n'émigre pas, comme tant d'autres, aux États-Unis où l'on risque de «perdre sa foi et ses mœurs», mais se met à la tête de quelques braves pour aller défricher la forêt, «fonder de nouveaux établissements sur les terres fertiles de notre propre pays» (p. 349). Sans la décrire vraiment, Chauveau évoque rapidement dans son épilogue la fondation d'une petite communauté utopique regroupée autour de Charles qui, malgré son jeune âge, veille à tout avec une sagesse patriarcale. Même le fils nomade, Pierre, devenu prêtre, a rejoint le petit groupe qui ne se contente pas de cultiver la terre mais construit un moulin à scie et manufacture de la potasse, qui assureront une vie prospère à la «nouvelle paroisse», dont l'épilogue du roman vante le «bonheur». Quand Charles, fils de marchand et spécialiste du droit recyclé en «science de l'agriculture» (p. 343) épouse Marie, fille du riche cultivateur Lebrun, on comprend qu'une élite canadienne-française, issue des professions libérales, revendique sa place à côté de la bourgeoisie canadienne-anglaise des années 1840.

En 1862, un autre roman de la terre, *Jean Rivard* de Gérin-Lajoie, condamne aussi la ville au profit de la campagne, mais raconte une histoire où industrie manufacturière et culture de la terre apparaissent complémentaires: héritier de la terre paternelle, Jean Rivard, plutôt que de devenir avocat, décide de fonder un village rural «modèle», une «petite république, pourvue de toutes les institutions nécessaires à la bonne administration de ses affaires, au développement de ses ressources, aux progrès intellectuels, sociaux et politiques de sa population» (p. 273).

Tout en vitupérant la ville et en faisant le panégyrique de la campagne, le roman de la terre ne prêche donc pas un agriculturisme à tout crin, mais un progrès rationnel de l'agriculture qui s'accompagne d'un certain développement manufacturier et industriel[30]. On veut donc bâtir, à côté de l'économie en place, une économie canadienne-française parallèle avec de nouveaux centres urbains, fondés sur l'égalité économique, à l'abri de toute forme de prolétarisation ou de misère économique et sociale. Comment expliquer alors ces dénonciations virulentes de la ville? Il faut y voir une

---

30. Dès 1903 la thèse en était longuement exposée, dans *Robert Lozé* d'Erroll Bouchette, comme le rappelle Bernard PROULX, qui cite un passage sur la création de coopératives industrielles forestières: «Un tel mouvement prendrait inévitablement, surtout dans nos paroisses nouvelles du Nord, une extension irrésistible. Nos forêts envahies par les nôtres ne donneraient plus asile aux spéculateurs nomades. À la suite du défrichement et de la colonisation alimentée par l'exploitation industrielle de la forêt, viendrait s'épanouir la grande culture, la seule rémunérateur de nos jours et que la prospérité et l'instruction auraient rendue possible» (*Le Roman du territoire*, Montréal, Cahiers du Département d'études littéraires, 1987, p. 99). C'est ainsi que s'est développée Chicago, «la grande distributrice des richesses agricoles de l'Amérique septentrionale» (p. 102). Voir aussi le chapitre intitulé «D'un cercle de co-rêveurs à un cercle utopique», dans Gabriel DUSSAULT, *Le Curé Labelle. Messianisme, utopie et colonisation au Québec*, Montréal, Hurtubise HMH, 1983, p. 139-177.

concession à l'idéologie dominante des forces cléricales, qui tiennent à garder tout leur monde dans un milieu homogène : la campagne ou la petite ville. En outre — Bernard Proulx le rappelle à juste titre —, le point de repère urbain est Montréal, dont, au milieu du XIXᵉ siècle, la moitié de la population est anglophone. Pour Chauveau, comme pour Gérin-Lajoie, l'épanouissement du Canada français se fera donc par l'instauration d'un «capitalisme national» fondé sur l'élargissement du territoire agricole et le développement industriel dans des «cités nouvelles sous contrôle francophone»[31]. Cette vision optimiste préfigure déjà le slogan du gouvernement Lesage, un siècle plus tard : «Maîtres chez nous»; elle exprime surtout la conviction que les Canadiens français peuvent, par la colonisation, reconquérir pacifiquement le territoire que leurs ancêtres ont perdu lors de la Conquête anglaise[32].

Pas plus que *La Terre paternelle,* on ne saurait lire au premier degré seulement *Charles Guérin* et *Jean Rivard.* Apparenté par son ton parodique à l'antiroman, *Charles Guérin* se termine sur un pied de nez au lecteur : le héros, acclamé et consulté de tous, deviendra peut-être bientôt député : «Bons lecteurs, et vous aimables lectrices, si vous vous intéressez à lui et à sa jeune famille, priez le ciel qu'il leur épargne une si grande calamité !...» (p. 352).

Quant au narrateur de *Jean Rivard,* dont le sérieux ne se dément jamais, il donne congé au lecteur en lui apprenant qu'après avoir constaté le succès de Rivardville, il reprend «tout rêveur le chemin de la ville» (p. 367). Tout cela montre bien que l'idéologie agriculturiste et rétrograde qu'on a prêtée au pouvoir clérical ne saurait s'exprimer dans la fiction sans trahir en même temps un certain malaise et, à l'occasion, une ironie certaine. Reprenant explicitement les thèses de cette idéologie qui veut, comme l'administration française du XVIIᵉ siècle, sédentariser toute la population pour mieux la maîtriser sur les plans religieux et social, les romanciers de la terre la contestent implicitement en faisant du coureur de bois condamné le sauveur du patrimoine et en décrivant une forme de commerce et d'industrialisation autochtones[33].

---

31. B. PROULX, *Le Roman du territoire,* p. 50.

32. Sur le substrat utopique de cette vision de la reconquête du territoire, voir Gabriel DUSSAULT (*Le Curé Labelle,* p. 139-153) et Fernand DUMONT (*La Genèse de la société québécoise,* p. 237-277). Pour la seule région du Saguenay-Lac-Saint-Jean, voir Gérard BOUCHARD, «Une Nouvelle-France entre le Saguenay et la Baie-James : un essai de recommencement national au dix-neuvième siècle», *Canadian Historical Review,* vol. LXX, n° 4, 1989, p. 473-495; *Quelques arpents d'Amérique. Population, économie, famille au Saguenay (1838-1971),* Montréal, Boréal, 1995.

33. La figure de l'Indien n'a pas pour autant disparu : comme le montre Maurice LEMIRE, le «discours métaphorique sur les Indiens [...] prend naissance dans le mythe européen du bon sauvage pour aboutir en pleine idéologie ultramontaine»; la polarisation de la fiction sur la figure du missionnaire hautement valorisé réduit l'Indien au rôle de simple «opposant» («Le mythos indien», *Formation de l'imaginaire littéraire au Québec (1764-1867),* Montréal, L'Hexagone, 1993, p. 184-185).

Le temps de la drave et du *Survenant*

Reportons-nous maintenant un siècle plus tard, dans la décennie 1935-1945, qui marque la fin du roman de la terre[34]. Plusieurs œuvres se dégagent nettement de la production, qui mettent en relief le couple nomadisme-sédentarité : *Les Engagés du Grand Portage* (1937) de Desrosiers, *Menaud maître-draveur* (1937) de Savard, *Trente arpents* (1938) de Ringuet et *Le Survenant* (1945) de Guèvremont. Faute de temps, nous ne parlerons que de *Menaud* et du *Survenant*[35]. On connaît l'intrigue du roman de Savard. Menaud, un vieux draveur, veut inciter les siens à la révolte contre « l'ennemi », les étrangers qui ont accaparé les forêts laurentiennes. Il vit seul sur sa terre avec son fils Joson, qui semble suivre ses traces, et sa fille Marie, qu'il enjoint d'épouser, non pas le Délié qu'elle aime, « traître à la race », mais le Lucon, réincarnation d'un Menaud jeune. L'entreprise de Menaud tourne vite à l'échec, puisque son fils meurt à la drave et que lui-même sombre dans la folie pendant que sa fille demande au Lucon de continuer « comme Joson, comme [s]on père ».

Le roman repose sur une ambiguïté fondamentale : Menaud, qui dénonce la lâcheté des siens pactisant avec l'étranger, l'ennemi qui a envahi la forêt, accepte pourtant de diriger un groupe de draveurs à la solde de cet ennemi. Il a parfaitement conscience de la situation puisque, avant d'accepter, « il s'était dressé, cambré, pour une protestation venue de tout son sang contre ces étrangers qui, encore, après tant d'autres, le commanderaient là-bas, dans son propre pays, lui, maître hardi de haute rivière, capitaine invincible des longs trains de bois qu'il menait [...] dans les tumultes de l'eau révoltée » (p. 8). Mais, plus fort que cette « protestation » contre l'invasion des « ennemis », le « vent du nord », celui de la montagne forestière, était venu « lui verser au cœur les paroles magiques et les philtres embaumés » (p. 6). Depuis la mort de sa femme, en effet, « tout le vieil atavisme de vagabondage s'était relevé en lui » (p. 6).

---

34. Cette décennie marque aussi la naissance du roman urbain avec *Au pied de la pente douce* (1944) de Roger LEMELIN et *Bonheur d'occasion* (1945) de Gabrielle ROY.

35. *Les Engagés* situent l'action vers 1800, chez les coureurs de bois qui vont chercher les fourrures dans les pays d'en-Haut pour la compagnie du Nord-Ouest et mettent bien en relief la vie difficile et aventureuse des hommes des bois, hors de toute contrainte morale ou sociale. Ils racontent la réussite de « l'engagé » Montour qui, par la ruse, le mensonge, la flatterie, réussit à devenir « bourgeois », pendant que le héros positif (franc, fort, intègre), Turenne, s'apprête à retrouver la femme qu'il aime et « la maison construite de ses mains, au seuil de la forêt [...], là où les hommes ont de l'amitié dans le cœur, savent comprendre autre chose que le cri d'une ambition inquiète et prononcer les mots qui ne trompent point » (p. 202). *Trente arpents* de RINGUET, tout en utilisant divers ingrédients du roman de terroir, s'en éloigne considérablement aussi. S'il reprend la vieille dichotomie ville-campagne et développe les images de la terre nourricière dans une temporalité cyclique, le roman donne un sens nouveau à tout cela : les techniques agricoles récentes bouleversent les habitudes et les fils ne reçoivent plus comme un dépôt sacré la terre paternelle, mais arrachent celle-ci au père dont la déchéance est consommée avec la montée d'une nouvelle génération. Seule reste la terre, « toujours la même », comme l'affirme la dernière ligne du roman.

Menaud n'est même pas un défricheur comme le père Chapdelaine, qui veut aller toujours plus au nord, mais un nomade, un coureur de bois à la François Paradis, qui méprise les cultivateurs comme son voisin qui gratte toujours la même terre. Savard a bien posé un problème fondamental : des ruraux à l'âme nomade, qui rêvent de vivre libres dans le bois comme leurs ancêtres de la Nouvelle-France, n'y arrivent pas parce que leur espace de nomadisation est aux mains de l'étranger. Vont-ils y renoncer ? Ils ne le peuvent pas. Vont-ils aller travailler sous les ordres de l'ennemi ? ou se révolter ? Le protagoniste de Savard jongle avec l'idée, ou plutôt avec les images, mais ne prône pas explicitement la révolte parce que l'auteur, clerc pacifique, n'oserait pas. Pourtant, la logique de la diégèse y conduirait, de même que le discours implicite du roman qui emploie un abondant vocabulaire militaire. Parlant de la montagne boisée «où l'on est chez soi partout, mieux que dans les maisons où l'on étouffe», le narrateur ajoute, dans la version originale de 1937 :

> C'est là qu'on se fourbissait des âmes guerrières. § C'est de là qu'un jour la liberté descendrait farouche, en torrent de colère, comme la Sinigolle au printemps, et culbuterait les avancées de l'ennemi (p. 28-29).

Prenant sans doute conscience de la portée révolutionnaire de cette métaphorique, Savard corrigera l'édition de 1944 de la manière suivante :

> Pour eux la vie, c'était le bois où l'on est chez soi partout, et plus à l'aise que dans les maisons où l'on étouffe ; c'était la montagne aux mille demeures [...]. C'est là qu'on se faisait des âmes fortes ; de là qu'un jour peut-être descendrait la liberté , terrible comme la Sinigolle au printemps (p. 28-29).

L'imagerie «boy-scout» a remplacé celle de la guérilla. Vers la fin du roman, Menaud épaulera sa béquille et criera : «Regardez ! ils vont venir !» Mais ce geste n'a aucune portée révolutionnaire puisque le personnage a alors perdu l'esprit ; aussi Savard n'a-t-il pas corrigé ce passage.

Reprenant comme un leitmotiv la phrase de *Maria Chapdelaine,* paru en 1916,

> «Nous sommes venus il y a trois cents ans et nous sommes restés... [...] Autour de nous des étrangers sont venus qu'il nous plaît d'appeler les barbares ! ils ont pris presque tout le pouvoir ! ils ont acquis presque tout l'argent. Mais au pays de Québec... rien... n'a... changé... [...] Rien ne changera parce que nous sommes un témoignage» (p. 2-3),

le roman pourrait donner à penser que Savard fera à son tour l'éloge de la campagne et flétrira le nomadisme des hommes des bois. Au contraire, le personnage valorisé est Menaud, non parce qu'il a défriché la terre mais parce qu'il s'épanouit dans la forêt. La condamnation ne porte pas ici sur le nomadisme mais sur la soumission des «gens du Québec».

Quel sens politique donner à cette œuvre qui a longtemps été saluée comme un beau chant nationaliste ? Sans doute *Menaud* est-il un beau chant et sans doute est-il nationaliste. Mais de quel chant s'agit-il? André Brochu, qui n'a cessé d'interroger cette œuvre, la qualifie de «grand chant de défaite[36]». Et il nous semble avoir raison dans la mesure où la révolte de Menaud demeure verbale, dans la mesure où il n'ose franchir le pas qui le mènerait à la révolte en acte. C'est précisément ce déchirement entre la conscience de son aliénation et l'impossibilité d'en sortir par l'action qui le fait sombrer dans la folie[37].

Le Survenant, de sept ans postérieur à *Menaud,* met en scène un nomade dont on ne connaît ni le nom ni les origines, et qui va bouleverser la quiétude des ruraux du Chenal du Moine. Le roman s'ouvre sur une situation typique du roman de la terre : Didace Beauchemin, veuf à la soixantaine encore verte, prend conscience que son seul fils, Amable, «ne serait jamais un vrai Beauchemin[38], franc de bras comme de cœur, grand chasseur, gros mangeur, aussi bon à la bataille qu'à la tâche, parfois sans le sou, mais avec de la fierté à en recéder à toute une paroisse» (p. 95). Arrive à l'improviste un inconnu qui ne veut pas dire son nom et que tout le monde appelle «le Survenant». Didace voit vite en lui le fils qu'il aurait aimé avoir et l'image de son ancêtre qui avait quitté les «vieux pays» pour «devenir son maître et refaire sa vie» (p. 228); poussant plus loin encore la comparaison, il pensera : «Il est pareil à moi : fort, travaillant, adroit de ses mains, capable à l'occasion de donner une raclée, et toujours curieux de connaître la raison de chaque chose» (p. 229). Mais le Survenant n'est pas un nouveau Didace Beauchemin qui «prendra racine au Chenal du Moine pour le reste de ses jours» (p. 230) : il est un «sauvage», comme le rappelle le roman à au moins trois reprises (p. 118, 172, 273), qui ne veut pas «toujours piétonner à la même place, gratter la même terre», mais «voir du pays», «se lever avec le jour, un beau matin pour filer tout fin seul, le pas léger, le cœur allège, tout son avoir sur le dos» (p. 263). Celui qu'on appelle «fend-le-vent» et «le grand-dieu-des-routes» est le descendant de ces infatigables coureurs de bois, épris de liberté, de ces aventuriers, qui, le cœur léger et la

---

36. *La Visée critique,* Montréal, Boréal, 1988, p. 234.

37. Au terme de son analyse, BROCHU en arrive à identifier Menaud au Christ : «Menaud accepte de mourir pour son pays comme un martyr meurt pour sa foi. Dans la montagne, il vit la passion du Rédempteur, s'offre lui-même en sacrifice pour le salut de tous» (p. 234). On trouverait dans d'autres œuvres québécoises cette identification du héros au Christ souffrant et vaincu aux yeux des hommes.

38. Le Survenant, dont les propos paraissent correspondre à la perspective du roman, explique ainsi cette dégénérescence d'Amable : «Pauvre Amable ! […] Le bien paternel aura aidé à te pourrir. Avant toi, pour réchapper leur vie, les Beauchemin devaient courir les bois, ou bien ils naviguaient au loin, ou encore ils commerçaient le poisson. Mais toi, t'es né ta vie toute gagnée, fils d'un gros habitant. Tu t'es jamais engagé» (p. 207-208). Sur la lignée des Beauchemin («six générations»), voir p. 203 : «Dans l'honnêteté et le respect humain de leurs sueurs et de leur sang de pionniers, dans les savanes et à l'eau forte, de toute une vie de misère, ayant été de leur métier bûcherons, navigateurs, poissonniers, défricheurs, ils ont écrit la loi des Beauchemin. À ceux qui suivent, aux héritiers du nom de l'observer avec fidélité.»

main habile, savent tout faire, séduisent autant qu'ils choquent, mais ne peuvent jamais s'engager ni se poser longtemps au même endroit.

Nomadisme et matriarcat

Sans être un coureur de bois, le Survenant appartient au stéréotype du nomade séduisant qui parcourt toute la fiction québécoise. Il est le François Paradis de *Maria Chapdelaine,* l'Alexis d'*Un homme et son péché* (1933), l'Ovila Pronovost des *Filles de Caleb* qui procure à la belle et fière Émilie Bordeleau passion amoureuse et damnation[39]:

> Ovila est vraiment un homme des bois, pensa-t-elle. Elle avait l'impression qu'il était un arbre mobile tant il s'amalgamait avec cette nature échevelée. Elle trouva irrésistible cet homme aux épaules droites comme des piquets de clôtures, aux mains puissantes, aux pommettes saillantes et au nez aquilin qui, malgré le bleu des yeux, trahissait un mystérieux apport de sang indien (p. 156).

Le revers négatif de cette indianité apparaîtra quelques années et quelques chapitres plus tard quand on le trouvera «ivre mort, dans un campement d'Indiens» (p. 397). Comme l'Amérindien, Ovila est prodigue, imprévoyant, impétueux, infatigable, habile de ses mains; comme le Survenant, il arrive en coup de vent (p. 336), s'enfuit sans prévenir, n'est jamais là quand un coup dur frappe: «On dirait, Ovila, lui reproche Émilie, qu'à chaque fois que j'ai besoin de toi, tu n'es pas là. Tu te sauves» (p. 360).

Rappelant la tradition du roman de la terre, le personnage masculin se languit à la culture du sol et connaît la déchéance en ville. Mais son mal de vivre vient d'ailleurs: il ne peut se passer ni de la femme ni de la forêt. Émilie l'a bien compris, qui se dit en elle-même: «Sa grande rivale, la forêt» (p. 310). Le drame tire aussi sa force de ce que la femme n'est plus un personnage inconsistant, sans personnalité, qui se confond avec la composante terrienne du roman; elle occupe un pôle actantiel autonome. D'une certaine manière, Émilie est aussi *sauvage*[40] qu'Ovila, aussi volontaire et passionnée. Elle est cette égale que n'ont pas rencontrée François Paradis, Alexis et le Survenant. La perspective narrative elle-même le rappelle bien, qui abandonne le point de vue omniscient ou celui du protagoniste masculin pour emprunter le plus souvent celui d'Émilie.

Dans une autre optique, oserions-nous voir en Émilie un avatar du missionnaire de la Nouvelle-France qui essayait de fixer son Sauvage, pour le «civiliser», le rendre responsable (p. 412)? Comme le missionnaire

---

39. Publiées par Arlette Cousture en 1985-1986, *Les Filles de Caleb* connurent un grand succès de librairie puis de télévision (avec l'adaptation de Dansereau et Beaudin).

40. Plusieurs traits rapprochent Émilie du monde sauvage: elle aime le bois, elle apprend vite à tirer du fusil, elle accouche seule dans une tempête de neige (t. 1, p. 404) et la narratrice nous dit qu'avec des tresses, «elle aurait eu l'air d'une parfaite Indienne» (t. 1, p. 391).

(Émilie est une institutrice), elle a enseigné à Ovila avant de l'épouser. Le personnage masculin souligne à quelques reprises ce rapport d'autorité pédagogique de la femme quand il reproche à celle-ci « de jouer la maîtresse d'école avec lui » (p. 333, etc.)[41]. Si Émilie joue le rôle « civilisateur » du jésuite, la passion qu'elle nourrit pour son nomade Ovila n'a rien à voir avec la « passion » du missionnaire, qui ne cherchait pas à se fondre dans le Sauvage mais à faire triompher le règne du Christ en Amérique.

La passion amoureuse ne sera pas le lieu d'une réconciliation mais d'une double ambivalence : chez la femme, la fascination de la vie sauvage et le respect de la terre[42]; chez l'homme, l'appel du large et les contraintes familiales, voire amoureuses. Incapable de faire cohabiter en lui amour de la femme et instinct de nomadisme, Ovila choisira finalement le nomadisme[43], mais ce sera pour s'abîmer dans l'alcool, pendant qu'Émilie, stéréotype de la femme forte québécoise, élèvera seule sa nombreuse famille avec le sentiment de l'échec[44]. Cette impuissance est d'autant plus frappante que son propre père — comme celui d'Émilie — n'a rien des Menaud, Didace et autres figures patriarcales tournées vers le passé : ils sont « modernes »,

---

41. Ovila manifeste une peur du savoir livresque assez caractéristique d'une certaine masculinité québécoise traditionnelle, et qu'on retrouve aussi tard qu'en 1972 chez le protagoniste Antoine de *L'Élan d'Amérique* d'André Langevin. Émilie elle-même ne semble plus guère avide de savoir quand s'est terminée son idylle avec l'instituteur Henri et surtout quand arrivent les enfants.

42. Émilie finit par regretter les bienfaits de la terre pourvoyeuse : « La terre, presque sans effort, apportait plus de nourriture dans les assiettes que les salaires invisibles d'un pourvoyeur absent » (t. 1, p. 146).

43. Sans exagérer, on peut affirmer qu'Émilie pousse Ovila à *partir*, pour des raisons qui ne tiennent pas toutes à vouloir contenter la soif d'espace de son mari : « Ovila s'était entêté à ne pas partir mais Émilie l'y obligea presque. Elle ne savait pas ce qui l'avait poussée à agir ainsi. [...] Elle avait mal de penser à son absence, mais tout à coup, elle avait envie de l'attendre. Elle avait envie de longues soirées soupirées en regardant par la fenêtre. Elle avait surtout envie de le retrouver dans deux mois, de l'accueillir et de pouvoir lui ouvrir les bras. » De cela, Ovila se rend fort bien compte : « Il avait le sentiment aigu qu'elle le repoussait sans qu'il en connaisse les raisons » (t. 1, p. 368). Ce qui sera confirmé, par le monologue intérieur d'Émilie, dans le court prologue du t. 2, p. 10 : « J'ai fait partir Ovila pour le protéger. J'ai fait partir Ovila pour me protéger. J'ai fait partir Ovila pour me protéger... Je n'avais plus le choix. »
On peut même se demander si Émilie ne devient pas pour le nomade une espèce d'instance surmoïque destructrice qui reproche à son mari, « d'une voix sèche, cassante comme une vitre », d'être responsable de la mort de leur fille Louisa : « » C'est de ta faute [...]. Tout ça c'est de ta faute. [...] Je te pardonnerai jamais, Ovila. Jamais ». [...] Il essaya vainement de parler à Émilie. [...] Émilie ne l'écoutait pas. Désespéré, il prit une valise [...], espérant qu'elle ferait un geste, un tout petit geste pour le retenir. Il ne voulait pas la laisser seule avec son chagrin. Elle ne broncha pas [...] » (t. 1, p. 386-388). Quelques pages plus loin, on apprend qu'Émilie avait laissé croire à la famille Pronovost qu'Ovila était responsable de la mort de Louisa, « préférant jouer les martyres. La femme abandonnée » (p. 396).

44. Et peut-être aussi ce « sentiment de supériorité vertueuse que tiraient les femmes du fait de gérer entièrement la domesticité », dont parle Nancy HUSTON quand elle retourne dans son Alberta natale, après avoir passé vingt-cinq ans à Paris. Sans développer le sujet, elle mentionne aussi la « dépendance insidieuse » que cette situation « créait chez les hommes » (*Pour un patriotisme de l'ambiguïté. Notes autour d'un voyage aux sources,* Montréal, Fides et Centre d'Études québécoises de l'Université de Montréal, 1995, p. 26).

en ce sens qu'ils ont instauré un rapport d'égalité avec la femme et ont laissé leurs enfants choisir leurs propres valeurs. Dans *Les Filles de Caleb,* le conflit intrafamilial ne se situe pas verticalement, entre le père et le fils, mais horizontalement, entre le fils et sa femme. L'urbanisation, qu'on sent en filigrane du roman et que n'avait pas connu le père, l'explique-t-elle partiellement? Ou la fiction illustre-t-elle cette constante que l'évolution culturelle ne se fait pas sans à-coups ni ruptures, sans retours en arrière vers des images archétypales comme celle de l'Indien et du coureur de bois?

À cette figure du coureur de bois d'autrefois, de l'explorateur téméraire et frondeur se substitue donc celle du père irresponsable et alcoolique, incapable d'assumer ses fonctions parentales. Élevés par une mère omniprésente, le plus souvent abandonnés par un père nomade devenu fuyard, les enfants de plusieurs romans québécois baignent dans un univers où la femme détient la loi et la fait respecter[45]. Ils construisent leur représentation du père à partir de la figure réprobatrice et culpabilisante de la mère et du discours moral sécrété par la société bien-pensante. Sans doute la «Conquête» de 1763 et la défaite des «Patriotes» de 1837 ont-elles contribué à cette transformation de l'image paternelle[46] puisque les Canadiens français conquis, colonisés, appelés à jouer un rôle subalterne dans leur propre histoire[47], pouvaient difficilement continuer d'apparaître comme les

45. Dans des analyses psychocritiques qui s'échelonnent sur vingt ans et qui s'appliquent aux romans de Beaulieu, Ducharme, Bessette, Major, Thério et La Rocque, André VANASSE «essaie de montrer comment la fuite des pères engendre, par voie de conséquence, la faiblesse des fils. Puis, à mesure qu'on avance dans les études, se dessine la figure terrifiante de la mauvaise Mère, celle que Gilbert La Rocque surnommait «la femme à la bouche rouge» et que les Grecs avaient appelé la méduse» (dernière couverture, *Le Père vaincu, la Méduse et les fils castrés. Psychocritiques d'œuvres québécoises contemporaines,* Montréal, XYZ, 1990).

46. S'élevant contre la thèse longtemps défendue (de F.-X. Garneau à *Parti Pris,* en passant par Groulx, Brunet et autres) de la *conquête* anglaise comme une *défaite irrémédiable,* une cassure qui explique et cause toute l'histoire subséquente, Heinz WEINMANN soutient plutôt que cette conquête ne semble pas avoir été vécue comme une rupture traumatisante puisque les vaincus ont été séduits par les conquérants anglais, qui se sont montrés généreux et justes — plus justes que les anciens administrateurs français, au témoignage même de Michel BRUNET (*Du Canada au Québec. Généalogie d'une histoire,* Montréal, L'Hexagone, 1987, p. 332). C'est seulement après l'échec des « Patriotes» de 1837-1838 que cette conquête sera représentée comme une défaite irrémédiable, et, au premier chef, par l'historien Garneau. Selon WEINMANN, «les *Canadiens* réagissent à la défaite de 1838 *comme ils auraient dû réagir normalement* à la conquête de 1760, s'*ils l'avaient perçue* comme une *défaite, La* Défaite» (p. 325). Pour montrer que la Conquête n'était pas cette «catastrophe initiale» (p. 280) dont dépend tout l'avenir, l'essayiste rappelle deux occasions que les Canadiens français auraient pu saisir pour se soulever avec succès contre les Anglais: en 1775 et en 1812, quand les Américains envahirent le Canada et essayèrent de les entraîner avec eux, les descendants des colons français préférèrent rester du côté des Anglais que de s'allier à ceux qu'ils appelaient les «Bostonnais» (p. 326-328).

47. En conclusion de sa *Genèse de la société québécoise,* Fernand DUMONT affirme qu'après la Conquête anglaise la population d'origine française ne trouva qu'une solution pour faire échec au danger d'assimilation et sauvegarder ses institutions: «montrer l'utilité de sa survie en se plaçant du point de vue du conquérant». De ce fait, «elle était conduite à intérioriser l'image que l'autre lui renvoyait. Quand, de surcroît, les journaux et les élites du Canada anglais jetaient à la face des vaincus les qualificatifs d'ignorants et d'illettrés, d'incapables que Durham reprit dans son célèbre

héros fiers et libres d'autrefois, comme des modèles aux yeux de leurs enfants. Ceux-ci peuvent même prendre plaisir à voir cette déchéance de la figure paternelle, comme le René Lallemant de *L'Invention de la mort* (probablement écrit en 1959 par Hubert Aquin, mais publié en 1991) qui se réjouit de l'humiliation de son père après une scène avec sa mère:

> Par la fenêtre de ma chambre, je l'ai vu s'en aller seul sur le trottoir de la rue Christophe-Colomb, et je me suis réjoui de sa défaite qu'il ne pouvait masquer, même de dos, en s'éloignant tristement de sa propre maison. Il marchait comme un homme qu'on vient d'humilier et qui ne sait pas se défendre (p. 150).

Même la Révolution tranquille ne saura redorer le blason du père nomade pour en faire un modèle aux yeux de ses fils. Dans *L'Élan d'Amérique* (1972), la nouvelle génération, née de la société industrielle, spontanée, scolarisée, américanisée, ne sait rien du drame du père, perdu dans son rêve passéiste. Antoine, un des derniers descendants de la race fière des coureurs de bois[48], travaille pour une firme américaine, *la* Compagnie *(United States Pulp and Paper Company);* comme Menaud, il pactise avec l'«ennemi», mais sa situation sera encore plus désespérée: ne pouvant même pas compter sur un fils spirituel comme le Lucon pour prendre sa relève, il se trouve doublement dépossédé:

> Une vraie disgrâce héréditaire. Vous vous sentiez amoindri et plein de respect. Vos parents vous avaient joué une belle comédie. Ils ne possédaient pas le pays, et ils avaient négligé de vous apprendre la langue du propriétaire. Vos propres enfants qui, par la force des choses, avaient plus que vous le sens de l'avenir, vous en voulaient de cette supercherie, vieille maintenant de plusieurs siècles. Les dents longues, les yeux vifs, gracieux comme des filles dans leurs pantalons étroits, instruits comme dix curés d'autrefois, ces petits-fils de *bûcheux* entendaient bien en être du grand carnage, de la grande moisson industrielle, de la fabuleuse Amérique des femmes, des petites cartes perforées, et de la consommation à pleines mâchoires dans des villes-jungles où l'on ne savait plus que faire des immondices engendrées par un tel banquet (p. 76).

Personne ne veut de son héritage de savoir empirique sur le pays et sur la vie en forêt. Même son propre fils souhaite lui en remontrer: «son garçon à lui [...] n'a pas craint, un jour, de lui enseigner que l'orignal, en réalité, s'appelait l'élan d'Amérique. L'élan d'Amérique!» (p. 239). Le fils appar-

---

rapport, les francophones n'étaient-ils pas enclins, sinon à approuver ce portrait d'eux-mêmes, du moins à s'interroger sur sa ressemblance?» (p. 323-324).

48. Voyant apparaître pour la seconde fois l'» orignal de légende», le fameux «élan d'Amérique», Antoine se sent «désigné, et lui seul, pour témoigner de quelque chose de grand, de la pérennité de la race des géants, de la continuité du règne de la forêt et des mâles, de la puissance de la vie sauvage et libre qui, depuis l'aube du monde, dominait ce pays farouche où l'horizon roulait sans cesse sur lui-même, comme les vagues de la mer, avait nourri les siens, hommes rudes et taciturnes que la fatigue enivrait, marins d'épinettes qui poursuivaient d'une interminable course la liberté primitive» (p. 123).

tient au monde de la culture, au monde de la ville et de la technologie. Au monde des femmes:

> C'était le monde nouveau. Le règne des femmes, qui sauvaient tous leurs avortons maintenant et en faisaient des hommes instruits. On en voyait partout de ces petits hommes malingres, le teint pâle, portant lunettes, qui réglaient tout avec des cartes blanches dans leurs petits bureaux. Ce sont ces petits hommes qui dessinent les machines qui font ensuite le travail des vrais hommes. Les avortons disparaîtront eux aussi, un jour, et il n'y aura plus que les femmes, les machines, et pas un homme au bout. Le règne des femmes est arrivé (p. 71).

Par opposition à Antoine, qui a choisi le nomadisme, son frère Hercule a laissé une terre ingrate pour devenir chômeur à Montréal et sombrer dans l'alcool. Ce schéma diégétique n'apporterait guère de nouveau si Langevin ne l'avait dramatisé par une langue à la fois lyrique et véhémente, ni, surtout, s'il n'avait entrelacé à cette histoire connue celle de Claire, une Franco-Américaine qui précipite le drame en blessant d'un coup de fusil l'orignal mythique que poursuivra le protagoniste, et enfin celle de Maria, danseuse péruvienne qui quittera Montréal quand l'armée canadienne envahira la ville en octobre 1970.

Le mariage du nomade Antoine et de la sédentaire Blanche consacre une rupture irrémédiable entre le père et sa descendance. Blanche, qui «avait établi entre lui et les enfants une infranchissable distance» (p. 118), refuse d'héberger son beau-père, qu'elle qualifie de « vrai sauvage» (p. 113), et empêche son mari d'approcher les enfants pour ne pas «en faire des sauvages» (p. 118). Antoine finira pas comprendre «qu'elle l'avait dépossédé de ses enfants, qu'elle avait systématiquement empêché que ne se nouent des liens d'affection entre eux et lui» (p. 116)[49]. Avec le fils surtout, qui, dans la perspective du père, est un dégénéré parce qu'il a choisi la culture plutôt que la nature, «le monde précieux des femelles» plutôt que l'univers masculin[50]. À Antoine, devenu impotent à la suite d'une attaque d'apoplexie, ne reste plus que son vieux compagnon d'infortune, mentor et confident, l'Indien, être indépendant et secret, aux paroles sibyllines, qui

---

49. Voir encore: «L'avait-elle aimé? Il ne savait pas et ne saurait jamais. [...] Il gardait le souvenir d'une jeune fille blonde, au teint pâle, très tendue, qui l'épiait sans cesse d'un œil inquiet, qui cherchait surtout à le désarmer, à le neutraliser et, à la fin, à le dominer. Comme s'il n'avait été qu'un mauvais moment à passer, une maladie nécessaire qu'on pouvait, à la longue, apprivoiser. L'indispensable géniteur et soutien qu'il fallait éloigner, une fois ses fonctions accomplies, ou soumettre à sa loi» (p. 116).

50. «Aujourd'hui, à vingt-deux ans, freluquet aux cheveux longs et au teint pâle, il était de la race de Blanche, mais le regard vif, la main prompte, faisant flèche de toute sa délicatesse dans le monde précieux des femelles où il n'avait pas eu de peine à trouver pain, vin et nid. Lui qui chantait la forêt, sans jamais avoir abattu un arbre, les humbles, qu'il avait toujours fuis, un peuple sans voix, dont il n'avait jamais parlé la langue» (p. 119). «Je suis un fils déchu, de race surhumaine», chantait le poète Desrochers (poème liminaire, *À l'ombre de l'Orford*), reprenant un vers de Crémazie: «Enfants dégénérés d'une race guerrière»... («Colonisation»).

semble aussi impuissant que lui et qui l'amène chez les Cris pour y être
«l'esclave» de leurs femmes[51].

Si l'on abandonne un moment la perspective narrative centrée sur le
drame du père, on verra facilement le fils d'Antoine, non plus comme «un
fils déchu de race surhumaine», mais comme un être autonome qui se révolte
contre la loi du père pour choisir ses propres valeurs et sa vie. Antoine nous
apparaît comme une figure pathétique, certes, mais dépassé par la marche
du monde, aussi démuni que Menaud[52] réduit à la folie.

Quand la femme devient nomade

Que se passe-t-il si la femme coupe toute attache terrienne et urbaine
pour suivre le nomade dans le bois? C'est ce que raconte Jean-Yves Soucy
dans *Un dieu chasseur,* publié en 1976[53]. À nouveau, le début de l'histoire
pourrait rappeler celui d'un roman de la terre, quand il oppose l'homme des
bois, Mathieu Bouchard, à son frère Émile, le défricheur, qui se désole de
voir ses fils abandonner le bien paternel pour aller en ville travailler en usine.
Mais cette opposition stéréotypée ne visait qu'à valoriser le nomadisme.
L'histoire démarre vraiment quand l'institutrice (une autre!), Marguerite
Robitaille, décide de tout abandonner pour suivre Mathieu dans la forêt.

---

51. Chez les Pronovost, la situation est beaucoup moins tranchée: Émilie, qui a fait un
«mauvais mariage mais un mariage d'amour quand même» (t. 2, p. 437), préserve une image positive
du père, comme en convient Ovila lui-même dans son monologue intérieur: «Jamais elle n'aurait
dit un mot contre lui. Avouer aux enfants que leur père était un bon à rien aurait été admettre
qu'elle-même avait manqué de jugement. Ça, jamais. Plutôt inventer des histoires. Il savait aussi
qu'Émilie n'aurait jamais pu blesser les enfants» (t. 2, p. 103).

52. Étudiant le roman dans toute sa richesse formelle, Marie-André BEAUDET note justement
que «*L'Élan d'Amérique* n'est pas sans évoquer l'aventure dérisoire et sublime d'un Menaud»
(*L'Ironie de la forme. Essai sur «L'Élan d'Amérique» d'André Langevin,* Montréal, Pierre Tisseyre,
1985, p. 119).

53. Dans son premier roman paru en 1950, *Louise Genest,* Bertrand VAC racontait déjà cette
histoire d'une femme libre qui, contre les conventions sociales, choisit la forêt: Louise quitte son
mari et son fils de 16 ans pour suivre dans la forêt le métis Thomas Clarey; l'histoire se termine en
catastrophe quand Louise, partie à la recherche de son fils perdu dans le bois, s'y perd à son tour et
meurt pleine de désespoir et de culpabilité. Ici aussi, femme et forêt sont posées en rivales, comme
le donne à entendre un monologue intérieur de Louise: «Le métis n'aura jamais qu'un amour, la
forêt? la forêt qui tue mon fils et qui me tue. C'est d'elle qu'il est amoureux: elle ne le lâchera
jamais» (p. 228). Il ne faut pas voir cette réflexion comme un constat, puisqu'à ce moment Louise,
sur le point de mourir, est submergée par le désespoir.

En 1969, *Non monsieur* de Jovette BERNIER met en scène un personnage en rupture de ban
avec la société traditionnelle, l'institutrice Puce, qui devient follement amoureuse du métis Noc. La
rébellion de Puce n'est pas une bataille pour son autonomie de femme libre, mais une simple révolte
contre son clan, car elle demeure aussi soumise au métis que pouvait l'être une Donalda Laloge à
Séraphin Poudrier. La contrainte ne lui vient pas de la société, mais de son propre sentiment
amoureux, lequel, du reste, n'est pas partagé par Noc, qui la méprise, comme toutes les femmes
(p. 142); pour lui, elle est simplement «une envie qui s'est trouvée sur la route d'un nomade qui ne
sait plus où aller» (p. 183).

La première partie du roman montre les deux personnages, assoiffés de solitude et de liberté, s'apprivoiser dans le bois et nouer une relation harmonieuse. Mais, très tôt, ils prennent conscience du fossé qui les sépare. Quand Marguerite suggère d'acheter du tissu et des légumes frais, Mathieu comprend que la cabane et la forêt se civilisent graduellement, que son aire de solitude et de liberté s'est considérablement rétrécie au contact de la femme. Son vieux compagnon d'errance, l'Indien, son *alter ego* sauvage toujours attiré par «ce grand pays au nord de l'horizon» (p. 40), le voit bien qui pense: «ça le change plus qu'il ne croit» (p. 116) et qui se sent ainsi amollir «à vivre ainsi qu'un ours en tanière», à «écouter une voix de femme» (p. 130). Et quand la cabane commence à ressembler à une maison, Mathieu s'y ennuie, ronge son frein. Il veut, pense-t-il, refaire «connaissance avec la maîtresse[54] qu'il a négligée», la forêt (p. 151). En même temps, voyant Marguerite tenir «dans ses bras repliés deux chiots qui dorment», il se dit: «Cette femme-là va vouloir de l'enfant bientôt [...]. Y a une mère qui s'éveille en elle» (p. 152). Connaissant la peur de la paternité qui hante plusieurs personnages masculins des fictions québécoises, on ne sera pas surpris que Mathieu soit repris de l'envie de repartir au loin, de suivre l'Indien: «Faut que je bouge. J'peux pas rester cloué en place» (p. 153).

La féminisation de l'univers mâle ne tient pas seulement à cette transformation du lieu par la présence active de la femme. Quand l'Indien se sentait *amollir* au contact de Marguerite, vient à l'esprit cette thèse de Rousseau selon laquelle le développement des arts et des techniques provoque chez l'homme un affaiblissement de ses qualités guerrières. Marguerite, pour qui la forêt évoquait au départ liberté et harmonie[55], découvre avec horreur que Mathieu n'est pas seulement assoiffé comme elle de liberté et de solitude: il n'aime pas seulement le danger, mais aussi la violence et le sang: «Tu aimes ça tuer, hein? Voir le sang couler, entendre râler à mort, t'aimes ça? Tu passes ta vie à tuer. [...] Quand t'auras une bonne raison, tu vas me tuer aussi?» (p. 185). Malgré qu'il s'en défende, Mathieu doit s'avouer qu'il donne la mort par plaisir, comme ses chiens, comme les animaux de la forêt. Après avoir tué un de ses deux poursuivants surnommé La Fouine, voyant celui-ci à ses pieds et son chien reniflant «goulûment l'odeur de sang dans l'air», «il se sent plus près de cet animal que du semblant d'être humain en sanglots à ses pieds» (p. 142).

Incapable d'accepter cette passion de la violence, Marguerite quitte Mathieu, sereine[56], non pas pour retrouver sa vie antérieure, mais pour se

---

54. Voir encore: «Ce pays est sien, comme il est à ce pays. Pas une relation de possédant à possédé, mais d'amant à maîtresse. Un vieux ménage qu'ils forment, lui et la nature [...]. Il connaît ses folies de printemps, ses langueurs d'été, ses colères d'hiver. [...] La forêt est sa maîtresse, bien plus que ces pauvres chairs de femmes achetées à l'Hôtel Central» (p. 29-30).

55. «Elle rêve d'un pays à elle, [...] tout de douceur et de tendresse, sans règlement, sans rien à faire qu'à chaque instant inventer le moment suivant» (p. 117).

56. Elle dira à l'Indien: «Sache que je pars en joie et en paix; ce n'est pas le désespoir qui me pousse» (p. 196).

noyer dans le lac, à la recherche «d'un pays à elle seule, d'un pays sans frontière, sans Vie ni Mort» (p. 198). Brisé sur le coup, «comme si Marguerite avait emporté la saveur du vent, l'odeur de la forêt», Mathieu «n'a même plus envie de courir le bois». «Il tourne en rond dans la cage de ses pensées» (p. 190). L'Indien viendra le sortir de sa torpeur en lui apportant le dernier message de Marguerite et en lui annonçant sa décision de partir vers le nord, loin du territoire foulé par les Blancs. Abandonnant tout derrière lui, sauf un de ses chiens et des fusils, il accompagne l'Indien, non plus comme autrefois pour trapper des animaux à fourrure, mais pour le plaisir : «c'est assez couru pour le profit, on court pour le plaisir» (p. 209). Après s'être saoulé d'alcool, il se grise d'une pensée : «L'Indien, c'est fou à dire, mais des fois j'pense qu'on est des dieux» (p. 209). Alors seulement, à la dernière ligne du texte, l'Indien sort de son anonymat pour devenir le fier compagnon du «dieu chasseur» : «Saganash, Philippe Saganash» (p. 212). Quant à Marguerite, avec sa flûte, sa présence chaleureuse, sa vitalité, elle aura incarné la poésie qui enchante la vie, comme le dit l'Indien à la jeune femme : «les forêts et les lacs sont changés, l'air a pus le même goût. Les oiseaux te chanteront longtemps» (p. 197). Mais cette rêverie poétique risque de nous faire oublier que le romancier a tué son personnage féminin[57]. Comme chez Langevin, l'Indien a remplacé la femme[58].

Dans cette vieille opposition nature/culture, l'Indien n'est pas seulement celui qui ouvre les portes de la sauvagerie originelle; il devient *l'initiateur,* comme l'exprime éloquemment le roman *Le Dernier été des Indiens* de Robert Lalonde. Avant de retourner au collège poursuivre son cours classique, Michel connaît une «véritable naissance» quand il est initié «aux joies innocentes et scandaleuses du sexe, de la nature, de la liberté» (texte publicitaire de la couverture) par l'Iroquois Kanak, dont la figure réapparaîtra sous l'anonymat de l'initiale K dans *Sept lacs plus au nord,* publié en 1993[59]. Michel, devenu adulte, partira vers le Nord avec sa mère pour retrouver le mystérieux Indien qui lui a donné rendez-vous «sept lacs plus au nord». Ici, l'Indien n'incarne plus seulement le nomadisme ou le passage à un autre stade de la vie; étrangement, en même temps que le désir sexuel, il représente le corps même du Christ qui nourrit la course du nomade :

---

57. Il faudrait rappeler l'acharnement que mettent plusieurs romanciers québécois à faire souffrir ou mourir leurs personnages féminins : Grignon, Vac, Aquin, Beaulieu…

58. Dans *Cowboy,* l'Indien (surnommé «Cowboy», justement) représente, pour le protagoniste Gilles Deschênes, «l'inconnu incarné» : «il ne m'attirait pas tant comme individu que comme exemplaire, produit de sa culture. […] C'est l'Indien que j'aimais en Cowboy» (p. 239).

59. La publicitié de la couverture présente le roman comme «Une errance sauvage, une quête, une réconciliation peut-être, mais surtout le chant d'amour d'un fils rebelle pour sa mère, la passeuse, la marmonneuse, la blanche Iroquoise…», mais la fiction raconte une tout autre histoire : voir là-dessus R. OUELLET, «Aux origines de la littérature québécoise : nomadisme et indianité», p. 23-25.

il sait qu'il doit dire encore une fois le corps de l'Indien. D'abord parce que le désir ne s'est pas épuisé, malgré les années, l'absence [...], parce qu'il y a plus que le désir, plus que l'amour, que le temps : le corps de l'Indien de chair s'est fait verbe. Il y a eu transsubstantiation : prends et mange, ceci est mon corps, ceci est mon sang, ce sont mes muscles dans ta course, pour t'aventurer là où tu ne sauras jamais aller tout seul, c'est mon souffle qui fera ton endurance [...]. Il ne s'était jamais sondé soigneusement là-dessus, ça marchait tout seul : le corps de l'Indien, simplement, mystérieusement, était devenu [...] le corps joyeux et tragique du bonheur. [...] Le corps de l'Indien, c'est tout ce que Michel a de plus grand que lui-même, de plus fort que lui-même, de plus vivant que lui-même (p. 41-43).

Avec cet amalgame de l'acte sexuel et de la Passion du Christ, on ne peut s'empêcher de penser à un passage du journal du futur chanoine Groulx, qui, après que son évêque eut retardé le jour de son sous-diaconat, confie sa déception amère à son journal de jeune homme[60] :

Vous savez, ô Jésus, ô Maître aimé, avec quels amoureux désirs, quelle impatiente ardeur j'appelais le jour de mon sous-diaconat, l'heure de nos fiançailles mystiques. J'avais rêvé ce jour dans un avenir prochain ; il m'échappera pour quelque temps. Eh ! bien, ce chagrin amer, cette douloureuse attente de mon âme après le lit nuptial où l'attendait votre amour, je vous l'offre [...]. Si le sacrifice n'est pas encore assez grand, je le veux, rendez-le moi plus dur, plus douloureux, plus sanglant. [...] Aime le sacrifice, ô mon âme, de l'amour d'une épouse qui ne doit avoir après tout d'autre lit nuptial que la croix de Jésus-Christ (26 avril 1902, p. 717-719).

Groulx, qui se voyait volontiers comme un «paladin», mais un de ces paladins «vaincus[61] d'une grande cause» (p. 800), se retrouve donc, non pas en position de sauveur, mais de victime consentante expiant une faute qui n'est pas nommée[62].

---

60. *Journal 1895-1911,* éd. par G. Huot et R. Bergeron, Montréal, Presses de l'Université de Montréal, 1984.

61. Selon H. Weinmann, les Québécois ont tendance à se sentir «solidaires de la victime» (*Du Canada au Québec,* p. 463).

62. La parenté avec le roman de Lalonde est plus frappante encore quand on se rappelle ce passage où Michel évoque implicitement une faute obscure, non identifiée, qui l'aurait chassé du paradis perdu : «il levait la tête et apercevait le faucon qui planait, le martin-pêcheur qui piquait dans une vague ou la brindille de pin qui tournoyait, légère, heureuse, dans l'immense champ bleu d'où il lui semblait qu'il avait été chassé, lui, à cause d'un péché dont il ne se rappelait rien» (p. 78). Si l'on voulait pousser plus loin l'intertextualité, on citerait un romancier fort différent, V.-L. Beaulieu, qui voit dans la croix du Christ le lit nuptial où se consommera la petite mort du romancier Abel et de la «grosse fille graisseuse» dans *Steven le Hérault* (1985, p. 273) : «Abel se laissa aller, et toutes choses furent mouillées par la blancheur de son sperme, et ce fut comme si le monde recommençait, et c'était d'une suprême tranquillité, la grosse fille graisseuse le recouvrant, ne lui laissant que l'espace qu'il lui fallait encore pour respirer, cloué au sol, et crucifié, et sans qu'aucune douleur ne se manifeste. Peut-être le Christ-Jésus était-il mort ainsi, sans éprouver de mal dans ses mains et dans ses pieds, les clous du sacrifice ne pouvant rien contre l'apaisement qui lui était venu de se savoir enfin mort, et loin de toute angoisse. [...] il se mit à uriner, et il se mit à déféquer, et aucune honte ne l'habitait parce qu'il ne s'était jamais senti aussi bien : il flottait sous le corps de la grosse fille graisseuse [...]. Elle urina elle aussi, et elle déféqua elle aussi, et cela fit monter si haut

Le nomadisme intellectuel

L'opposition nomadisme/sédentarité se retrouverait encore dans une large partie de la production romanesque plus récente qui met souvent en scène, non plus un coureur de bois, mais un artiste ou un intellectuel qui parcourt le monde à la recherche de son moi[63]. Il nous a semblé que cette quête débouchait le plus souvent, non sur l'affirmation d'une identité assumée ou renforcée, mais sur le mode du sentiment d'impuissance, voire de la hantise suicidaire. La récurrence d'une pulsion autodestructrice tient sans doute à l'évolution de la figure du père nomade conquérant en père vagabond humilié. Orphelins de modèles paternels et toujours soumis à l'emprise maternelle, plusieurs protagonistes masculins se représentent l'espace à la dimension réduite du fœtus, comme l'illustre bien ce passage de *L'Invention de la mort* d'Hubert Aquin :

> Les bains sont en forme de ventre, j'aime me glisser entre leurs parois blanchâtres et m'y replier comme un fœtus sans conscience et, par conséquent, sans douleur (p. 17)[64].

Dans un autre roman d'Hubert Aquin, *Prochain épisode,* le protagoniste invente une histoire d'espionnage à l'échelle internationale pour échapper à l'étroitesse de sa cellule de prison ; dans *L'Élan d'Amérique,* un jeu habile de réminiscences nous fait presque oublier qu'Antoine est paralysé dans un lit par une crise d'apoplexie quand il se rappelle les grands espaces de l'ancien empire français d'Amérique.

Projetée dans le temps et non plus dans l'espace, cette recherche identitaire constitue la matière du roman *Ma vie, ma folie,* publié par le psychanalyste Julien Bigras en 1983 et dont le protagoniste s'appelle aussi Julien Bigras[65]. On y raconte «l'aventure très intime qu'il a vécue avec une patiente [...] d'origine iroquoise», Marie, qui «vit à la frontière du monde réel, folle de peur et de solitude». En même temps qu'il «entre peu à peu dans son délire, pour découvrir à son tour ses propres obsessions», Julien

---

le désir qu'ils se mirent à se rouler et à se dérouler sur le tapis, emportés par la passion, collés l'un à l'autre, toute différence abolie».

63. Pensons à *Volkswagen Blues* (J. Poulin), *Lucie, ou un midi en novembre* (F. Ouellette), *Une histoire américaine* (J. Godbout), *L'Hiver de Mira Christophe* (P. Nepveu), *Le Silence du corbeau* et *Le Milieu du jour* (Y. Rivard)... Voir R. OUELLET (avec la coll. de M.-C. PIOFFET), «L'Étranger dans quelques romans québécois récents», *Atti del 7ᵉ Convegno internazionale di studi canadesi, Acireale, 18-22 maggio 1988,* Fasano, Schena, 1990, p. 183-206.

64. Sur un registre fort différent, Jacques POULIN raconte une scène semblable dans *Volkswagen Blues* (p. 221). Sur la ligne de partage des eaux, la jeune métisse sort Jack du minibus, l'allonge sur l'accotement de la route et s'étend sur lui en le caressant, mais Jack fait une éjaculation précoce. Si l'on se rappelle que celui-ci se sentait si bien couché dans le minibus contre la jeune femme dans la position fœtale, on interprétera le comportement de Jack comme un refus de sortir de son état intra-utérin de gémellité.

65. Voir, sur ce roman, l'étude de Christiane KÈGLE : «Julien Bigras : indianité, psychanalyse et écriture de fiction», *Mœbius,* sept. 1989, p. 21-46.

«part à la recherche d'un être inconnu de lui jusque-là, un homme sauvage» (texte de la couverture) dont il cherche l'origine dans ses ancêtres coureurs de bois et hors-la-loi du XVIIe siècle. Le roman se termine sur les dernières révélations de la mère qui boucle l'enquête, sans qu'on sache si le protagoniste a maté sa folie comme peut le laisser croire la dernière page du roman. C'est paradoxalement par une femme, une Iroquoise, que Julien Bigras retrouve sa filiation paternelle. Cette découverte s'alourdit du poids de la culpabilité, au point que Julien s'excuse presque, auprès de sa mère, d'être le fils de son père:

> j'ai compris que j'avais toujours vécu dans un enfer, comme mon père, comme tous les Bigras. Je lui appris que, depuis le début de la colonie, nous avions toujours été, nous les mâles, incapables de vraiment prendre soin des femmes et des enfants. § [...] Je suis venu, au nom de mon père, vous demander pardon pour tout ce qu'il vous a fait subir (p. 211).

Voilà donc qui rattache ce roman à tous ces autres où le protagoniste sent peser sur lui une envahissante culpabilité pour une faute qu'il n'a pas commise[66].

Une identité métisse

Depuis les années 1980, environ, la figure emblématique du nomade emprunte d'autres traits que ceux de l'Amérindien, de l'ancêtre coureur de bois ou de l'intellectuel voyageur en quête de son moi. Avec l'intégration graduelle au Québec de larges communautés d'origine étrangère, la songerie du voyage prend des motivations différentes et déborde largement le territoire de l'ancienne Nouvelle-France. En même temps qu'il s'enracine en Amérique, le Néo-Québécois rêve lui aussi l'espace de ses origines: la Chine, la Pologne, le Maghreb, la péninsule italienne ou ibérique... De cette nouvelle nomadicité imaginaire témoigne une abondante production littéraire. Faute de pouvoir l'embrasser entièrement[67], nous nous bornerons à évoquer rapidement la figure de quelques écrivains italo-québécois qui parlent aussi de nomadisme et de sédentarité.

---

66. Ce sentiment de culpabilité se retrouverait dans des romans aussi différents qu'*Angéline de Montbrun* de Laure CONAN, *Lucie, ou un midi en novembre* de Fernand OUELLETTE ou *Sept lacs plus au nord* déjà mentionné.

Dans *La Démarche du crabe* (Boréal, 1995), Monique LARUE présente aussi un protagoniste qui quitte la ville et gagne les bois du nord pour s'interroger sur sa filiation où il découvre deux grands-pères nomades, une grand-mère attikamek (tous trois liés à la forêt), et une «grand-mère victorienne», «détestant d'instinct cette forêt» (p. 217-218). Pas de sentiment de culpabilité ici, mais simplement une quête du «sens de l'existence».

67. Sur cette littérature, souvent appelée «migrante», voir, par exemple, Pierre NEPVEU, *L'Écologie du réel*, Montréal, Boréal, 1988, p. 197-210; et Simon AREL, *Le Voleur de parcours. Identité et cosmopolitisme dans la littérature québécoise contemporaine*, Longueuil, Le Préambule, 1989. Il faudrait encore étudier la production culturelle qui s'exprime en anglais. Il est symptomatique de noter, par exemple, qu'un certain nombre d'écrivains ou de cinéastes francophones utilisent l'anglais pour leurs fictions (Carole Corbeil et Yann Martel) ou leurs films (Yves Simoneau et Denis Arcand).

Comment s'enraciner au Québec alors que tant d'attaches relient au vieux continent, à cette Italie du Sud dont sont partis presque tous les immigrants italiens en quête d'une meilleure vie? «D'où suis-je? [...] Je suis de mon enfance comme d'un pays», écrivait Saint-Exupéry dans *Pilote de guerre* (Gallimard, 1942, p. 100). Pour les Italo-Québécois, l'enfance représente justement ce va-et-vient entre le «pays incertain» du Québec et cet autre territoire encore plus incertain de la lignée parentale: «Ô Italia, nation au-delà de la nation, où pouvons-nous te vivre, maintenant», se demande Antonio D'Alfonso dans *L'Autre rivage* (p. 92). Comment te «réconcilier avec le monde auquel tu appartiens» (*ibid.*, p. 93)? La démarche sera douloureuse pour les fils et filles d'immigrants, car la quête des origines ne sera jamais le «retour au pays natal» qu'a chanté Aimé Césaire:

> Quelle langue dois-je utiliser pour venir jusqu'à toi [Guglionesi, village originaire des parents]? En dépit du son familier des mots, nous n'avons pas la même grammaire. Les miens sont plus nombreux à Montréal qu'à Guglionesi. Et le peu qui y reste va bientôt disparaître si on n'y retourne pas. Y retourner? Il n'y a pas de retour. Il n'y a qu'un revenir à soi, un aller vers. Pas de linéarité de l'expérience ou de l'identité. Qu'une conscience (*ibid.*, p. 82).

C'est cette aventure traumatisante que vivront chacun à leur manière les personnages de Marco Micone, Franco et Maria *(Déjà l'agonie),* qui avaient émigré à Montréal quand leur fils Luigi avait quinze ans. Celui-ci, «idéaliste» et sensible, revient à son village natal avec Nino, le fils adolescent qui ne comprend rien à ce pèlerinage, et Danielle, la Québécoise de vieille souche, «femme déçue, mais décidée à recommencer sa vie» (p. 19). Ne retenons que Luigi, dont le retour au village déserté devait être un véritable retour aux sources, un réenracinement dans l'enfance avec un village grouillant de monde. Alors que Nino ne peut comprendre cette régression dans un passé édénique fictif pour fuir le ratage du présent, Luigi ne retrouve que la mort et la ruine, avec les maisons vides sans portes ni fenêtres, et la découverte de la souillure première de sa mère violée par les Chemises noires de Mussolini (p. 77-78).

Expérience décevante aussi, et douloureuse, dans *Une femme à la fenêtre* de Bianca Zagolin, Italo-Québécoise scolarisée en français. Aurore, toujours «en attente», voit défiler le monde «à sa fenêtre» sans y participer. Seule sa fille Adalie, comme une messagère de théâtre, la met en contact avec l'extérieur, jusqu'au moment où elle émigre à Montréal et devient amoureuse de Sébastien, dont la douceur sauvage et l'«infinie tendresse» (p. 66) paraissent l'enraciner à sa nouvelle patrie du Québec. Si cette passion semble confirmer «aux yeux d'Aurore le sentiment fragile de sa propre existence» (p. 79) et la ramener «au temps où elle ne doutait pas que la vie n'émanât d'elle seule» (p. 91), ce n'est qu'un leurre. Au plus fort de son amour pour Sébastien, elle prend conscience de se retrouver «enfermée dans son cercle fatal : la mutation profonde qui l'avait grisée de liberté la ramenait insensiblement au destin, et, pour elle, ce destin se résumait à attendre » (p. 110-111). De ce point de vue, la mort de Sébastien n'est qu'un autre coup du destin sur lequel elle n'a aucune prise. Il n'est donc pas surprenant que les retrouvailles avec l'Italie de sa vie d'enfance et d'adulte ne la rendent pas à la vie, mais ne soient qu'une étape de sa longue marche vers le suicide final.

Sans se révéler aussi sombre chez Antonio D'Alfonso, le retour dans l'Italie du Sud n'en est pas moins vécu d'abord sur le mode de la déception, comme si la rencontre avec les ancêtres n'était pas un face-à-face amoureux, mais un obscur combat entre étrangers qui ont un vieux compte à régler :

> Ta langue maternelle t'est aussi étrangère que n'importe quelle langue que tu ne connais pas. Oubliée comme un style de vie que, jadis, tu possédais. [...] Tes ancêtres seront venus te tirer dans le dos (*L'Autre rivage*, p. 78).

Mais une fois subi ce choc premier, cette difficile acceptation de voir les siens comme étrangers, le salut pourra venir d'une réconciliation de toutes les contradictions nées de la situation d'immigré[68]. Être Italien, Européen, Américain : qu'importe où l'on vit, si l'on vit sa culture (p. 93), si l'on ne cherche pas ses origines derrière soi, comme une maison abandonnée (p. 133). Le déracinement pourra devenir originalité créatrice, épanouissement sur un terreau neuf : « Je t'offre de nouvelles références, une autre vision de la vie d'ici et d'ailleurs. Je suis une autre voix qui vient par une autre voie » (p. 143-144).

C'est dans ce va-et-vient entre soi et l'Autre, dans cette errance dialoguale que se constitue et se régénère une culture : « Je suis l'étrange sort de l'autre qui me hante/Et rôde et ruse et tisse un réseau invisible », écrit François D'Apollonia (*Tirésias ou le clair-obscur de la conscience*, p. 14). Dans ce nomadisme du rapport à l'Autre se constitue le moi : « ce que je suis n'est que destination provisoire », écrit-il encore (*Réverbérations*, p. 13). Écho semblable mais inversé chez Bianca Zagolin, dont la quête se poursuivra sur un double espace imaginaire : d'une part, les « archétypes québécois » (« cet inconscient collectif fait de sombres forêts, de vastes plaines enneigées et de jardins de givre, où les héros se battent pour survivre contre les périls du froid, de l'assimilation et du vide existentiel[69] »), d'autre part, les

---

68. « Mon désir n'est pas d'être singulier ou pluriel, ni interculturel ou transculturel. Je suis duel : 1. Québécois, avec tout ce que cette notion comprend ; 2. Italien, avec tout ce que cette notion comprend. Je vis de certitudes imparfaites et de mes contradictions » (*L'Autre rivage*, p. 143).

69. Dans un passage d'*Une femme à la fenêtre*, Aurore, récemment débarquée d'Italie, découvre le Québec mythique dans les livres d'histoire de sa fille : « "Madeleine de Verchères", "Lambert Closse", "Dollard des Ormeaux" — à ces mots s'ébauchait un paysage d'immenses forêts aux sapins centenaires et d'eaux périlleuses qui emportaient les voyageurs dans leur tumulte tandis qu'explosaient au loin les coups secs des mousquets répercutés par les montagnes. Pour ces héros, le péril assumé garantissait la conquête d'un pays. Un pays sauvage, disait-on, un pays vierge. Sa nouvelle patrie à elle. [...] Aurore l'avait senti ; derrière les barricades, on se battait aujourd'hui

«portiques et clochers, cimetières antiques» de l'Italie «natale» («L'Histoire d'un déracinement», p. 177-178). Démarche narcissique, évidemment, mais a-t-on oublié que Narcisse, penché sur son image dans l'eau, voit et montre plus que son visage:

> lorsque Narcisse se mire dans la surface transparente de sa source, il y voit réfléchis les collines environnantes, les arbres et les nuages, le ciel et les oiseaux qui le sillonnent. Et toutes ces images frémissantes, évanescentes, se mêlent au reflet de son visage. La terre entière coule dans les yeux de Narcisse, la vie et la mort du monde passent dans son regard émerveillé (p. 177-178).

Deux nomadismes se rejoignent ici dans cette image du Narcisse nomade: d'une part, le retour à l'Italie, ou encore la transculture; d'autre part, le vieux mythe du sauvage, du coureur de bois, du Survenant, reconnaissables dans ces innombrables figures de voyageurs ou d'errants qui peuplent le roman québécois. En ce qu'ils ne sont pas seulement rétrospectifs (quête d'un impossible *avant* dans les paysages méditerranéens et la tradition culturelle pour l'un, dans une forme de sauvagerie originelle chez l'autre), ces deux nomadismes peuvent se rejoindre dans la dimension prospective d'une recherche de territorialisation culturelle nouvelle[70].

S'il faut voir dans ce nomadisme une quête des origines méditerranéennes chez les Italo-Québécois et un atavisme de vagabondage *(« On the road »*[71]) chez les Québécois de vieille souche, on peut très bien y trouver aussi une quête du père, omniprésente dans la fiction récente[72]. F. Caccia et A. D'Alfonso, par exemple, y font souvent allusion ou lui dédient leur œuvre littéraire, comme s'il fallait montrer sa réussite à son père dans un domaine

pour le verbe. [...] Aurore ne cessait de s'émerveiller. Elle n'avait qu'à répéter les mots sacrés pour avoir l'impression de conquérir un territoire jusque là inexploré» (p. 59).

70. Réfléchissant sur la «réappropriation de la culture globale» par l'immigré qui a perdu, avec son territoire, sa culture traditionnelle, F. CACCIA écrit: «la déterritorialisation opère un radical changement de point de vue. § S'il provoque déchirements affectifs, nostalgie, ce brusque décentrement du territoire a néanmoins le mérite de restituer à l'ethnicité son nomadisme antérieur, de le désamorcer de sa charge négative que lui confère justement le territoire» («L'Ethnicité comme post-modernité», *Vice versa*, vol. 2, n° 2, octobre-novembre 1984, p. 12-13, 22).

71. Encore rappelé récemment par le disque de R. Séguin, *Journée d'Amérique,* marqué par la figure insistante de l'écrivain franco-américain Jack Kérouac, auteur du célèbre *On the road.* Hilligje VAN'T LAND, qui ne cite pas ce disque mais une chanson de Sylvain Lelièvre, montre à quel point la figure de Kérouac a fasciné les romanciers Poulin, Godbout et LaRue («La Kérouaquisition du territoire américain: Poulin, Godbout et LaRue comme représentants du discours littéraire québécois des années 80», *Québec,* dans *Rapports—Het Franse Boek,* Amsterdam, vol. 66, n°s 1-2, 1996, p. 31-40).

72. Le père, dans *Le Fou du père* (Seuil, 1988) de Robert LALONDE et *Le Troisième orchestre* (1996) de S. LELIÈVRE, ou son avatar le grand frère, dans *Salut Galarneau* (1967) de J. GODBOUT, *Steven le Hérault* (1985) de Victor-Lévy BEAULIEU ou *Volkswagen Blues* (1988) de J. POULIN. Omniprésence aussi au cinéma, comme le rappelle Robert Lepage lors de la sortie de son film *Le Confessionnal*: «Au Québec, on fait tous des films sur la quête du père, de l'identité. [...] Mais la quête du père est aussi celle d'un maître spirituel, de Dieu. C'est un questionnement moral» (Odile TREMBLAY, «L'Imagination par erreur», *Le Devoir,* 23-24 septembre 1995, p. A-12).

hautement valorisé dans le pays d'adoption. Comme si l'on cherchait obscurément à se faire pardonner par son père d'être un travailleur intellectuel[73], d'avoir réussi à prendre racine en Amérique, ou tout au moins d'avoir transformé son exil en nomadisme créateur.

***

À travers trois siècles d'histoire[74], il semble bien que l'identité canadienne-française puis québécoise[75] se dise d'abord dans le couple nomadisme/sédentarité. Si les premiers protagonistes du roman québécois ont récusé explicitement le nomadisme au profit d'un réenracinement, à la fois terrien et territorial, qui s'accompagne souvent d'une réussite économique tout au moins prospective, ceux des années 1935-1945, valorisant le nomadisme lors même qu'ils tiennent aussi un discours sédentariste, trahissent un malaise: ou bien le nomade disparaît comme il est venu, en coup de vent *(Le Survenant),* ou bien, prêchant la révolte mais n'osant la faire, il sombre dans la folie *(Menaud).* En outre, phénomène curieux à une époque où les élites prêchaient encore la surnatalité, les romans mettent en scène des amours sans enfants: Menaud laisse seulement une fille qui épousera *peut-être* un proscrit; *Le Survenant* se termine sur l'abandon d'Angélina et le mariage *probable* du père Didace qui, à soixante ans, pense épouser l'Acayenne, de vingt ans plus jeune, avec laquelle il souhaite «élever encore une couple de garçons, s'il y a moyen» (p. 295)...

En faisant de la femme un personnage autonome, et non plus seulement une entité passive sans vie romanesque, des œuvres comme *Un dieu chasseur, L'Élan d'Amérique* ou *Les Filles de Caleb* n'ont pas pour autant atténué le malaise qui pesait sur les fictions québécoises. Incapable de concilier nature et culture, effrayé par le pouvoir et le savoir détenus par la

---

73. Ce qui nous rappelle le désaveu de son fils par Antoine, au nom de valeurs «viriles» désuètes.

74. Dans une conférence où elle tentait de rendre compte «d'un voyage aux sources», l'écrivaine Nancy HUSTON, née en Alberta mais domiciliée à Paris depuis un quart de siècle, parlait du *temps* qu'il faut aux groupes humains pour *sacraliser leur espace* et, ainsi, se créer une véritable identité. Comparant les Albertains aux Québécois, elle écrit: «Les Québécois ont bénéficié de ce qui nous manque si cruellement, à nous autres Albertains: des siècles pour élaborer des traditions, charrier des souvenirs, transmettre les récits des ancêtres. Et le plus grave, c'est que notre passé à nous n'acquerra sans doute jamais ce caractère *sacré* parce que nous sommes nés et avons grandi en même temps que la radio et le téléphone, l'avion et le cinéma, la télévision et l'ordinateur» *(Pour un patriotisme de l'ambiguïté,* p. 37); cette conférence est reprise dans *Désirs et réalités. Textes choisis 1978-1994* (Montréal, Leméac, 1995, p. 209-230), dans une section intitulée «Exil, langue, identité».

75. Sur ce passage du Canada français au Québec, voir les livres très différents et déjà cités de Heinz WEINMANN *(Du Canada au Québec)* et de Fernand DUMONT *(Genèse de la société québécoise);* voir aussi la conclusion (plus particulièrement les pages 314-317) de Gilles BOURQUE et Jules DUCHASTEL, *L'Identité fragmentée;* Paul-André LINTEAU, Jean-Claude ROBERT et René DUROCHER, *Histoire du Québec contemporain,* Montréal, Boréal, t. 1, 1979; Simon LANGLOIS (dir.), *Identités et cultures nationales. L'Amérique française en mutation,* Québec, Presses de l'Université Laval, 1995.

femme, Ovila Pronovost fuit dans le bois ou l'alcool; identifiant la femme à la modernité technologique, Antoine se retrouve impotent chez les Indiens cris. Si la marche vers le Nord avec son vieil ami l'Indien peut être vue comme une prise en charge de sa liberté par Mathieu Bouchard, d'autres indices nous laissent croire qu'elle est plutôt une fuite. C'est en avalant «de pleines tasses d'alcool» que lui et l'Indien «évoquent les pays qui les attendent» (*Un dieu chasseur*, p. 208). Voyez comme il rêvait tout haut avant son aventure avec Marguerite: «La solitude, la liberté... On ne peut les avoir qu'au fond d'une chambre avec une bouteille ou au milieu du bois avec un fusil» (p. 52). Le Mathieu du *Dieu chasseur* ne serait-il qu'un autre de ces nombreux héros impuissants des fictions québécoises qui fuient la vie pour la rêver dans les brumes de l'alcool? Contrairement à quelques protagonistes positifs comme dans *Le Matou* de Beauchemin ou certains romans de Ferron, Mathieu et Ovila trouvent naturellement leur place dans l'étonnante galerie de «cassés» et de «cow-boys[76]» créés par l'imaginaire québécois.

Mais quel rapport y a-t-il entre la fiction et la réalité sociale[77]? Si la réponse à cette question exige une longue et complexe mise au point, on peut présumer que la complaisance des romanciers du Québec à décrire des héros vaincus et souffrants est liée aux défaites de 1760 et 1837, à l'héritage colonial et à l'idéologie cléricale qui a dominé le Canada français pendant un siècle et demi et qui lui a donné une belle brochette de «saints patrons» fort peu triomphants: Dollard des Ormeaux, saint Joseph, saint Jean-Baptiste, les «saints martyrs canadiens». De ce point de vue, ces personnages de fiction ressemblent à certains membres de collectivités amérindiennes et néo-québécoises qui ne cessent de pleurer la terre originaire à jamais perdue ou à ce type québécois de vieille ascendance française

---

76. *Le Cassé* de J. RENAUD, paru en 1964, est emblématique d'une certaine aliénation québécoise. *Cowboy,* roman nihiliste publié en 1992 par L. HAMELIN, met en scène des personnages amérindiens et blancs, qui vivent dans la forêt, abîmés dans la misère et l'alcoolisme. Mais il faudrait opposer à ces figures de la dégénérescence celles inventées par les grands «spectacles» du Cirque du Soleil ou les mises en scènes et créations de Robert Lepage.

Étudiant un corpus non fictionnel (manuels d'histoire, mémoires pour la Commission Bélanger-Campeau, etc.), Jocelyn Létourneau arrive à une conclusion différente. Si le néo-nationalisme québécois demeure «incapable de se délier de cette mentalité du Sujet assiégé et perdant», il s'affirme aussi «Sujet compétent et victorieux»; s'il se souvient de son «aliénation», il s'ouvre à l'Autre, mais à condition de ne pas «occulter ses attributs historiques» et de ne pas «se perdre dans l'Ailleurs» (Jocelyn LÉTOURNEAU et Jacinthe RUEL, «Nous autres les Québécois», dans *Mots, représentations. Enjeux dans les contacts ethniques et interculturels,* Ottawa, Les Presses de l'Université d'Ottawa, 1994, p. 288 et 299). Voir aussi Jocelyn LÉTOURNEAU, «L'Historiographie comme miroir, écho et récit de *Nous autres*», *Recherches sociographiques,* vol. 36, n⁰ 1, 1995, p. 9-45; *Les années sans guide. Essai sur la mouvance actuelle du Canada,* Montréal, Boréal, 1996.

77. Parmi les nombreuses études récentes qui posent cette question, voir, par exemple, celles (fort différentes de la nôtre) de Micheline CAMBRON (*Une société un récit. Discours culturel au Québec (1967-1976),* Montréal, L'Hexagone, 1989) et de Jacques PELLETIER (*Le Roman national. Néo-nationalisme et roman québécois contemporain,* Montréal, VLB éditeur, 1991).

qui ne peut s'imaginer autrement que réduit à l'impuissance, «fils déchu de race surhumaine» (Desrochers), qui «marche à côté d'une joie», «oiseau captif» dans sa «cage d'os» (Saint-Denys Garneau)[78].

Quelques événements récents nous rappellent le malaise profond qui traverse la société québécoise: la tuerie de l'École polytechnique, la crise amérindienne au Québec et la déclaration postréférendaire du premier ministre Jacques Parizeau. Le premier événement, ainsi que l'a montré Pierre Legendre[79], nous renvoie au père dans la société québécoise, comme ces hommes qui tuent femme et enfants pour se venger de la séparation. Une violence désespérée a crié l'impossibilité de dire et de nouer un rapport à l'Autre. Les victimes ont été des femmes, dans la mesure où un énorme contentieux misogyne semble s'être accumulé dans la conscience (ou l'in-conscient) masculin[80]. Or les fictions ne cessent de nous rappeler, d'une part le refus de la paternité par le désir de retourner au ventre maternel[81] ou de fuir dans l'alcool ou la forêt, d'autre part une obsédante quête du père. Ces drames disent l'urgence de rétablir ou d'instaurer la parole entre minori-taires que nous sommes tous au Québec: entre soi et l'Autre, qu'il soit féminin, masculin ou qu'il vienne d'une autre origine ethnique. Dans cette perspective nous apparaît particulièrement intéressant le film de Lauzon, *Un zoo la nuit:* le retour du fils vers le père biologique tout proche de sa fin passe par la médiation du couple parental italien.

---

78. Nous ne sommes pas très loin ici de Fernand DUMONT, qui montre comment le nationa-lisme naissant canadien-français du XIXe siècle reprend, «comme un sédiment jamais oublié, les thèmes des utopies avortées»; faute de faire le politique, il se contente de se battre pour quelques «symboles dérisoires d'une nation distincte» (*Genèse de la société québécoise,* p. 276-277). Le «recours au passé» n'alimente pas l'action, mais «la nostalgie... et la littérature» (*ibid.,* p. 311). Voir encore les réflexions des dernières pages sur ce nationalisme de survivance, de «craintive conservation d'un héritage», qui s'évade volontiers dans l'imaginaire pour fuir l'histoire au lieu de l'affronter.

79. *Le Crime du caporal Lortie. Traité sur le père,* Paris, Fayard, 1989. Voir aussi l'article de Fulvio CACCIA : «Le Syndrome Lépine-Lortie: la fin du politique», *Vice versa,* n° 29, mai-juin 1990, p. 18-20. Après avoir montré que ces deux comportements sont attribuables au «déficit de la fonction paternelle», Caccia, avoue son malaise «en tant qu'homme et fils d'immigrant», d'autant plus qu'il a assuré avec d'autres, dans *Vice versa,* «la promotion du métissage issu de l'immigration (dont le transculturel est la théorisation) comme une voie de traverse entre le repli vers l'ethnocen-trisme et le nivellement réducteur de la culture de masse» (p. 20). Le métissage de Lépine, né de mère québécoise et de père algérien, serait le «pôle négatif» de la transculture, une «maladie identitaire» comme celle que l'ethnopsychiatre George DEVEREUX décrivait en 1951 dans son livre *Reality and Dream: the Psychotherapy of Plain Indian.*

80. Ce contentieux semble s'être encore alourdi récemment avec la loi québécoise sur le «patrimoine familial» et surtout avec la pratique judiciaire qui, en matière de divorce, accorde le plus souvent à la mère la garde des enfants et condamne le père à verser une pension alimentaire avec droit de visite seulement.

81. Comme dans la scène d'amour de *Volkswagen Blues* (ci-haut, note 64) ou, encore plus nettement, dans *L'Hiver de Mira Christophe* (1986), où Jean-René, apprenant que Mira est enceinte, «voudrait disparaître en elle, se fondre dans son corps» «au milieu duquel il voudrait se coucher et dormir» (p. 111).

La crise amérindienne endémique, qui a connu son paroxysme à l'été 1990 avec les événements d'Oka, peut aussi nous inquiéter. La quasi-unanimité des intellectuels québécois d'ascendance française a entonné le refrain de la mauvaise conscience et de la culpabilité tricentenaire envers les Amérindiens. S'est alors développé dans les médias anglophones (excepté dans la *Gazette* de Montréal) un discours victimaire, injurieux et violent qui allait parfois jusqu'à accuser la société québécoise de nazisme[82].

Pareil délire verbal, qui risque de vouer à l'échec toute cohabitation harmonieuse, se retrouve à l'automne 1995 dans plusieurs chroniques et éditoriaux de journaux anglophones, comme le rapporte Gilles Lesage du *Devoir* («Revue de presse du Canada anglais», 12 novembre 1995). La controversée déclaration de Jacques Parizeau sur le «vote ethnique» a provoqué un raz de marée si violent qu'on peut se demander s'il ne révèle pas contre le Québec une démesure raciste qu'on veut précisément condamner. Procédant par généralisations, amalgames et citations hors contexte, les chroniqueurs et éditorialistes de plusieurs journaux anglophones accumulent les images et les termes les plus injurieux pour exprimer leur réprobation: tribalisme ethnique, xénophobie, bigoterie, fanatisme, tricherie, malhonnêteté, démagogie haineuse... Plusieurs vont même jusqu'à parler de «nettoyage ethnique» et certains rappellent le nazisme ou la Bosnie-Herzégovine. Par-delà Jacques Parizeau, Lucien Bouchard et toute la hiérarchie du PQ, c'est la moitié des Québécois qui est condamnée par association. Cette condamnation est d'autant plus paradoxale qu'on affirme vouloir former avec le Québec un «beau pays», une terre de tolérance et de liberté.

Chose curieuse, mais non surprenante, une déclaration répétée du ministre fédéral Doug Young, en mai 1996, et reprise immédiatement par le premier ministre Chrétien, suggérant au député bloquiste Nuñez de retourner au Chili (qu'il a fui pendant la dictature de Pinochet) n'a pas scandalisé ces mêmes chroniqueurs et éditorialistes ni causé le moindre remous dans le Parti libéral (Jacques Parizeau, on s'en souvient, avait démissionné après sa déclaration). Comment expliquer cette différence dans le traitement de l'événement et le jugement porté sur les hommes politiques qui y ont été mêlés? Certes, pour les journaux anglophones le Parti québécois est l'ennemi à déconsidérer et à abattre. Mais on peut se demander si la tendance des Québécois de vieille souche à se sentir coupables et leur incapacité à affirmer fermement leur volonté collective n'appelle pas — ou

---

82. Pourtant, les trois personnes tuées, un policier blanc et deux Mohawks, l'ont été par des Amérindiens; pourtant, c'est au Québec et non en Ontario, en Colombie-Britannique ou au Manitoba que les langues amérindiennes sont davantage parlées et enseignées (Jacques MAURAIS, *Les Langues autochtones au Québec,* Québec, Conseil de langue française, 1992); pourtant, le pourcentage d'Amérindiens incarcérés est beaucoup moins élevé au Québec que dans les autres provinces canadiennes; d'après les *Aperçus sur la situation des Indiens inscrits au Canada* publiés par le ministère des Affaires indiennes, c'est aussi au Québec que le revenu familial moyen des Amérindiens est le plus élevé par rapport à celui de l'ensemble de la population.

tout au moins n'encourage pas — cette mise en accusation continue par les médias anglophones. Sartre n'affirmait-il pas qu'on finit par ressembler à l'image qu'autrui renvoie de soi ?

La mise en question des attitudes et de l'identité québécoises par des groupes implantés à des époques différentes forge, d'une certaine manière, un être québécois tout aussi fictif et imaginaire que celui des romanciers en ce qu'elle s'appuie sur des rêves déçus ou comblés, des images prospectives, des éléments de mythes séculaires[83]. Aussi faut-il questionner cet imaginaire, le dépasser, pour fonder sa propre identité sur la présence de l'Autre en soi et autour de soi. Ce qui ne va pas sans inconfort ni angoisse. Face au rouleau compresseur de la culture de masse états-unienne, les minoritaires, qu'ils soient Amérindiens, néo-, anglo- ou anciens Québécois, n'ont d'autre choix que de forger des «alliances» pour «devenir ensemble à travers le continuel réaménagement des fondements politiques ou institutionnels de la vie en société[84]». Si des Québécois de «vieille souche[85]» sont encore tentés de définir leur identité par leur origine française en excluant les autres[86], la grande majorité a franchi les frontières de l'ethnicité[87]. Faute de

83. Qu'on pense seulement à la prégnance de l'image du «Bon Sauvage» en Occident, qui exprime successivement la hantise du Paradis perdu, la contestation d'un régime politique (la monarchie absolue par l'Adario de Lahontan), la mélancolie d'une époque *(Atala* et *René),* la crainte d'une catastrophe écologique...

84. Nicolas VAN SCHENDEL, «Le Risque de l'autre», *Vice versa,* n° 29, mai-juin 1990, p. 40-41. Dès le début de son livre *Le figuier enchanté* (Montréal, Boréal, 1992, p. 14), Marco MICONE rappelle cette nécessaire solidarité: «Que nous venions du bassin méditerranéen, des Antilles, de l'Extrême-Orient, ou que nous soyons d'origine amérindienne ou française, ne ressentons-nous pas la même vulnérabilité, la même impuissance devant des phénomènes incontrôlables d'ordre physique ou métaphysique? Étant en outre régis par les mêmes lois et baignant dans le même univers kafkaïen, ne sommes-nous pas appelés à nous solidariser afin de préserver, paradoxalement, le droit à la différence dans une destinée commune?»

85. Sur une certaine manière de définir l'identité québécoise par deux ou trois siècles d'ascendance française, voir la nouvelle de Flora BOLZANO, «Terre de mes aïeux», revue *XYZ,* hiver-novembre 1990, p. 29 et 33: «Je suis née d'un père moitié italien moitié espagnol et d'une mère moitié polonaise moitié corse, en Algérie, pendant la guerre. [...] Je suis jalouse de ne pas être une vieille souche. C'est pas juste. Mon arbre généalogique, ça n'est pas un érable qui s'écoule dans un petit seau, tranquille, avec des traces de pas sur la neige tout autour, non ça serait trop beau, trop facile d'en descendre, en ligne directe.»

86. Sur ce nationalisme «ethnique» et «défensif» qui a prévalu jusque vers les années 60, voir les conclusions de Gilles BOURQUE et Jules DUCHASTEL, *L'Identité fragmentée,* Montréal, Fides, 1996; voir aussi la deuxième partie du livre de Fernand DUMONT, *Genèse de la société québécoise:* «La construction de la différence».

87. Mais dans sa quête d'identité le Québec francophone semble avoir beaucoup de mal à identifier l'Autre par lequel il se définit aussi: le «Canada anglais». Pour H. WEINMANN, le Québec, qui «**a déjà** été le Canada», «loin de couper les liens» avec ce «Canada, son alter ego», «devient son Autre, les distend. Loin de pouvoir éliminer purement et simplement le Canada, comme toute nation normale, le Québec se contente de l'«oublier», de le dénier, de peur de s'éliminer lui-même, puisqu'il s'y sent encore viscéralement — de moins en moins — attaché. § Le Québec deviendra une nation comme les autres, une nation normale, banale, simpliste, le jour où le Canada, devenu suffisamment étranger, Autre, il pourra l'affronter comme un antagoniste, découvrir la frontière entre lui et le Canada, pour finalement l'éliminer impunément» («Le Québec, entre la naissance de

pouvoir en faire ici la longue démonstration, on en donnera quelques exemples rapides. Nul ne contestera, en premier lieu, que les musiciens «populaires» d'origine étrangère trouvent au Québec une large reconnaissance, ni que parmi les animateurs de télévision les plus écoutés se trouvent Sonia Benezra, Normand Brathwaithe et Grégory Charles[88]. En second lieu, dans le domaine de la culture savante, il est tout aussi manifeste qu'à des vedettes littéraires comme Yves Beauchemin, Marie-Claire Blais, Arlette Cousture ou Michel Tremblay s'ajoutent de nouvelles figures qui se nomment Ying Chen, Sergio Kokis ou Dany Laferrière; enfin, le rappel des plus récents prix de l'ACFAS ou du Québec mènerait à la même conclusion: quoi qu'on prétende, les Québécois de vieille souche française accueillent et honorent en grand nombre des personnes d'autres origines.

On peut bien rêver d'une identité détachée d'un passé collectif ou d'un territoire national et fondée sur une culture qui survole les nationalités[89], mais c'est un rêve justement, auquel peuvent céder des individus — des intellectuels, notamment. Les communautés, dont la mémoire, les points de repère et l'habitus sont ancrés dans une histoire collective, ne se débarrassent pas si vite de leurs mythes, de leurs codes et de leur «ressentiment»[90].

---

la nation, entre la nation et la méta-nation», dans *Métamorphoses d'une utopie,* Paris et Montréal, Presses de la Sorbonne nouvelle et Éditions Tryptique, 1992, p. 122).

88. La perception qu'en ont les artistes interrogés par le sociologue Juan C. AGUIRRE (*Artistes immigrants, société québécoise, un bateau sur le fleuve,* Montréal, CIDIHCA, 1995) est beaucoup moins positive. Voir aussi le livre plus ancien de Fulvio CACCIA, *Sous le signe du Phénix. Entretiens avec 15 créateurs italo-québécois,* Montréal, Guernica, 1985.

89. Comme l'ont affirmé plusieurs textes du magazine *Vice versa* ou, plus récemment, R. ROBIN et A. MÉDAM dans le collectif *Métamorphoses d'une utopie.* Il nous semble, toutefois, que les tenants de cette transculture ont tendance à dichotomiser de manière manichéenne une réalité complexe quand, comme R. Robin, ils opposent le «peuple des citoyens» au «peuple des ancêtres supposés, le demos à l'ethnos», ou quand on parle de «fixation identitaire», d'«identité figée», «cimentée, archaïque», de «fétichisation de la différence» qui «mène au racisme et à l'obsession de l'identité» («Sortir de l'ethnicité», p. 25-42).

90. Nous pensons ici au livre de Marc ANGENOT, *Les Idéologies du ressentiment* (Montréal, XYZ, 1996), qu'il présente rapidement dans une interview au magasine *L'Actualité.* Voulant définir le ressentiment, il affirme: «C'est la revanche des vaincus, qui se consolent en prétendant que les vainqueurs sont condamnables par leur victoire même. [...] C'est un passé identitaire, une sorte de mémoire collective, faite de choses qu'il faudrait corriger, mais dont on n'est jamais débarrassé. On va donc vers l'avenir non pas comme vers diverses possibilités de se transformer, mais avec la peur de disparaître et l'intention de régler enfin ses comptes avec le passé, avec soi-même et avec les autres, qui ne nous comprennent pas» (Stéphane BAILLARGEON, «Dis-moi qui tu hais, je te dirai qui tu es», *L'Actualité,* 1er juin 1996, p. 16-18). Si le titre survole habituellement la mêlée pour réfléchir sur «la grande idéologie des années 90», la controverse déclenchée par sa lettre au *Devoir* du 13 juin 1996 a entraîné M. Angenot lui-même dans un débat où la réflexion sereine cède souvent le pas aux généralisations et raccourcis abusifs propres à la polémique: «l'intellectuel nationaliste ne débat [...] que par procès d'intention, inférences abusives, amalgames, et surtout par exorcismes»; «constamment chez les nationalistes le pathos, l'abus de langage au lieu de la réflexion!»; «la polémique [...] sur mon texte confirme [...] le caractère pesant, effrayant pour la liberté de l'esprit, de cette pensée unique, remâchant depuis trente ans les mêmes approximations, les mêmes formules toutes faites et demi-vérités, qui tient lieu de penser et de doctrine dans le monde nationaliste» («Les intellectuels, la pensée unique et la démocratie», *Le Devoir,* 19 juillet 1996, p. A-6; repris dans *Cité*

On ne saurait donc reprocher à la vieille collectivité francophone québécoise cette mémoire, à moins qu'elle ne devienne exclusion. Pas plus qu'on ne saurait reprocher une autre mémoire aux Québécois originaires de l'aire méditerranéenne ou aux descendants des autochtones nord-américains. L'identité n'est ni statique ni homogène: elle est une construction dans le temps, un assemblage instable, toujours recommencé.

Là où cette identité québécoise demeure la plus difficile à vivre, c'est dans son projet politique[91]. Que la souveraineté du Québec et l'appartenance au Canada sollicitent, à peu de choses près, le même nombre d'adeptes n'est pas catastrophique en soi, même si les rapports entre citoyens en deviennent souvent tendus. Mais quand les choix politiques se polarisent en fonction de l'origine ethnique ou de l'appartenance à telle communauté, la convivialité devient plus précaire: on a parfois le sentiment que chaque groupe surveille la moindre déclaration, le moindre geste de l'autre pour le prendre en faute ou en délit d'intention. D'autant plus que les médias en font immédiatement leurs manchettes[92] et que le pouvoir politique a tendance à judiciariser les problèmes et les tensions au lieu de tenter de les résoudre[93].

---

libre, septembre-octobre 1996, p. 31-33). Les intellectuels nationalistes se réduiraient-ils aux douze contradicteurs du *Devoir* qui répéteraient sans fin les mêmes lieux communs malhonnêtes? Seraient-ils unanimement ethnicistes, fanatiques et tournés vers le passé? Poser ces questions, c'est se demander si le ressentiment n'a pas atteint celui-là même qui l'a si bien décrit. Sur la position de M. Angenot, voir Jacques PELLETIER, *Au delà du ressentiment. Réplique à Marc Angenot,* Montréal, XYZ, 1996.

91. Deux textes de personnages politiques, Sheila Finestone et Bernard Landry, rendent bien compte de ces projets différents et, partant, des conceptions de l'identité culturelle qu'ils sous-tendent. Tous deux parlent de valeurs communes à partager: égalité, liberté, compassion, respect de l'autre… La première voit dans le Canada multiculturel «un microcosme du village planétaire» («Le monde […] **est ici**», dira-t-elle encore); la «diversité culturelle» n'empêche pas qu'il y ait **une** culture canadienne («Allocution de l'Honorable Sheila Finestone, C. P., députée de Mont-Royal et secrétaire d'État au Multiculturalisme», K. FALL, R. HADJ-MOUSSA et D. SIMEONI (dir.), *Les Convergences culturelles dans les sociétés pluriethniques,* Québec, Presses de l'Université du Québec et CÉLAT, 1996, p. 351-358). Ce concept de multiculturalisme est largement rejeté aujourd'hui; voir, par exemple, Neil BISSOONDATH, *Le Marché aux illusions,* Montréal, Boréal, 1995; et Naïm KATTAN, *Culture: alibi ou liberté?,* Montréal, HMH, 1996.

Rejetant l'«ethnicité», B. Landry reprend l'expression «convergence culturelle» pour désigner une langue commune, le français, et un certain nombre de consensus sociaux touchant les valeurs démocratiques, le pluralisme actuel de la société, son «patrimoine social commun» ancré dans l'histoire («Allocution de M. Bernard Landry, Vice-Premier Ministre du Québec», *Les Convergences culturelles dans les sociétés pluriethniques,* p. 359-366). Ce texte ressemble beaucoup à celui de Gérard Bouchard, qui parle de «culture publique commune», de «nation au pluriel», de «mémoire collective» («L'Avenir de la nation comme «paradigme» de la société québécoise», *ibid.,* p. 159-168).

92. Voir, par exemple, l'analyse du discours postréférendaire de J. Parizeau dans les quotidiens montréalais par Myriame EL YAMANI («De la gaffe politique à l'exclusion […]», *Les Convergences culturelles dans les sociétés pluriethniques,* p. 189-217).

93. Avec bien d'autres, G. BOURQUE et J. DUCHASTEL voient dans cette judiciarisation un «rétrécissement de l'espace de la démocratie» (*L'Identité fragmentée,* p. 309).

Romans cités dans cette étude

AQUIN, Hubert, *Prochain épisode*, Montréal, CLF, 1965; *L'invention de la mort*, Montréal, Leméac, 1991.

BEAULIEU, Victor-Lévy, *Steven le hérault*, Montréal, Stanké, 1985.

BERNIER, Jovette, *Non Monsieur*, Montréal, Le Cercle du Livre de France, 1969.

BIGRAS, Julien, *Ma vie, ma folie*, Paris et Montréal, Mazarine et Boréal Express, 1983.

CHAUVEAU, Pierre-J.-O., *Charles Guérin, roman de mœurs canadiennes*, Montréal, Fides, «Le Nénuphar», 1978.

COUSTURE, Arlette, *Les Filles de Caleb, t.1 : Le Chant du coq; t. 2: Le Cri de l'oie blanche*, Montréal, Québec-Amérique, 1985-1986.

D'ALFONSO, Antonio, *L'Autre rivage*, Montréal, VLB, 1987; *Avril ou l'anti-passion*, Montréal, VLB, 1990.

D'APOLLONIA, François, *Réverbérations*, Longueuil, Le Préambule, 1982; *Tirésias ou le clair-obscur de la conscience*, Longueuil, Le Préambule, 1985.

GÉRIN-LAJOIE, Antoine, *Jean Rivard, le défricheur*, suivi de *Jean Rivard, économiste*, Montréal, Hurtubise-HMH, 1977.

GODBOUT, Jacques, *Salut Galarneau!*, Paris, Seuil, 1967.

GRIGNON, Claude-Henri, *Un homme et son péché*, Montréal, Stanké, 1977.

GUÈVREMONT, Germaine, *Le Survenant*, éd. par Yvan-G. Lepage, Les Presses de l'Université de Montréal, 1989.

HAMELIN, Louis, *Cowboy*, Montréal, XYZ, 1990.

LACOMBE, Patrice, *La Terre paternelle*, Montréal, Fides, coll. «Bibliothèque québécoise», 1981.

LALONDE, Robert, *Le Dernier été des Indiens*, Paris, Seuil, 1982; *Le Fou du père*, Paris, Seuil, 1988; *Sept lacs plus au nord*, Paris, Seuil, 1993.

LANGEVIN, André, *L'Élan d'Amérique*, Montréal, Le Cercle du Livre de France, 1972.

LARUE, Monique, *La Démarche du crabe*, Montréal, Boréal, 1995.

LELIÈVRE, Sylvain, *Le Troisième orchestre*, Montréal, Québec/Amérique, 1996.

MICONE, Marco, *Déjà l'agonie*, Montréal, L'Hexagone, 1988.

POULIN, Jacques, *Volkswagen Blues*, Montréal, Québec/Amérique, 1984.

RENAUD, Jacques, *Le Cassé*, Montréal, Parti Pris, 1964, avec préface d'André Major. Rééditions: Partis Pris, 1968, 1978 [celle-ci avec dossier de presse] et *Journal du Cassé;* L'Hexagone, coll. «Typo», 1990.

RINGUET, *Trente arpents*, Paris, Flammarion, 1938.

SAVARD, Félix-Antoine, *Menaud maître-draveur*, Québec, Garneau, 1937; Montréal, Fides, «Le Nénuphar», 1944.

SOUCY, Jean-Yves, *Un dieu chasseur,* Montréal, Les Presses de l'Université de Montréal, 1976; 2ᵉ éd., Montréal, Stanké, «10/10», 1982.

VAC, Bertrand, *Louise Genest,* Montréal, Le Cercle du Livre de France, 1950.

ZAGOLIN, Bianca, *Une femme à la fenêtre,* Paris, Laffont, 1988; «L'Histoire d'un déracinement», Montréal, *Écrits du Canada français,* n° 68, 1990, p. 175-192.

Nous autres les Québécois

La voix des manuels d'histoire[1]

Jocelyn Létourneau
CÉLAT et Département d'histoire, Université Laval

Le Québec est un territoire, une société dont on aime bien parler en ayant recours à la métaphore de la goutte d'eau francophone dans l'océan anglophone. Pour cette raison, la définition du *Nous Autres* a toujours occupé une place de choix dans les débats publics. On comprend pourquoi : ne pas établir les frontières entre l'Ici et l'Ailleurs, entre le Là et le Hors-là, entre l'*Alter* et l'*Ego,* c'est courir le risque que la société s'effiloche, s'«excentre» et bascule dans un *nowhere,* sorte de *No Self's Land* symbolique plutôt inquiétant pour la reproduction et la perpétuation du collectif. Cela est particulièrement vrai dans le cas des groupes minoritaires sur le plan démographique et vivant dans de grands ensembles politiques[2].

De tout temps les élites locales se sont affairées à configurer l'identitaire québécois[3]. L'exercice a chaque fois été ardu et s'est immanquablement révélé imparfait et insatisfaisant. En cette fin de siècle, de nouveau, les discussions vont bon train. Comme d'habitude, l'histoire est convoquée au chapitre puisqu'elle constitue l'une des assises sur lesquelles on élève la référence collective. C'est ainsi que, au printemps de 1996, un groupe de travail chargé d'évaluer l'enseignement de l'histoire dans le système scolaire québécois préuniversitaire a remis un rapport au ministre de l'Éducation[4]. Bien qu'il ne soit pas dans notre intention de commenter ici le contenu

---

1. Adaptation mineure d'un article paru dans la revue *Internationale Schulbuchforschung,* vol. 18, 1996, p. 11-30.

2. À ce sujet, voir Christian LAVILLE, «L'histoire et l'identité des minorités», dans Bogumil JEWSIEWICKI (dir.), avec la collaboration de Fabrice MONTAL, *Récits de vie et mémoires. Vers une anthropologie historique du souvenir,* Sainte-Foy, SAFI, s. d., p. 147-188.

3. Pour une histoire ainsi qu'une analyse de ces tentatives, voir, parmi une pléiade de publications, Fernand DUMONT, *Genèse de la société québécoise,* Montréal, Boréal, 1993 ; Jean LAMARRE, *Le devenir de la nation québécoise selon Maurice Séguin, Guy Frégault et Michel Brunet, 1944-1969,* Sillery, Septentrion, 1993 ; Gérard BOUCHARD (dir.), avec la collaboration de Serge COURVILLE, *La construction d'une culture. Le Québec et l'Amérique française,* Québec, PUL, 1993 ; Simon LANGLOIS (dir.), *Identité et cultures nationales. L'Amérique française en mutation,* Québec, PUL, 1995.

4. *Se souvenir et devenir. Rapport du Groupe de travail sur l'enseignement de l'histoire,* [sous la présidence de Jacques LACOURSIÈRE], Québec, ministère de l'Éducation, 10 mai 1996.

du document, mentionnons que les membres du groupe sont parvenus, au terme de leurs délibérations et consultations, et après avoir reçu plus d'une cinquantaine de mémoires, à des recommandations s'inspirant sans ambages d'un sentiment, sinon d'une volonté sociale et politique, que l'on soupçonnait largement: l'enseignement de l'histoire nationale devra être renforcé à tous les cycles d'études — primaire, secondaire et collégial — de manière que les élèves aient une meilleure connaissance du passé québécois et puissent donner un contenu plus exhaustif, mieux fondé et aussi large que possible à la devise de la province: «Je me souviens»[5]. Autrement dit, en ces temps où l'on prétend que les solidarités entre les hommes sont des solidarités de passage plutôt que de présence, il importe de rappeler aux membres du groupe qu'ils s'inscrivent dans un *continuum* qui pèse lourd de son héritage sur ce qu'ils sont maintenant. Quel élève ne se fait pas dire, cent fois plutôt qu'une, que l'on ne comprend l'état présent d'une société qu'en remontant son passé[6]? Éviter l'«analphabétisme» historique, former les jeunes à la citoyenneté responsable et les amener à partager une culture publique commune, telles sont les finalités recherchées par ceux et celles qui plaident pour un renforcement du *cursus* d'histoire à l'école[7].

---

5. Savoir si le ministère de l'Éducation donnera suite à quelque recommandation en ce sens est difficile à prévoir; de même, on ne sait pas comment, ni dans quelle mesure le programme d'études d'histoire du Québec et du Canada, au 4e secondaire, sera modifié à la suite du rapport du Groupe de travail. Rappelons simplement que l'instauration de nouveaux programmes d'histoire a toujours donné lieu à d'interminables discussions et querelles par le passé et sur le passé! À ce sujet, voir Louise CHARPENTIER, «Qu'avons-nous enseigné?», *Bulletin de liaison de la Société des professeurs d'histoire du Québec*, vol. 25, n° 5, octobre 1987, p. 31-39. Signalons par ailleurs que la critique du rapport du Groupe de travail ne s'est pas fait attendre. Dans son billet hebdomadaire (*Le Devoir*, 17 juillet 1996, p. A-6), Josée LEGAULT, dont on ne peut cacher l'obédience nationaliste, écrivait à propos du document: «Macéré dans le multiculturalisme et une bonne dose de rectitude politique, [le rapport] recèle une idéologie et des recommandations inquiétantes. [...] Ne faisant aucune référence développée à la nation québécoise — ou à sa majorité francophone — le rapport avance comme leitmotiv l'«ouverture» à l'histoire des autochtones, des anglophones, des communautés culturelles et des sociétés non-occidentales. Reprenant à satiété ce mantra, le rapport semble vouloir faire du pluriethnisme [...] le principe central de notre historiographie [*sic*]. Simple composante normale de toute histoire nationale, ce pluriethnisme devient ici le prisme au travers duquel devrait s'interpréter l'histoire du Québec. [C]et horizon limité explique-t-il à lui seul cette ignorance de la nation québécoise ou de sa majorité francophone? Comment comprendre que l'on pose une quête ethniciste comme postulat historiographique alors que cette dernière [la majorité francophone] n'a pas droit de cité? Si le rapport tient tant à une vision ethniciste, que fait-il de l'ethnie la plus nombreuse du Québec?» Le débat est lancé! Voir, pour ses suites, Jacques DAGNEAU, «Une vision dépassée de l'histoire», *Le Devoir*, 29 juillet 1996, p. A-7; et Béatrice RICHARD, «Se souvenir et devenir, ou oublier et disparaître?», *Le Devoir*, 24/25 août 1996, p. A-9.

6. Ce truisme, dont on évite de dire qu'il suppose un rapport de cause à effet du présent vers le passé plutôt que l'inverse, apparaît dans les pages liminaires de pratiquement tous les manuels scolaires existant sur le marché.

7. Outre le rapport du Groupe de travail sur l'enseignement de l'histoire, signalons les publications suivantes à titre d'exemples: Société des professeurs d'histoire du Québec, «Mémoire présenté à la Commission des États généraux sur l'éducation», Québec, 1995, *Traces. Bulletin de liaison de la SPHQ*, vol. 33, n° 6, novembre-décembre 1995, p. 8-14; Robert COMEAU, «Pour le rétablissement de l'enseignement de l'histoire», *Bulletin d'histoire politique*, vol. 4, n° 2, hiver

On s'en doute, définir le contenu du souvenir collectif est une entreprise hautement délicate. Dans une société ouverte, libérale et pluraliste comme le Québec, une société que certains décrivent volontiers comme une terre d'immigrants (un énoncé évidemment contesté par les tenants de la thèse du «peuple de souche»), la construction d'une référence collective est le fruit d'un processus continuel d'ajustement idéologique et de réécriture dans lequel l'État joue un rôle important, ne serait-ce que parce qu'il est au cœur du processus d'institution des lieux de mémoire et qu'il est responsable de la mise en place des programmes scolaires[8]. Cela dit, l'autonomie relative de la société civile par rapport à l'exercice du pouvoir fait que la matière mémorielle qui est mise en circulation dans l'espace public reflète un éventail très large d'intérêts. En pratique, c'est l'état du «consensus majoritaire» qui conditionne ce qui est finalement fixé sous la forme d'un grand récit raccordant ensemble les éléments épars et mouvants de la mémoire du groupe[9]. L'état de ce consensus, variable et souvent polymorphe, équilibre provisoire de toutes sortes d'opinions affirmées ou «molles», transparaît notamment dans le contenu des manuels d'histoire. Procéder à l'analyse de ces ouvrages, c'est se donner les moyens de cerner la mémoire qu'une société estime important de transmettre à ses héritiers à un moment donné de son histoire[10].

1995, p. 3-5; Société Saint-Jean-Baptiste du Québec, «Pour une culture publique commune», mémoire présenté à la Commission des États généraux sur l'éducation, septembre 1995, 36 p.; Robert MARTINEAU, «Apprendre l'histoire dans une société démocratique», *McGill Journal of Education*, vol. 28, n° 3, automne 1993, p. 421-441; Julien HARVEY, «Une histoire publique commune au Québec», *Relations,* mai 1995, p. 106; Micheline LACHANCE, «L'école: zéro en histoire», *L'Actualité,* 1er mars 1996, p. 33-39.

8. Au Québec, c'est le ministère de l'Éducation qui, à la suite d'un large processus de consultation, fixe les orientations des programmes d'études d'histoire et en définit les objectifs pédagogiques et cognitifs. C'est également le ministère qui, à chaque année, se charge d'évaluer les connaissances des élèves par le biais d'un examen final menant à l'obtention d'un diplôme. Les auteurs des manuels d'histoire comme les enseignants doivent se conformer à des canevas d'apprentissage très détaillés et serrés, si bien que l'acte de narration, tant écrit qu'oral, reste régi par l'État. La dernière réforme majeure de programme, en ce qui touche à l'histoire nationale, a eu lieu en 1982. Certains aménagements mineurs ont par la suite été effectués.

9. Ce consensus n'équivaut jamais à un accord parfait entre les membres d'une communauté politique, mais traduit un état du rapport de force entre des interlocuteurs dont les horizons d'attente sont à la fois complémentaires et contradictoires. Dans le cas du Québec actuel, disons que ce consensus renvoie à un certain état du discours social exprimant lui-même quelques-uns des principaux canons idéologiques de notre époque, soit le pluralisme, l'ouverture vers l'*Autre,* la reconnaissance des contributions de tout un chacun à la construction de l'histoire et des groupes, etc.

10. Nous employons à dessein le terme *société* pour éviter d'induire l'idée selon laquelle les manuels d'histoire, en tant que produits de l'idéologie dominante, reflètent la version officielle de l'histoire, celle qui est soutenue, voire imposée, par les décideurs. Sans être fausse, cette assertion simplifie abusivement la complexité du processus sociopolitique par lequel un ensemble de faits sont hissés au rang de souvenirs pour former le contenu de la mémoire du groupe. Dans cet article, nous considérons l'identité et la mémoire collectives comme étant les produits, d'une durée variable, de l'interaction sociale globale.

Il est à cet égard intéressant de jeter un coup d'œil sur les manuels d'histoire du Québec en essayant de faire ressortir comment est actuellement construit le groupe[11]. C'est-à-dire: préciser la manière dont on en parle, le définit, le situe, le recentre et l'expose dans la longue durée. Or, force est d'admettre que le groupe, dans les termes de son *Nous Autres,* est maintenant mis en chair et en scène d'une façon assez différente de celle qui avait cours auparavant[12].

Mémoire d'avant

Jusque vers la fin des années 1960, on sait que les manuels d'histoire, largement rédigés par des clercs étayant leur savoir à l'aune d'un nationalisme frileux censé exprimer la quête de survivance d'un peuple fondateur du Canada, centraient l'essentiel de leur propos sur l'œuvre édifiante de l'Église catholique en terre nord-américaine[13]. Dans le récit épique qu'ils proposaient du passé de «notre pays»[14], il y avait des héros, des fondations,

---

11. Le lecteur voudra bien considérer que, dans cet article, nous nous en tenons à l'analyse générale d'un corpus fort large et que nous ne prétendons surtout pas épuiser, en quelques pages, la richesse de la thématique abordée. Imaginons ce texte comme une entrée en matière...

12. La liste des manuels utilisés pour notre étude apparaît en fin d'article. Précisons que, dans le cas des ouvrages récents, nous nous en sommes tenus à l'analyse de manuels d'histoire du Québec/Canada. Cela signifie que les manuels d'histoire du Canada, publiés en français ou en anglais, ont été mis de côté. Tous les manuels retenus sont en français. Approuvés par le ministère de l'Éducation du Québec, ils sont largement utilisés dans les écoles secondaires françaises du Québec. Le seul manuel de langue anglaise reconnu par le ministère est celui de John A. DICKINSON et de Brian YOUNG, *Diverse Past. A History of Quebec and Canada* (Toronto, Copp Clark Pitman, 1986). Tous les jeunes Québécois, nonobstant leur langue maternelle, leur origine ethnique et leur commission scolaire de rattachement, catholique ou protestante, doivent, en fin d'année, pour obtenir leur diplôme d'études secondaires, passer un examen sanctionné par le ministère. Dernier point: au terme du régime pédagogique présentement en vigueur au Québec, le programme d'histoire du Québec et du Canada s'adresse particulièrement aux élèves de 4e secondaire de la formation générale et professionnelle, c'est-à-dire à des jeunes gens âgés de quinze à dix-sept ans dont la sensibilité à l'étude du passé collectif — c'est le moins que l'on puisse dire! — est fort diversifiée.

13. Christian LAVILLE, «Évolution du manuel d'histoire au secondaire», *Bulletin de liaison de la SPHQ,* vol. 25, n° 5, octobre 1987, p. 21-25. Pour un aperçu de l'importance du rôle joué par l'Église dans le système scolaire québécois jusqu'au milieu des années 1960, voir Bernard LEFEBVRE, *L'école sous la mitre,* Montréal, Éditions Paulines, 1980; à propos des conséquences de cette influence sur les programmes d'études et le contenu des manuels scolaires, voir, du même auteur, «Mémoire collective, mémoire officielle (au Québec, env. 1900-env. 1960)», dans Henri MONIOT (dir.), *Enseigner l'histoire. Des manuels à la mémoire,* BerneFrancfort, Peter Lang, 1984, p. 237-249. Le lecteur sera peut-être intéressé de savoir que, jusqu'au début des années 1960, la fréquentation de l'école secondaire par les jeunes est relativement faible au Québec. En 1957 encore, seulement 47 % des enfants nés en 1943 se présentent aux examens de 7e, année terminale du cycle primaire. La connaissance de l'histoire nationale par les élèves reposait donc largement sur l'enseignement qui leur était dispensé au primaire. Cet enseignement, soit dit en passant, n'était pas négligeable et se fondait sur une matière inlassablement répétée d'année en année. À ce sujet, voir Micheline DUMONT, «L'enseignement de l'histoire d'hier à aujourd'hui», *Bulletin de liaison de la SPHQ,* vol. 23, n° 2, janvier 1985, p. 23-26.

14. Clercs de Saint-Viateur, *L'histoire de notre pays. Histoire du Canada, 8e et 9e années,* Montréal, Éditions du Renouveau pédagogique, 1967 [1958].

des difficultés, des malheurs, des privations, des dangers, des luttes, bref une véritable destinée de martyr pour le groupe souvent désigné comme peuple ou nation. Ce groupe ne se structurait pas vraiment à travers l'accomplissement des faits et gestes d'une population vivant quotidiennement la complexité et la contingence du moment. Il inscrivait plutôt sa trajectoire dans une perspective téléologique évoluant vers une épiphanie promise, celle d'une résurrection perpétuelle dans la continuité. «L'histoire n'est pas seulement le rappel du passé», lisait-on en préface d'une *Histoire du Canada* publiée en 1945. «C'est une continuité. Rien ne paraît plus préjudiciable qu'un hiatus entre le passé et le présent[15].»

En pratique, l'histoire des Canadiens[16] était rapprochée de l'odyssée du peuple d'Israël. Cette histoire mettait une nation, sorte de famille élargie unie par la fibre patriotique, aux prises avec l'adversité, le vil, le mal et la tentation. Ces tourments, éprouvant le groupe dans sa mission civilisatrice mais lui permettant *ipso facto* de se sacrifier pour l'œuvre, s'incarnaient dans différentes figures : les Sauvages, les Anglais, les Américains parfois, et les indisciplinés de toute nature, y compris les coureurs de bois, qui étaient considérés indispensables tout autant que nuisibles au bien-être de la nation. L'édification de la nation était prétexte à l'énonciation d'une morale. C'est dans ce cadre qu'était établie la logique de l'histoire. Cette logique procurait des thèmes interprétatifs justifiant et enrichissant les éléments sur lesquels se basaient les sentiments nationalistes. L'histoire fournissait aux Canadiens français des sujets de loyauté, des motifs de solidarité et des raisons de continuer à vivre ensemble[17]. Dans tous les cas, l'*Autre* par rapport auquel on définissait les frontières de l'entre-Soi était bien identifié et typé.

---

15. PP. Paul-Émile Farley et Gustave Lamarche, des Clercs de Saint-Viateur, *Histoire du Canada. Cours supérieur*, Montréal, Librairie des Clercs de Saint-Viateur, 1945 [1935], p. 1 et 4.

16. Au temps du Régime français (1534-1759), les Canadiens sont ceux qui, de souche française, sont nés au Canada. Ils se distinguent des Français de France. Après la conquête de la Nouvelle-France par les Britanniques (1759), on parle parfois, pour désigner les francophones, des «nouveaux sujets», en les opposant aux anglophones, «anciens sujets». Dans le langage coutumier des francophones, on continue toutefois de distinguer les Canadiens (les francophones) des Anglais ou Britanniques. Dans le courant du xxᵉ siècle, au fur et à mesure que la dénomination de Canadien englobe indistinctement tous les habitants du Canada, les Canadiens *français* aiment bien se distinguer des Canadiens *anglais*. Avec les années 1960, les francophones du Québec utilisent de plus en plus la désignation de Québécois pour se nommer. Ils se distinguent ainsi des Canadiens, habitants des autres provinces du Canada. À propos de l'évolution sémantique du terme *Canadien*, voir Gervais Carpin, *Histoire d'un mot. L'ethnonyme* Canadien *de 1535 à 1691*, Sillery, Septentrion, 1995 ; voir aussi l'ouvrage cité de Fernand Dumont.

17. À ce sujet, voir l'étude exhaustive de Geneviève Laloux-Jain, *Les manuels d'histoire du Canada, au Québec et en Ontario, 1867-1914*, Québec, PUL, 1974, p. 211. À compléter par Serge Gagnon, *Le Québec et ses historiens de 1840 à 1920. La Nouvelle-France de Garneau à Groulx*, Québec, PUL, 1978, chap. 3et 4 ; Pierre Savard, «L'enseignement de l'histoire et de la géographie au Petit Séminaire de Québec», thèse de licence, Université Laval, 1959 ; Louise Charpentier, «Le programme et les manuels d'histoire du Québec de la réforme scolaire de 1948», thèse de maîtrise, Université de Sherbrooke, 1983 ; Aimée Leduc et al., *Les manuels d'histoire au Canada*, Québec, École de pédagogie et d'orientation de l'Université Laval,1963 ; Robert Sévigny, «Analyse du

Cet *Autre,* c'était d'abord l'indigène[18]. Comptant parmi les entraves à la présence et à l'implantation des Français en Canada — au même titre que l'hiver, la forêt et les bêtes féroces —, le Sauvage était dépeint comme un barbare cruel et sanguinaire, infidèle à sa parole, négligent envers sa progéniture, croyant à des superstitions puériles et grossières. Ses qualités ne pouvaient faire oublier ses défauts les plus graves: l'orgueil, le sentiment de supériorité, l'ambition, la sensualité, l'esprit de vengeance, la faiblesse de caractère et l'absence de force morale[19]. Tantôt allié, tantôt ennemi, l'Indien était immanquablement sournois, voire insondable dans ses intentions réelles. Dans sa cruauté physique comme dans son dénuement moral, le Sauvage faisait toutefois pitié. Il appartenait à des peuplades primitives qui devaient nécessairement leur rachat, devant Dieu et les Hommes, à des races supérieures au nombre desquelles figuraient, bien sûr, les Français. Dans ce contexte, les transferts civilisationnels ne pouvaient s'effectuer que des Européens vers les indigènes. Au total, et malgré leur présence parfois inamicale dans le décor, les Indiens faisaient figure d'acteurs de second rang. Ils ne comptaient pas vraiment, sauf pour marquer les frontières entre la civilisation et la barbarie, entre le grossier et le raffiné, entre l'acceptable et le méprisable, entre l'*Ici* et le *Là.* Les indigènes étaient d'abord des objets de conversion. Ils avaient statut de marionnettes entre les mains de joueurs majeurs se percevant et se décrivant comme les véritables responsables de la destinée du continent nord-américain. Les Amérindiens n'avaient pour fonction que de renforcer le sentiment de distinction et de supériorité, celui de *Nous* par rapport à *Eux,* des vrais acteurs de l'Histoire: les Blancs.

L'*Autre* irréductible, qui n'était ni naïf ni susceptible d'inspirer la pitié, et pour lequel aucune indulgence ne valait, c'était l'Anglais[20]. Dépeint et décrié en tant qu'étranger et ennemi, l'Anglais était celui qui empêchait le Canadien de parvenir à ses fins. Il était celui qui voulait s'instituer en maître des Canadiens, les «enracinés», ceux qui s'étaient implantés au Canada et qui avaient ainsi donné naissance au vrai peuple canadien. Dans

---

contenu des manuels d'histoire du Canada», thèse de maîtrise, Université Laval, 1956; Marcel TRUDEL et Geneviève JAIN, *L'histoire du Canada. Enquête sur les manuels,* Ottawa, Imprimeur de la Reine, 1969.

18. Sylvie VINCENT et Bernard ARCAND, *L'image de l'Amérindien dans les manuels scolaires du Québec, ou Comment les Québécois ne sont pas des sauvages,* Montréal, Hurtubise HMH, 1979; Sylvie VINCENT, «Les manuels d'histoire sont-ils porteurs de stéréotypes sur les Amérindiens, ou Que sont devenus le «bon Huron» et le «méchant Iroquois»?», *Bulletin de liaison de la SPHQ,* vol. 16, n° 2, mars 1978, p. 225-28; Christophe CARITEY, «L'apport du manuel d'histoire et ses limites dans la formation de la mémoire historique. Application à l'étude de la Nouvelle-France de 1608 à 1663 dans le cadre du Québec de 1923 à 1989», thèse de doctorat, Département d'histoire, Université Laval, Québec, 1992.

19. PP. FARLEY et LAMARCHE, *op. cit.,* p. 8-14.

20. Dans l'imaginaire canadien-français et québécois, l'Anglais n'a jamais strictement incarné une figure réelle, physiquement et linguistiquement identifiable, mais l'*Autre* en tant qu'oppresseur réifié.

le couple *Nous Autres,* les Anglais étaient inéluctablement apparentés aux *Autres* et, par dérive symbolique et sémantique, aux vilains et aux méchants. S'ils pouvaient faire montre d'héroïsme en temps de guerre — ce qui ne manquait pas de rehausser le courage de leurs adversaires locaux, même vaincus — et s'ils étaient capables d'actes bienveillants, dans le cas d'hommes politiques isolés — ce qui montrait à quel point le désir de survivance des Canadiens était légitime —, les Anglais, comme groupe tyrannique et fanatique, étaient incapables de se racheter. Ils demeuraient, quoi qu'il advienne, traîtres à la cause canadienne[21]. La coexistence des Canadiens et des Anglais ne pouvait résulter en la création de liens les rendant capables de transcender leurs différences. L'apport des Anglais, dans le domaine matériel et politique, n'atténuait pas l'amertume des sentiments nourris par les Canadiens à leur égard puisque, dans la perspective française, les contributions matérielles et politiques n'avaient qu'une valeur secondaire[22]. Les Anglais étaient ceux contre qui les Canadiens devaient se protéger, se liguer et se dresser au risque d'être assimilés et de disparaître. Plus que tout, le groupe national français devait rester uni, c'est-à-dire créer un front national. C'est ainsi qu'il persévérerait dans le succès, un succès découlant de sa fidélité à l'héritage qui était en même temps la garantie de son avenir. L'Acte de l'Amérique du Nord britannique, sanctionné en 1867 et créant la Confédération du Canada, instaurait un *statu quo* dans les relations entre Français et Anglais. Il préservait les premiers de l'assimilation[23]. Pour cette raison, il était bienvenu, car il permettait d'assurer la continuation de l'enracinement français en terre américaine, enracinement que la Conquête n'avait pas réussi à briser. Cela dit, il fallait rester sur ses gardes. Si le pacte confédéral n'était pas incompatible avec les aspirations légitimes de la nation française et si les Canadiens devaient manifester un patriotisme général embrassant le Canada tout entier, les Canadiens français avaient surtout l'obligation de cultiver un patriotisme plus intime pour la Province de Québec, ou mieux, pour leur race. Ainsi qu'il était écrit dans l'épilogue de l'*Histoire du Canada* des Pères Farley et Lamarche (p. 480),

> le patriotisme des Canadiens français envers la Province de Québec sera le plus solide appui et la garantie la plus sûre de leur patriotisme envers le Canada. Les Canadiens français ont la noble obligation de travailler à rendre leur race forte et puissante, afin de pouvoir collaborer avec plus d'efficacité et plus de gloire à la grandeur de la commune patrie.

Autrement dit, la Confédération n'était pas et n'avait pas pour but la communion de deux nations, mais bien plutôt l'établissement, entre elles,

---

21. Geneviève LALOUX-JAIN, *op. cit.,* p. 223.

22. *Ibid.*

23. Abbés Hermann PLANTE et Louis MARTEL, *Mon pays. Synthèse d'histoire du Canada,* Québec, Éditions du Pélican, 1960 [1956], p. 314.

d'un *modus vivendi* servant la cause d'un grand pays en train de s'imposer sur la scène internationale.

À partir de la Conquête, c'est donc la présence de l'Anglais qui suscite l'affirmation d'un sentiment nationaliste chez les Canadiens[24]. C'est contre lui, en tant que Maître ayant acquis son statut par la force et cherchant à imposer ses principes, que sont dirigées toute la frustration et toute la volonté de survivre d'une nation prenant de plus en plus conscience de son unité et de ses droits. Par rapport à l'Anglais, l'Américain — troisième *Autre* — joue un rôle nettement moins important[25]. Il ne devient dangereux que lorsqu'il traverse la frontière et prend parti pour la cause anglaise contre la française. C'est le cas notamment des Loyalistes qui, au lendemain de la Déclaration d'indépendance des États-Unis (1776), s'installent en diverses régions de la grande Province de Québec. Leur arrivée modifie l'équilibre politique existant entre les Français et les Anglais d'après l'Acte de Québec, sanctionné en 1774. À nouveau, les Canadiens se retrouvent dans une situation défavorable contre laquelle ils doivent réagir ou se prémunir. Lors des guerres canado-américaines de 1812-1814, les Américains constituent l'ennemi commun des Anglais et des Français. Ils sont combattus par les seconds pour des raisons liées à la préservation de leur statut dans le régime politique instauré par l'Acte constitutionnel de 1791. La révolte des Fenians et la petite guerre qu'ils mènent au Canada en 1866 ne suscitent à peu près aucun appui chez les Canadiens, quelle que soit leur origine ethnique. En fait, c'est par sa culture que l'Américain se révèle le plus inquiétant. Au milieu des années 1950, on pouvait encore lire, sous la tête de section «Nationalité canadienne en péril», le passage suivant:

> Un grave péril menace la nationalité canadienne: c'est l'américanisme. Cet américanisme l'affecte dans ses forces vives. Il est d'autant plus à craindre qu'il est subtil, continuel et en grande partie incontrôlable. Il trouve des complices dans la faible densité de sa population et dans l'anémie de sa culture[26].

Résumons-nous. Jusque vers la fin des années 1960, au moment où les programmes d'histoire subissent de nouvelles modifications et où les clercs cèdent le pas aux laïcs comme rédacteurs des manuels, la représentation que l'on propose des Canadiens français est tout entière fondée sur l'idée d'enracinement et sur celle de sédimentation cumulative d'une nation choi-

---

24. Dans leur ouvrage cité en note 17, TRUDEL et JAIN (p. 169) attribuent d'ailleurs un rôle majeur aux manuels d'histoire dans l'émergence et l'affirmation d'un nationalisme québécois.

25. *A contrario*, dans l'historiographie canadienne-anglaise, prise en charge au départ par les Loyalistes, l'Américain joue le rôle du «loup». Il constitue un miroir d'opposition à partir duquel on veut construire l'identité canadienne comme étant distincte de l'américaine. À ce sujet, voir Christian LAVILLE, «Le loup et le clocher. Histoire et enseignement de l'histoire au Canada, XIXᵉ-XXᵉ siècle», dans F. AUDIGIER (dir.), *Enseigner l'histoire et la géographie. Un métier en constante rénovation. Mélanges offerts à Victor et Lucile Marbeau*, Paris, AFDG, 1992, p. 42-45.

26. Abbés PLANTE et MARTEL, *op. cit.*, p. 398 et suiv.

sie qui se rachète dans l'histoire auprès de la Providence. En se détachant de la France, les premiers colons, avant d'être conquis par les Anglais, se sont implantés en sol canadien et l'ont ensemencé de leur labeur. Ils se sont ainsi institués ancêtres d'un peuple qui s'érige en fondateur du Canada. Dans ce contexte, les Indiens, pourtant premiers occupants du continent, sont refoulés dans l'histoire pour y être pratiquement ensevelis. Très tôt les Canadiens doivent se mesurer à une force bien plus considérable : l'adversité anglaise. Leur parcours historique en est un de lutte continuelle pour faire reconnaître leurs droits et se prémunir contre l'assimilation ou la marginalisation. L'Anglais est d'ailleurs inquiétant et redoutable parce qu'il risque d'assimiler, outrageusement ou insidieusement, bien plus que parce qu'il opprime[27]. Dans le combat des Canadiens français pour la survivance, l'Église joue un rôle névralgique en tant que phare, refuge et instance de motivation. Continuellement aux prises avec la menace anglaise, les Canadiens français trouvent néanmoins, dans la Confédération, un régime politique qui garantit en principe leur survie. C'est dans ce cadre qu'ils doivent prospérer et, tout autant, assumer l'héritage légué par leurs ancêtres — le caractère français et la religion catholique. Aussi n'est-il pas surprenant de lire, en finale de *L'Histoire de notre pays* [1958], la recommandation suivante :

> Comme Français, le Canadien se doit de transmettre l'influence civilisatrice de la vieille France, son ancienne mère-patrie, et de perpétuer sur la terre d'Amérique les vertus intellectuelles qu'il a reçues de ses aïeux.
>
> Comme catholique, il a le devoir de lutter contre les courants matérialistes qui déferlent de plus en plus sur le continent nord-américain et de travailler, dans la mesure du possible, à assurer la primauté du spirituel sur le temporel.
>
> Pour être mieux en mesure de remplir cette double mission, le Canadien français doit s'efforcer de cultiver en lui et autour de lui cette vertu nécessaire : la fierté nationale. Qu'il puise dans son histoire, dans sa langue, dans sa culture, un légitime sentiment d'orgueil patriotique ! Qu'il nourrisse de vastes ambitions en ce qui regarde l'avenir de son pays !

---

27. Il est intéressant d'analyser, à cet égard, ce que disent les abbés PLANTE et MARTEL (1956) à propos d'un épisode majeur de l'histoire canadienne, à savoir la rébellion des Patriotes en 1837-1838 et l'Acte d'Union découlant des recommandations de Lord Durham en 1840. Ce dernier, à qui l'on a reproché de vouloir poser les conditions d'une assimilation des francophones, est dépeint sous un jour assez nuancé. Certes, son *Rapport* est conspué. Mais dans la mesure où il attise le nationalisme des Canadiens français, il est une arme favorable à la cause de la survivance. *A contrario*, Louis-Joseph Papineau, *leader* des nationalistes mais en même temps extrémiste aux yeux de l'Église, est accusé de tactiques malhabiles pour avoir entraîné les Canadiens français dans une impasse qui fut à l'origine d'une incontrôlable anarchie. En termes clairs, la domination réglée, qui peut conduire au compromis négocié, est préférable à la rébellion sauvage, qui ne peut que provoquer la hargne du dominant.

Mémoire de maintenant

Avec la fin des années 1960, cette fresque épique de la destinée canadienne-française en Amérique est remplacée par un récit plus systématique et plus nuancé de l'histoire du groupe. Il est important de situer ce nouveau récit dans son contexte[28]. D'abord, les programmes d'enseignement sont rénovés à la lumière de nouveaux objectifs de formation, largement sécularisés[29]. Plus important peut-être, la société québécoise entreprend, par l'intermédiaire de ses grands énonciateurs publics, de se représenter autrement dans l'histoire. Ce moment de basculement de l'imaginaire collectif coïncide avec ce que l'on a appelé la Révolution tranquille. Celle-ci peut être décrite comme un moment de recommencement narratif pour le groupe. Autrement dit, à travers la métaphore de la révolution tranquille, le groupe réinvente sa genèse, modifie son profil en tant que Sujet historique et tisse autrement son identitaire. Plus encore, il prend les commandes de sa propre destinée[30]. Le passé et le sujet québécois subissent un processus de «normalisation» dans l'histoire et d'universalisation de leur parcours, en ce sens que leur évolution historique est dorénavant décrite à travers les canons narratifs du grand récit de l'«Occident en marche[31]». De

---

28. Pour de plus amples détails, voir les articles cités de Christian LAVILLE, «Évolution du manuel d'histoire au secondaire» et de Louise CHARPENTIER «Qu'avons-nous enseigné?». Voir aussi Micheline DUMONT, «L'enseignement de l'histoire», *L'Action nationale*, vol. 79, n° 4, avril 1989, p. 375-394. Voir enfin Solange et Michel CHALVIN, *Comment on abrutit nos enfants*, Montréal, Éditions du Jour, 1962; Jean-Paul DESBIENS, *Les insolences du Frère Untel*, Montréal, Éditions de l'Homme, 1960; Fernand OUELLET, «La modernisation de l'historiographie et l'émergence de l'histoire sociale», *Recherches sociographiques*, vol. 26, n°s 1-2, 1985, p. 11-83.

29. Vers le milieu des années 1960 apparaissent au Québec les polyvalentes, sortes de gigantesques écoles publiques dispensant des cours de formation générale et professionnelle au niveau secondaire (8e-12e année). À côté de ces écoles continuent d'exister des collèges privés dont les programmes de formation, à tort ou à raison réputés enrichis, respectent également les objectifs du ministère de l'Éducation. À la suite de la création des polyvalentes, de nouveaux programmes sont mis en vigueur dès 1967. Un seul cours d'histoire du Canada, qui peut être remplacé par un cours de sciences de la nature, est proposé au 4e secondaire. Il s'agit d'une adaptation du cours de civilisation française et catholique au Canada, qui est en fait une histoire générale du Québec. Par rapport à ce qui existait précédemment, la situation qui prévaut à partir de 1967 fait ressortir une nette régression de l'enseignement de l'histoire nationale au secondaire. L'équilibre sera rétabli en 1974 lorsqu'un nouveau cours d'histoire nationale, obligatoire celui-là, sera dispensé aux clientèles étudiantes. Sur l'évolution des programmes de formation en histoire, voir les publications citées de CARITEY, SAVARD, CHARPENTIER et M. DUMONT, ainsi que le rapport du Groupe de travail sur l'enseignement de l'histoire, *op. cit.*, p. 7-19. Voir aussi Gouvernement du Québec, ministère de l'Éducation, *Programme d'études des écoles secondaires*, 1967; et *id.*, *Guide méthodologique pour l'enseignement de l'histoire*, 1967.

30. À ce sujet, voir J. LÉTOURNEAU, «L'historiographie comme miroir, écho et récit de *Nous Autres*. La production historique courante portant sur le Québec et ses rapports avec la construction des figures identitaires d'une communauté communicationnelle», *Recherches sociographiques*, vol. 36, n° 1, 1995, p. 9-45; voir aussi, du même auteur, «La révolution tranquille, catégorie identitaire du Québec contemporain», dans Alain G. GAGNON et Michel SARRA-BOURNET (dir.), *Duplessis et le duplessisme*, à paraître.

31. Ronald RUDIN, «La quête d'une société normale: critique de la réinterprétation de l'histoire du Québec», *Bulletin d'histoire politique*, vol. 3, n° 2, 1995, p. 942.

même, dans la mesure où de nouvelles idéologies traversent l'espace public québécois, celle de la convergence culturelle d'abord et celles de la tolérance politique, de la justice sociale et de la condition civique par la suite[32], on est amené à revoir la nature du rapport historique ayant lié les Québécois aux *Autres*. C'est à la lumière de cette reproblématisation sociétale, dont la donne est largement prise en charge par les auteurs de manuels d'histoire, que le contenu de la nouvelle génération d'ouvrages est arrêté[33].

Dans cette perspective, il est intéressant de se pencher sur la définition que l'on propose du groupe. Celui-ci n'est plus identifié à l'aune de critères linguistiques, culturels ou religieux, mais bien circonscrit à partir de son rapport au territoire.

Dans ce manuel, écrivent Marcel et Dominic Roy [1995], est Québécois ou Québécoise celui ou celle qui habite le Québec. Les autochtones, les franco-phones et les anglophones de souche, les Néo-Québécois, bref tous ceux qui demeurent au Québec sont Québécois. Le «nous» québécois a donc un sens inclusif : il signifie que, tous ensemble, nous travaillons à former une société respectueuse des gens et des groupes qui la constituent[34].

L'idée de société pluraliste est donc au cœur de la représentation proposée des Québécois[35]. Elle constitue un objectif majeur de sensibilisation des clientèles poursuivi par le programme[36]. Cette définition large, jointe au fait que le sentiment d'appartenance des uns et des autres est considéré comme pluriel et variable tout à la fois, n'est pas sans entrer en conflit latent avec la question identitaire, socle sur lequel prend appui le

---

32. À ce sujet, voir l'allocution de Bernard Landry, vice-premier ministre du Québec, publiée dans Khadiyatoulah FALL, Ratiba HADJ-MOUSSA et Daniel SIMEONI (dir.), *Les convergences culturelles dans les sociétés pluriethniques*, Sillery, PUQ/CERII/CÉLAT, 1996, p. 361-366.

33. Pendant les années 1970, un manuel d'histoire s'impose largement dans les écoles françaises du Québec, celui de Denis VAUGEOIS et Jacques LACOURSIÈRE : *Canada-Québec. Synthèse historique*. Cet ouvrage a connu plusieurs rééditions à partir de 1970. Dans l'édition originale de 1968, intitulée *Histoire 1534-1968*, les auteurs reconnaissent une filiation entre leur manuel et «la remarquable histoire du Canada des Pères Farley et Lamarche», parue en 1935. Dès la seconde édition, l'éditeur annonce toutefois la mutation accomplie de l'œuvre, qu'il présente dorénavant comme le «Vaugeois-Lacoursière». À noter que l'analyse que nous proposons à partir de maintenant porte sur les manuels publiés au milieu des années 1980 et, plus encore, sur ceux parus au milieu des années 1990.

34. *Je me souviens. Histoire du Québec et du Canada*, Ottawa, Éditions du Renouveau pédagogique, 1995, p. 11. Cette définition est partagée par Louise CHARPENTIER *et al.*, *Nouvelle histoire du Québec et du Canada*, Montréal, Boréal, 1994 [1984], p. 12-19.

35. Il s'agit d'ailleurs de l'un des principes directeurs du programme d'études d'histoire du Québec et du Canada au 4e secondaire. Voir Gouvernement du Québec, Direction générale du développement pédagogique, *Programmes d'études, Histoire du Québec et du Canada, 4e secondaire, formation générale et professionnelle*, avril 1982, p. 12, paragraphe 2.3.3. Voir aussi Ministère de l'Éducation du Québec, *L'École québécoise. Énoncé de politique et plan d'action*, 1979. Signalons que le principe du pluralisme est amplement repris dans les recommandations du rapport du Groupe de travail sur l'enseignement de l'histoire, *op. cit.*, p. 73 et suiv.

36. René JOBIN et Marius LANGLOIS, «Les programmes d'histoire au Québec», *Éducation et francophonie*, vol. 19, n° 2, 1991, p. 29-32.

désir affirmationniste québécois, tout en étant, en même temps, le dilemme sur lequel il vient buter[37]. Certes, on reconnaît volontiers que le Québec est une société composite. Rien n'empêche que la perspective retenue est celle du noyau dur en voie d'enrichissement continuel auquel s'agglomèrent les nouveaux Québécois[38]. En clair, on admet qu'il y a pluralité, mais elle est verticale. Il y a, posée à l'origine, une société française qui se constitue dans l'histoire et à laquelle se greffent, dans un rapport complice ou menaçant, de connivence ou d'ignorance, des membres de communautés ethniques qui endossent ou refusent la problématique nationale. Cette problématique, en tant que manifestation d'un désir de survie d'abord, d'émancipation et d'accomplissement ensuite, demeure la trame principale qui sous-tend l'évolution du Québec[39]. On sent d'ailleurs, dans la succession des parties et chapitres formant le contenu des manuels, cette idée selon laquelle il y a, à travers l'histoire, constitution progressive d'une société convergente et monovalente dont l'aboutissement est le Québec actuel. Autrement dit, dans l'action indéterminée, voire aveugle des hommes, ce n'est pas une entité indéfinie qui s'ébauche dans un rapport de tension et d'indisposition continuelle avec elle-même, mais un lieu reconnaissable qui s'élève et dont la forme achevée est le Québec d'aujourd'hui. Si l'on ne retrouve pas, derrière ce propos, la vision précédente d'un destin préconçu s'arrimant à un dessein pronostiqué, reste que l'emboîtement et l'ordonnancement du passé, pour des fins de narration, de communication et de compréhension, provoquent l'illusion rétrospective de la persistance dans le changement, de la continuité dans l'évolution, de la cumulation dans l'expérience. La notion d'héritage est au cœur de cette didactique des temps historiques. Celle-ci remplace l'indétermination de la *praxis* et crée ainsi le sens de l'histoire. L'héritage, c'est l'enracinement et l'appartenance, le règne de la conséquence sur celui de la consécution. C'est la victoire de la vie sur la mort, la primauté de la

---

37. On sait que l'identitaire du Québec contemporain est fondé sur une déroutante dialectique entre la volonté de s'émanciper (désir d'être nouveau et donc de se nier) et la crainte de se désenraciner (peur de s'exiler et donc de n'être plus même). «S'ouvrir vers l'*Autre* en évitant de se perdre dans l'*Ailleurs*», «Prendre acte de son émancipation en se souvenant de son aliénation», «Redéfinir l'identité du groupe sans occulter ses attributs historiques», tels sont les trois syntagmes qui résument le mieux l'identitaire des Franco-Québécois en cette fin de siècle. À ce propos, voir J. Létourneau et Jacinthe Ruel, «*Nous Autres les Québécois*. Topiques du discours franco-québécois sur *Soi* et sur l'*Autre*», dans Khadiyatoulah Fall, Daniel Simeoni et Georges Vignaux (dir.), *Mots, représentations. Enjeux dans les contacts interethniques et interculturels*, Ottawa, Presses de l'Université d'Ottawa, 1994, p. 283-307; voir aussi J. Létourneau, *Les années sans guide. Le Canada à l'ère de l'économie migrante*, Montréal, Boréal, 1996, p. 93-121.

38. Dans un article fort lucide, André Ségal reconnaissait d'ailleurs qu'entre le discours du programme d'histoire nationale et sa structure, il y avait divergence. Voir «L'éducation par l'histoire», dans Fernand Dumont et Yves Martin (dir.), *L'éducation 25 ans plus tard! Et après?*, Québec, IQRC, 1990, p. 241-266.

39. Cette vision est proposée de manière très explicite par Yves Tessier dans son manuel *Histoire du Québec: d'hier à l'an 2000*, Montréal, Lidec, 1994. À noter que ce manuel s'adresse toutefois aux étudiants du niveau collégial.

durée sur l'actualité, le poids du passé sur le présent. L'héritage crée l'héritier: il établit un lien de légataire entre l'ancêtre et le contemporain, celui-ci étant le fiduciaire des actions passées de celui-là dans la quête d'un même projet. Dans cette perspective, l'élève est amené à se percevoir comme partie prenante d'une même veine historique dans laquelle coule un flux, le processus historique. Ce flux est continu, c'est-à-dire qu'il est inaltérable et intarissable. Il est aussi irréversible, c'est-à-dire que l'on ne peut changer ni questionner ses déterminations inaliénables. Passé et présent sont ici enchâssés dans une dialectique du conditionnement mutuel qui institue l'horizon du futur. Trois titres de manuels sont tout à fait évocateurs de cette idée selon laquelle un même passé prédispose à un avenir partagé: *Histoire du Québec: d'hier à l'an 2000, À la recherche de mes racines* et *Le Québec, héritages et projets*[40].

Revenons à ce que nous avancions plus haut à propos du contenu renouvelé des manuels d'histoire publiés à partir de la fin des années 1960. Ce contenu change notamment, et graduellement, en ce qui a trait à la place et au rôle des Amérindiens dans l'histoire du Canada, de même qu'à leur statut en tant que civilisation. Décrits à partir d'une perspective beaucoup plus anthropologique, c'est-à-dire d'une reconnaissance des traits distinctifs de leurs cultures et non plus à l'aune d'un regard européocentriste, les Amérindiens sont considérés, sans conteste, comme les premiers habitants du territoire. Leur enracinement en terre américaine oblige à relativiser l'idée d'une découverte de l'Amérique par les Européens. En clair, l'histoire ne commence pas avec l'arrivée des Européens. Ce sont ces derniers qui, par leur présence, modifient la donne historique prévalant au sein d'un monde entièrement dominé par les nations autochtones. De même, les Amérindiens — que l'on recommande de désigner par les noms qu'ils se donnaient eux-mêmes: Hurons, Iroquois, Algonkiens, etc.[41] — formaient une civilisation originale aux modes de vie diversifiés. Ils possédaient des organisations politiques et sociales complexes et pratiquaient des cultes conformes à leurs aspirations. Ces cultes leur permettaient, comme à toute collectivité humaine, de résoudre leurs impasses existentielles. Leurs connaissances étaient élaborées, y compris sur le plan médicinal. Doués d'une grande sensibilité artistique, ils fabriquaient de magnifiques objets. Enfin, leur maîtrise de l'art oratoire faisait d'eux des débatteurs subtils et redoutables.

---

40. Dans l'introduction de leur *Nouvelle histoire du Québec et du Canada* (Montréal, Boréal, 1994, p. 14), les auteurs, après une courte argumentation portant sur l'appartenance nationale — qu'ils considèrent à juste titre comme étant une réalité fort morcelée chez les Québécois —, posent ouvertement la question, qui restera cependant sans réponse au terme du manuel: «Les Québécois, bien qu'habitant le même territoire, ont-ils pour autant tous la même histoire? Quelle histoire raconter?»

41. Jean-François CARDIN *et al., Le Québec: héritages et projets,* Montréal, HRW, 1994, 2e édition, p. 43.

Loin d'être à la marge de l'économie coloniale ou d'en faire les frais, tels de ridicules exécutants floués par de futés Européens, les autochtones sont présentés comme le premier maillon d'une chaîne de production par laquelle ils sont liés à un système économique transcontinental. Les transactions économiques qu'ils réalisent reposent sur une rationalité propre à leur culture, ce qui fait que la notion d'échange inégal, employée pour qualifier les relations économiques qu'ils entretiennent avec les Européens, doit être relativisée. Les Amérindiens cessent d'être envisagés à travers le prisme de l'enfant bafoué par ses maîtres et entièrement soumis à leur domination. Amérindiens et Européens s'influencent plutôt largement les uns les autres, au départ tout au moins. Leurs relations réciproques sont marquées par des transferts culturels provoquant une acculturation mutuelle, le processus se faisant toutefois, en longue période, au bénéfice des Européens et débouchant sur l'assimilation des autochtones. Quoi qu'il en soit, l'influence amérindienne a joué un rôle majeur dans la formation historique du type canadien et dans sa différenciation culturelle avec le métropolitain, qui survient dès le XVIIe siècle[42].

On voit bien comment la description actuelle de l'Amérindien tranche avec la précédente. Celui-ci a statut d'acteur majeur, avant l'arrivée des Européens tout autant qu'aux premiers temps de la colonie. Il joue un rôle important dans le succès de l'enracinement français en terre américaine. Sous certains angles, il apparaît comme la victime de l'expansion européenne : on sent là l'expression d'une culpabilité blanche exprimant bien la rectitude politique de notre époque[43]. Au fur et à mesure que la colonie se développe, l'Amérindien disparaît toutefois du décor pour ne réapparaître que dans les années 1980, au moment des grandes confrontations entre autochtones et Blancs au sujet des droits territoriaux. En fait, bien que l'on reconnaisse volontiers que l'Amérindien appartienne à l'histoire du territoire américain, il reste en marge de celle de la civilisation qui s'y installe et qui, dans son expansion, l'engloutit[44].

Si le contenu des manuels d'histoire évolue en ce qui a trait à la représentation des Amérindiens, il change aussi lorsque l'on considère la façon dont sont décrits les rapports entre Français et Anglais. Certes, les

---

42. *Ibid.,* p. 128.

43. De manière à remettre les pendules à l'heure, certains ethnohistoriens, parmi lesquels il faut ranger Bruce Trigger et Denys Delâge, ont entrepris de présenter une vision beaucoup plus équilibrée et nuancée des rapports entre Amérindiens et Européens. Voir B. TRIGGER, *Les Indiens, la fourrure et les Blancs. Français et Amérindiens en Amérique du Nord,* Montréal/Paris, Boréal/ Seuil, 1990 [1985]; et D. DELÂGE, *Le pays renversé. Amérindiens et Européens en Amérique du Nord-Est, 1600-1664,* Montréal, Boréal, 1991 [1985].

44. Pour une étude beaucoup plus exhaustive de la représentation des Amérindiens dans les manuels, étude qui ne prend toutefois pas en compte les ouvrages publiés ou réédités après 1986, voir Christian LAVILLE, «Les amérindiens d'hier dans les manuels d'histoire d'aujourd'hui», *Traces. Bulletin de la SPHQ,* vol. 29, n° 2, mars-avril-mai 1991, p. 26-33.

luttes constantes que se livrent ces deux groupes ethniques, depuis la Conquête, pour établir les termes de leur *modus vivendi* politique restent la trame centrale de l'expérience historique québécoise, voire canadienne. Cela dit, leur antagonisme réciproque est expliqué par des motifs économiques, par l'état des conjonctures concrètes et par la concurrence entre leurs élites respectives, bien plus qu'il n'est compris comme la manifestation d'un conflit entre les «bons Français» et les «méchants Anglais». Plutôt que d'assister à une lutte opposant les «fervents de la tradition» aux «aveuglés de la modernité»[45], on se retrouve au cœur d'une rivalité entre deux collectivités, largement séparées par leurs appartenances linguistique et religieuse, et qui entrent en conflit et en compétition pour l'aménagement du territoire, l'orientation du développement économique et la direction des affaires politiques. Suivant cette perspective, les Canadiens français n'apparaissent plus comme étant ceux qui veulent se réfugier dans un passé salvateur ou qui cherchent à se replier sur eux-mêmes en se mettant à l'écart du matérialisme. Ils sont plutôt dépeints comme d'ingénieux acteurs cherchant à se ménager des avantages dans un environnement politique et économique qu'ils ne dominent pas, mais au sein duquel certains d'entre eux réussissent très bien à se tirer d'affaire. De même, la conclusion des grands accords politiques, en particulier la signature de l'Acte de l'Amérique du Nord britannique, en 1867, apparaît comme le fruit de savants calculs et compromis permettant non seulement aux Canadiens français d'assurer leur avenir, mais aussi, dans le cas d'une partie de leur élite économique tout au moins, de se donner les moyens de participer activement aux destinées d'un pays s'étendant d'un océan à l'autre. Par définition, ces compromis sont fragiles et soumis à l'état des rapports de force entre les parties constituantes du pacte canadien. Ils ne renvoient donc jamais à des acquis définitifs, ce qui fait que la Fédération canadienne est en continuelle mouvance. Rien n'empêche que les Canadiens français ne sont pas présentés, dans ce nouveau scénario, comme ces éternels perdants ayant, par leur intégration au cadre canadien, signé leur reddition devant l'«Étranger» ou l'«Assaillant». Ils ne sont pas non plus caricaturés comme étant à la remorque de leur histoire plutôt que d'en être les sujets agissants[46]. Grâce

---

45. C'est ainsi qu'on a pendant longtemps décrit, caractérisé, «chosifié» et opposé les Canadiens français et les Canadiens anglais dans la littérature populaire et scientifique. C'est également sur ce mode qu'ils se représentaient eux-mêmes les uns par rapport aux autres. Les premiers étaient considérés comme porteurs de la tradition en terre nord-américaine. Ils incarnaient le type idéal de la *folk society*. Les seconds étaient vus comme avant-gardistes sur le plan technologique et véhiculaient apparemment, au nord du 49e parallèle, les valeurs de la modernité matérialiste américaine.

46. Le manuel d'Yves Tessier, *op. cit.*, fait exception à cette règle. En conclusion de son ouvrage (p. 299 et suiv.), l'auteur, cédant à la partisanerie politique, va jusqu'à écrire: «Il en est des sociétés comme il en est des individus. Certaines se laissent porter par le cours des choses alors que d'autres préfèrent intervenir directement sur les événements et même en susciter l'éclosion. Certaines font leur histoire, d'autres la subissent. On dit des sociétés actives qui prennent en main

à cette vision positive de l'histoire du groupe, les manuels prennent leur distance par rapport aux thèses culturalistes traditionnelles faisant des Canadiens français les victimes de l'Anglais ou, comme on l'a souvent écrit dans les manuels utilisés au Canada anglais, les bénéficiaires des initiatives, du dynamisme et de l'entrepreneurship britanniques parce que eux, francophones, étaient des êtres déphasés, décalés, inférieurs, manqués[47]. Ils apparaissent au contraire, depuis toujours, comme des sujets ambitieux, entreprenants et accomplis : des prototypes en germe de ce qu'est devenu le Québécois contemporain[48]. Dans les manuels maintenant utilisés, le Québécois, et avant lui le Canadien français, cessent de porter leur croix. Ils délaissent les stigmates pessimistes qu'ils s'étaient accolés en reprenant à leur compte la vision négative que leur renvoyaient les *Autres* ; fini le temps de l'auto-flagellation et du misérabilisme. Plus important peut-être, ils confirment ce fait historique incontournable, à savoir qu'ils ne sont pas une minorité parmi d'autres dans leur pays, mais l'un de ses groupes fondateurs. L'histoire du Québec est celle d'une lutte pour se faire reconnaître et se représenter comme une majorité *chez soi* et ce, sans rejeter l'*Autre* — le Canada — qui est une partie de ce chez-soi.

Cette représentation positive du Québécois à travers l'histoire trouve écho dans une autre idée maîtresse qui traverse le contenu des manuels, à savoir que ce Québécois fut, de tout temps et peut-être plus que l'Anglais, le vrai partisan des intérêts du Canada, donc le vrai Canadien. C'est en effet dans cette optique que sont présentés tout un ensemble de conflits opposant les Canadiens français et les Canadiens anglais. Pour les premiers, l'objectif était clair : construire un pays sans attaches, le doter d'institutions autonomes, le protéger des invasions extérieures en évitant de le lier aux intrigues étrangères, s'assurer d'une représentation équitable des francophones à des instances de pouvoir démocratiques, composer avec les Canadiens anglais dans le respect des spécificités de chacun, établir le Canada en tant qu'État reconnu dans le concert des nations du monde. *A contrario,*

---

leur devenir qu'elles sont les sujets du processus historique et de celles qui subissent leur histoire qu'elles en sont les objets. Selon les circonstances, la société québécoise aura été quelquefois sujet du processus historique et à d'autres moments l'objet de celui-ci. [...] Dorénavant, il est à souhaiter que la société québécoise redevienne le sujet du processus historique québécois et qu'elle détermine elle-même son avenir ainsi que le rôle qu'elle peut et doit jouer au sein de la communauté des nations...». Inutile de préciser que cette thèse, particulièrement dégradante pour les Franco-Québécois puisqu'elle les réduit largement au rang de sujets défaits, immobilisés par leur apparente incapacité d'échapper à la tranquille sérénité de leur domination, n'est que la version la plus récente de cette idée selon laquelle les Franco-Québécois sont des sujets par définition *manqués*, qui ont absolument besoin des autres, fussent-ils Anglais ou *Aufklärer* souverainistes, pour se hisser là où ils devraient être.

47. J. Létourneau, «L'historiographie comme miroir, écho et récit de *Nous Autres*», *loc. cit.*
48. J. Létourneau, «La nouvelle figure identitaire. Essai sur la dimension symbolique d'un consensus social en voie d'émergence», *British Journal of Canadian Studies*, vol. 6, n° 1, 1991, p. 17-38.

les seconds, bien que conquérants, ne se sont libérés que très tardivement des attaches symboliques qui les liaient à leur mère-patrie, l'Angleterre[49]. C'est la raison pour laquelle ils se sont fait un devoir de l'assister dans ses desseins ou ses obligations politiques. Contrairement à ce que plusieurs ont voulu faire croire, le nationalisme canadien-français n'était pas réaction-naire. Il était plutôt conditionné par un objectif central : assurer l'autonomie d'un territoire et le construire comme État pleinement souverain. Autrement dit, le nationalisme canadien-français était dirigé vers la promotion du Canada et non pas vers la reconduction d'une soumission de ce pays à quelque puissance étrangère, fût-elle américaine, britannique ou française. Ainsi, l'agitation de 1837-1838 s'enracinait moins dans la remise en cause de la Conquête de 1759 ou dans un désir de (re)fonder un État français que dans la volonté de parvenir à un *modus vivendi* efficient avec les Anglais dans le cadre de l'édification d'un pays doté d'un gouvernement respon-sable. La Confédération témoigne également d'une volonté manifeste des Canadiens français de participer à la construction d'un grand pays où ils seront reconnus comme peuple fondateur et au sein duquel ils pourront assurer leur plein épanouissement en tant que francophones, ce que ne leur permettait pas l'Acte d'Union de 1840. L'opposition dont il font preuve, en 1917 comme en 1942, à l'égard de la conscription, n'a rien à voir avec leur refus de défendre le Canada. Ils veulent plutôt exprimer par là le caractère univoque de leur patriotisme, entièrement dirigé vers le Canada. Un patrio-tisme qu'ils ont d'ailleurs eu l'occasion d'éprouver à plusieurs reprises, pour faire échec à la menace américaine en 1812, à celle des Fenians en 1866 et même pendant les deux Grandes Guerres, au moment où plusieurs se sont enrôlés dans l'armée canadienne sur une base volontaire. Dans ce contexte, la Révolution tranquille apparaît comme un épisode majeur de rétablisse-ment et d'affermissement du dynamisme francophone au sein du Canada. Ce dynamisme repose sur la remise en cause de certains réflexes pessimistes qui perduraient apparemment dans le groupe (le fameux « traditionalisme » des Canadiens français) et sur un affirmationnisme émancipateur, dirigé par l'État provincial et n'ayant pas pour finalité de détruire le Canada, mais d'assurer la place des francophones dans le cadre d'un confédéralisme adapté aux besoins du moment.

On voit bien comment, selon ce scénario, les francophones du Canada ont été bâtisseurs d'un pays s'étendant d'un océan à l'autre, d'un pays qu'ils ont défendu et à l'esprit duquel ils sont demeurés fidèles à travers leurs luttes pour la reconnaissance de leurs droits constitutionnels. L'histoire contem-poraine des Québécois est aussi l'histoire de leur volonté de trouver, à

---

49. Cela se comprend si l'on admet que, pour les Canadiens de langue anglaise, maintenir une allégeance à la Couronne britannique était une façon de se distinguer des Américains, *autres* anglophones provenant néanmoins, historiquement, d'une « souche » commune mais rebelle à l'héritage.

l'intérieur de la Confédération canadienne, une place conforme à leurs aspirations. En cela leur parcours n'est pas mû par un quelconque désir de survivance dans la reconduction continuelle d'un passé. Il est au contraire dirigé vers une recherche d'accomplissement dans la construction, de concert avec l'*Autre,* d'un futur où chacun aura sa place. Dans ce contexte, l'Anglais n'est plus décrit comme l'«Ennemi». L'histoire a d'ailleurs démontré que toute entreprise d'assimilation des Canadiens français s'était révélée illusoire. Le Québec a fait la preuve historique de sa volonté d'exister en tant que collectivité française en Amérique. En fait, l'Anglais pourrait même, s'il le voulait, être un Allié, au sens de partenaire dans l'entreprise de restauration du Canada en tant qu'État confédéral et binational[50]. Dans l'ensemble, la version actuelle de l'histoire du Québec procède d'une interprétation valorisée et valorisante des événements qui ont scandé le passé des Québécois. Est-ce là réponse à l'appel lancé par un éminent chercheur de redresser l'historiographie — et donc l'histoire du groupe — pour créer un avenir au collectif[51]?

***

Nous avons établi dans cet article à quel point la problématique nationale était au cœur de l'histoire racontée aux jeunes Franco-Québécois de 4ᵉ secondaire. Contrairement à ce que l'on croit facilement, cette problématique nationale, dans sa version contemporaine, n'est pas fondée sur l'idée d'exclusion, ni d'ailleurs sur celle de «victimisation». Elle est plutôt tout entière centrée autour de trois idées-forces :

- L'histoire du Québec — peu importe que l'on désigne cette entité en tant que lieu d'existence et de reproduction d'un groupe, d'un peuple, d'une nation, d'une société ou d'une collectivité — est celle d'une volonté continuelle d'enracinement, de reconnaissance et d'émancipation avec l'*Autre* et grâce à lui. Entre ces trois moments d'affirmation du groupe, il existe une continuité de sens qui sert précisément de trame au parcours collectif des Québécois.

- Le désir d'affirmation québécois dans l'histoire n'a rien à voir avec quelque velléité d'ordre impérialiste ou colonialiste. Il n'est pas mû non plus par un esprit revanchard. Il n'est pas dirigé contre un *Autre* dénigré. Il n'exprime aucune volonté de s'imposer contre un *Autre* ou à son détriment. Ce désir d'affirmation traduit tout simplement une

---

50. Cette idée de binationalité montre bien la distance existant entre le discours du programme d'histoire nationale et certaines définitions mises en exergue des manuels (le Québec comme société pluraliste, la reconnaissance des droits des uns et des autres, etc.), d'une part, et le texte des ouvrages, qui n'échappe pas aux impasses de l'imaginaire de l'altérité des Franco-Québécois, d'autre part.

51. Gérard BOUCHARD, «Pour une récupération et une ouverture de la culture québécoise», *Bulletin de liaison de la SPHQ,* vol. 25, n° 1, 1987, p. 13-14.

détermination inébranlable de se faire apprécier en tant qu'égal aux autres; de se faire reconnaître aussi comme étant victorieux (au sens de *successful*) dans l'histoire, au même titre que bien d'autres groupes; de se faire considérer enfin comme groupe, peuple, nation, etc. chez soi, au Canada, et non pas comme minorité parmi d'autres minorités formant ensemble une mosaïque multiculturelle, ce qui est l'idéologie officielle prônée par l'État canadien. Sortir d'un «exil» historique et territorial, tel est certainement l'un des messages véhiculés par le récit des manuels d'histoire aujourd'hui.

• L'histoire du Québec est celle d'une fidélité à un idéal confédéral qui a été érodée dans la pratique effective du fédéralisme canadien. L'attachement des Québécois au Canada, *autre et même pays,* reste fort. Il s'est vérifié à maintes reprises dans le passé. Revenir à cet idéal pour construire un avenir au sein duquel chacun trouvera sa place suivant ses aspirations complémentaires, tel est l'enjeu du Canada à l'orée du XXIe siècle.

En fait, le message livré par la dernière «génération» de manuels d'histoire du Québec est largement positif, invitant, réconciliateur et enthousiasmant. Il n'est certes pas neutre en ce qu'il tente d'arrimer un désir de reconnaissance politique fondé dans l'histoire avec un projet de construction étatique — le Québec-Canada — qui implique la participation d'un partenaire qui, jusqu'à maintenant laisse-t-on sous-entendre, n'a pas répondu à l'invite.

Ce message affirmatif, qui traduit une certaine assurance collective devant l'avenir, n'est toutefois pas celui qui semble conditionner la mémoire que gardent les élèves du passé québécois. Ceux-ci s'en tiennent largement à un ensemble d'images fortes mais simplifiées renvoyant à une trame éprouvée de mobilisation qui ne trouve plus sa légitimité sur le plan scientifique. Ces images, dont nous avons fait ailleurs l'inventaire sommaire[52], présentent le Canadien français comme la malheureuse victime de l'Anglais, vivant dans un certain dénuement et subissant le joug de l'Église catholique jusque tard dans son histoire. Dans le récit étudiant, le Canadien français est un «type» qui a connu une situation de déphasage économique et de retard social par rapport aux autres. Il s'est toutefois repris en main avec la Révolution tranquille. Il poursuit maintenant sa route vers son accomplissement historique qui ne surviendra qu'au moment où il se sera libéré de ses dominateurs.

---

52. J. LÉTOURNEAU, «L'historiographie comme miroir, écho et récit de *Nous Autres*», *loc. cit.* Voir aussi, du même auteur, «L'imaginaire historique des jeunes Québécois», *Revue d'histoire de l'Amérique française,* vol. 41, n° 4, printemps 1988, p. 553-572. Pour compléter, on se référera à J. LÉTOURNEAU et Jacinthe RUEL, *loc. cit.*

Il est difficile de déterminer les raisons expliquant la persistance de cette représentation pessimiste et vindicative chez un grand nombre de jeunes. Faut-il croire que la mise en scène du contenu informatif des manuels, finalement assez nuancé, est faite à l'aune d'une vision tradition-nelle par les maîtres? Est-ce l'effet du matériel pédagogique utilisé en classe, notamment les cahiers d'activités, qui, pour des raisons apparem-ment liées à l'état de la pensée formelle des jeunes, simplifie radicalement la matière au point de la réduire à des oppositions tranchées entre bons et méchants, entre vaincus et vainqueurs, entre opprimés et oppresseurs[53]? Doit-on croire que la mémoire historique des jeunes s'abreuve à bien d'autres sources dont l'effet combiné ne renforce nullement, voire même contredit, les connaissances véhiculées par les manuels[54]? Ou serait-ce qu'au fond, dans leur rapport au passé et pour vivre et vaincre l'avenir, les individus, jeunes ou vieux, ont besoin de fiction et de mythe autant que de vraisemblance?

Liste des manuels utilisés

Clercs de Saint-Viateur, *L'histoire de notre pays, 8ᵉ-9ᵉ années,* Montréal, Éditions du Renouveau pédagogique, 1967 [1958].

FARLEY, Paul-Émile et Gustave LAMARCHE, *Histoire du Canada. Cours supé-rieur,* Montréal, Librairie des Clercs de Saint-Viateur, 1945 [1935].

FILTEAU, Gérard, *La civilisation catholique et française au Canada. Histoire générale,* Montréal, 1960.

GROULX, Lionel, *Histoire du Canada français depuis la découverte,* Montréal, L'Action nationale, 1952, 2 vol.

PLANTE, Hermann et Louis MARTEL, *Mon pays. Synthèse d'histoire du Canada,* 2ᵉ édition, Québec, Éditions du Pélican, 1960 [1956].

ALLARD, Michel *et al., Histoire nationale du Québec, de sa découverte à aujourd'hui,* Montréal, Guérin, 1980.

CACHAT, Gérard, *L'aventure française en Amérique: un défi, 1534-1976,* Montréal, Lidec, 1978.

HÉROUX, Denis, Robert LAHAISE et Noël VALLERAND, *La Nouvelle-France,* Montréal, Centre de psychologie et de pédagogie, 1967.

LEFEBVRE, André, *Histoire du Canada à partir du Québec actuel,* Montréal, Guérin, 1973.

VAUGEOIS, Denis et Jacques LACOURSIÈRE, *Histoire 1534-1968,* Montréal, Éditions du Renouveau pédagogique, 1968.

---

53. Robert MARTINEAU, «Les cahiers d'exercices... un cheval de Troie dans la classe d'histoire ?», *Bulletin de liaison de la SPHQ,* vol. 23, n° 6, octobre 1985, p. 20-24.

54. À ce sujet, voir Christophe CARITEY, *op. cit.;* et Rainer RIEMENSCHNEIDER, «La confron-tation internationale des manuels. Contribution au problème des rapports entre manuels d'histoire et mémoire collective», dans *Enseigner l'histoire. Des manuels à la mémoire, op. cit.,* p. 127-140; voir aussi J. LÉTOURNEAU, «L'imaginaire historique des jeunes Québécois», *loc. cit.*

VAUGEOIS, Denis et Jacques LACOURSIÈRE, *Canada-Québec. Synthèse historique,* Montréal, Éditions du Renouveau pédagogique, 1970.

BOUCHARD, Claude et Robert LAGASSÉ, *Nouvelle-France, Canada-Québec. Histoire du Québec et du Canada,* Montréal, Beauchemin, 1986.

CACHAT, Gérard, *À la recherche de mes racines,* Montréal, Lidec, 1984.

CHARBONNEAU, François *et al., Mon histoire,* Montréal, Guérin, 1985.

DDION-McKINNON, Danielle et Pierre LALONGÉ, *Notre histoire,* Montréal, Éditions du Renouveau pédagogique, 1984.

CARDIN, Jean-François, Raymond BÉDARD et René Fortin, *Le Québec: héritages et projets,* 2ᵉ édition, Montréal, HRW, 1994 [1984].

CHARPENTIER, Louise, René DUROCHER, Christian LAVILLE et Paul-André LINTEAU, *Nouvelle histoire du Québec et du Canada,* 2ᵉ édition, Montréal, Boréal, 1994 [1984].

ROY, Marcel et Dominic ROY, *Je me souviens. Histoire du Québec et du Canada,* Montréal, Éditions du Renouveau pédagogique, 1995.

TESSIER, Yves, *Histoire du Québec, d'hier à l'an 2000,* Montréal, Guérin, 1994.

Le no(m)n de Borduas comme mémoire

Des Plasticiens aux producteurs actuels

Marie Carani
CÉLAT et Département d'histoire, Université Laval

Au Québec, ces dernières années, en histoire contemporaine et en sciences humaines, on a entrepris de revisiter l'époque duplessiste pour insister sur le fait que cette période n'a certes pas été aussi noire qu'on nous l'avait enseigné à l'apogée de la Révolution tranquille, notamment sur le plan des politiques nationales instaurées par le pouvoir politique conservateur d'alors. Pourtant, dans son ensemble, comme pour affirmer le contraire, le milieu des arts visuels contemporains et actuels québécois s'est démarqué obstinément de cette orientation théorique récente des milieux universitaire et intellectuel, citant exemplairement à cet égard, à chaque fois que l'occasion s'en est présentée, la résistance culturelle et sociale engendrée de prime abord comme rupture épistémologique par le *Refus global* automatiste de 1948.

Comment saisir et expliquer ce paradoxe fondamental qui semble traverser et dialectiser toute la modernité québécoise à la fin des années 40, et encore longtemps après, malgré les nombreux renversements de valeurs instaurés depuis plus de vingt ans par la post-modernité? Comment, donc, comprendre le *Refus global* en son temps et restituer son influence durable sur des générations successives d'artistes et de citoyens québécois? Pour faire avantageusement le tour de ces questions s'impose, de prime abord, un énième retour sur le manifeste surrationnel de Borduas, retour qui vise ici, cependant, au premier chef le sens comme la portée de la théorie de l'art et de la société qui s'y révèle. Car c'est cette idéologie artistique automatiste qui a été revendiquée, à maintes reprises par la suite, au Québec, au moment des différents anniversaires de publication de ce manifeste, puis qui a été véhiculée au gré de ces célébrations comme mémoire et comme identité québécoise à travers une idée demeurée assez floue et imprécise de «refus» socioculturel. Suivront une prise en charge historico-critique de ce phénomène dans l'histoire de l'art contemporain au Québec ainsi qu'une amorce d'interprétation sémiotique de la situation qui fait sa place à la question centrale des conflits de codes.

Problématique

Dans la totalité que forme toute société, l'insertion des producteurs artistiques s'est accompagnée de tractations qui ont semblé souvent hésitantes, voire contradictoires, pour annoncer et assister, mais bien plus fréquemment dénoncer ou contester ce qu'est cette société. Depuis l'avènement paradigmatique de la modernité, en particulier, les créateurs visuels contemporains ont résisté plusieurs fois aux demandes impératives de politiciens ou de spécialistes des relations humaines qui restaient plutôt aveugles à la réalité plastique, car ces demandes pressantes étaient avancées la plupart du temps uniquement dans le but d'obtenir de ces artistes des éléments positifs, nécessairement superficiels dans les circonstances, d'affirmation et d'identification collectives, de différenciation nationalitaire culturelle. Telle est, d'entrée de jeu, l'hypothèse de travail qui me servira d'embrayeur, de point nodal, pour aborder cette question de l'identité, autant sur le plan des rapports socioculturels qu'au niveau des représentations esthétiques et plastiques de la totalité québécoise. J'entends ainsi mettre en récit différents partis pris qui sont intervenus dans la mise en place des discours et des pratiques généralement incompatibles des producteurs visuels contemporains avec les aspirations (nationales, nationalistes) prétendument légitimes et représentatives d'un nombre important de décideurs publics travaillant, hier et aujourd'hui, dans le champ culturel élargi.

De plus, seconde hypothèse de départ, on sait depuis que l'esthéticien américain Lewis Mumford lui a donné son nom, «le principe de grand-père[1]» *(the grandfather principle)*, que, du point de vue de l'esthétique, les bouleversements ou les transformations artistiques procèdent généralement par confrontations et luttes de générations. L'évolution plastique se ferait par sauts, changements et ruptures par rapport à la génération précédente, pour rejoindre et poursuivre, sous un mode renouvelé, transmuté, des préoccupations plus anciennes qui étaient déjà sous-jacentes, mais qui étaient demeurées tues, ignorées ou secondarisées jusqu'alors. Dans ce contexte, il ne s'agit pas de faire appel ici à des notions explicatives et interprétatives périmées d'«évolution moderniste», de «linéarité téléologique» ou de «progrès dans l'histoire», avec les connotations darwiniennes que ces options quasi mécanistes supposent au départ en histoire contemporaine et en sciences humaines, mais plutôt de laisser place théoriquement à une tension fondatrice, génératrice, dialectique, traumatique.

J'ai donc voulu restituer, respecter — et non éliminer — un tel mode d'engendrement socio-sémique, c'est-à-dire exposer la concurrence particulièrement forte et continuelle qui se sera installée entre le discours artistique et le discours social. Là, la question primordiale de l'identité, plus

---

1. Lewis Mumford, *The Brown Decades,* New York, Dover, 1931.

précisément de la quête identitaire, notamment celle poursuivie par les artistes contemporains, c'est peut-être avant tout le lieu de la contradiction, le point critique du monde ou de l'espace des choses (au sens qu'en donnait Riegl) et, par ce fait même, la condition privilégiée de la transformation sociale et culturelle.

Le Québec artistique moderne (comme post-moderne) ne fait, certes, pas exception à ce principe qui, depuis la modernité (*vs* le traditionalisme), situe les arts visuels contemporains dans une position marginale au sein des sociétés occidentales. Comme ailleurs dans le monde, au XXᵉ siècle, la situation locale en a d'ailleurs été une d'affrontements répétés qui ont été le fait de différents groupes, de différents mouvements, ou de créateurs isolés. Et ces luttes ont toujours été particulièrement vives au fil des ans; elles ont exacerbé une béance entre l'art et la société, révélant des conceptions esthétiques et plastiques plus ou moins ou pas du tout conciliables. On peut mentionner en passant, pour mémoire, les relations entre mimétisme naturaliste, intuitionnisme, spontanéisme, modernité et modernisme, régionalisme et internationalisme, nationalisme identitaire et universalisme, sans oublier les rapports polarisés de valeurs qui ont présidé aux passages de frontière du subjectivisme à l'objectivisme, du formalisme au post-formalisme, de la figuration moderne à l'abstraction, de l'automatisme au plasticisme géométrique et, plus récemment, sous la post-modernité, de la transdisciplinarité hybride baroquisante au modèle simulacre.

Inutile de s'attarder davantage, car l'histoire complète des idéologies culturelles québécoises (autant dans les différents arts que dans la critique d'art) reste encore à écrire. Une sémiotique des valeurs esthétiques qui insisterait sur leurs interrelations syntaxiques/sémantiques/pragmatiques dans la culture demeure un projet ambitieux qui reste encore en chantier. On connaît toutefois des épisodes marquants qui ont accompagné ces transformations; plusieurs de ceux-ci ont été documentés, depuis quelques années déjà, en histoire de l'art contemporain québécois[2]: ce sont, à partir des premières décennies du XXᵉ siècle jusqu'aux années 1970-1980, les écrivains et critiques modernisants du *Nigog*, les peintres régionalistes

---

2. Voir, en outre, les travaux sur la modernité québécoise d'Esther Trépanier et de Jean-René Ostiguy, ceux de François-Marc Gagnon sur l'épisode automatiste, les ouvrages récents de Francine Couture sur les pratiques artistiques des années 60, ainsi que mes propres recherches sur les figuratifs modernes comme Jean Paul Lemieux (*Jean Paul Lemieux*, Québec, Publications du Québec/Musée du Québec, 1992), sur Borduas («Le principe freudien chez Borduas», *La petite revue de philosophie*, vol. 10, n° 1, automne 1988, p. 83-102), sur Pellan («De l'euphorie au silence», *Alfred Pellan*, Québec, Publications du Québec/Musée du Québec, 1993, p. 221-245), sur les formalistes géométriques québécois (*L'œil de la critique*, Sillery, Septentrion, 1990; «Le formalisme géométrique. Positions des peintres formalistes québécois», dans Francine COUTURE (éd.), *Les arts visuels au Québec : dans les années soixante*, tome 1, Montréal, VLB, 1993, p. 71-131) ou encore sur la post-modernité artistique («Propositions critiques de la peinture post-moderne», *La petite revue de philosophie*, vol. 9, n° 1, automne 1987, p. 135-162).

canadiens-français comme Suzor-Côté et Clarence Gagnon, Jean Chauvin et Albert Laberge en critique d'art, les peintres juifs modernistes des années 30 à Montréal, Reynald, Jean Paul Lemieux, Maurice Gagnon, Alfred Pellan, le groupe Prisme d'Yeux, Paul-Émile Borduas et les jeunes automatistes, les plasticiens et les post-plasticiens montréalais, la gravure Pop québécoise, l'art politisé de la Galerie Media, l'art conceptuel rassemblé autour de la galerie Vehicule Art, puis l'installation ou la peinture-installation post-modernes.

Autre évidence, d'importance synchronique cette fois (*vs* diachronique): au gré des luttes de tendances et d'approches qui furent menées tout au long de cette histoire, on remarque en tout cas qu'un même fil conducteur semble traverser tous les débats engagés dans des conjonctures précises et concilier l'ensemble de ces producteurs: la pérennité, structuraliste presque, de l'idée de «refus artistique» et, dans la période qui suit la Seconde Guerre mondiale, qui m'intéresse prioritairement ici, la pensée anarchisante du *Refus global,* qui constitue alors une première mise en place en ce sens, une première validation de l'univers — plus justement du contre-univers — sensible québécois.

À cet égard, tout en reconnaissant que la propension antagoniste des arts contemporains a d'abord pris racine et s'est enclenchée au Québec entre 1910 et 1945, notamment avec témérité et avec force au cours des années 1930 si on pense aux prises de position démocratiques et antiautoritaires des écrivains, des critiques d'art et des artistes rassemblés autour du quotidien progressiste montréalais *Le Jour,* on peut néanmoins soutenir, comme proposition générale, que la publication du manifeste automatiste de 1948 incarne, pour la modernité plastique québécoise, un repère paradigmatique fondateur qui, dans la foulée des importantes revendications modernisantes précédentes, effectue le passage définitif à la modernité culturelle ainsi qu'au modernisme plastique. Auparavant, si on avait manifesté plus d'une fois, chez nous, en faveur d'une libéralisation et d'une démocratisation effectives de la société, on n'avait cependant pas problématisé ni mis en cause, en corollaire, sur le plan visuel, le maintien de la représentation figurative comme credo, comme balise de la figure idéologique dressée dans l'espace, ce que voudra réaliser sur le plan épistémologique Borduas en termes d'opposition plastique à la figuration et à ses relents.

Et c'est justement dans cette rupture épistémologique inaugurale, dans cette ouverture «germinale» (comme le dira peu après Rodolphe de Repentigny dans le *Manifeste des Plasticiens* de 1955), qu'il faut rechercher, me semble-t-il, les raisons premières qui expliquent par la suite, des années 50 aux années 90, le recours épisodique au no(n)m traumatique de Borduas comme mémoire identitaire au Québec.

L'anarchie automatiste comme rupture épistémologique

Les balises idéologiques du *Refus global* semblent profondément agnostiques, nihilistes, à la société québécoise de l'après-guerre. Tant les spécialistes que le public sont davantage frappés par l'idée basique de refus (de révolte) que comporte le manifeste que par la charge de responsabilité et de risque dans le devenir (c'est-à-dire dans l'Égrégore d'une civilisation nouvelle) qui l'habite également. Et, surtout, cela est nouveau par rapport aux dénonciations culturelles précédentes qui, toutes, avaient gravité jusqu'alors plus ou moins autour d'une idée floue, assez imprécise, de libéralisme moderne, depuis les écrivains engagés du *Nigog* à Alfred Pellan, mais sans que soit édifié un véritable mouvement d'opposition, à l'exception peut-être de la mouvance critique réformiste patronnée, on l'a dit, par le journal progressiste *Le Jour*.

Devant la liste des refus énoncés par les automatistes, on réagit donc avec réprobation et agressivité au Québec; on crie au scandale, à la fin de l'été et à l'automne de 1948, tant chez les intellectuels catholiques de droite (comme Roger Duhamel, Rolland Boulanger et le père Hyacinthe-Marie Robillard) qui sont les héritiers des idéologies françaises archi-conservatrices de l'entre-deux-guerres, que chez ceux de centre-gauche, c'est-à-dire chez les personnalistes chrétiens (comme Gérard Pelletier et Jacques Dubuc) et chez les critiques sociaux (comme Pierre Vadeboncœur) qui sont alors très engagés et actifs dans les syndicats catholiques. Et encore, comme c'est plus souvent qu'autrement son habitude à l'époque, *Le Devoir*, par la bouche de son directeur André Laurendeau, hésite, louvoie, s'enlise plusieurs mois dans une polémique à la fois contre les «activités extra-scolaires» de Borduas et contre l'autocratie gouvernementale duplessiste. Inutile d'en dire plus, car François-Marc Gagnon a raconté en détail ces violentes réactions dans sa monographie de référence sur Borduas qui a été publiée chez Fides; on retrouve aussi cette petite histoire des réactions publiques au *Refus global* dans l'ouvrage d'André G. Bourassa sur le surréalisme et la littérature québécoise[3].

Dans le public cultivé, dans la presse élitiste et, *a fortiori* dans la presse populaire à grand tirage, on dénonce ainsi avec ferveur, en 1948-1949, les prétendus excès idéologiques, sociaux et moraux de la jeune génération artistique. Seul un tout petit groupe d'au plus une centaine de sympathisants — qui comprend notamment, pour ne nommer qu'eux, les critiques d'art Henri Girard et Charles Doyon, les frères Jacques et Guy Viau, l'étudiant de philosophie Rodolphe de Repentigny et la très jeune Fernande Saint-Martin — résiste à la tempête. C'est que, voulant faire dramatiquement

---

3. François-Marc GAGNON, *Paul-Émile Borduas. Biographie critique et analyse de l'œuvre,* Montréal, Fides, 1978, p. 237-263; André G. BOURASSA, *Surréalisme et littérature québécoise,* Montréal, Éditions l'Étincelle, 1977, p. 115-123.

levier sur l'histoire locale et universelle à la fois, Borduas et les jeunes créateurs qui l'entourent entendent inventer une forme d'art inédite, l'automatisme surrationnel, et mettre de l'avant des exigences éthico-esthétiques qui en appellent à des valeurs collectives renouvelées ainsi qu'à de nouveaux choix fondamentaux. En outre, dès l'abord, ce qui les marginalise tout à fait par rapport aux aspirations identitaires imposées exemplairement par le pouvoir politique au plus grand nombre de citoyens québécois, le nationalisme provincial et paroissial très rigide du régime duplessiste leur apparaît incompatible avec des valeurs universelles de liberté et de création visuelle.

Le *Refus global* supporte à cet égard un trajet de création et une conception inédite de l'art qui sont développés dans la perspective d'une transformation radicale des sensibilités, des savoirs comme des sociétés. Pour Borduas en particulier, qui est beaucoup plus âgé que les autres signataires du manifeste, il s'agit d'instaurer le pouvoir inaliénable de l'imagination, si l'on veut de l'imaginaire, comme différence irréductible, épistémologique; il s'agit également de combattre la prépondérance hégémonique d'une fausse définition identitaire du Québécois relevant d'une position trop exclusivement nationale, nationaliste, telle que véhiculée idéologiquement par le pouvoir politique. De plus, à l'encontre des positions réformistes d'un Pellan qui accepte alors volontiers un modèle libéral de développement socioculturel, qu'il n'aura d'ailleurs jamais très bien défini, si ce n'est en des termes imprécis, généralistes et, qui plus est, seulement dans le contexte artistique du besoin de liberté créatrice *individuelle* du producteur, cette libération humaine fondamentale ne peut être limitée, selon Borduas, à un élargissement aussi grand soit-il des choix esthétiques. Le sens et la portée sociale de ces gestes de création doivent être pris en charge également. Là, toutefois, ce besoin de libération ne doit jamais passer non plus, d'après Borduas, par l'affirmation d'un modèle collectiviste de société, que ce modèle soit libéral et capitaliste ou socialiste, peu importe, en raison des fondements philosophiques constitutifs, des valeurs et des pratiques jugés excessivement répressifs, même totalitaires, de ces deux systèmes.

Plutôt, Borduas les renvoie critiquement dos à dos, dénonçant leur forme sournoise d'aliénation humaine: «Comme si changement de classe (dominante) impliquait changement de civilisation, changement de désirs, changement d'espoir[4]», précise-t-il. En conséquence, par son refus global, Borduas accuse et veut mettre à nu ce qu'il perçoit d'emblée, en 1948, comme la réalité de notre histoire locale. Sur un ton agressif, ainsi que dans une forme discursive pamphlétaire qui peuvent surprendre aujourd'hui,

---

4. Le manifeste du *Refus global* a été réédité quelques fois depuis 1948; on se référera ici à l'édition critique préparée par l'historien d'art François-Marc GAGNON, *Paul-Émile Borduas, Écrits/Writings 1942-1958*, Halifax (N.-É.), The Press of the Nova Scotia College of Art and Design, 1978, p. 45-54; Paul-Émile BORDUAS, *Refus global*, p. 52.

mais qui poursuivent à l'époque une démarche radicale d'opposition s'inscrivant dans les luttes idéologiques des XIXᵉ et XXᵉ siècles en Europe, il prend
d'abord à partie, avant tout, le rôle du clergé catholique dans l'évolution
culturelle et intellectuelle de ce territoire. Puis Borduas vise les pratiques
sociales d'une collectivité (la nôtre) qui semble soumise à cette fausse
autorité morale religieuse et qui lui paraît suivre péremptoirement une
pensée magique, supposément rédemptrice et salvatrice, dans l'Amérique
du Nord protestante. Sur cette lancée initiale, la raison d'être du manifeste
automatiste apparaît donc comme une occasion privilégiée de susciter ou de
précipiter l'événement, d'accélérer l'histoire pour livrer l'avènement, selon
la formule choc du jeune peintre Fernand Leduc[5].

En soi, cette faille, cette fissure, bien qu'encore fort limitée dans
l'espace-temps québécois, démontre qu'il existe tout de même au Québec,
dans l'immédiat après-guerre, malgré les efforts répétés des autorités
conservatrices pour l'éteindre et pour faire croire le contraire, une volonté
ferme de protestation doublée d'une capacité articulée de contestation des
institutions religieuses et civiles. Cela souligne aussi que cette critique
émerge parallèlement à une société conservatrice duplessiste qui a lentement installé un système autoritaire de contrôle des libertés démocratiques
à l'ombre de l'urbanisation, de l'industrialisation rapide, ainsi que du
développement économique moderne de la province de Québec, réalisations
importantes que l'appareil duplessiste revendiquera toujours comme le
résultat direct de ses politiques et dont l'histoire comme la sociologie
québécoises ont convenu récemment qu'elles rétrécissaient pour une part
certaine l'obscurantisme. À l'époque, toutefois, Borduas, comme la plupart
des sympathisants de l'automatisme provenant du milieu intellectuel et
culturel, ne se laisse pas séduire par le discours nationaliste officiel du
gouvernement québécois ou par sa démarche politique nationaliste de revendication collective contre Ottawa, stratégies par lesquelles le bloc duplessiste au pouvoir entend justifier ses régulations, ainsi que ses
répressions de toutes sortes. Dans le *Refus global*, Borduas cherche d'ailleurs dans la nature même de toute idéologie, c'est-à-dire dans ce qu'il
nomme alors «l'intentionnel», l'idéologie clérico-nationale canadienne-
française (car on ne dit pas encore québécoise en 48) et linguistique unilin-
gue francophone comprise, ses limites concrètes. Selon lui, cet intentionnel
n'est certes pas une pensée libre; il est plutôt la certitude d'un petit groupe
de manipulateurs de la pensée individuelle et collective. En libertaire,
Borduas réclame donc dès l'abord la fin de cette ère moderne des idéologies
et l'avènement d'une nouvelle culture humaine qui serait exempte de toutes
contraintes dirigistes.

---

5. «À fond d'abîme précipitons l'événement qui nous livrera l'avènement», dit textuellement
Leduc. *Cf.* Fernand LEDUC, «Qu'on le veuille ou non», *Fernand Leduc de 1943 à 1985*, Chartres,
Musée des beaux-arts de Chartres, 1985, p. 147.

Cependant, à côté de cet idéal, on dénote aussi néanmoins, dans le *Refus global*, devant l'évidence des barrières du système, devant les consciences individuelles refoulées, un sentiment d'angoisse, de fatalité, même d'inévitabilité à propos de la sujétion de la grande majorité des Canadiens français à l'ignorance. Le rêve de l'intelligence supporté par Borduas affronte ainsi la peur d'un «petit peuple» vaincu par les Anglais qui se serait plus ou moins tourné obligatoirement vers l'Église catholique par suite de l'abandon et de la trahison des élites traditionnelles, et qui serait dès lors devenu colonisé, sans défense devant l'oppression bienveillante (ou non) des dominants, passés comme présents. Là, cette mémoire de l'échec à répétition depuis la défaite des Plaines d'Abraham, le repliement sur soi qui en résulte au fil des ans et l'immobilisme triomphant des dirigeants inféodés au Pouvoir produiraient, selon Borduas, un blocus spirituel dont aura profité depuis le siècle dernier la bourgeoisie canadienne-française. Dans ce contexte proprement fermé et bloqué, «notre destin sembla durement fixé» renchérit Borduas dans le *Manifeste*.

Se révèlent là un sentiment d'inertie et une assimilation aux classes défavorisées, exploitées, donc impuissantes socialement, ce qu'expriment les signataires du manifeste en les dénonçant avec force comme des pratiques immobilistes quand ils suggèrent de s'épanouir entre «les murs lisses de la peur», «refuge habituel des vaincus»: peurs multiformes, «maillons de notre chaîne». Selon les automatistes, hors de ces murs pourraient suinter «des perles incontrôlable s», sémantisme métaphorique d'inspiration surréaliste qui envisage l'éclosion d'un processus d'insoumission et de décomposition progressive de l'ordre établi: «Lentement, la brèche s'élargit, se rétrécit, s'élargit encore[6]», ajoute Borduas. Le déterminisme historique pourrait ainsi être confondu, selon les automatistes, par l'avènement d'un système d'éducation (au sens le plus large) proprement antiautoritaire qui serait dès lors à la base d'un renouvellement émotif général, tant individuel que sociétal.

À court et à long terme, l'avenir serait donc le produit de ces «nécessités» quasi prophétiques. Nouveau fatalisme de Borduas cependant: «Au meilleur, demain ne sera que la conséquence imprévisible du présent[7].» D'où l'arrêt philosophique, dans le *Manifeste,* sur la «magie», sur les «mystères objectifs», sur l'idée de «l'amour» qui transforme, ou encore sur la «responsabilité entière» comme autant d'explications et de visions à la fois lyriques et tragiques de l'univers. De telles visions d'un nouvel *égrégore* semblent à mi-chemin entre le mysticisme cyclique d'un Pierre Mabille, le surréalisme d'André Breton et l'existentialisme éthique de Sartre ou de Camus. Sur le plan de son contenu, mais aussi de sa forme, le *Refus*

---

6. Paul-Émile Borduas, *Refus global, loc. cit.,* p. 46.
7. *Ibid.,* p. 51.

global a en tout cas la qualité et l'impact d'un cri, ainsi que la puissance d'un choc. «Il faudra vaincre les turpitudes et obéir aux fières nécessités, ou ne plus vivre[8]», précisera peu après Borduas dans ses *Projections libérantes* qu'on peut considérer à juste titre comme son autobiographie intellectuelle. Dans ce contexte, il choisit intérieurement la manière para-surréaliste du rêve, celle des mystères et, extérieurement, son vocabulaire provocant, dénonciateur, sa logique de l'exclusion, du refus global, de l'affrontement continu, laquelle logique refuse «le monde imposé arbitrairement», pour citer de nouveau Borduas.

Prédicant ou utopiste qui fonde son action sur un projet idéal de collectivité, qui s'appuie au premier chef sur la négation des systèmes prédéterminés, Borduas en avait justement appelé d'entrée de jeu à l'*anarchie resplendissante* dans un texte qui constitue un premier état du *Refus global* et qui débute par ces mots évocateurs: «La transformation continuelle...». Borduas y adhère à une éthique ou à une morale anarchiste centrée en priorité sur les possibilités individuelles comme causes et forces, en même temps, de désaliénation de «la foule»:

> À l'occident de l'histoire se dresse l'anarchie, comme la seule forme sociale ouverte à la multitude des possibilités de réalisations individuelles. Nous croyons la conscience sociale susceptible d'un développement suffisant pour qu'un jour l'homme puisse se gouverner sans police, sans gouvernement[9].

En ce sens, si le Québec conservateur duplessiste leur apparaît toujours enfermé dans le passé, voire déphasé, l'avenir prochain envisagé par les forces sociales libérales plus progressistes semble de même proprement impensable pour les automatistes et les post-automatistes au tournant des années 50. Car ce sont aussi bien les attitudes de l'ancienne élite, les structures sociales dépassées que cette élite a mises en place, que les formes d'existence modernes et techniciennes basées sur la raison et la science, telles qu'elles sont proposées alors en termes de perspectives d'avenir par les mouvements politiques d'opposition, qui semblent engagées à leurs yeux dans le sens de «la décadence», de l'usurpation comme de l'intolérance. «La décadence [...] permet de passer la camisole de force à nos rivières tumultueuses en attendant la désintégration à volonté de la planète», lit-on dans le *Refus global*. À la lumière du présent, cela apparaît maintenant comme une surprenante dénonciation écologique du projet déjà engagé alors par Hydro-Québec, cette société d'État nouvellement constituée pendant la guerre de 1939-1945 par le gouvernement libéral d'Adélard Godbout et développée ensuite par Duplessis, de modernisation par l'électrification du Québec contemporain qui sera peu après le credo de la Révolution

---

8. Paul-Émile BORDUAS, *Projections libérantes*, dans François-Marc GAGNON (éd.), *Paul-Émile Borduas, Écrits/Writings 1942-1958, op. cit.*, p. 83.

9. Paul-Émile BORDUAS, *La transformation continuelle*, dans François-Marc GAGNON (éd.), *Paul-Émile Borduas, Écrits/Writings 1942-1958, op. cit.*, p. 38.

tranquille[10]. Ainsi, bien avant sa réalisation définitive au cours des années 60, la contre-apparence automatiste entend déjà refuser cette destinée programmée, programmatique, qui se poursuit toujours aujourd'hui avec les conséquences géopolitiques et territoriales que l'on connaît.

Le radicalisme de la pensée automatiste dans le *Refus global* tire donc sa force d'une réflexion complexe où s'imbriquent épistémologie et esthétique, utopie et changement, rupture des certitudes et mise en cause de l'avenir, ce qui permet à Borduas et aux automatistes de redéfinir la fonction sociale même de l'art, ainsi que celle de l'artiste créateur dans la société. Si on peut associer le manifeste de 1948 au triomphe de la parole et de la liberté de penser au Québec, comme le fera Rodolphe de Repentigny au nom de la génération suivante de plasticiens[11], il faut toutefois éviter de confondre les principes anarchistes de Borduas avec de nouvelles certitudes socialement ou politiquement motivées. Ce sont d'abord les revendications d'un créateur contre les forces d'exploitation ou d'oppression de la créativité individuelle et collective. Se retrouvent en conséquence à la base de l'évolution plastique de Borduas, la radicalisation généralisée de son discours sur l'art et celle de sa peinture par l'équivalent pictural de l'anarchie sociale, l'automatisme surrationnel non figuratif[12]. On peut alors reconnaître dans son travail de création la présence de transferts sémiotiques de ses positions transcendantales vers son art plastique, au même titre que Malévitch et Mondrian se sont référés à la théosophie comme puissance hiératique d'engendrement de l'art abstrait[13].

Toute cette réflexion automatiste cristallise donc, à la fin des années 40, une nouvelle valeur de civilisation d'ordre critique qui avait déjà eu une certaine place — marginalisée cependant — dans l'art québécois, notamment dans la critique de Jean Paul Lemieux[14] et dans le quotidien *Le Jour* à la fin des années 30[15]. L'épopée automatiste bouscule l'ordre hiérarchique qui avait imposé une façon respectueuse de voir le monde, qui s'était enfermé plastiquement dans la figuration la plus conventionnelle et qui avait paru longtemps inébranlable au Québec. Et c'est cette brèche même qui,

---

10. Francine COUTURE constate la même chose dans «Les années 60: art contemporain et identité nationale», *ETC Montréal*, n° 17, hiver 1992, p. 14-18.

11. Rodolphe de REPENTIGNY, «Cinq années dans l'art de Borduas; une unité poétique», *La Presse*, 29 mai 1958.

12. Paul-Émile BORDUAS, *La transformation continuelle, loc. cit.* On entend ici l'écho de la morale sartrienne ainsi que certains leitmotive du discours surréaliste, notamment la liberté entière, le désir transformateur et la connaissance sensible proprement dite. Là, les œuvres d'art sont les réservoirs d'une nouvelle discipline intellectuelle, le subjectivisme, qui, chez Borduas, n'est pas le contraire, mais la correspondance nécessaire de l'objectivisme.

13. Voir à ce sujet les travaux de Fernande Saint-Martin sur la pensée libertaire de Borduas.

14. Marie CARANI, *Jean Paul Lemieux, op. cit.*

15. Les écrivains et commentateurs libéraux Jean-Charles Harvey et É.-Charles Hamel publient aussi dans ce quotidien montréalais à la fin des années 30. *Cf.* Marie CARANI, *Jean Paul Lemieux, op. cit.*

dans la suite de notre histoire québécoise, ne se refermera pas, mais s'élargira au contraire, assistant comme lieu de mémoire (et comme trauma) les positions en contre-pied (par rapport aux attentes culturelles dominantes) prises le plus souvent par les créateurs visuels, depuis les post-automatistes et les plasticiens jusqu'aux producteurs les plus actuels.

Les suites du *Refus global* d'hier à aujourd'hui

En regard du no(m)n de Borduas, on peut affirmer déjà que l'histoire contemporaine québécoise, telle que l'ont vécue intensément dans les luttes urbaines ou comprise plus tard à rebours les artistes visuels contemporains et actuels, n'est pas la même que celle qui a été décrite et tracée, d'une part par les forces sociales conservatrices dominantes et/ou, d'autre part, par les forces libérales montantes, puis régnantes. Car, dès l'abord, les actions comme les interventions esthético-plastiques des producteurs artistiques modernistes ont consisté avant tout, dans la marge critique que permet le refus artistique, à afficher par et dans la pratique artistique les possibilités irrépressibles de transformer la société par l'art. À cet effet, pourtant, il ne s'agissait certes pas, pour Borduas et les automatistes, de s'engager ouvertement au départ en faveur d'une telle cause, aussi noble soit-elle. La même chose prévaudra ensuite pour les générations suivantes de producteurs modernistes et post-modernistes québécois. C'est seulement à travers les potentialités intrinsèques de l'acte de création que la fissure se crée, se fait. Débat virulent, donc, qui, dans ce creuset, aura opposé idéologie sociale, tant de droite que de centre ou de gauche, et production artistique vivante, lequel débat a résulté dans la culture, entre 1950 et 1990, en une situation particulièrement aliénante pour les producteurs visuels contemporains.

Car ces artistes ont d'emblée perçu l'idée contestataire, si l'on veut l'idée du refus héritée de Borduas, comme un substrat qui traverse l'histoire moderne du Québec et qui se manifeste périodiquement dans les enjeux sociaux. Dans ce contexte, à travers l'action et le langage plastiques, le produit artistique contesterait tant la loi sociale de l'utilitarisme de l'objet visuel que les différentes autorités sociétales qui l'imposent. Là, les artistes contemporains et actuels auront témoigné, sur un mode à la fois théorique et pratique, du malaise de la société québécoise en ce siècle, malaise qu'on peut s'efforcer de circonscrire davantage en tant que lieu de mémoire collectif.

Par leur *Refus global,* ainsi que par leur travail artistique non figuratif proprement dit, les automatistes auront tenté tout d'abord de démontrer culturellement les capacités formelles et expressives des œuvres surrationnelles produites par l'irruption spontanée issue des profondeurs de l'être libre. Borduas et ses jeunes amis auront ainsi voulu reconnaître (et isoler) dans cet art les valeurs comme les contenus inconscients d'une nouvelle identité canadienne-française qui ne serait plus à la remorque des choses, mais qui serait «un transfert à la valeur sensible, dans l'individu, au groupe dans la foule», pour déchaîner «complètement les valeurs civilisatrices[16]». Ils auront choisi de transformer la société, leur société, par l'art (en l'occurrence, l'art abstrait, dans son sens le plus large).

Hormis les familiers de Borduas, le milieu culturel local hésite cependant à envisager le mode de création original qui se développe alors à Montréal à partir de l'alternative que cette peinture surrationnelle offre au surréalisme européen par le rejet de la figuration onirique, du monde du rêve. On méconnaît que cette démarche est propre au Québec, si on la compare encore en Amérique du Nord aux relents proto-surréalistes, biomorphiques essentiellement, développés à la même époque, entre 1942 et 1947, au sud de la frontière par ceux qui deviendront peu après les expressionnistes abstraits (c'est-à-dire les Gorky, Motherwell et Pollock). Quand même, expositions sur expositions des automatistes entre 1945 et 1954, puis quelques présentations post-automatistes tentent péniblement de rompre cet isolement et le mur du silence qui, généralement, entoureront Borduas jusqu'à sa mort prématurée survenue en 1960, dans son exil parisien.

Il faut le dire, l'action du mouvement automatiste, tout en étant décisive pour la suite de notre histoire, touche donc en fin de compte assez peu de monde à l'extérieur du petit milieu intellectuel et artistique montréalais et ne débouche jamais, du vivant de l'artiste, sur une reconnaissance plastique véritable, au Québec ou au Canada. Et, en dehors de quelques spécialistes, cette même ignorance se poursuit toujours aujourd'hui, pour une bonne part, au sujet du mouvement automatiste montréalais au-delà des frontières canadiennes.

Ce n'est d'ailleurs qu'une douzaine d'années après la publication du manifeste que la critique locale lui fera une première réputation quasi mythique, légendaire, à la suite des revirements et des réconciliations avec la pensée automatiste de certains intellectuels comme Vadeboncœur et Jacques Ferron, des interventions positives de Guy Viau et de Marcel Rioux dans *Cité libre* (vol. 11, n° 26, avril 1960), de plusieurs livraisons (n°s 8, 19-20, 22) de la revue *Liberté* qui sont sympathiques à Borduas entre 1960 et 1963 comme le sera aussi sa livraison n°s 59-60 portant sur le *Refus global* vingt ans après, ainsi que des numéros thématiques de la revue proto-existentialiste *Situations* consacrés au *Refus global* dix ans après (vol. 1, n° 2, février 1959) et à Borduas après sa mort (mars-avril 1961). On notera également que, dans l'énoncé éditorial de sa raison d'être, signé Pierre Maheu, le premier numéro d'octobre 1963 de la revue socialiste montréalaise *Parti Pris* évoquera aussi, à plusieurs reprises, l'importance du *Refus global* de Borduas comme première mise en place, comme premier

---

16. Paul-Émile BORDUAS, *Refus global, loc. cit.*

pas vers la désaliénation, et que cette revue engagée politiquement à gauche
fera ensuite paraître, en avril 1966, un numéro spécial intitulé éloquemment
«*Refus Global* pas mort». Peu après, la revue littéraire *La Barre du Jour*
consacrera de même une livraison de 1969 aux automatistes montréalais,
publiant à cette occasion pour la première fois la célèbre chronique rétrospective du poète Claude Gauvreau intitulée «L'Épopée automatiste vue
par un cyclope».

Pour la première génération de l'après-guerre cependant, à l'exception
de Rodolphe de Repentigny et des plasticiens, on le verra, les prolongements
sociaux et culturels du *Refus global,* et en particulier la portée symbolique
de l'objet d'art qu'ils impliquent, ne sont donc pas un nouveau départ des
valeurs de la collectivité nationale, de ses pratiques culturelles et visuelles.
Ils ne sont pas ce point tournant de la conscience québécoise qu'ils deviendront plus tard, au moment de l'apogée de la Révolution tranquille ou lors
de la contestation politico-culturelle soixante-huitarde, quand ils seront
apprivoisés d'abord par la pensée libérale-progressiste à l'œuvre au sein du
Parti libéral du Québec, puis par les forces nationalistes, souverainistes, du
RIN-MSA-PQ, et enfin par les jeunes générations contestataires montantes,
comme une critique des institutions et des systèmes de pensée considérés
désormais comme répressifs ou mensongers.

Mais cette appropriation de Borduas accomplie par l'histoire nationale
québécoise méconnaîtra le plus souvent, et occulte peut-être encore, au
milieu des années 90, un fait incontournable. Borduas s'est toujours refusé
obstinément à tout calcul partisan, à toute position conjoncturelle, au nom
d'une idée souveraine dans sa pensée de peintre et d'homme : l'anarchie
resplendissante, vue comme moteur ou embrayeur universel, à travers les
potentialités expressives des œuvres, les transformations profondes de l'être
et de sa collectivité, et donc celles de la sensibilité humaine. Par contre, les
générations suivantes de créateurs et de citoyens retiendront plutôt l'idéal
d'une pensée de peintre qui veut révolutionner au premier chef les relations
humaines et sociales tout en en faisant souvent, à tort malheureusement, ce
qu'elle n'est absolument pas et n'a jamais voulu ou prétendu être : un
étendard politique.

On peut comprendre et expliquer davantage ces choix paradoxaux de
société en les insérant épisodiquement, ça et là, dans une *dialectique des
générations,* laquelle dialectique semble avoir engagé toute notre histoire,
depuis la rupture automatiste, dans le creuset d'une formulation claire
comme pressante de notre identité et de notre différence culturelle québécoises. Successivement, différents faits socio-artistiques ont ainsi alimenté
et exacerbé, au fil des ans, la sensibilité artistique québécoise face à la
société, et la volonté publique des créateurs locaux — à l'exception, on le
verra, des artistes nationalistes et indépendantistes Pop — de résister à la

doxa nationaliste. On peut présenter ces faits et les discuter; sur le plan de la méthode, on notera toutefois que, dans le contexte historico-critique ainsi développé au fil du document, l'idée même d'une enfilade de générations d'artistes n'est envisagée ici que comme procédure utile, comme commodité analytique, pour faire le tour d'un problème précis, c'est-à-dire le souvenir transhistorique (synchronique) du *Refus global,* et ne doit certes pas être comprise comme un modèle clos d'interprétation des faits historiques retenus, avec toutes les connotations évolutionnistes reliées à une notion linéaire de progrès dans l'art et dans la société humaine que nous avons déjà dénoncées, dès l'abord, en problématique.

Plasticiens et Post-plasticiens

Au milieu des années 1950, Rodolphe de Repentigny, alias Jauran, le théoricien du plasticisme géométrique[17], tout en prenant plastiquement ses distances par rapport au mode d'engendrement de l'œuvre automatiste, qui serait encore trop lié, selon lui, au «romantisme du surréalisme», est le premier à en saluer la brûlante actualité. Repentigny reconnaît en Borduas un «devancier exemplaire» dans le procès de libération de l'être dans le monde. Le souvenir d'un peintre à qui on aura quasiment interdit la permission de gagner sa vie au Québec et qui aura finalement choisi de partir est encore proche. Refusant lui aussi de s'inféoder à quelque «intérêt supérieur» que ce soit, c'est-à-dire autant à la politique, à la nation, à la famille qu'à la classe sociale, Repentigny partage les idéaux automatistes universels d'une révolutionnarisation individuelle de notre société, rupture fondée sur l'insoumission et l'insubordination que permet socialement l'anarchie, ce dynamisme réel qui ne se dérobe pas sans cesse, sans fin, et qui rend compte de la présence des contenus libidinaux révélés au début de ce siècle par la psychanalyse freudienne. À l'exception de la montée irrépressible de ces forces inconscientes en surface, remontée spontanéiste qui lui semble incompatible avec la géométrisation recherchée de la surface formaliste du tableau-objet, Repentigny fait quand même sien le « malaise de la civilisation» décrié sur le plan social par Freud.

Face aux assurances traditionnelles, en philosophe existentialiste camusien qu'il est aussi par sa formation universitaire, Repentigny réclame des artistes vivants qu'ils fournissent à la société d'ici des éléments symboliques subversifs comme succédané visuel au circuit de la consommation de masse qui s'implante alors rapidement en Amérique du Nord et au Québec sans contrôle apparent. D'où, entrevoit-il, l'accomplissement d'une nouvelle sensibilité collective à travers la relation (la communion) incorruptible du spectateur à l'œuvre, la fonction sociale de l'art n'en étant pas une

---

17 . Marie Carani, *L'œil de la critique, op. cit.*

utilitaire, ou utilisable, mais de valorisation des apports irrécupérables. À cet égard, les Premiers Plasticiens, Jauran, Jérôme, Toupin et Belzile, s'inspirent plastiquement des théories formelles néo-plasticiennes de Mondrian appliquées à l'environnement vital dans son article «Le Home-La Rue-La Cité» (1929). Digérant ces thèses formalistes de nouvel équilibre relationnel qui sont réappropriées, en France, pendant les années 50, par le Groupe Espace animé par le critique Michel Seuphor, les Premiers Plasticiens envisagent le développement d'un art muraliste abstrait géométrique qui s'accaparerait qualitativement de «l'ambiance» pour en pervertir (investir alternativement) le sens[18]. Ce recours fécond à des normes extérieures au milieu, qui sont ensuite réinterprétées localement, permet alors de sortir de l'enfermement de la pensée qui semble un moment devoir s'installer et triompher, sous le duplessisme[19].

Radicalisant ensuite davantage le rôle comme la fonction structurante de la couleur pure, les Seconds Plasticiens veulent faire de même, un peu avant et durant la Révolution tranquille. Toujours le *Refus global* automatiste est perçu comme le premier rejet collectif, au Québec, du «droit» sociétal de censurer l'artiste et, à l'opposé, comme la première revendication du droit pour les artistes visuels d'être «des facteurs déterminants pour apporter la transformation de la société québécoise» (Molinari, 1968). De la fin des années 1950 jusqu'au tournant des années 1970, les Seconds Plasticiens répondent ainsi, à leur façon, au besoin nouvellement pressant de pôles et d'orientations du milieu québécois, par une esthétique formaliste internationaliste reformulée d'une manière inédite au Québec sur la base du pouvoir inaliénable de la couleur structurante, et dont les fondements de la vision seraient extérieurs aux petites habitudes traditionnelles du groupe. Molinari, Tousignant, Juneau et Goguen se basent sur les pionniers du modernisme que sont Malevitch, Mondrian, Van Doesburg et Pollock pour restructurer les énergies visuelles et plastiques constitutives de la surface peinte et, tout en saluant à cet égard l'apport décisif des Premiers Plasticiens ainsi que le saut épistémologique de Borduas dans la non-figuration et l'abstrait, entendent proposer un nouvel art contemporain qui soit authentiquement québécois, bien qu'il accueille d'entrée de jeu les expérimentations modernistes universelles. En résulte la production, à Montréal, d'un art abstrait géométrique, dynamique, tout à fait original, qui sera fondé sur le réductionnisme formel, le minimalisme, les relations structurelles formes/couleurs et dès l'abord sur les nouvelles possibilités structuralistes de la couleur-énergie dans l'espace du tableau[20].

18. Marie CARANI, «Le formalisme géométrique [...]», *loc. cit.*

19. Marie CARANI, *Jean Paul Lemieux*, chap. 1, *op. cit.*

20. Guido MOLINARI, «Le langage de l'art abstrait», dans *Art abstrait,* Montréal, École des beaux-arts de Montréal, 1959, n. p.; Marie CARANI, «Le formalisme géométrique [...]», *loc. cit.*

Peu après sa formulation esthétique, la présentation de cette peinture formaliste québécoise sur la scène artistique nationale et internationale amène pourtant la critique locale comme le milieu culturel à s'interroger sur sa contemporanéité en termes d'originalité créatrice (par rapport aux conventions formalistes américaines) ou de matériau spécifique dans la réalisation d'une identité culturelle nationale canadienne ou québécoise. La situation périphérique du Québec favorise l'interpellation de cette peinture comme un sous-produit du formalisme américain qui serait l'initiateur et le principal animateur de ce courant d'art contemporain. C'était réduire profondément le sens comme la portée esthétique de l'aventure plasticienne québécoise. Car cet art formaliste d'ici ne devait rien, visuellement, à l'art pratiqué au sud de la frontière, c'est-à-dire à ce qui se fait à peu près au même moment à New York, chez Barnett Newman ou Kenneth Noland par exemple. En particulier, la manière formaliste des plasticiens québécois s'est développée indépendamment de ce qui sous-tend ces pratiques américaines, soit la volonté d'enrégimenter l'attention, puis la participation assouvissante des spectateurs dans l'image-champ colorée du tableau-objet formaliste[21]. Défiant toute reprise ou copie locale d'une telle formule prédéterminée, les plasticiens québécois empruntent plutôt à une source d'inspiration plus générale, et proprement universelle : la pensée structuraliste moderniste du XXe siècle, qui traverse à la fois la littérature, la critique et les arts contemporains.

Art Pop, contre-culture et art engagé

En même temps, vers le milieu des années 1960, la génération des créateurs Pop québécois, bien qu'elle emprunte certaines de ses valeurs formelles inspirées des *comic strips* à l'art défini et conceptualisé à la même époque en Angleterre et aux États-Unis (par Richard Hamilton, Warhol, Rauschenberg et Robert Indiana), ce qui la conduit plastiquement à des transcriptions locales de formules inventées ailleurs, continue tout de même de vouloir puiser principalement aux sources mêmes du milieu local pour apprivoiser sur le plan iconographique son imagerie, pour faire l'image[22]. Se tissent alors des modes de relations nouveaux entre art et société ; des liens étroits s'installent, notamment entre les notions d'art Pop et d'appartenance nationale québécoise. L'iconographie Pop locale se met résolument au service d'une identité culturelle bien marquée, la nôtre. Beaucoup plus intéressée politiquement par l'identité nationale des Québécois, et par le fait même bien plus nationaliste que la précédente — celle des plasticiens qui se réclamait avant tout, on l'a expliqué, d'un internationalisme moderniste

---

21. Marie CARANI, «Le formalisme géométrique [...]», *loc. cit.*

22. *Cinq attitudes,* catalogue de l'exposition, Montréal, Musée d'art contemporain de Montréal, 1979.

imprégné par Malevitch, Mondrian, Pollock —, la génération *cool* des artistes Pop s'approprie principalement, sur le plan des thématiques de son imagerie visuelle, en gravure tout particulièrement[23], des éléments symboliques de la lutte d'affirmation nationale du Québec contemporain dans le Canada, ainsi que des fragments ou des bribes privilégiés de notre histoire collective passée et présente : la religion, la famille, les mœurs politiques. La mémoire récente, et sa citation comme différenciation culturelle positive, est son premier cheval de bataille dans sa lutte identitaire pour la reconnaissance du Québec moderne à travers une iconographie locale.

D'où l'affirmation d'une mégaculture de re/production de masse (grâce à la lithographie, à la sérigraphie, etc.) à laquelle participent les créateurs Pop, culture qui semble se greffer au réel, à ce qui existe, aux circuits maintenant officialisés de diffusion culturelle populaire. Car, parallèlement, la technocratie politico-culturelle installée initialement par le Parti libéral du Québec aura témoigné, à partir du début des années 1960, de sa reconnaissance — un peu tardive quand même, il faut le dire, si on prend pour référence l'Europe et le reste de l'Amérique du Nord — du modernisme artistique par la création d'un ministère des Affaires culturelles en 1961, puis par l'ouverture du Musée d'art contemporain de Montréal en 1964[24]. S'harmonisant avec son projet libéral de modernisation rapide de la société, ces engagements étatiques dans le champ de la culture signalent que, désormais, les arts visuels contemporains sont considérés, par le gouvernement du Québec, comme un élément constitutif de la société moderne québécoise et qu'ils s'inscrivent positivement dans la lutte de cette société pour son émancipation collective.

Puis, au cœur de la Révolution tranquille, quand celle-ci donne des signes d'essoufflement, le Pop québécois fait déjà, par contre, des demandes sociales et politiques assez différentes. Car l'intuition et l'énonciation d'une différence, d'une spécificité esthétique québécoise, se font désormais sur le mode négatif. Il s'agit maintenant de produire un nouveau récit collectif des Québécois en acceptant le défi d'édifier, au Québec, une culture nord-américaine de langue française, laquelle culture hybride puiserait à des valeurs imagistes non francophones, américaines essentiellement. Mais de cette contradiction Québec/USA émerge en même temps, paradoxalement, chez ces artistes Pop nourris d'images étrangères, le besoin impérieux de formuler ce nouveau questionnement identitaire dans l'optique cohérente d'une idée puissante : le projet nationaliste d'indépendance politique, engagé à partir de la seconde moitié des années 60 par le MSA, puis le PQ, et qui s'imposera définitivement au tournant des années 70.

---

23. Voir *Le monde selon GRAFF 1966-1986*, Montréal, Éditions GRAFF, 1987.
24. Francine COUTURE, «Les années 60 [...]», *loc. cit.*

Tout en préservant une imagerie prototypique nord-américaine, plusieurs jeunes artistes du Québec optent aussi, alors, pour la célébration d'un art motivé par ce mouvement indépendantiste. En réponse à celui-ci, et à l'encontre des générations précédentes, ils proposent même une identification nationale à travers l'art et se prennent soudainement d'une passion pour la culture la plus populaire, c'est-à-dire pour la «quétainerie» comme la qualifiera ironiquement, au milieu de la décennie, le mouvement Ti-Pop de Maheu[25], en tant que substitut moderne au folklore traditionnel dont les connotations religieuses et coloniales ne conviennent plus au Québec d'aujourd'hui. Maheu s'est notamment souvenu à cet égard que Borduas en est resté à la seule révolte et n'est pas passé à la révolution culturelle. Dans ce contexte, pour la tendance Ti-Pop qui émerge de ce manque, de cette béance, la mise en valeur radicale du signe collectif, une révolution des signes qui constituent la culture populaire, permettrait l'affirmation d'une culture québécoise (enfin) libérée de toutes ses aliénations. L'accaparement plastique des préoccupations quotidiennes par l'art savant va même jusqu'à un certain culte artistique pour tout ce qui constitue les fondements de cet art populaire (au sens large) : cinéma, télévision, musique populaire, spectacles, improvisations, etc.

L'impact du *Refus global* est toujours sensible dans les distances complices que s'imposent les plus critiques de ces producteurs Pop — Richard Lacroix, Gilles Boisvert, les Cozic, Pierre Ayot — par rapport à ce monde d'hyper-consommation mass-médiatique. On le remarque dans le retournement imagier qu'ils s'imposent, détournement qui peut être interprété aussi, pour une bonne part, comme une critique subtile, par l'absurde, c'est-à-dire par un certain nihilisme révélateur, du «chosisme» d'objet de consommation de l'objet esthétique, donc presque comme l'aveu d'une désespérance ultime de voir enfin la société se transformer par l'art, tel que l'envisageait positivement Borduas. S'il n'est plus, pour la génération des artistes Pop québécois venant à maturité à la fin des années 1960, la figure quasi légendaire et omniprésente de l'insoumis à la recherche de sa libération, comme il l'était encore pour les plasticiens, son influence subsiste en profondeur, dans les soubassements du dire et du voir, comme des murmures, des réminiscences, des bruissements perceptibles d'une ancienne référence. S'élabore donc une volonté de redéfinition qualitative au plan des valeurs collectives à partir de l'expérience spécifique québécoise.

La question identitaire nationale n'évite cependant pas longtemps la réduction folklorique dans le domaine politico-culturel. Loin de vouloir concevoir ou (re)formuler une identité qui soit vraiment ouverte, avant et

---

25. «Ti-Pop» est avant tout un courant littéraire et théâtral proto-Pop marqué par la tendance nationaliste joualisante qui aura accaparé les énergies créatrices au milieu des années 1960 et qui, le précédant quelque peu, annonce le mouvement des artistes Pop.

après sa prise de pouvoir en 1976, le PQ n'échappe pas aux énoncés centrés sur le passé, sur la mémoire du passé. D'où une fausse représentation collective, une falsification que le milieu artistique des arts contemporains multidisciplinaires repousse avec vigueur. S'allient à l'art Pop contre la peinture pure des Plasticiens et des Post-plasticiens d'autres discours qui sont propres alors au champ artistique québécois — figuration critique imagiste, happenings, manifestes-agis, poèmes-objets, environnements, arts de participation — et qui engagent critiquement l'évolution artistique dès la toute fin des années 1960 et pendant la première moitié des années 70 dans le sens des relations «situationnistes» que les arts visuels peuvent établir avec la culture locale, le politique et la vie[26]. Pour ces créateurs (comme Claude Péloquin en littérature, Claude Paradis en théâtre et Serge Lemoyne en arts visuels) dont la révolution culturelle revendique la paternité de Borduas et se situe en ligne directe avec le *Refus global* tout en rejetant l'automatisme plastique considéré comme dépassé, il s'agit avant tout d'apporter par des regroupements, des actions et des événements alternatifs (tels le Bar des Arts, le Nouvel Âge, les Trente A, l'Horloge, le Zirmate, l'Opération Déclic) qui insistent sur l'imagination et l'activité créatrice d'ici, une critique contre-culturelle, jeune, parodique essentiellement (sous le titre de «Place à l'orgasme»), des images et des gestes institutionnalisés, des règles de fonctionnement comme de gratification du champ artistique. Ce terrorisme intellectuel de la jeune génération à la recherche de sa libération accueille d'emblée la figure de Borduas comme conscience lucide, comme balise dans le temps.

Au même moment, nourris par un projet politique à la fois socialiste et indépendantiste québécois qui se veut une façon originale de distancier le milieu local de l'emprise exercée par la culture de masse américaine, d'autres jeunes artistes pluridisciplinaires, regroupés à Montréal autour de la Galerie Media et œuvrant encore à l'UQAM, veulent investir les arts contemporains québécois d'une signification socialement motivée[27]. Dans la perspective de développer l'idée même d'une culture populaire nationale comme forme d'intervention contre-culturelle, ils la définissent comme une pratique agissante, comme un mécanisme de construction et d'élaboration de notre identité collective d'ici, et se proposent de mener, par l'art politisé, une critique implacable des valeurs techniciennes ou productivistes qui auraient fondé, dès l'abord, la Révolution tranquille et qui prévaudraient toujours dans la société québécoise.

À partir de 1968 et jusqu'en 1975, pour cette génération soixante-huitarde en art québécois — les Marcel Saint-Pierre, Serge Lemoyne, le collectif Media, Yves Robillard, etc. — qui a été nourrie au préalable par

---

26. Francine COUTURE, «Les années 60 [...]», *loc. cit.*
27. *Ibid.*

les idéaux socialistes de la revue *Parti Pris* (dont on a déjà souligné la publication du «*Refus Global* pas mort», en avril 66) et qui est désormais branchée sur les sources vives d'un mouvement universel de contestation par suite de l'explosion informationnelle amenée par les médias de masse, la figure centrale de Borduas est de nouveau la source de la plupart des revendications socio-esthétiques qui amènent l'occupation de l'École des beaux-arts de Montréal en octobre 1968, l'Université libre d'art quotidien ou l'événement Apollo Variétés à l'UQAM, et qui culminent au moment de l'exposition-événement Québec 75 au Musée d'art contemporain[28]. Tout en étant dorénavant à l'écoute du monde, ceci permettrait, selon ces créateurs, de tirer profit d'une expérience véritablement québécoise qui s'était manifestée bien avant et de la prolonger. «Peur bleue, peur rouge, peur blanche, maillons de notre chaîne» devient le leitmotiv d'un art résolument engagé à gauche, dans le sens des nombreux groupuscules québécois d'intervention et d'action politique du moment (FLQ, En lutte, etc.), malgré les réserves (oubliées, ou dorénavant tues) de Borduas lui-même pour le politique, et la politique du Parti communiste notamment[29].

Socialement et plastiquement, à l'appel de cette contestation des valeurs, on adhère avantageusement à la puissance des intuitions esthétiques de Borduas pour axer en priorité le travail créateur sur le processus de production de l'art, sur l'artiste comme producteur culturel dans la société et sur la participation active des pulsions inconscientes, préconscientes et imagiques du spectateur dans le tableau à élaborer. Là, à l'instar de Borduas,

---

28. L'événement Québec 75 aura été une importante confrontation publique entre les artistes soixante-huitards ou contre-culturels québécois engagés politiquement et culturellement à gauche, et ceux de la génération précédente, les formalistes/post-formalistes résolument tournés vers les idéologies libérales démocratiques et l'art moderniste international. L'exposition voulait au premier chef juxtaposer les déclarations verbales des artistes et leurs œuvres plastiques pour insister sur l'ambiguïté de cette situation et renvoyer ainsi au problème central de l'identification des œuvres elles-mêmes. *Cf.* Fernande SAINT-MARTIN, «La situation de l'art et l'identité québécoise», *Voix et images,* vol. 2, n° 1, septembre 1976, p. 23-24.

29. S'éloignant volontairement du modèle d'implication partisane développé au cours des années 1930 par le surréaliste français André Breton vis-à-vis du Parti communiste français, les rapports de Borduas et du groupe automatiste avec les communistes canadiens seront rapidement rompus. Alors que Breton aura tenté de concilier surréalité et communisme en élaborant ponctuellement une plate-forme commune, Borduas engage bien quelques discussions avec Gilles Hénault et le journal *Combat,* organe du PC canadien au Québec, mais ces échanges ciment à tout jamais l'irréductibilité de leurs positions: d'un côté, une vision libertaire des choses, de l'autre, une conception stalinienne de la société et de la fonction de l'art comme reflet du socialisme scientifique.

Quand le PC parle d'anti-impérialisme, pour mieux nier les contradictions au sein du mouvement socialiste même, cette démagogie ne peut plaire à Borduas dont l'action comme artiste, théoricien et professeur se situe à un autre niveau. Le communisme serait nécessaire historiquement comme passage, mais négativement: «Nous reconnaissons [....] qu'ils (les communistes) sont dans la lignée historique. Le salut ne pourra venir qu'après le plus grand excès d'exploitation. Ils seront cet excès. Ils le seront en toute fatalité sans qu'il y ait besoin de quiconque en particulier. La ripaille sera plantureuse. D'avance nous en avons refusé le partage» (Paul-Émile BORDUAS, *Refus global, loc. cit.*). Au changement muté en chantage marxiste, Borduas oppose théoriquement l'anarchie comme procédure transformationnelle continuelle.

ces «producteurs» culturels veulent faire un procès à l'art traditionnel, tant québécois qu'étranger, à ses conventions désuètes, qu'elles soient figuratives ou abstraites, à ses racines sociales, au marché de l'art, à ses tabous obsolètes, notamment aux frontières modernistes instaurées abusivement entre les disciplines artistiques selon le principe greenbergien (maintenant honni) de l'autoréférentialité formelle.

Art conceptuel et post-modernité

L'esthétique de cette situation ne relève pas d'un milieu culturel donné; elle atteint son apogée dans le contexte universel particulier de l'éclatement de l'objet, soit dans l'optique de l'anti-objet valorisé sous toutes ses formes (art écologique, art du non-site spécifique, art éphémère, etc.) par les praticiens de l'art conceptuel du début des années 1970, qui, bien qu'ils soient réunis pendant quelques années marquantes, à Montréal, autour de la galerie Vehicule Art, s'alignent d'abord sur la réalité de l'art actuel dans le monde[30]. Pour cette esthétique sans frontières, les propositions et les hypothèses, ainsi que la durée même, l'idée de temporalité, sont plus fondamentales désormais que l'objet plastique construit. L'intentionnalité première (et génératrice) des artistes triomphe, célébrant encore, près de trente ans plus tard, la prise de la parole par Borduas, dans le cadre cette fois d'une nouvelle rhétorique discours/peinture. Là, les interrogations concernant la peinture-marchandise sur le marché de l'art, le fétichisme de l'objet ainsi que sa valeur non artistique de consommation occupent une place importante, comme elles en occupaient naguère déjà une dans le discours de Borduas, et un peu après dans celui de Repentigny. L'universalité même de la démarche conceptualiste québécoise ne nie pas, en ce sens, de puiser encore et toujours aux potentialités dynamiques d'ici.

Une violente réaction post-moderniste suit, qui va s'opposer tout particulièrement à cet élément clé du modernisme tardif qu'aura été l'internationalisme. Pour les artistes post-modernes du début des années 70, il s'agit maintenant de réaffirmer la différence des groupes nationaux en valorisant pour elles-mêmes leurs bases culturelles. Le retour figural, néo-figuratif, aux origines imaginaires d'une culture nationale marque le néo-expressionnisme allemand, la transavant-garde italienne comme la nouvelle figuration française. Par contre, au Québec, ce discours de revendications nationalistes ne se fait pas sans heurts, sans replis. Les créateurs post-modernistes d'ici ne veulent pas d'un mystique passé «Nouvelle-France» ou d'un siècle dernier resté profondément — quasi exclusivement — traditionaliste et copiste. Ils ne veulent pas non plus se réapproprier Borduas,

---

30. Au sujet du groupe d'artistes rassemblés autour de Vehicule Art, voir l'exposition-événement organisée récemment par Sandra Paikowsky à la Galerie d'art de l'université Concordia.

installé à des degrés divers en père lointain par les différents mouvements ou créateurs modernistes. Ils sont en proie à un questionnement explosif qui touche autant l'éthico-esthétique que l'espace[31].

Vers 1975-1980, au Québec comme ailleurs, à la suite du Pop Art et de l'art conceptuel qui ont mis en cause la notion même d'objet pictural, on constate formellement une désaffection pour le médium pictural (élaboré comme une surface strictement formaliste et géométrique) au profit d'une nouvelle hybridité basée sur l'envahissement artistique de la troisième dimension. Les artistes de la génération post-moderne, ceux qui pratiquent l'installation, la sculpture éclatée ou environnementale, l'interdisciplinarité, veulent confondre le purisme de l'art abstrait des Plasticiens et des Post-plasticiens, qui a triomphé durant les années 1960 et qui se poursuit au début de la décennie suivante, en se tournant vers des pratiques impures (au sens où l'entend le critique Guy Scarpetta[32]) par opposition à la pureté moderniste. On fait leur place aux préoccupations tridimensionnelles, proprement sculpturales, de la peinture-installation, qui viennent se greffer à la bidimensionnalité ou la platitude donnée par le support de la surface peinte. Ces installateurs confondent les attentes habituelles liées à la peinture de chevalet et s'attachent à mettre en scène un nouveau théâtre universel, simulacré, de l'histoire et de la culture humaine, théâtralité qui peut passer ponctuellement par le Québec, mais qui ne s'y arrête pas. Cette démarche résulte en une double insertion inégale : prioritairement dans la réalité universelle du monde, peut-être parfois aussi dans la réalité québécoise. C'est encore le cas aujourd'hui chez les plus jeunes artistes, ce qui explique leurs réserves tenaces devant les choix politiques et culturels «québécois», voire «canadiens».

1980-1990, et depuis

Au milieu des années 1980, consacrant le sacro-saint principe du saut au-dessus d'une génération de créateurs, c'est de nouveau de l'effet travaillé, pratiqué, du support-surface que se réclament les artistes néo-géométriques par la citation décontextualisée, par le simulacre, par la réappropriation d'une pensée non figurative universelle ainsi que par la reprise distanciée de l'abstraction construite. L'interrogation des œuvres elles-mêmes, c'est-à-dire l'approfondissement comme l'assimilation de leur symbolique, renvoie à de multiples niveaux de lecture dont l'effleurement épistémologique n'est pas l'identité nationale d'un milieu donné, les artistes les plus actuels comme leurs prédécesseurs étant d'ailleurs de bien piètres théoriciens sociaux, mais l'univers de sensibilité et d'imagination qui fait la (et non une)

---

31. Marie CARANI, «Propositions critiques [...]», *loc. cit.*
32. Guy SCARPETTA, *L'impureté,* Paris, Grasset, 1985.

culture. Leur mise en question passe par une vision globale dont le point d'appui est un exil intérieur par rapport à l'identité collective du groupe.

Les jeunes générations d'artistes québécois réexaminent à cet effet les relations entre le moi, la représentation plastique et le monde en tant qu'expressions de la conscience humaine. Abondantes en motifs figuratifs à portée symbolique ou en signaux informationnels abstraits de communication, les pratiques qui se font entre 1980 et 1990 centrent l'attention sur la remontée et le retour visuel de la figure-forme figurale ou abstraite (présence humaine, animalière, paysagiste ou présence d'informations abstraites) pour poser picturalement la question de la nécessité de la signification. Elles réactivent la sensibilité et l'interpellent comme un mélange d'utopie et d'irrationalisme, de rêves, d'espoirs et de révoltes, de simulacres et de simulations[33]. Au tragique comme à la spiritualité retrouvée s'incorporent le désenchantement, la conscience aiguë d'une telle condition existentielle. L'état d'incertitude partagé en art québécois par Lemieux, Borduas, Jauran, les artistes Pop, Marcel Saint-Pierre, les conceptualistes s'exprime toujours, en fin de compte, dans l'art néo-figuratif, puis néo-géo, par ce recours à l'errance de la peinture pratiquée autour d'un phantasme ou d'un sémantisme métaphorique.

Dans les prolongements les plus actuels de cette histoire (*i.e.* dans l'art d'appropriation, l'art néo-conceptualiste, etc.) que semble devoir constamment recouvrir, retraverser épisodiquement, la question valise, au Québec, des divergences ou de l'opposition esthétique entre figuration et abstraction, figuration et non-figuration, Borduas a été soudainement l'objet, au début des années 90, d'attaques virulentes de la part de quelques peintres figuratifs traditionnels et de certains critiques alliés à ces peintres, en tant que l'auteur maléfique du *Refus global* et le définiteur historique d'une non-figuration matiérée qui aurait récusé la représentation réaliste du monde naturel[34]. On fait appel au grand public pour «nous» libérer «de la paranoïa qui, depuis Borduas, affecterait notre milieu»; on veut «déboulonner la statue du Commandeur Borduas», tout en dénonçant «le terrorisme exercé par les héritiers de Borduas qui contrôlent les arts visuels[35]». Dans ses *Notes d'atelier*[36], bien qu'elle s'en prenne ouvertement à ses héritiers abstraits, la

---

33. Marie CARANI, «Propositions critiques [...]», *loc. cit.*; *Jean Paul Lemieux*, chap. 6, *op. cit.*

34. Le débat de 1991 sur les orientations figuratives *vs* abstraites de la peinture québécoise contemporaine s'est déroulé principalement dans le quotidien populaire montréalais *La Presse*. Le chroniqueur Jacques Dufresne, l'artiste Serge Lemoyne, le critique et rédacteur Jean-Claude Leblond ainsi que la peintre Marcella Maltais y sont intervenus successivement par des commentaires sur l'évolution de la peinture québécoise, notamment en se situant pour ou contre Borduas. Le débat s'est déplacé et s'est enrichi ensuite dans *Le Devoir*, *Spirale*, *Etc Montréal*, par des interventions de Rose-Marie Arbour, de Louise Poissant, de Françoise de Repentigny et de Michaël Lachance.

35. Voir Michaël LACHANCE, «L'art rongé par le discours», *Spirale*, février 1992, p. 12-13.

36. Marcella MALTAIS, *Notes d'atelier*, Montréal, Éditions du Beffroi, 1991.

peintre figurative Marcella Maltais affirme, d'une façon cavalière et contradictoire, que Borduas aura été «stérile, sans progéniture». Dans le même sens, le rédacteur d'alors de la revue *Vie des arts,* Jean-Claude Leblond, le compare à Lénine, même s'il récuse la portée réellement révolutionnaire du *Refus global,* et le tient comme premier responsable de l'exécution des peintres réalistes en son temps, ainsi que de l'ostracisme culturel qui en aurait résulté depuis, au Québec, pour cette forme historiquement chargée et significative de peinture[37].

L'année 1991 aura ainsi été marquée par une série d'affrontements qui ont créé beaucoup de remous. D'une part, on a cherché à éclabousser Borduas et les «imposteurs de la modernité» au nom de la figuration la plus traditionnelle; d'autre part, on s'en est pris avec virulence au «système pourri jusqu'à l'os» des arts contemporains et à tous ses intervenants (créateurs, critiques, historiens d'art contemporains et universitaires)[38]. Autrement dit, on s'est attaqué à la fois au passé et au présent du Québec artistique dans ce qui a semblé à plusieurs un ultime règlement de comptes, avec en fond de scène, tout au long de l'année, des tractations continues autour du vieux dilemme nationaliste Canada/Québec des créateurs d'ici.

C'est dire que ces dernières années ont été une nouvelle fois l'occasion de chercher à régler des comptes avec celui qui demeure, socialement et esthétiquement, en cette fin de siècle culturelle québécoise, tout autant un prophète (pour la très grande majorité des intervenants) qu'un tyran (pour un plus petit nombre). La pérennité de cette influence subversive ou dictatoriale de Borduas (selon les points de vue) semble suggérer, en amont et en aval, dans le cas spécifique du Québec, le maintien d'une dialectique opérante, structuraliste presque, qui supporterait les poussées et les contre-poussées, les flux et les reflux du développement artistique.

Conclure sur le conflit de codes

La dynamique visuelle des arts contemporains a conduit à une redistribution des valeurs collectives en ce siècle. En outre, le radicalisme particulier avec lequel les artistes contemporains ont entrepris cette redéfinition nous a invités, ponctuellement, à lever plusieurs des interdits et des limites par lesquels tout discours social peut étouffer, censurer, réprimer, de sorte qu'il puisse s'installer triomphalement comme credo. D'où la raison principale pourquoi, tant au Québec qu'ailleurs dans le monde, le code artistique se construit le plus souvent au XXe siècle dans une genèse destructrice et entend se libérer des contraintes historiques et culturelles par ce *refus global* même d'ordre philosophique et idéologique à la fois, ce qui a un effet

---

37. Jean-Claude LEBLOND, «Arts visuels: de la grande noirceur à l'«opaque grisaille» de nos jours», *La Presse,* 12 novembre 1991.

38. *Ibid.*

d'entraînement certain sur la capacité d'invention et d'imagination d'une collectivité.

Un déséquilibre profond s'annonce alors entre visée esthétique et visée sociale, notamment sur le plan des valeurs identitaires nationales qui apparaissent d'entrée de jeu comme un lieu de mémoire incontournable. Ainsi, la quête intempestive de l'identité devient au premier chef, pour ces artistes contemporains, la poursuite d'une liberté absolue, irrépressible, qui ne se soumet pas facilement aux principes sociétaux dominants, qui ne fait pas de place (ou, autrement dit, leur place) aux totalitarismes pressentis ou réels, quels qu'ils soient. Car, bien qu'ils croient quand même aux principes basiques collectifs du dialogue et de la communication dans la culture, comme la pratique de leur art d'insubordination en témoigne sous la modernité (ainsi qu'au tournant de la post-modernité), les artistes visuels contemporains n'adhèrent cependant pas à la possibilité de régler toutes les questions fondamentales d'une société moderne par la parole politique, et le faux consensus civilisationnel qu'elle réclame et qu'elle envisage de prime abord comme premier objectif.

Par cette parole motivée, fortement orientée seulement dans le sens des luttes et des débats du bloc au pouvoir, on mènerait plutôt le corps social où on veut le mener, où on veut l'amener, alors que c'est la signification subversive des actes posés socialement et culturellement qui importe en sa valeur proprement émotive, pulsionnelle, passionnelle (au sens qu'en a donné Borduas dans le *Refus global*). Tout cela dépasse en tout cas le champ clos des discours enfermés, des sens uniques.

Refus de la nécessité de choisir entre l'universalisme artistique et le particularisme culturel, ces deux tentations de la conscience artistique? Dialectique agissante de la négation ou de la contradiction face à un système de pensée jugé encore trop répressif qui brime l'ouverture sociale universelle désirée? Oui, sans doute, chez plusieurs créateurs très articulés, très politisés. Mais il me semble qu'il y a bien plus que cela dans ce que nous voyons et dans ce que nous entendons depuis l'entrée des sociétés occidentales (et non occidentales: africaines, asiatiques, sud-américaines) dans la modernité. Car on peut y reconnaître comme en sourdine un bruissement d'anciennes références, un non-dit, un épiphénomène à la fois originaire et globalisant, soit l'omniprésence chez les créateurs plastiques contemporains d'un sentiment de rejet, d'incompréhension, de maldonne, par rapport au caractère particulier des structures culturelles de la société (québécoise notamment), avec, comme corollaire, une volonté intense et absolue, qui ne tolère aucune demi-mesure, de ne pas produire le type d'œuvres qui serait une réponse stricte à l'identification collective et de libérer le milieu artistique de toute ingérence semblable.

Sémiotiquement, pour expliquer ces passages prolixes, j'en appelle à une situation basique de *conflit de codes*[39]. Je vise un conflit entre le «code social», qui est formulé par les mouvements politiques tant libéraux qu'indépendantistes, et le «code artistique», qui est véhiculé par les producteurs de l'art et révélé dans le texte artistique. Le code social débouche inexorablement sur une certaine institutionnalisation et sur une régulation modèle des enjeux par les appareils de changement sociétal, et le code artistique est imprégné, pour sa part, de liberté, voire d'anarchie génératrice, désaliénante, désinstitutionnalisante. On peut reconnaître là deux niveaux distincts de production de sens: fait de discours ou d'appareil comme producteur de culture *versus* fait textuel interne comme signal de son sérieux, de sa légitimité, de sa valeur esthétique visuelle. D'où la réalité de cet espace conflictuel où se manifestent des tensions et des distorsions importantes produites par le jeu des échanges réciproques entre la société, l'art et les artistes.

Si, à l'égal de tous les autres citoyens du Québec, les artistes visuels contemporains québécois, du moins les francophones, sont pour la plupart préoccupés au premier chef par le problème identitaire national, l'idée même de nationalisme qu'on associe spontanément dans le micro-milieu artistique avec cette quête semble plutôt contradictoire avec la formulation d'un projet créateur sérieux. À ce sujet, comme complexe sémique, le double codage conflictuel implique en fin de compte autant une logique de distanciation critique que de relation nécessaire, et cela en opposition à la continuité qui obéit à la logique sociale utilitaire. Il engage le créateur comme le spectateur de l'œuvre d'art dans une ouverture transhistorique au savoir qui introduit la puissance du langage poétique, subversif. En conséquence, cette dualité des codes a pour effet de créer un malaise, une tension dont l'issue demeure imprévisible et qui est rattachée à l'effritement potentiel du consensus souhaité, voire recherché par les pouvoirs sociétaux. Dans ce contexte, l'art contemporain n'a d'existence que grâce à la distance que l'œuvre instaure, du côté de sa production comme de sa réception, par rapport au récit hégémonique, prétendument irréductible. Disjonction de codes qui peut s'avérer insurmontable et qui peut prendre une dimension tragique.

En résulte, sur le plan de l'insertion des créateurs dans leur contexte collectif d'existence, une volonté de contourner, quand ce n'est pas de subvertir tout à fait l'encodage social qui est le produit du cheminement collectif d'une société, dans le but avoué d'en modifier radicalement la topographie. Comme si, aux yeux de la très grande majorité des créateurs visuels, le «code social» transmis culturellement vise toujours, en première

---

39. L'expression est aussi celle d'André Belleau, qui l'a retenue le premier pour la littérature contemporaine québécoise.

et dernière instance à la fois, par processus quasi obligatoire de légitimation, l'institution d'un univers national selon des préceptes d'ordre moral et politique qui subsument à leur seul profit les contraintes du code. Et les agents ou les intervenants privilégiés de cet univers social sont souvent trop enclins à ne voir dans l'art (même contemporain ou actuel) qu'une activité éminemment rentable, bien que marginale par définition ou encore par choix, « de service à la collectivité ».

À cet égard, en outre, on peut insister de nouveau sur les positions internationalistes des Plasticiens et des Post-plasticiens qui accompagnent l'apogée comme la fin de l'époque duplessiste, puis l'entrée en scène et la mise en place de la Révolution tranquille, dont les élans démocratiques traversent aussi le monde des arts, qui ne veut plus et ne peut plus alors se satisfaire d'une position marginalisée au sein de la société québécoise. S'ajoutent ensuite les contrecoups qui suivent la découverte, par le gouvernement indépendantiste du Parti québécois, de la notion galvaudée de «patrimoine» artistique national, au milieu et à la fin des années 1970, sans négliger encore les réserves manifestes et déclarées publiquement des artistes visuels contemporains devant le tournant économiste que prend le gouvernement libéral de Robert Bourassa pendant les années 1980, tournant qui résulte en une politique de priorisation des pseudo-industries culturelles. Dans le même sens, l'accueil plus que mitigé reçu, il y a quelques années, par le rapport Arpin dans le milieu artistique contemporain et actuel, rapport dont les conclusions sur le rapatriement complet des compétences en matière de culture apparaissent à plusieurs artistes comme objectivement contraires aux intérêts profonds des créateurs culturels, semble le produit d'une même méfiance vis-à-vis des choix politiques nationalistes.

Dans ce contexte global de résistance au nationalisme restreint, le problème fondamental qui se dresse depuis le *Refus global* de Borduas semble ainsi le suivant: les arts visuels contemporains et actuels reflètent-ils une conscience nationale, c'est-à-dire la croyance en des valeurs collectives? Sont-ils à l'image du temps? À cet égard, les sujets traités par ces créateurs contemporains et actuels ne concernent pas le collectif national, soit le territoire ou l'âme nationale, l'âme populaire. Bien au contraire, ceux-ci veulent s'en distancier à tout prix pour échapper aux vieux adages thématiques qui ont longtemps été l'actualité de l'art pré-moderniste québécois durant la première moitié de ce siècle: images du pays profond, images du peuple d'ici, images sécurisantes du passé rural, etc.

Dit autrement, chez les producteurs visuels contemporains et actuels, il n'y a pas d'art canadien-français ou québécois à valeur d'image, comme l'ont pratiqué longtemps, pendant les années 1910, 1920 et 1930, les peintres traditionalistes comme Clarence Gagnon et Suzor-Côté. Il n'y a pas non plus d'idéalisation fantoche et réactionnaire des paysans de la côte de Beaupré à la Horatio Walker. Au contraire, esthétiquement, la sensibilité contemporaine repose avant tout en sa modernité accomplie depuis les frères Hébert, les peintres juifs montréalais des années 30, Pellan et Borduas, sur l'expression et l'expressivité plastiques, tant figuratives modernes que non figuratives et abstraites, et non sur la représentation ou sur le «message» national à transmettre.

Il me semble donc qu'on rencontre le plus souvent, d'une part, tel que défini par le code social, un effet fictif de réel comme condition d'existence du nationalisme, où l'objectif premier est l'intégration des artistes pour peindre nos mœurs, notre histoire, notre société, etc., et, d'autre part, sa négation comme condition positive ancrée dans la situation de création d'un espace-temps dépositaire de l'idéal, de l'anarchie resplendissante, c'est-à-dire d'une vision atemporelle qui rejette ou fait plier le présent historique. On ne peut pas dire cependant qu'en fin de compte le code artistique s'élabore seulement par rapport au code social, donc contre celui-ci en vertu d'un dualisme primaire, proprement simpliste. Plutôt, il opère en un croisement, en un dialogue de plusieurs écritures: philosophique, esthétique, culturelle, sociale, idéologique, formaliste ou plastique, dialogue qui constitue un réseau complexe et imbriqué de significations. Et, d'entrée de jeu, ce méta-réseau a été porté et relayé par delà le code social grâce à une utopie tenace: la liberté créatrice d'inventer, d'exprimer, qui engendre la libération collective.

Et c'est justement là que le savoir artistique qui est produit actuellement dans les ateliers participe au premier chef d'un récit commun auquel il ne cesse de se référer, même sur le mode d'une contestation radicale de ses institutions, de ses valeurs, de son vocabulaire ou de sa façon de voir et de (re)faire le monde. Car le contre-récit qui s'organise autour d'un discours esthético-culturel est aussi (comme le récit) ce par quoi une société, telle le Québec contemporain, existe en s'interprétant comme une activité structurante, c'est-à-dire comme un récit-processus qui se crée à la fois à même et dans la pratique visuelle. Là, et là seulement, se prend le loisir de tout dire comme principe de toute productivité contestative, ce qui implique une déchirure radicale par rapport aux normes déclarées et tues quelles qu'elles soient. La problématique oppositionniste des arts contemporains et actuels y prend racine, se faisant tantôt particulièrement *illisible* (sauf pour les initiés et les spécialistes de la production artistique), tantôt intérieure aux signifiants-signifiés du langage imagier.

De plus, ces pratiques ne peuvent se satisfaire de la pseudo-transgression des mouvements nationaux (par exemple, pour ne pas la nommer, d'une indépendance bourgeoise du Québec), en ce que cette transgression sociale se donne ultimement elle aussi un discours social codifié, c'est-à-dire une loi, une logique linéaire, proprement diachronique, de pouvoir. Dès lors, la transgression artistique n'est possible et efficace que parce qu'elle se donne, dans ces pratiques visuelles qui se font, une loi autre, donc un impératif autre, celui de l'insoumission. Et cet impératif de création doit être d'ordre synchronique et non plus diachronique, ce qui, au Québec, en rupture ou en opposition avec les codes normatifs, rappelle comme mémoire et comme identité traumatique l'anarchie définie par Borduas.

À l'origine de la relation trouble entre les artistes vivants québécois et la question nationale, on trouverait donc, somme toute, un problème fondamental de destination: destin de l'art et des artistes, finalité de la pensée créatrice, finalité du savoir. «La liberté humaine est la seule possibilité de peindre ou d'écrire», répétait Jean-Paul Sartre. Or cette liberté qui cherche à s'épanouir, c'est d'abord celle de contredire tout ce qui n'est pas elle. La liberté artistique est donc d'entrée de jeu l'épiphénomène d'une pensée anarchiste en action, dont les effets resurgissent épisodiquement au-delà de toute condition.

C'est ainsi que l'esthétique expérimentale des années 40 et 50 mettait particulièrement en question le processus de la communication symbolique, l'œuvre d'art ne s'accomplissant vraiment que lorsqu'une société entreprend de s'interroger, à tout le moins de réfléchir, sur le contenu visuel contestataire supporté par ses artistes et de l'assimiler dans ses options collectives. Ce qui, à l'évidence, n'est pas encore près d'être réalisé ici quand on se rappelle les échanges acrimonieux des dernières années qui furent initiés par des intervenants culturels voulant *hic et nunc* tuer enfin le (grand) père Borduas dans le milieu montréalais et québécois.

Le musée en tant que territoire symbolique de la nation

Philippe Dubé
CÉLAT, Université Laval
Andrée Lapointe
Centre du patrimoine vivant, Université Laval

Poser le problème du musée comme institution impliquée dans le champ de la symbolique nationale, c'est d'abord prendre pour acquis qu'il est un agent social, politique et culturel d'importance dans notre société depuis les deux derniers siècles. Dégager l'usage que l'État en fait dans un contexte de construction nationale ou encore de redistribution des dividendes collectifs, telle est notre ambition en proposant ici quelques pistes de réflexion. Nous voulons en effet interroger l'institution muséale sous différents angles, en appréhender quelques facettes et en signaler certains caprices de parcours dans une perspective historique, là où le «syndrome de l'héritage» apparaît sous des formes variables, malgré une constance et un développement remarquables à travers le temps.

En fait, ce pan de notre histoire culturelle soulève des questions qui doivent être constamment reposées étant donné les fluctuations des élans patriotiques ou le degré variable de religiosité civile qui tendent à influer sur l'histoire dite nationale. Dans cet effort de synthèse, nous allons explorer les quelques définitions possibles du terme «musée national» et voir en quoi l'institution ainsi désignée est devenue l'un des véhicules privilégiés de la représentation de l'identité nationale. Aucune forme culturelle aussi achevée que le musée — principalement le musée national — n'a pu rendre de si grands services à l'État en quête de territoire identitaire. On a fait servir le musée à de nombreuses fins politiques et on continue de faire appel à son pouvoir de représentation pour porter haut une image nationale forte et distincte.

C'est du moins ce que nous allons vérifier avec l'examen des premières traces muséales au pays, et plus particulièrement à Québec. En effet, le rôle de capitale politique que l'on a toujours associé à Québec en fait un terrain d'investigation idéal et propice à l'analyse du phénomène. Par le rappel des premières manifestations culturelles de type muséologique, nous allons pouvoir mieux cerner le cadre de développement de ce type de forme culturelle. En ce sens, la capitale est un lieu de convergence incontournable, un passage obligé pour la nation qui veut rehausser sa symbolique. Depuis maintenant deux cents ans, malgré une certaine discontinuité, Québec reste la plaque tournante d'enjeux culturels fort importants qui avaient déjà leur expression au XIXᵉ siècle. Allons voir si l'histoire peut nous révéler une quelconque cohérence à ce chapitre ou, à tout le moins, comment elle peut freiner une amnésie galopante en cette terre du «Je me souviens». Qui plus est, force est de reconnaître qu'ailleurs le mal est le même, ou du moins que l'ampleur des dommages de cette amnésie semble tout aussi inquiétante.

> *In examining a nation so noted for mobility — physical and social mobility with their attendant manifestation of amnesia — it is worth recalling the words of the Ba'al Shem Tov, the charismatic founder of Hasidism. "Forgetfulness leads to exile, while remembrance is the secret of redemption"*[1].

S'agit-il alors d'un problème de civilisation ou, encore mieux, d'époque ? C'est ce dont nous allons tenter de traiter ici, en termes historiques.

Les musées et la symbolique nationale

Tout au long de leur histoire, les musées, privés ou publics, ont souvent été créés pour répondre aux différentes attentes formulées par leurs créateurs[2]. Il existe de nombreuses définitions de ce que devrait être un musée, dont la plus connue est certainement celle adoptée par le Conseil international

---

1. Michael KAMMEN, *Mystic Chords of Memory, The Transformation of Tradition in American Culture*, New York, Alfred A. Knopf, 1991, p. 704. Voir aussi le commentaire suivant, à propos encore des États-Unis: « *More broadly still, I think the country at large needs to reflect upon the consequences of the corporate commodification of history. George Kennan once noted that « when an individual is unable to face his own past and feels compelled to build his view of himself on a total denial of it and on the creation of myths to put in its place, this is normally regarded as a sign of extreme neurosis.» A similar diagnosis, he argued, was warranted for a society « that is incapable of seeing itself realistically and can live only by the systematic distortion or repression of its memories about itself and its early behavior.» Kennan was referring to the Soviet Union. But the United States suffers from a similar malady. The past is too important to be left to the private sector. If we wish to restore our social health, we had better get beyond Mickey Mouse history.*» (Michael WALLACE, «Mickey Mouse History. Portraying the Past at Disney World», dans Joel J. OROSZ, *Curators and Culture, the Museum Movement in America 1740-1870*, Tuscaloosa et London, University of Alabama Press, 1990, p. 179). Il serait opportun de mettre en rapport ces commentaires avec le récent ouvrage de John GILLIS, *Commemorations: the Politics of National Identity*, New Jersey, Princeton University Press, 1994.

2. Dès 1656, le Londonien John TRADESCENT voyait ainsi ses collections: «the enumeration of these rarities [...] would be an honour to our Nation [...]» (*Museum Tradescantianum, or a collection of rarities preserved at South-Lambeth neer [sic] London*, Londres, imprimé par John Grifmon, 1656, cité par Edwina TABORSKY, «The Sociostructural Role of the Museum», thèse de doctorat, Université de Toronto, 1981, chap. 2). Voir aussi Edward P. ALEXANDER, *Museums in Motion*, Nashville, AASLH, 1987 [1979], 307 p.; et Dominique POULOT, «L'avenir du passé. Les musées en mouvement», *Le Débat*, Paris, Gallimard, n° 12, mai 1981, p. 105-115.

des musées (ICOM) en 1974 et confirmée en 1987[3]. Les recherches sur l'histoire des musées tendent à démontrer que les cabinets de curiosités des XVIIᵉ et XVIIIᵉ siècles correspondent au goût d'universalité des élites européennes, comme nous le révèle ce témoignage de Carl von Linné en 1754:

> *We are but on the borderland of knowledge; much remains hidden, reserved for far off generations, who will prosecute the examination of their Creator's work in remote countries, and make many discoveries for the pleasure and convenience of life. Posterity will see its increasing museums and the knowledge of divine wisdom flourish together*[4].

En Europe, le siècle des Lumières, la Révolution française — avec ses remous politiques et culturels — et la révolution industrielle vont avoir des répercussions dans le monde entier. Le mouvement des nationalités s'amorce, les puissances européennes le poursuivant dans leurs entreprises coloniales, alors que les pays d'Amérique aspirent, et parfois atteignent à l'autonomie.

Dans un esprit encyclopédique, les premiers musées nationaux furent créés afin de rassembler les trésors hérités de formes politiques caduques[5] ou pour conserver les témoignages naturels, culturels ou artistiques jugés valables par et pour une élite intellectuelle[6]. Deux tendances se dessinent

---

3. «Une institution permanente, sans but lucratif, au service de la société et de son développement, ouverte au public, et qui fait des recherches concernant les témoins matériels de l'homme et de son environnement, acquiert ceux-là, les conserve, les communique et notamment les expose à des fins d'études, d'éducation et de délectation», *Statuts de l'ICOM*, adoptés à la XVIᵉ assemblée générale de l'ICOM, La Haye, 5 septembre 1989. Encore plus contemporaine, voici celle d'André DESVALLÉES: «Le musée est une institution permanente, sans but lucratif, ouverte au public. Sa mission est de révéler à l'être humain ses rapports à la réalité en recensant, en étudiant et en mettant en valeur, éventuellement en collectant, en conservant (conservation consciente et systématique) et en communiquant un recueil de témoignages naturels et culturels. Pour ce faire, il utilise les moyens d'inventaire et d'analyse, de documentation, d'éducation et d'exposition les plus appropriés au service de la société», dans «Y a-t-il des limites au Musée?», Conférence présentée à ICOM 92, polycopié, 1992, p. 7.

4. Carl VON LINNÆUS, *Museum Adolphi Friderici Regis*, 1754, cité dans David MURRAY, *Museums: Their History and their Use*, Glasgow, James Macpherson and Sons, 1904, vol. 1, p. 224. De nombreuses publications existent sur les cabinets de curiosités. Voir entre autres: David CROSSON, «Please give me back the right side of my brain: Reassessing Cabinets of Curiosities», *History News*, vol. 46, n° 3, mai-juin 1991, p. 18-21; Oliver IMPEY et Arthur MACGREGOR (dir.), *The Origins of Museums*, Oxford, Clarendon Press, 1985, 335 p.; Whitfield J. BELL *et al.*, *A Cabinet of Curiosities: Five Episodes in the Evolution of American Museums*, Charlotteville, University Press of Virginia, 1967, 166 p.; Germain BAZIN, *Le temps des musées*, Liège-Bruxelles, De Soer, 1967, 302 p.

5. «On peut estimer, du moins en France, que le premier «musée de civilisation» tout autant que «musée d'identité» nationale fut l'éphémère Musée des monuments français d'Alexandre Lenoir, ouvert en 1795 mais fermé en 1812», André DESVALLÉES, *La muséographie des musées dits «de société»: raccourci historique*, Paris, polycopié, p. 1-2.

6. «À partir de la généralisation des revendications nationales, chaque nation, chaque région, se mit à vouloir son musée national, son musée régional, tant dans l'ère culturelle germanique, que dans les pays baltes, à Riga, à Tartu, à Karenas, à Helsinki, ou en Russie, à Léningrad par exemple, avec le musée Alexandre III, devenu le Musée Russe», André DESVALLÉES, *ibid.*, p. 2. Celui-ci note

alors, sous des formes distinctes: le musée qui montre les similitudes de traits d'une nation avec les autres composantes de l'universel, version «classique», et le musée qui, à l'opposé, en explique les différences, version «ethnique[7]».

Dans la version «classique», les musées nationaux sont souvent l'expression des premières implications de l'État dans la sphère culturelle. Leur tâche d'édification du prestige national rejoint la promotion de l'identité à travers une représentation symbolique de la civilisation:

> *Museums as institutions are only 200 years old and the invention of the dominant Western European middle class. They were brought into being to celebrate the conquest of nature through science and to mitigate the struggle between orthodox theism and the new gods of science: to celebrate the conquest of the world through colonialism, and to celebrate the new grasp of power and wealth through social and political revolution[8].*

Cette représentation symbolique de la société par les institutions muséales n'est pas neutre[9]. Dans le cas qui nous intéresse, elle s'enracine dans la perception de ce qu'il faut mettre en valeur dans les traits qui forment l'identité nationale. Complémentaire à l'action des systèmes d'éducation, le musée vient former le citoyen[10].

---

l'importance de la Révolution soviétique qui va pousser les Russes à «utiliser leur héritage artistique pour le faire parler au nom de l'histoire».

7. «L'appellation de musée national est attribuée ainsi aux établissements qui appartiennent à deux espèces différentes. Les uns donnent à voir la nation en tant qu'elle participe à l'universel, à ce qui est supposé être valable sinon pour tout homme, du moins pour tout homme civilisé. Les autres donnent à voir la spécificité et l'exceptionnalité de la nation et de son parcours dans le temps», Krzysztof POMIAN, «Musée, nation, musée national», *Le Débat. Histoire, politique, société*, n° 65, mai-août 1991, p. 170.

8. Duncan F. CAMERON, «Getting out of our skin: Museums and a New Identity», *Muse*, vol. X, n°s 2-3, été-automne 1992, p. 8. Il est intéressant de souligner que Eric HOBSBAWM, dans *Nations et nationalisme depuis 1780: programme, mythe, réalité* (Paris, Gallimard, 1992, coll. «Bibliothèque des histoires»), affirme que le concept de nationalisme est lui aussi vieux de deux cents ans.

9. Dans le sens utilisé par Michel FOUCAULT : «La conservation de plus en plus complète de l'écrit, l'instauration d'archives, leur classement, la réorganisation des bibliothèques, l'établissement de catalogues, de répertoires, d'inventaires représentent, à la fin de l'âge classique, plus qu'une sensibilité nouvelle au temps, à son passé, à l'épaisseur de l'histoire, une manière d'introduire dans le langage déjà déposé et dans les traces qu'il a laissées un ordre qui est du même type que celui qu'on établit entre les vivants. Et c'est dans ce temps classé, dans ce devenir quadrillé et spatialisé que les historiens du XIXe siècle entreprendront d'écrire une histoire enfin «vraie» — c'est-à-dire libérée de la rationalité classique, de son ordonnance et de sa théodicée, une histoire restituée à la violence irruptive du temps», *Les mots et les choses. Une archéologie des sciences humaines*, Paris, Gallimard, 1966, p. 144.

10. Cette idée est parfois poussée à l'extrême: «Dans sa structure latente, le musée est bien dans un rapport de complémentarité et de complicité avec l'éducation. Et si l'éducation interpelle l'individu en sujet, le musée l'interpelle en bon citoyen. Fausse conscience à une situation réelle, le musée répète sur le plan national, pour des personnes d'âge et de niveau inégaux, les cours magistraux des universités» (Stanislas S. ADOTEVI, «Le musée dans les systèmes éducatifs et culturels contemporains», *Le musée au service des hommes aujourd'hui et demain, Actes de la IXe conférence générale de l'ICOM*, Oxford, ICOM, 1972, p. 22). Voir aussi la partie intitulée «La réinvention des régionalismes et l'identité nationale: la muséomanie», Martine SEGALEN, «Cultures

Le niveau de démocratisation de la société lui permet un degré plus ou moins important de souplesse dans l'action. Une des limites imposées aux institutions culturelles par cette perception est la tendance à présenter une image «redorée», une histoire trop partielle ou encore flatteuse qui censure les aspects négatifs de l'évolution nationale[11]. D'autres limites peuvent porter sur l'importance accordée à justifier des idéologies racistes ou colonisatrices, sur l'intolérance religieuse, ou sur des attitudes négatives face à l'immigration[12]. C'est là une caractéristique observable du musée qui, en tant que médium, doit prendre conscience de la nature subjective du message qu'il véhicule, reflet des paradigmes contemporains dont il est inévitablement porteur[13].

Dans l'avenir, l'un des défis majeurs des musées nationaux consistera à se méfier des fausses images de la société et à confronter l'héritage du passé au regard critique des générations à venir[14]. Peut-être même devront-ils aller jusqu'à dénoncer la censure directe de l'État, si besoin est.

L'histoire des musées nationaux reprend les grandes étapes du développement culturel déjà évoquées. Avec ses savants avides de connaissances exactes et leurs recherches scientifiques toujours plus pointues, le XIXe siècle a placé la création de systèmes de classification et le développement du savoir au cœur de ses préoccupations. On multiplie les découvertes techniques et leurs applications industrielles ainsi que les inventions qui viennent faciliter la vie quotidienne, mais aussi accélérer la cadence du

---

populaires en France: dynamiques et appropriations», dans Gérard BOUCHARD (dir., avec la collaboration de Serge COURVILLE), *La construction d'une culture*, Québec, CÉFAN/Presses de l'Université Laval, 1993, p. 66-67.

11. Par exemple, dans le cas des États-Unis: «*But in societies like the United States, which have fought civil wars, which have been sundered ethnically, which have been divided federally, exactly what the nationality consists of is difficult to define. Many of the objects preserved in America speak not to the nation so much as to the pride of a particular group which has been counter-national. Thus, such historical preservation movements are bound to be negative with respect to someone else, because they almost always emphasize disassociation, separation or schism in one form or another*», Robert WINKS, «Conservation in America: National character as revealed by preservation», dans Jane FAWCETT (dir.), *The Future of the Past*, Londres, Thames and Hudson, 1976, p. 142.

12. «Les musées nationaux qui, en exposant des images du passé, donnaient à voir la mission civilisatrice de la nation ou la nécessité où elle est de se défendre contre une menace extérieure, ou encore, l'obligation qu'elle a de préserver son identité — culturelle, ethnique ou raciale, selon les cas — minée par l'industrialisation, l'urbanisation ou par l'afflux massif des étrangers», Krzysztof POMIAN, «Musée, nation, musée national», *op. cit.*, p. 174.

13. «*Most museums throughout the world are conformist places and, in the case of western museums which deal with national history, in one form or another, an essential part of conformism consists of making it plain to all and sundry that the selection and presentation of the exhibits is based on no kind of ideology. It is scientific*», Kenneth HUDSON, *Museums of Influence*, Cambridge, Cambridge University Press, 1987, p. 114.

14. Voir Jacques RIGAUD, «Musées: patrimoine et culture vivante», *Actes de la XIIe conférence et de la XIIIe assemblée générale du Conseil international des musées*, Mexico, ICOM, 1980, p. 40-49.

travail et encadrer le développement économique. C'est l'âge d'or des industries, de la machine, de la croyance au progrès. La nostalgie des modes de vie reliés à la paysannerie et au monde rural stimule les premiers efforts de conservation des témoins matériels et oraux qui perdent ainsi leur fonction d'origine pour devenir les symboles d'une identité collective en voie de disparition:

> La finalité scientifique de ces musées et expositions [Skansen, villages ethnographiques] était de donner une reproduction fidèle de la vie et des travaux à la campagne. Du point de vue idéologique, il s'agissait de mettre en relief la diversité culturelle de régions particulières, constitutives des nouveaux États nationaux, afin de leur donner sur le plan culturel une importance qui leur était refusée sur le plan politique. Le musée était de ce fait une institution éminemment politique à l'époque de «la nation prenant conscience d'elle-même comme Nation» comme l'a écrit Pierre Nora. Dans cette optique de la Nation, les collections des musées avaient une fonction pédagogique d'identification nationale[15].

À ce moment de l'histoire, les musées, et en particulier les musées nationaux, suivent le mouvement de cette ère nouvelle. Pour ce faire, ils mettent l'accent sur la classification de leurs collections, documentent et enrichissent les connaissances sur les artefacts qu'ils possèdent et en acquièrent de nouveaux. Apparaissent alors les musées de sciences et de technologie qui tentent de préserver les témoins concrets des découvertes scientifiques déjà désuètes. Concurremment, les premiers parcs naturels nationaux sont créés dans le but de protéger des sites exceptionnels déjà grugés par le développement des chemins de fer et autres progrès techniques[16]. Ces musées «ethniques» demeurent tributaires des collections qui sont leur principale raison d'être. Ces collections se bâtissent autour des témoignages locaux, des richesses naturelles, artistiques ou techniques de la nation, reflet sélectif de leurs caractéristiques identitaires:

> As the idea of a **nation** developed in both the new nation-states that were being formed and the old nation-states whose imaginations were being refurbished, the nineteenth century produced — in history books, museums, paintings, literature and statuary — a national past that could be seen as **golden** and could help give new meaning to the present[17].

---

15. Martin ROTH, «Collectionner ou accumuler?», *Terrain*, n° 12, avril 1989, p. 128. Ce sont des musées nationaux «ethniques», selon la classification de K. Pomian.

16. «L'idéologie présidant à ce mouvement des musées de plein air n'a pas été de s'occuper de la culture paysanne dans ses variations géographiques et sociales, mais seulement de mettre l'accent sur certains de ses aspects considérés comme intéressants sur le plan national. Ces musées sont plus le reflet d'une interprétation romantique de la part d'élites sociales urbaines que l'image représentative de la société paysanne», Marc FAURE, «Écomusée et musée de plein air: l'exemple norvégien», *Musées*, n° 8, printemps 1985, p. 27-28, cité dans André DESVALLÉES, *La muséographie des musées...*, *op. cit.*, p. 5.

17. Donald HORNE, *The Great Museum The Re-Presentation of History*, London, Pluto Press, 1984, p. 176. Par exemple, l'analyse a démontré que les régimes totalitaires s'emparent des musées afin de les asservir à leur propagande: «La concentration et la gestion de tous les musées entre les mains de l'État permet de diriger leurs activités dans l'intérêt de la population», G. I. VLADYKINE,

Au tournant du siècle, les musées nationaux deviennent de plus en plus ethniques, exprimant la communauté à travers des objets représentatifs: «dans l'idée que chaque nation se fait d'elle-même, un poids grandissant revient aux traits qui l'individualisent, tandis que s'estompent [...] ceux qui lui sont communs avec d'autres nations européennes[18]». Ce mouvement traduit la préoccupation, graduellement reconnue au XXe siècle, de rapprocher le musée du public puisque l'État doit être au service de ce public.

Avec les bouleversements des deux guerres mondiales, l'importance des nations, de leurs relations et de leur évolution même devient fondamentale[19]. La période la plus féconde pour la création de nouveaux musées nationaux est donc celle qui suit la Seconde Guerre mondiale, dans les conditions de renouveau que nous avons déjà énoncées. Les musées doivent servir de lien entre les deux tendances observées de globalisation et de fragmentation, amorçant ainsi le renouveau du musée de type «classique». Malgré sa longueur, nous citons ici le plaidoyer fait par André Léveillé, en 1948, en faveur de la création d'un musée international de civilisation:

> Il s'agit de créer un très important musée de caractère nettement international, aussi bien dans son comité d'organisation que dans son programme. Et cela pour montrer par des formes muséographiques nouvelles qui ont si bien réussi dans des musées scientifiques ou techniques [...] pour démontrer que les peuples peuvent, doivent et veulent s'entendre, que leur plus cher désir est de marcher dans la voie du progrès et supprimer les guerres. [...]
>
> Une telle entreprise doit être conduite par des hommes animés d'un esprit international. L'erreur serait d'entreprendre une œuvre internationale avec un esprit national. On se rend compte immédiatement de quel jour nouveau pourraient être éclairés «des incidents diplomatiques», les traités de paix, l'utilisation des découvertes scientifiques, les unions industrielles, les modifications économiques de certaines nations. [...]
>
> L'heure nous semble éminemment favorable pour une telle entreprise. Elle est d'une si grande importance et d'une envergure si vaste que les Nations Unies et l'UNESCO nous paraissent les seuls organismes capables de déclencher un mouvement et de trouver les moyens de réaliser un tel projet[20].

«Le musée et la société», *Le musée au service des hommes aujourd'hui et demain*, Oxford, ICOM, 1972, p. 116.

18. Krzysztof POMIAN, «Musée, nation, musée national», *op. cit.*, p. 171. Celui-ci décrit ainsi le musée national de l'époque: «l'investissement du musée par l'idéologie nationale: système de croyances collectives qui met au centre de la nation identifiée à un individu, à une personne appelée, selon les uns, à accomplir une mission, à assumer un rôle dans l'histoire», p. 174 et suiv.

19. Voir Georges-Henri RIVIÈRE, *La muséologie*, Paris, Bordas, 1989, p. 57. Pour les États-Unis, voir Thomas J. SCHLERETH: *«Given their origins in the isolationism of two post-world war eras, the 1920's and the 1950's, it is not surprising that historical museum villages have been equally addicted to what Walter Muir Whitehill calls the «celebration rather than the cerebration of the American past»»*, *Cultural History and Material Culture*, Charlottesville et London, University Press of Virginia, 1992 [1990], p. 350.

20. André LÉVEILLÉ, «Pour un musée international de la civilisation», *Museum*, vol. 1, n°s 3-4, 1948, p. 145. Voir aussi *Museums for a New Century. A Report of the Commission on Museums for a New Century*, American Association of Museums, Washington (D.C.), 1984, p. 23.

Mais un tel projet ne trouvera pas preneur, car il véhicule un message de tolérance, d'égalité et d'entente alors même que, dans le monde entier, les nations sont occupées à rétablir leurs positions respectives de pouvoir et que l'Organisation des Nations Unies ne possède pas les structures pour investir dans ce projet des ressources qui lui sont âprement disputées.

Cependant, avec l'indépendance ou la restructuration de nombreuses nations dans le monde naissent des musées nationaux d'histoire et de civilisation en une éclosion exceptionnelle. Patrick Boylan, après avoir étudié d'un point de vue culturel le développement de nations décolonisées depuis de nombreuses années, décrit ainsi les symboles dont celles-ci se dotent en priorité: une force militaire, un service de radiotélévision nationale, un musée national, et finalement une université nationale[21]. Il est frappant de constater l'importance accordée à l'existence d'un musée, organisme apparemment assez anodin dans une perspective globale. Ce phénomène nous ramène encore une fois au facteur identitaire, tel qu'il peut être utilisé par l'État:

> *Is the real message of the new generation of national museums ultimately a political one, concerned with the presentation of the image of the nation that the government wants to project, not only externally but also to its own people? There may be a thinly disguised or even overt message, for example, that it is a sacred duty of every citizen to accept and belong to their nation, rather than retain allegiance to their perhaps more natural community[22].*

De nos jours, le mouvement d'expansion des musées nationaux connaît un ralentissement, l'accent muséologique portant désormais sur des formes nouvelles relevant d'entités sociales autres que la nation[23]. Cela peut s'expliquer par le fait que les musées nationaux existants requièrent la mise en œuvre des moyens que peuvent à peine maintenir les gouvernements. Néanmoins, si leur création est ralentie, les efforts de relocalisation et de redéfinition sont importants et innovateurs dans bien des cas.

Une autre entrave au développement des musées nationaux est leur encombrement par des collections hétéroclites accumulées au cours des années. Ces dernières possèdent peut-être une grande valeur archéologique ou historique, mais celle-ci impose souvent un statisme protecteur et décourage la formulation d'une mission mieux ciblée. Certains éléments de ces collections ont été acquis dans des conditions douteuses et font l'objet de revendications en vue de leur rapatriement dans leurs sociétés d'origine[24].

21. Patrick J. BOYLAN, «Museums and Cultural Identity», *Museums Journal,* vol. 90, n° 10, octobre 1990, p. 30.

22. *Ibid.,* p. 31.

23. Nous faisons allusion aux mouvements de «nouvelle muséologie», soit les écomusées, économusées, centres d'interprétation, etc.

24. Voir Jeannette GREENFIELD, *The Return of Cultural Treasures,* New York, Cambridge University Press, 1989, 361 p.

Les messages culturels qu'ils véhiculent sont remis en question par la multiplicité des points de vue de leurs nouveaux auditoires[25]. Ils ont hérité de locaux inadéquats légués par d'autres ministères et leurs supports d'exposition sont techniquement désuets. Ils appartiennent à une bureaucratie d'État qui nuit souvent à leur autonomie. Leurs budgets ne leur permettent plus de concurrencer les attraits technologiques offerts par le cinéma, la télévision et les autres médias. Malgré ces limites sévères, les musées en général demandent aux institutions nationales de jouer un rôle de chef de file, d'offrir des services de formation professionnelle, des conseils techniques et de servir de lieux d'échanges et de réflexion.

Dans ces conditions, il est devenu évident au cours des vingt dernières années que les musées nationaux ne sont plus dans la course à l'excellence. Or, leur portée de symbole de la nation n'a pas diminué pour autant. Au contraire, leur importance en tant que facteur identitaire dans notre monde politiquement instable s'accentue[26]. En conséquence, certains États ont mis en branle un processus de modernisation et de réfection des musées nationaux dont la portée mondiale surprend encore[27].

La caractéristique fondamentale du musée national, qu'il s'agisse d'un musée d'art, d'histoire, de la nature ou de technologie, tient à l'origine politique de sa mission. En outre, comme nous l'avons vu précédemment, c'est dans une optique de service public au XXe siècle que l'État investit dans un musée. Celui-ci devra être représentatif d'une culture donnée, d'une identité à préserver et s'attacher à former un bon citoyen[28].

---

25. Dans le cas des musées canadiens: «La plupart de nos musées présentent la culture blanche, anglosaxonne et masculine», Élaine BERNARD, «Collaboration avec l'ensemble de la communauté», *Muse,* vol. VII, n° 3, août 1989, p. 20. Voir aussi Gary KULIK, «History Museums and the Cultural Politics of the 1980's», *History News,* vol. 45, n° 3, mai-juin 1990, p. 22-24.

26. «*In this light (world-system theory), it may be possible to consider yet another reason for the development of heritage. It has been, and still is, a desire to maintain the only thing that nations can call their own*», Kevin WALSH, *The Representation of the Past. Museums and Heritage in the Post-Modern World,* Londres et New York, Routledge, 1992, p. 52.

27. Pensons, par exemple, aux projets français, japonais, africains, canadiens et québécois, pour ne nommer que ceux-là. Le musée, qui était une institution occidentale, devient un symbole international présent sur tous les continents.

28. Timothy W. Luke a tenté de démontrer ce phénomène pour les musées d'art américains: «*Urban revitalization, economic redevelopment, architectural rehabilitation, and cultural renewal, then, all are being fueled by new aesthetic-political codes denominated in artistically enhanced sign values. Gaining control over art's symbolic codes is an important form of power. And securing command over the definition, application, and interpretation of these aesthetic codes becomes a source of conflict during today's increasingly frequent struggles over the aestheticization of everyday life. Tremendous financial support is allocated systematically to the arts, because so many arts now are the primary mode of generating images of our volatile collective values. Without the arts, in fact, much of modern living itself would be impossible*», Timothy W. LUKE, *Shows of Force. Power, Politics and Ideology in Art Exhibitions,* Durham et Londres, Duke University Press, 1992, p. 2

Les notions d'appartenance, de fierté et de différence/similitude sont les clés thématiques entourant leur mission. La pertinence de cette mission n'est pas remise en question dans la formulation de nouvelles orientations pour les musées nationaux. Nous croyons au contraire qu'ils la conservent plus que jamais, mais que les paradigmes qui la composent sont devenus alternatifs. Dans la foulée des changements de perception de la nation, le musée national a tendance à devenir pluriculturel, ouvert au monde et aux préoccupations touchant les grandes questions de l'heure. S'il le fait, c'est que l'État dont il relève le lui permet, sans illusions sur les limites à ne pas franchir.

> *If museums continue to assume their traditional role as mirrors into the past, they will have to remember that distortions reflected mirror the concerns of those who control it. [...] The current trend to bureaucratic and political control neutralizes most possibilities for social relevance. Requirements to meet dictates of whatever policy happens to be in place present a particularly insidious problem[29].*

Le musée national parcourt le chemin de la modernité. Ce processus qui le pousse à prendre des formes nouvelles continuera vraisemblablement à lui permettre de demeurer actuel. François Dagognet résume bien cette idée: «actualiser le dit musée, afin de le rendre acceptable et ouvert à tous. On cherche à lui arracher son aspect trop intellectuel, sa clôture et son côté sépulcral. Que fonctionne donc cette néo-machine à images[30]!»

L'évolution du musée national que nous avons résumée ici pourrait susciter encore bien des commentaires et des avenues de recherche. En somme, nous avons tenté de démontrer que la représentation collective est à la base de toute forme muséale. Dans le cas des musées nationaux, c'est de la représentation de l'identité nationale qu'il est évidemment question, pour le meilleur et pour le pire[31]. Les musées nationaux englobent toute la gamme offerte par la typologie muséale. C'est-à-dire que ces institutions peuvent être musées d'art (ancien, contemporain, actuel), musées d'archéo-

---

29. D. A. MUISE, «Museums and the Canadian Community: A Historical Perspective», *En vue du XXIᵉ siècle. Orientation nouvelle des musées nationaux*, Ottawa, Musée canadien des civilisations, 1989, p. 25. Tous les musées nationaux n'évoluent pas au même rythme. Krzysztof Pomian identifie quatre strates historiques du développement des musées nationaux, dont les représentants coexistent en couches superposées. Voir Krzysztof POMIAN, «Musée, nation, musée national», *op. cit.,* p. 175.

30. François DAGOGNET, *Le musée sans fin*, Mâcon, Éditions du Champ Vallon, 1984, p. 74.

31. *« We have to learn to be as sceptical about the "reconstructions" of history. And it really should not be new to anyone with a critical interest in modern industrial societies that monuments have a "rhetorical" function — more likely than not to serve certain prevailing interests — and that these "rhetorical" functions shift, as society shifts»*, Donald HORNE, *The Great-Museum. The Re-Presentation of History*, London et Sydney, Pluto Press, 1984, p. 251. Voir aussi de Donald HORNE, «A National Museum: An Essential Part of Australia's Nation Building», *Museums National*, vol. 1, n° 2, juin 1992, p. 3.

logie, musées d'histoire, musées de sciences et de techniques (parcs de la nature, aéronautique, biodômes) et autres.

Ainsi donc, si les musées appartiennent au territoire symbolique de la nation, il nous semble particulièrement approprié d'étudier les premiers sédiments culturels du territoire de la ville de Québec pour en témoigner. Ville capitale, ville parlementaire, comment Québec s'est-elle dotée de ces instruments de mémoire que sont les musées nationaux? Un aperçu de la genèse historique de ces institutions va tenter d'approfondir quelques questions[32].

À propos de quelques musées à Québec, siège de l'État

On constate d'abord que le développement d'institutions muséales dans la petite société qu'était la Nouvelle-France au XVIIIe siècle accuse un certain retard en comparaison avec la France et l'Angleterre ou, plus près de nous, avec la jeune république américaine. Par exemple, chez nos voisins du sud, on note qu'en 1773 la *Library Society of Charles-Town* ouvre un musée d'histoire naturelle, et qu'à Philadelphie un certain Pierre Eugène Du Simitière dirige un *American Museum* (1782-1784), suivi, en 1784, par le *Peale's Museum* , aussi connu sous le nom de *Philadelphia Museum.*

Au pays, les guerres conduisant à la Conquête et au traité de Paris (1763), et les changements qui s'ensuivent, comme le départ de certaines élites, la réorganisation des institutions, l'ouverture d'un premier parlement en 1791, l'intégration de nouveaux réseaux d'échanges internationaux, ont pour effet de reporter aux premières décennies du XIXe siècle la réalisation de projets muséaux. Aussi, lorsqu'apparaissent, dans les années 1820, à Québec comme à Montréal d'ailleurs, les premiers lieux permanents d'exposition, la première génération de musées américains a déjà connu une certaine évolution qui aura, on le verra plus loin, sa part d'influence.

Museum had begun in America as experiments in public education through displays of the wonders of natural history. Peale's Museum in Philadelphia, established in 1784 for example, was first housed in the American Philosophical building. Prominent Father's, including Benjamin Franklin, Thomas Jefferson, Alexander Hamilton, and James Madison, contributed both exhibits and funds, sanctioning it as an institution to enlighten the public. But by Barnum's time, the staid, heavily scientific displays, which were presented as the Great School of Nature did not satisfy the urban population's desire

---

32. Nous devons, d'entrée de jeu, spécifier que la partie qui suit s'inscrit dans un travail de recherche plus large qui entend faire la genèse de la muséologie québécoise en traitant, selon une méthode comparative, de Québec et de Montréal, comme de deux centres urbains développant, depuis l'origine, une muséologie distincte. La partie montréalaise du projet incombe à M. Raymond Montpetit, professeur (UQAM), alors que la contrepartie québécoise est sous la responsabilité de Philippe Dubé, professeur (Université Laval). Chacun des chercheurs a toute autonomie dans ses investigations, bien qu'un plan ait guidé le travail mené en partenariat.

for amusement and entertainment. In response, museums, even Peale's, increasingly added more curiosities and substituted popular entertainment for scientific lectures[33].

Dans le contexte urbain de Québec, au tournant du XIXe siècle, on observe une effervescence intellectuelle notable pour une petite ville de 7 000 habitants (1795), dont le tiers est anglophone. En 1831, environ la moitié des 27 000 âmes qui l'habitent aura pour langue maternelle l'anglais.

Il est aussi bon de rappeler que la ville est le port d'entrée des immigrants qui viennent s'établir dans les Haut et Bas-Canada, où plusieurs choisissent de s'installer définitivement. Cette population citadine est composée de nombreux artisans venus de Grande-Bretagne, qui profiteront du développement économique assuré par une classe de grands marchands et de constructeurs de navires. Les militaires britanniques en garnison comptent aussi dans la géographie humaine de Québec, surtout avec l'expansion des travaux défensifs qui font suite à la guerre de 1812. Toute l'administration coloniale agissait alors à partir de Québec, qui fut, pour un temps, le point de mire de l'Empire britannique en Amérique du Nord[34].

À Québec, la période du gouvernement de Lord Dalhousie, de 1819 à 1828, va aussi influencer la nature du développement des musées. Formé à la culture intellectuelle écossaise, le gouverneur va, tout au long de son mandat, apporter beaucoup à cette ville coloniale. Lady Dalhousie, pour sa part, agit comme grande patronnesse des arts et de la littérature, tout en s'intéressant à la botanique et à la minéralogie. Ce bouillon de culture, entretenu par un milieu très composite, ouvrira définitivement Québec sur une vie de l'esprit.

C'est à cette même époque que nous verrons individus et sociétés de tous genres développer des champs spécifiques d'activités. L'individu, isolé mais passionné, trouvera ses lieux privilégiés d'expression là où il pourra se consacrer, de manière très spontanée, à la création de l'œuvre de sa vie. Sans nécessairement beaucoup de préparation, mais avec détermination, il travaillera en solitaire à réaliser son rêve. D'autres, davantage organisés et recherchant les occasions d'échange intellectuel ou mondain, vont se regrouper en club ou en société pour l'avancement de ce qui leur est cher. Ensemble, ils se réuniront pour partager et accumuler des savoirs de tous ordres, tant pour des raisons de prestige social ou de convivialité que pour des buts aussi désintéressés que le seul développement des connaissances.

---

33. Robert C. TOLL, *On With the Show! The First Century of Show Business in America*, New York, Oxford University Press, 1976, p. 30.

34. Il faut lire à ce sujet David Thierry RUDDEL, *Quebec city: 1765-1832. The Evolution of Colonial Town*, Ottawa, Musée canadien des civilisations, Division d'histoire, 1987; *Québec 1800-1835*, rapport de la semaine d'histoire tenue à Québec du 10 au 16 mai 1976, polycopié, Québec, 1977; Georges BERVIN, *Québec au XIXe siècle*, Sillery, Septentrion, 1991.

Le musée Chasseur est certainement un très bon exemple pour illustrer l'attitude compulsive d'un collectionneur qui va finalement tout engloutir pour achever un projet très personnel. Bien qu'il soit en relation avec une certaine élite politique et intellectuelle, Pierre Chasseur reste passablement isolé dans son musée, qui est à la fois une entreprise commerciale et un établissement scientifique. En matière biographique, notre étude devait reposer sur des assises solides puisque plusieurs historiens se sont intéressés à Pierre Chasseur, à commencer par James Macpherson LeMoine (1882), Maximilien Bibaud (1891), Benjamin Sulte (1894), Mgr Henri Têtu (1902), Pierre-Georges Roy (1926), Olivier Maurault (1929), Ægidius Fauteux (1950), Damase Potvin (1952), Antoine Roy (1959), John R. Porter (1975 et 1977) et Raymond Duchesne (1983 et 1988) qui, tous, y sont allés de leur plume pour faire mieux connaître ce personnage capital des débuts de la muséologie à Québec.

Malgré la somme importante d'informations biographiques réunies sur Chasseur, nous avions encore des doutes sur sa citoyenneté puisque son nom, sur le plan strictement généalogique, ne nous était pas familier. S'agissait-il de la traduction littérale du patronyme Hunter, d'origine écossaise? Identifiait-il un huguenot réfugié en Amérique[35]? Toutes les hypothèses étaient encore valables puisque son acte de décès, en date du 23 mai 1842, révèle que l'on ne peut retracer l'enregistrement de sa naissance: «né de parens à nous inconnus», écrivait le père Plante[36]. À partir de ce document, tous les scénarios étaient permis.

Poursuivant notre enquête, c'est finalement sur la base du *Recensement de la ville de Québec en 1818,* du curé Joseph Signay, que la lumière se fit. En effet, c'est dans cet ouvrage que nous découvrons que, rue des Anciens Chantiers, demeurait, en location, un doreur du nom de Pierre Dangueusé ou Dangeurer, dit Chasseur, âgé de 31 ans. Cette piste fut déterminante puisque nous pouvions avancer avec assez d'assurance, grâce à la mention de son occupation de «doreur», qu'il s'agissait bien de notre personnage, qui, étant âgé de 31 ans en 1818, était né en 1787 ou 1786, plutôt que le 10 octobre 1783, tel que le soutient son biographe, Raymond Duchesne[37]. Maintenant, il restait à déterminer si notre sujet était un immigrant nouvellement arrivé et installé temporairement près du port, ou s'il était réellement canadien, auquel cas c'était sous le nom de Dangueusé ou Dangueurer qu'il conviendrait de chercher d'autres informations sur lui[38].

---

35. Dr Charles W. BAIRD, *Histoire des réfugiés huguenots en Amérique*, Toulouse, Société des livres religieux, 1886.

36. *Registre Notre-Dame-de-Québec*, Acte de décès de Pierre Chasseur, 23 mai 1842.

37. Raymond DUCHESNE, «Chasseur, Pierre», *Dictionnaire biographique du Canada*, vol. VII: *1836-1850*, p. 183-184; une bibliographie fort complète accompagne l'article qui nous a servi de référence de départ.

38. Cyprien TANGUAY, *Dictionnaire généalogique des familles canadiennes-françaises depuis la fondation de la colonie jusqu'à nos jours*, Montréal, E. Senécal & Fils, 1871-1890, 7 vol.

Ce qui nous amène finalement à le relier à la famille Dangueusé ou Dan-gueurer, originaire de Saint-Étienne-de-Beaumont, où, le 6 octobre 1786, Pierre Dangueusé dit Le Chasseur naquit de Pierre Dangueusé et de Marguerite Lacroix, tous deux établis en cette paroisse[39]. Cette donnée nouvelle, fondée sur des documents authentiques, précise davantage l'itinéraire de vie de cet homme venu d'un petit village pour exercer le métier de doreur à Québec.

Par une série de mentions relevées dans les études du Révérend Charland (1924), de Marius Barbeau (1946) et de John R. Porter (1975), nous savons que, dès 1815, Pierre Chasseur pratiquait à titre soit simplement de vitrier, soit de doreur, et exécutait diverses commandes pour le compte du Séminaire de Québec[40]. Des contrats notariés attestent de ces activités, qui ne sont pas les seules auxquelles s'adonne Chasseur puisqu'il annonce aussi dans les journaux la vente d'estampes anglaises et françaises[41], tout en restant connu comme doreur et sculpteur. Ses activités d'artisan/commer-çant ne l'éloignent tout de même pas d'une passion pour laquelle il va engager toutes ses ressources jusqu'à leur épuisement total. Il s'agit bien entendu de la mise sur pied de son propre musée d'histoire naturelle, qu'il fonde officiellement le 18 juillet 1824 pour «former une collection de nos animaux indigènes[42]».

Collectionnant les animaux de toutes sortes, et surtout ceux du pays, il les traitait avec un grand soin de conservation et c'est de David Smillie, père, qu'il apprend le métier de taxidermiste[43]. Et n'eût été la mort de Smillie, en 1827, ce genre de collaboration entre les deux hommes aurait certainement pris encore plus d'importance, tel que le laisse imaginer cette phrase de Smillie: «*very deserving good man known in that day as a Carver & gilder, by the name of Chauseur* [sic][44]».

Avec son musée, Chasseur connaît bien des déboires, surtout finan-ciers, qui l'amènent à faire des réclamations auprès du gouvernement afin d'être soutenu dans son œuvre colossale, bien au-dessus de ses moyens. Des hommes influents viennent le supporter dans cette entreprise solitaire, parmi lesquels il faut nommer Louis-Joseph Papineau, qui écrit en 1826: «pour me

---

39. ANQ 03Q-Zq-65 Loc. 4 M00-0168-A. Registre de Saint-Étienne-de-Beaumont. «Le huit d'octobre mil sept cent quatre vingt six par nous prêtre soussigné a été baptisé Pierre né devant hier du légitime mariage de Pierre Dangueusé et Marguerite Lacroix. Le parrain a été Jean Lacroix, marraine Josette Couture. Tous illettrés Berthiaume, ptre».

40. ASQ-Séminaire 120, n° 288; Séminaire 123, n°s 489 à 491.

41. *La Gazette de Québec,* 13 juin 1816.

42. M. BIBAUD, *Bibliothèque canadienne,* Montréal, M. Bibaud, tome II, n° 1, 1825-1826, p. 74.

43. Par un concours de circonstances, c'est ce même Smillie qui se voit, le premier, nommé en charge de la collection embryonnaire de la *Literary and Historical Society of Quebec.*

44. Tiré de Mary MACAULAY ALLODI et Rosemarie L. TOVELL, *An Engraver's Pilgrimage: James Smillie in Quebec, 1821-1830,* Toronto, Royal Ontario Museum, 1989, p. 39.

consoler j'ai été voir [avec lui] une belle collection de plus de cinq cens espèces d'oiseaux du pays empaillés avec beaucoup de soin et d'habileté par un Canadien du nom de Chasseur, où nous avons parlé une couple d'heures avec instruction & plaisir[45]». Dans *La Minerve* du 25 février 1830, on rapporte que l'Honorable Papineau «paya un tribut d'éloges à M. Chasseur qui avait contribué à agrandir l'esprit de ses concitoyens et à leurs jouissances scientifiques, avantages qui suivent l'étude des sciences». On poursuit, dans ce même article, sur l'importance qu'une telle entreprise a pour l'avancement du pays, mais on insiste aussi sur la responsabilité du gouvernement envers ceux qui en ont l'initiative:

> Toutes les nations policées les aident et les encouragent. Pardessus tous, l'étude de l'histoire naturelle, des échantillons rassemblés de toutes les parties du globe, des merveilles de la nature mises par ordre, tend à agrandir l'esprit, à dissiper les préjugés, à ouvrir le chemin de nouvelles découvertes dans les arts; et c'est là un des élémens qui portent les nations à la prospérité et à la gloire. Quant à l'individu dont il était question, aucune louange ne pouvait être déplacée à l'égard de M. Chasseur: privé des avantages d'une éducation scientifique, n'ayant rien que son énergie naturelle, et son ardeur pour les recherches utiles, il avait suivi la pente de son génie, et s'était soumis à des privations, des fatigues et des difficultés qui auraient fait reculer un homme ordinaire. Il y avait trouvé sa propre félicité, c'était là sa passion et son bonheur, non seulement de suivre son propre goût, mais de communiquer à ses concitoyens les fruits de son assiduité et de sa persévérance[46].

Chasseur aura grandement besoin de ce genre d'appui puisque son entreprise court à la faillite de façon récurrente année après année, à tel point que le gouvernement formera un comité spécial pour entendre divers spécialistes se prononcer sur la valeur de sa collection, sur la situation précaire du musée et, enfin, sur les moyens à prendre pour la redresser. Jérôme Demers, grand vicaire et l'un des directeurs du Séminaire de Québec, Xavier Tessier, médecin, et Louis Panet, notaire, sont unanimes pour témoigner en faveur de l'œuvre de Chasseur et encouragent le gouvernement à «nationaliser» son musée. «Un musée public, de dire Demers, si nous avions le bonheur d'en posséder un, fournirait à un jeune professeur les matériaux absolument nécessaires pour le mettre en état de donner des leçons passables sur quelques parties de l'Histoire naturelle[47]». Les témoins sont par ailleurs conscients de l'effort que l'État doit fournir pour mettre en place un pareil projet, puisqu'«il est impossible par le moyen de souscripteurs et de visiteurs de pouvoir supporter un semblable établissement[48]».

---

45. Archives nationales du Canada, *Fonds Louis-Joseph Papineau et famille* [MG 24 B2 vol. 1, p. 627].

46. *La Minerve*, 25 février 1830.

47. «Minutes des témoignages», *Journaux de la Chambre d'Assemblée de la Province du Bas-Canada*, session 1831-1832, vol. XLI, Appendice.

48. *Ibid.*

Au fil des ans, Chasseur accumule de tels appuis avec, comme résultat, que l'opinion générale semble acquise à sa cause et qu'au fond sa passion de collectionneur isolé l'emportera sur l'incapacité de son entreprise à survivre dans un marché trop restreint. Objet de vibrants témoignages comme «Le Canada doit à Mr. Chasseur la fondation d'un établissement que l'on devrait conserver avec le plus grand soin[49]», le musée va finalement se retrouver sous la coupe du gouvernement, puisqu'«il faut que le pays prenne lui-même cet établissement sous sa protection[50]». C'est en 1836 que la province en fait l'acquisition, et la tâche d'en faire l'inventaire revient à Jean-Baptiste Meilleur, futur surintendant de l'Instruction publique[51].

Cette vente survient juste à temps pour Chasseur, car, patriote militant, il va mettre un terme à ses bonnes relations avec les autorités par son radicalisme politique et sera poursuivi pour haute trahison par la Couronne. Alors que tous s'entendaient pour qu'il soit en charge du nouveau musée d'État[52], Pierre Chasseur est «l'une des victimes de la politique ombrageuse du temps[53]» et se trouve finalement écarté de cette fonction à cause de sa participation à la Rébellion de 1837-1838, pour laquelle il fera d'ailleurs deux courts séjours en prison, en 1837 et 1838[54].

Étonnamment, aucun de ses biographes ne l'a noté, mais au mois de mai 1839 il se marie devant le notaire R.-G. Belleau[55] avec une modiste de la rue Couillard, Marie-Thérèse Gagnon. Cette union ne semble pas avoir duré puisqu'aucun registre paroissial de Québec ne témoigne d'une cérémonie religieuse consacrant leur vœu de mariage et, de surcroît, au décès de Chasseur, survenu en 1842, son épouse ne signe pas comme témoin. Il s'éteint donc dans l'ombre, sans le sou, mais peut-être avec la satisfaction secrète d'avoir mis sur pied une collection nationale.

C'est dire combien la vie de Chasseur nous est encore mal connue, et que les quelques éléments biographiques inédits que nous avons apportés ici jettent une lumière nouvelle sur un personnage encore mystérieux à bien des égards. Voilà bien un homme de son temps, emporté, comme bien d'autres de ses contemporains, par une vague sociale qui fera de Québec, à

49. *Le Canadien,* 4 septembre 1833.

50. *Ibid.*

51. Léon Lortie, «Jean-Baptiste Meilleur», *Dictionnaire biographique du Canada,* vol. X: *1871-1880,* Québec, Les Presses de l'Université Laval, 1972, p. 554-558.

52. *Le Canadien,* 8 avril 1836: «Somme toute, la province en acquérant pour sa créance le musée Chasseur, fait un excellent marché. Mais un autre bon marché qui lui reste à faire, c'est utiliser les talens, et de profiter du goût de M. Chasseur pour compléter son musée.»

53. *Le Canadien,* 23 mai 1842.

54. Voir, à ce sujet, Ægidius Fauteux, *Patriotes de 1837-1838,* Montréal, Éditions des Dix, 1950; et Antoine Roy, «Les Patriotes de la région de Québec pendant la rébellion de 1837-1838», *Cahiers des Dix,* n° 24, 1959, p. 241-254.

55. ANQ-Q, *Fonds René-Gabriel Belleau,* 8 mai 1839, CN 301.18/21.

tout le moins pour quelques décennies, la capitale culturelle et intellectuelle des Canadas.

Le musée Chasseur, tel qu'il avait pignon sur la rue Sainte-Hélène (aujourd'hui MacMahon), dans le quartier du Palais, a eu une existence relativement brève (1824-1836). Par contre, cette première collection d'animaux indigènes trouve plus tard son prolongement au musée du Parlement. Ce qui nous fait dire que Chasseur, par son œuvre, a contribué de manière indiscutable à la formation du premier musée national. Son entreprise est certainement exemplaire à plusieurs égards. Initiative individuelle, elle se solde par un échec financier, mais finit par jeter les bases de ce qui va constituer la difficile naissance d'un musée d'État et témoignera, plus globalement, du timide développement de la muséologie à Québec.

À la même période, dans la même ville, une société savante sera mise sur pied par une élite éclairée et bénéficiera des largesses du pouvoir. Cette société, la *Literary and Historical Society of Quebec,* va pour ainsi dire tout ignorer du travail de Chasseur, comme si son œuvre n'avait que la valeur de la hardiesse de son créateur. Il est tout de même surprenant qu'à aucun moment des débuts de cette société il n'y ait eu de liens plus étroits avec notre passionné de sciences naturelles. Il faut dire que l'humeur critique de Chasseur à l'égard du pouvoir colonial n'avait sûrement pas attendu les troubles de 1837-1838 pour se manifester et que, dans la plus grande discrétion, la *Literary and Historical Society of Quebec* pouvait se permettre, du moins dans ses relations officielles, de choisir ses fréquentations «scientifiques».

Le musée de la Société littéraire et historique de Québec est le produit de la détermination d'un groupe d'individus dans leur quête de connaissances. Certains membres de cette société, qui voit le jour le 6 janvier 1824, ont joué un rôle déterminant, tant dans la fondation que dans l'orientation et la croissance du musée. C'est ainsi, par exemple, que le comte et la comtesse Dalhousie ont été des acteurs importants dans son élaboration par leurs efforts pour créer la Société, prenant modèle sur la *Literary and Historical Society of New York*[56], et par le profil qu'ils lui impriment grâce au précieux don de la comtesse Dalhousie, en 1827[57], reflétant ainsi l'intérêt des donateurs pour les sciences. Cependant, les débuts des activités de «collectionnement» et de conservation précèdent le don de la comtesse et la fondation réelle du musée remonte donc à une date antérieure. De plus, il

---

56. ASLHQ, Lettre de Dalhousie à M. Dewitt Clinton, Albany, 2 octobre 1823. Voir aussi Ginette BERNATCHEZ, *La Société littéraire et historique de Québec 1824-1890,* Québec, Université Laval, thèse de maîtrise en histoire, 1979, p. 3.

57. Voir «Catalogue of Canadian Plants collected in 1827 & presented to the Literary and Historical Society, by the R. H. the Countess of Dalhousie», dans *Transactions of the Literary and Historical Society of Quebec: Founded, January 6, 1824,* vol. 1, Québec, François Lemaître, 1829, p. 255-261.

est maintenant acquis qu'un conservateur est nommé dès le début des activités de la Société, soit vers 1825 comme nous le verrons plus loin.

Il est donc évident que la date présumée de fondation du musée, située dans les années 1830[58] par les documents connus jusqu'à maintenant, est erronée et que le musée a toujours joué un rôle central au sein de la Société, dès la fondation de celle-ci en 1824. Bien que l'accent ait été mis sur les documents manuscrits et imprimés, les témoins matériels ne sont pas exclus des préoccupations de la Société. Il semble que cette erreur d'interprétation provienne d'une lecture trop étroite des archives. Ainsi, dans la brochure intitulée *Quebec Literary and Historical Society,* contenant les règlements et une adresse au public, l'on retrouve que:

> Quoiqu'il entre dans les vues de la Société d'embrasser par la suite tous les objets d'intérêt et de recherches littéraires [...] Les premiers et principaux objets de la Société seront donc naturellement de découvrir et de soustraire à la main destructive du temps les fastes qui peuvent encore exister de l'histoire des premiers temps du Canada, de préserver tandis que c'est encore en notre pouvoir, tous les documens[59] qui peuvent se trouver dans la poussière de dépôts qui n'ont pas encore été visités, et être importans à l'histoire en général et à cette Province en particulier [...] Les objets qui paraissent devoir ensuite attirer l'attention de la Société sont d'encourager par tous les moyens possibles la découverte, la collection et l'acquisition de toutes les informations tendant à répandre du jour sur l'histoire naturelle, civile et littéraire de l'origine des Provinces Britanniques dans l'Amérique Septentrionale et d'encourager et de récompenser de telles découvertes, par tous les moyens en notre pouvoir[60].

Le premier conservateur du musée de la Société fut David Smillie, père, un joaillier de profession qui arriva à Québec en 1821. En dehors de ses activités professionnelles, il avait participé, en 1812, à des expéditions scientifiques d'exploration géologique et minéralogique aux îles Faeroe. Il avait également été membre d'une expédition similaire en Norvège. Les sciences naturelles étaient donc une préoccupation centrale chez lui et il n'est pas surprenant que l'on ait profité de ses compétences peu après son arrivée à Québec. Il aurait donc été actif dans les fonctions de conservateur du musée de la Société dès 1825, et ses tâches se rapportaient principalement

---

58. Ginette BERNATCHEZ, *La Société littéraire et historique de Québec 1824-1890,* Québec, Université Laval, thèse de maîtrise en histoire, 1979, p. 100.

59. Ces documents pourraient être des témoins matériels et le sens de la phrase n'est donc pas restrictif aux seuls documents manuscrits ou imprimés, mais peut s'appliquer aux artefacts au sens large.

60. *Quebec Literary and Historical Society,* Québec, Sro, 1824, cité dans Louis P. TURCOTTE, «La Société littéraire et historique de Québec», dans *Address to the Members of the L.H.S.Q. (delivered by James Stevenson, President), 19 déc. 1877 & La Société littéraire et historique de Québec. Conférence prononcée le même jour par Louis Turcotte. Secrétaire archiviste,* Québec, 1878, p. 25-26.

au soin de la collection de spécimens minéralogiques et zoologiques et ce, dès la création de la Société.

Cette attribution d'une date de début des activités muséologiques concomitante à la formation de la Société est de plus appuyée par le témoignage du conservateur du musée, R. H. Russell, lorsqu'il constate, dans son rapport de 1855, que les pertes du musée sont *«many articles, the careful collection of thirty years, commencing with the foundation of our Society*[61]*».*

D'autre part, le témoignage du fils de David Smillie illustre le rôle de son père au sein de la Société littéraire et historique de Québec. Ainsi, William Cumming Smillie écrit que son père

> *[...] lingered six years, the last two entirely deprived of the use of his limbs. Two days previous to his loss of locomotion he had been appointed by the " Quebec Literary & Historical Society" to a position in its service designed to collect specimens of the minerals of the Country, as it was his favorite study — and as a skilled Taxidermist, to collect & preserve the Birds and quadrupeds of the Country, which Constituted the beginning of the Institute's collection*[62].

Par ailleurs, l'union, en 1829, de la *Literary and Historical Society of Quebec* avec la Société pour l'encouragement des arts, des lettres et des sciences au Canada semble avoir eu un double effet sur les collections du musée: une diversification et un enrichissement quantitatif des collections. En effet, il semble que les deux sociétés aient eu leur cabinet respectif[63]. De plus, à la suite de la fusion des deux sociétés, des fonds supplémentaires devinrent disponibles pour l'acquisition de divers objets de nature muséologique.

Cette union a aussi eu pour résultat une diversification de la clientèle du musée. Ainsi, la Société pour l'encouragement des arts, des lettres et des sciences au Canada est majoritairement composée de francophones alors que les membres de la *Literary and Historical Society of Quebec* sont principalement de souche britannique. La nouvelle société devient donc le lieu de rencontre privilégié de l'élite des deux cultures dans la poursuite et l'échange de connaissances scientifiques. C'est dans cette conjoncture très favorable que va se développer le musée dans les années 1830.

---

61. R. H. RUSSELL, «Report of the Curator of Museum», *Report of the Council of the Literary and Historical Society of Quebec with the Treasurer's Report. List of Members, etc. etc., Quebec: 1856,* p. 9.

62. M. MACAULAY ALLODI et R. L. TOVELL. *An Engraver's Pilgrimage...,* op. cit., p. 39.

63. Archives de la Société littéraire et historique de Québec, *Fonds Société littéraire et historique de Québec,* dossier L1/B, 18, *«Union with the Society for the Encouragement of Arts & Sciences»,* manuscrit daté du 25 janvier 1829 et signé par Joseph BOUCHETTE: *«members of both societies shall have an equal right of access to the cabinets and to the meetings of each [...]».*

Bientôt la nouvelle société, nommée Société littéraire et historique de Québec, prend son importance et est reconnue officiellement par une charte royale le 5 octobre 1831. Ses premières réunions ont lieu au Château Saint-Louis, à l'époque résidence officielle de Lord Dalhousie. La Société littéraire et historique de Québec déménage ensuite, en 1832, dans l'Édifice Union, auparavant nommé Hôtel Union, que l'on a rénové et auquel on a ajouté un étage lors de la réaffectation de l'édifice à la fonction publique[64].

Il est difficile de définir la configuration exacte des salles du musée de la Société, mais LeMoine affirme qu'en 1832 la bibliothèque et le musée occupent une grande salle dans l'Édifice Union[65]. Ce serait donc dire que les deux fonctions sont réunies dans la même salle. La description de George Bourne confirme cette hypothèse quand il écrit:

> *The whole front on the first story contains the Museum of the Society for Promoting Literature, Science, Arts and Historical Research in Canada*[66].

Bouchette fournit, à son tour, une description plus détaillée de la salle du musée:

> *The walls of the great room are hung with paintings in various styles, some of which are of the best schools, and would do honour to any gallery. The collection belongs to Mr. Joseph Ligaré [sic], a Canadian artist of reputation, and a member of the society, who has liberally consented to this gratuitous exhibition of art upon the mere condition that the paintings should be insured by the society against accidents by fire*[67].

La Société change ensuite de locaux pour finalement s'installer, vers 1844, dans l'édifice du Parlement, situé côte de la Montagne. Cette fois, le musée et la bibliothèque occupent des espaces distincts[68]. En 1852, après les rénovations suggérées par l'architecte Brown, la Société littéraire et historique de Québec emménage au troisième étage de l'ancienne aile (aile nord-ouest), au-dessus de la salle d'assemblée, dans une salle contiguë à celle qu'elle occupait auparavant[69]. Le 1ᵉʳ février 1854, les collections du musée et de Chasseur sont détruites dans leur presque totalité par l'incendie

---

64. Joseph BOUCHETTE, *The British Dominions in North America: or a Topographical and Statistical Description of the Provinces of Lower and Upper Canada. New Brunswick. Nova Scotia. The Islands of Newfoundland, Prince Edward, and Cape Breton. Including Considerations on Land-Granting and Emigration. To which are annexed Statistical Tables and Tables of Distances &c.*, London, Longman, Orme, Brown, Green, and Longman, 1832, p. 251-252.

65. J. M. LEMOINE, *Picturesque Quebec*, Montréal, Dawson, 1882, p. 118.

66. G. BOURNE, *The picture of Quebec and vicinity*, Québec, P. & W. Ruthven, 1831 [2ᵉ édition revue et corrigée], p. 94.

67. J. BOUCHETTE, *op. cit.*, p. 252.

68. *The Quebec Guide. Comprising an Historical and Descriptive Account of the City and Every Place of Note in the Vicinity. With a Plan of the City*, Québec, W. Cowan, 1844, p. 131.

69. *Ibid.*, «the old, or north-west wing [...] In the third story [...] The large room in this flat, formerly used by the Literary and Historical Society [...] is used as a Refreshment Room for the members. The extensive room.»

qui ravage l'édifice du Parlement, où les collections étaient exposées à l'étage supérieur, sous le dôme.

Après une série de déménagements successifs[70] et d'autres incendies[71] qui ne sont pas venus à bout de la détermination[72] de la Société littéraire et historique de Québec, cette dernière se joint en 1862 au Morrin College pour occuper l'édifice du Masonic Hall. En 1868[73], après le déménagement du Morrin College dans l'ancienne prison de Québec, la Société y réaménage sa bibliothèque et ce qui reste de son musée dans les locaux de l'aile nord de l'édifice[74], locaux qu'elle occupe encore de nos jours.

Québec, capitale culturelle... pour un temps seulement?

Une société, par surcroît une nation en plein essor, tente par tous les moyens de se doter d'infrastructures qui lui permettent d'avancer sur tous les fronts de ce que l'on a longtemps appelé le progrès. Québec n'échappe pas au mouvement et réalise de grandes percées sur ce plan, notamment pour la décennie 1826-1836: «*If a period can be assigned for a "Golden Age" of science in Quebec it would fall roughly in the decade 1826-1836 after which a decline became noticeable[75].*»

À son avantage, en 1831, la population de Québec est encore légèrement supérieure en nombre à celle de Montréal (29 556 pour Québec contre 27 297 à Montréal, comprenant les militaires en garnison, qui dépassent les 2 000 hommes[76]). De plus,

[...] many favourable local conditions contributed to the successful cultivation of science at Québec in the second quarter of the nineteenth

---

70. La destruction du musée ne fut pas totale, comme le rapporte E. A. MEREDITH, *Report of the Council of the Literary and Historical Society of Quebec for 1854*, p. 4. Voir aussi la lettre de William COUPER (annexe n° 10) faisant allusion à des spécimens zoologiques qui auraient survécu aux flammes.

71. «Your curator regrets being obliged to report the total destruction of your entire collection of objects of natural history, archaeology. The loss is the more to be regretted in that a successful effort was being made to replenish the natural history department», *Report of the Council*, 1862, n. p.

72. L. P. TURCOTTE, *op. cit.*, p. 41.

73. J. M. LEMOINE situe le déménagement en 1870, dans *Picturesque Quebec... op. cit.*, p. 117.

74. «*The rooms of the Morrin College contain some other objects of interest. The north wing of the building was leased for the library and extensive museum of the Quebec Literary and Historical Society. The museum comprises a valuable selection of Canadian birds; an extensive zoological collection; historical medals, rare old coins, &c.*», J. M. LEMOINE, *Quebec Past and Present, A History of Quebec. 1608-1876*, Québec, Augustin Côté & Co., 1876, p. 370; et M. CHAUVEAU, *L'instruction publique au Canada: précis historique et statistique*, Québec, Imprimerie Augustin Côté et Cie, 1876, p. 126.

75. R. A. JARRELL, «The Rise and Decline of Science at Québec, 1824-1844», *Histoire Sociale/Social History*, vol. X, n° 19, mai 1977, p. 83.

76. W. H. PARKER, «Quebec city in the 1830's», *Les Cahiers de géographie du Québec*, n° 6, 1959, p. 263.

century: a population large and educated enough to include a number of literate citizens, a continuing influx of people from outside to sustain flagging local energies; and the ready access to books, instruments and specimens[77].

Au delà de ces facteurs, il y a l'influence des individus qui se font promoteurs de la science et des arts à Québec. Chez les francophones, on trouve, à différentes périodes, les Jérôme Demers, John Holmes, François Blanchet (diplômé de Columbia) et Joseph-François Perrault, auxquels il faut ajouter Pierre Stanislas Bédard, éditeur du journal *Le Canadien,* qui fut en son temps une figure de proue dans le domaine des sciences. On a d'ailleurs pu voir trôner le buste de ce dernier[78], devenu l'Honorable Pierre Stanislas Bédard, au musée Chasseur avant qu'il n'aille loger dans la salle de lecture de la Chambre d'assemblée[79].

D'autre part, les *Literary and Historical Society of Quebec* (1824), *Quebec Medical Society* (1826), Société pour l'encouragement des sciences et des arts au Canada (1827), *Quebec Library Association, Quebec Mechanics Institute* (1830) et Société canadienne d'études littéraires et scientifiques (1843) sont parmi les organisations savantes qui, à divers degrés, ont aussi participé à cette effervescence et entraîné dans leur soif de culture des individus comme Pierre Chasseur et Joseph Légaré, qui se sont passionnés respectivement pour les sciences et les arts.

Que la démarche culturelle soit spontanée, sinon savante, une chose reste fondamentale et déterminante pour l'ensemble des activités intellectuelles à Québec, c'est le rôle politique de la ville. Selon les moments de son histoire, la fonction de capitale de Québec fut parfois plus symbolique que réelle, mais il reste que cette vocation demeure fortement structurante pour tout organisme qui y élit son siège. La force d'attraction de Québec, avant tout centre politique et administratif, fait que la genèse de la muséologie québécoise est nettement orientée par la fonction de prestige inhérente au statut de capitale de la ville.

Pourrait-on avancer que les caprices du développement économique sont moins directement responsables de la qualité de la vie culturelle à Québec, notamment à travers ses musées, que l'omniprésence gouverne-

---

77. R. A. JARRELL, *op. cit.,* p. 75.

78. Voir la liste des documents iconographiques en annexe.

79. *Le Canadien,* 16 août 1833: «Nous avons le plaisir d'annoncer qu'aux portraits de quelques-uns de nos compatriotes distingués, qui ont été gravés, on pourra joindre sous peu de temps le buste en plâtre, grandeur naturelle, de feu l'Honorable Pierre Bédard, le grand patriote de 1810. Le buste de ce Monsieur a été moulé par un habile artiste, maintenant en cette ville, sur un masque qu'on avait imprimé [sic] de ses traits après sa mort, et est, dit-on, très bien exécuté. Il sera exposé, dans quelques jours dans la salle de lecture de la Chambre d'Assemblée et dans celle de la Bourse. Nous devons remarquer que l'idée de cet ouvrage est due à notre compatriote, M. Chasseur, qui a fourni à l'artiste l'empreinte modèle du buste et qui s'est vivement intéressé à la faire exécuter.»

mentale qui impose la création d'institutions nationales? À Québec, les musées de la première moitié du XIXᵉ siècle deviennent, jusqu'à un certain point, les instruments du pouvoir politique qui les utilise comme vitrine. Il s'agit ici d'une tendance marquée que l'on ne peut ignorer, surtout avec l'avènement d'un musée national qui, au départ, connaîtra quelques ratés avant de s'ancrer définitivement en cette ville, au XXᵉ siècle[80].

Le musée national a besoin de l'État pour voir le jour et connaître un développement enviable. Mais il est également important de signaler, à la lumière de ce qui vient d'être énoncé, que l'État a tout autant besoin du musée national pour rendre visibles ses caractères identitaires et ainsi définir une part signifiante du territoire de la symbolique nationale[81].

---

80. Voir, à ce sujet, Jean HAMELIN, *Le Musée du Québec, histoire d'une institution nationale*, Québec, Musée du Québec, 1991, 39 p. (Coll. «Cahiers de recherche», n° 1).

81. En prolongement de cette idée, il est intéressant de consulter *Musées d'histoire & Histoire dans les musées* (Actes du Séminaire du 17 juin 1992), Association internationale des musées d'histoire et Direction des musées de France, 1993, 56 p.

II
LES IDENTITÉS URBAINES

Le souvenir et la formation d'une conscience politique

La «Marche des chrétiens» du 16 février 1992 à Kinshasa

Bogumil Jewsiewicki
CÉLAT et Département d'histoire, Université Laval

Présentation[1]

Sans le moindre doute, ce sont les événements dans leur matérialité crue, au moment où ils se produisent, qui forment et déforment les conditions d'existence des hommes. Des manifestants ou des combattants tombent, non pas sous les idées mais sous les balles, même s'ils se croyaient immunisés contre leur impact. Cependant, aussitôt terminé, ou souvent même avant qu'il ne prenne fin, un événement s'inscrit dans une structure de représentation, structure qui peut être mais n'est pas forcément narrative. Désormais, son rôle politique et son potentiel pour l'action se trouvent largement influencés par la manière dont il devient un élément, parfois central, d'une mémoire ou de l'Histoire[2].

Ce passage d'une matérialité fondamentale et indéniable vers une idée n'annule ni la réalité ni l'impact matériel de ce qui s'est passé; néanmoins, il en modifie profondément la portée politique. C'est à travers la manière dont une société se représente, socialement et individuellement, qu'un événement acquiert son vrai statut et se transforme en acte politique au passage du souvenir vers l'Histoire, au passage de la présence (le fait d'y

1. La production de ce texte a été rendue possible grâce à une subvention de recherche du Conseil de recherches en sciences humaines du Canada pour le projet consacré à l'étude de la formation de la mémoire et des identités sociales au Zaïre. Une telle étude doit nécessairement être comparative et je remercie mes collègues du CÉLAT, en particulier Jocelyn Létourneau, pour l'environnement intellectuel qui a permis cette perspective comparative. Il n'est pas possible d'expliciter ici leur apport immédiat. La bibliographie du sujet serait longue et souvent confuse. Les recherches actuellement dirigées par les membres du collectif Subaltern Studies (voir Sudipta KAVIRAJ, «The Imaginary Institution of India», dans Partha CHATTERJEE et Gyanendra PANDEY (éd.), *Subaltern Studies VII: Writings on South Asia History and Society*, New Delhi, Oxford, 1992, p. 1-38) sont parmi les plus intéressantes. Plusieurs travaux importants paraissent dans la revue *Public Culture*.

2. J'emploie la majuscule pour distinguer l'Histoire discipline du savoir de l'histoire qui réfère au passé.

avoir été) vers la conscience du geste *(gesta)* qu'embrasse le récit. Le souvenir des acteurs ou des observateurs conserve un événement dans le domaine du social, le protège de l'oubli; son insertion dans l'Histoire, dans une structure narrative qui réorganise le passé en fonction d'une trame, d'un schéma explicatif, le charge d'un sens politique et le dote d'un potentiel d'action. Le processus n'est ni automatique ni accidentel; pour qu'il puisse aboutir à l'historicisation, à la transformation d'un événement en un lieu de mémoire, il faut une trame narrative productrice du sens où l'événement en question pourrait prendre place à travers la représentation qui lui confère une vie nouvelle. Il faut aussi des intermédiaires culturels pour proposer, pour mettre en marche le processus d'agglomération des mémoires de celles et de ceux qui s'en disent témoins. Ne participe pas à cette «historicisation» des mémoires qui veut, puisque pouvoir dire son souvenir sur le mode de l'Histoire requiert une prétention à la parole politique, laquelle échappe à de nombreux secteurs de la société.

Dans ce travail, je ne m'intéresserai qu'au processus de passage d'un simple souvenir au témoignage qui réclame une place au sein de l'Histoire et qui produit un sens social à deux faces: historique et politique. Je ne veux pas dire que c'est un processus auquel tous les membres d'une société ont un accès égal, que ce soit à titre de témoins reconnus ou à celui d'acteurs légitimes. Dans les témoignages analysés, les hommes dominent comme acteurs; les martyrs de la démocratie sont masculins, même dans les récits féminins.

C'est dans cette perspective que j'examinerai ici les témoignages de la participation à la Marche des chrétiens du 16 février 1992 à Kinshasa. Il s'agit d'un fait collectif qui devient l'événement fondateur de la participation populaire à l'action politique. Sous nos yeux, la mémoire se transforme en Histoire. La naissance des martyrs de la démocratisation marque l'investissement du politique par la masse urbaine de Kinshasa. Le fameux discours présidentiel du 24 avril 1990 n'a somme toute été qu'un octroi autoritaire de la démocratie semblable à tant d'autres proclamations politiques de la deuxième république «indigénisant» le paternalisme colonial belge. La Marche du 16 février 1992 et, surtout, la place qu'elle a prise dans la conscience politique kinoise semblent mettre un terme au despotisme politique comme mode de communication et mode de gestion politiques. La volonté populaire de participer activement à l'action politique s'affirme à travers l'obligation de se souvenir des morts, devenus autant les martyrs que les parents d'une nation dont la taille réelle ne dépasse pas encore de beaucoup la ville de Kinshasa. Le petit Bob, offert par son grand-père à Dieu sur l'autel de la démocratie, interdit plus que symboliquement le retour au passé politique pour quiconque connaît la place du deuil dans les mécanismes de cohésion sociale en Afrique noire contemporaine.

J'estime que l'analyse que je propose ici correspond à l'intention discursive des auteurs et surtout aux objectifs du genre auquel ces textes appartiennent dans la culture zaïroise et, plus spécifiquement, kinoise. Il s'agit, d'une part, de la relation des événements dont le narrateur se dit témoin à divers titres. Cette relation appartient au médium de la radio-trottoir[3], où elle occupe une place de choix. On pourrait dire en bref que ce genre se caractérise essentiellement par l'intentionnalité manifeste de dire vrai, ce que garantissent deux critères de vérité sur lesquels repose la véracité de l'information médiatique dans le monde contemporain : le témoignage oculaire ou auriculaire, et les sources bien informées mais non identifiées pour en protéger la confidentialité. Contrairement à ce que suggère une première impression, la radio-trottoir n'est pas de l'ordre de ce que nous qualifions habituellement, en Occident, de rumeur, même si la rumeur y tient une large place. Elle est surtout une institution informelle de circulation de l'information vraie, par opposition à l'information fausse des médias officiels censurés par l'État et qui reposent essentiellement sur l'autorité de la source officielle. Au contraire de la «source autorisée», la radio-trottoir est de type oral postscriptural et, à ce titre, moderne sinon postmoderne. Son autorité s'appuie sur l'épistémologie de la modernité, la valeur de l'observation directe dont la véracité peut être soumise à la critique et à la compétence d'un spécialiste, d'une source bien informée mais non nommée. Il est possible de démontrer qu'au moins formellement elle produit la preuve de véracité, ou son semblant, sur le modèle implicite de la critique historique.

Une autre lecture, offerte non moins intentionnellement, et en relation directe avec la première, se dessine à travers la transformation du passé en Histoire. Je compte lui consacrer une part importante du présent article. C'est une première étape de construction de la conscience historique et, à son horizon, point la conscience politique.

En même temps qu'elles s'en dégagent, ces lectures organisent aussi en un ensemble les représentations qui articulent les vécus individuels à ce qui est donné pour destin collectif. Il en ressort une grille permettant de mettre en sens l'agir et le penser, l'être et le mourir. La plus grande difficulté que doit affronter un chercheur qui veut construire un objet d'étude à partir de ces consciences réside dans leur fluidité, dans leur caractère implicite. Là où l'une d'elles est énoncée explicitement, nous avons affaire à un texte de propagande et donc à une imposture qui peut être mais ne constitue pas forcément une approximation de la réalité idéologique. Les images, qu'elles

---

3. Depuis quelques années, en marge d'autres projets subventionnés par le Conseil de recherches en sciences humaines du Canada, je dirige une étude sur le fonctionnement de la radio-trottoir au Zaïre. Les travaux sur cette question sont rares et se limitent essentiellement à ses effets politiques ; voir S. ELLIS, «Tuning in to pavement radio», *African Affairs,* n° 88, 1989, p. 321-330 ; et «Rumor and power in Togo», *Africa,* n° 52, 1993, p. 448-475. Voir également K. SABAKINU, «La radio-trottoir dans l'exercice du pouvoir politique au Zaïre», dans B. JEWSIEWICKI et H. MONIOT (éd.), *Dialoguer avec le léopard ? Pratiques, savoirs et actes du peuple face au politique en Afrique noire contemporaine,* Paris, L'Harmattan, 1988, p. 179-193.

soient données en tant que représentations plastiques ou verbales, ou probablement encore musicales, en constituent, je crois, la meilleure saisie synthétique. Elles posent néanmoins le défi de l'interprétation, qui est loin d'être aisée. Mon but est très simple, je dirais presque pédagogique. Je souhaite prévenir le lecteur qu'il ne doit pas s'attendre à trouver, dans le récit reproduit ici, une image synthétique de la conscience politique naissante. On ne peut l'observer que comme un processus qu'on capte en marche, qu'on lit dans les articulations, dans les rapports entre les textes, les images, les performances. Quand elle est dite tout de go, attention à l'imposture!

Avant d'aller plus loin, il est indispensable d'expliquer la portée de l'adjectif *kinois* qui, de toute évidence, renvoie tout d'abord à la ville de Kinshasa, mais dénote plus que la simple notion d'habiter la ville où se retrouve près d'un sixième de la population du pays. Cette explication me permet également de contextualiser les témoignages sur lesquels se base mon analyse.

De la qualité de «kinois», de la spécificité du mobutisme et du nouveau christianisme

D'une structure à quatre pôles économiques et administratifs héritée de la colonisation, structure économiquement avantageuse puisqu'elle favorisait la diversification économique, mais politiquement dangereuse, le régime du président Mobutu est rapidement passé à privilégier le pôle unique; le Zaïre est ainsi devenu un arrière-pays de Kinshasa. Après le transfert de souveraineté, la structure à plusieurs pôles ouvrait la porte, déjà entrebâillée dans les années 1920, au régionalisme, au pluralisme politique, voire aux sécessions. Sans suivre la lettre de la pratique économique et sociale du pouvoir colonial, le régime installé depuis 1965 en a repris et poussé jusqu'au bout la logique, qu'on peut résumer ainsi: concentrer l'attention sur le pôle et oublier le reste. Surtout depuis la «zaïranisation» du début des années 1970, l'avenir politique du pays s'est joué à Kinshasa. La transition démocratique n'a fait qu'accentuer cette réalité, comme l'a montré récemment la dernière grande explosion, habilement montée, des pillages militaires de décembre 1993, qui a redonné au président Mobutu le contrôle militaire de la ville; j'en parle dans l'interview qui commente cet événement[4]. Les événements que Mwadi wa Ngombu relate témoignent de l'âpre lutte pour le contrôle de la ville où gît le seul espace d'existence politique, sociale et culturelle du pays[5]. Les Kinois, autant que les habitants

4. L. Hossie, «Mobutu appears to regain control over Zaire», *The Globe and Mail,* 6 février 1993, p. A-8.

5. A. Ilunga Kabongo, «Déroutante Afrique ou la syncope d'un discours», dans B. Jewsiewicki (dir.), *État indépendant du Congo, Congo belge, République démocratique du Congo, République du Zaïre?,* Québec, Safi, 1984, p. 13-22.

du reste du pays, en sont conscients, même si la présente paralysie de l'appareil administratif et judiciaire ainsi que la fragmentation de l'espace d'action de l'appareil répressif en zones de prédation amorcent une certaine autonomisation de fait des régions qui, sauf pour le Kasai, s'est traduite par un repli autarcique.

La «sécession» monétaire du Kasai est l'exception qui confirme la règle. Cette région, forte de son économie diamantaire en grande partie fondée sur une exploitation artisanale difficile à contrôler même au stade de la commercialisation, a efficacement refusé le « zaïre lourd», monnaie imposée au reste du pays, et utilise les anciens billets de banque. La stabilité relative du système monétaire kasaien et son exclusion *de facto* de l'espace zaïrois en chute libre permettent probablement de tenir à l'écart les nouveaux «joueurs» politiques en quête d'enrichissement rapide qui se sont abattus sur le reste du pays. L'importance du contrôle financier de l'économie diamantaire, surtout de sa production artisanale, par le truchement des comptoirs d'achat «agréés», devient plus facile à saisir si l'on tient compte de la place du Zaïre dans le blanchiment des narcodollars.

En dehors du Kasai, la réforme monétaire semble avoir livré la population au dernier acte de la «zaïranisation», une nouvelle vague d'accumulation primitive au bénéfice des nouvelles recrues politiques du régime. Faute d'autres sources locales, le jeu actuel consiste à rafler l'épargne en devises étrangères qui vient souvent des Zaïrois installés à l'étranger et de l'aide internationale privée. Compte tenu de la privatisation *de facto* des émissions de billets de banque imprimés probablement au Brésil grâce au financement privé, les membres du gouvernement en place se servent de quelqu'un de la famille pour descendre dans une ville avec quelques centaines de kilogrammes de billets de banque afin de rafler toutes les devises localement en circulation. Une telle opération provoque souvent en un jour une hausse de 100% du taux de change et une proportionnelle flambée des prix.

Contrairement au Kasai, l'autonomie du Katanga (Shaba, selon le vocabulaire politique de Kinshasa), proclamée comme l'avènement d'une ère nouvelle pour tous les «originaires» de la province, a lamentablement fait long feu, excepté en ce qui a trait au retour symbolique à la dénomination d'avant la politique de «zaïranisation» des années 1970.

Dans le contexte d'une profonde crise économique et sociale amorcée au début des années 1970, laquelle ne cesse de se creuser depuis, la vision du monde et donc l'ensemble des représentations sociales entrent en contradiction flagrante avec la réalité des rapports de pouvoir et avec les pratiques sociales[6]. La crise est plus forte à Kinshasa, où les contradictions sont les

---

6. Il nous faut être très méfiant face à la tentation d'«africaniser» ce fait. Un historien québécois (Y. ROBY, *Les Franco-Américains de la Nouvelle-Angleterre 1776-1930,* Québec, Septentrion, 1990, p. 333) caractérise ainsi la situation des villes comme Manchester, en Nouvelle-Angleterre, totalement dépendantes, en 1935, d'une entreprise et assez largement peuplées des

plus marquées; la perception de ce bouleversement fondamental de l'univers social et de l'espace politique se traduit par un discours de crise morale. Autant l'origine de la crise que sa perception relaient et accentuent les contradictions nettement à l'œuvre dans l'espace «impérialiste[7]», métropolitain et colonial belge des années 1950. Cet espace comprend autant l'espace congolais que celui proprement belge où l'importance politique et culturelle du fait colonial était systématiquement niée. Le divorce de deux souverainetés a temporairement créé l'impression que les deux sociétés politiques pouvaient être radicalement et définitivement séparées. La colonisation n'aurait été qu'un accident de l'histoire; en prononcer la fin permettrait à chacun de suivre désormais son propre chemin en dépit du passé. Et pourtant, la logique de fragmentation politique qui s'appuie sur les oppositions binaires s'est remise à l'œuvre, de part et d'autre de l'océan, avant même l'enterrement légal du lien colonial. Désormais, c'est le principe d'exclusion de l'Autre qui structure l'action politique. Le métissage, qu'il soit culturel, biologique ou idéologique, est perçu comme le principal danger à la survie de l'ordre.

Au Congo belge[8], la représentation binaire de l'ordre social domine et oriente la naissance de la société «moderne», non seulement à cause de l'expérience du *colour bar* colonial, mais surtout par le fait des représentations propres à ceux qui se posent en modernes, à savoir les chrétiens. Les recherches récentes montrent que l'identité des chrétiens, surtout des catholiques romains, qui dominent politiquement l'espace colonial, a été construite par le jeu d'oppositions substantialistes d'un nous à l'égard des autres, de la tribu de Jésus-Christ (Bena Christo au Kasai) aux païens (Bena Diabolo). L'appartenance à l'un ou l'autre groupe ne conférait pas de rôle, mais des qualités mutuellement exclusives. L'entrée dans la tribu des Bena Christo devait instantanément abolir les liens de parenté avec ceux qui demeuraient membres de la tribu des Bena Diabolo et créer d'autres liens de même nature au sein de la nouvelle tribu[9].

---

immigrants francophones du Québec voisin. C'est toutefois l'institution familiale qui est la plus durement touchée. On a vu que le devoir du père de famille est de travailler et d'économiser pour subvenir aux besoins des siens. Son autorité dans la famille, sa respectabilité dans la communauté dépendent de sa capacité à faire face à ses obligations. Toute incapacité à le faire, selon le code des valeurs en vigueur au sein de la communauté franco-américaine, entraîne un sentiment de culpabilité, de mépris de soi et la réprobation des autres.

7. E. SAID, *Culture and Imperialism*, New York, Knopf, 1993; B. JEWSIEWICKI et V.-Y. MUDIMBE, «La diaspora et l'héritage culturel de l'impérialisme comme lieu de discours critique et de représentation du monde», *Revue canadienne des études africaines*, n° 28, 1994, p. 89-110.

8. B. JEWSIEWICKI, «De la nation indigène à l'authenticité. La notion d'ordre public au Congo 1908-1990», *Civilisations*, vol. 40, n° 2, 1992, p. 254-276.

9. M. KALULAMBI PONGO, «Christianisme et image de l'Autre en Afrique belge. Les catégories de langages dans les stratégies de dénomination», *Cahiers d'études africaines*, n° 130, 1993, p. 275-294; «Production et signification de l'identité kasaïenne au Zaïre. La Revue *Nkuruse*

À travers la notion d'ordre public, cette logique de construction des identités modernes, qu'elles soient ethniques ou autres, s'est étendue aux relations entre les sexes et a dominé la pratique politique du régime du président Mobutu. Les successions des jeux d'expropriation et d'appropriation, d'exclusion et d'inclusion n'ont fait que suivre la logique coloniale qui a légitimé l'expropriation des ressources naturelles, du travail, etc. L'aboutissement fatal de cette politique a amené, depuis l'époque coloniale, une croissante fragmentation de l'ensemble de la société située dans l'espace colonial. Je ne crois pas faux de dire que l'échec de cette pratique idéologique, mis en évidence dans l'expérience populaire par le désastre économique qu'a été la « zaïranisation », a conduit à l'inclusion croissante des Belges dans la famille zaïroise[10]. Depuis les années 1980, la culture populaire, surtout celle de Kinshasa, attribue assez généralement aux Belges la qualité d'oncles. Contrairement à l'exclusion, qui prive les deux parties de toute influence réciproque, l'inclusion donne prise sur l'autre, même si elle n'opère que de manière illusoire par le truchement de la sorcellerie. Les forces du régime mobutiste en place poursuivent, voire accentuent la politique d'exclusion, dont les pillages et la répression de la « Marche d'espoir » n'ont été que de nouveaux actes. La culture populaire, à l'opposé, inclut et assimile. L'idéologie dominante qui avait pour objectif central la distinction entre le Nous zaïrois (modèle idéal de l'être bantu sinon africain) et l'Autre, où le Belge incarnait tous les autres Blancs, s'est discréditée.

Vers la fin des années 1980, le blocage politique devient total. Sur le plan économique, il ne reste à peu près rien à redistribuer en vertu du jeu d'expropriation de l'Autre. S'impose alors l'expression « tout est bloqué » que traduit l'image d'*inakale*[11]. La culture populaire exprime la conviction qu'a la population de constituer désormais le seul gibier livré aux nouveaux prédateurs. Le constat de blocage est net et unanime. Un journaliste zaïrois exilé en France écrit à propos de son expérience de couverture de la Marche des chrétiens pour la station la Voix de l'Amérique : « la situation est totalement bloquée[12] ». Pour s'en échapper, seules deux avenues semblent s'ouvrir : 1. l'appel à Dieu, dont le secours est certes garanti à tous ceux qui le suivent, mais qui le plus souvent n'intervient que dans l'autre vie, et 2. la ruse, qui offre des solutions personnelles *ad hoc* et sans avenir puisqu'elle

---

en tant qu'instrument d'action et témoin 1890-1990», thèse de doctorat, Université Laval, Québec, 1993.

10. D. De Lannoy, M. S. Diangwala et B. Yeikelo ya Ato (dir.), *Tango ya Ba yoko. Le temps des oncles. Recueil de témoignages zaïrois*, Bruxelles, CEDAF, 1986 (Coll. «Cahiers du CEDAF», n°s 5-6).

11. T. K. Biaya, «Impasse de la crise zaïroise dans la peinture populaire urbaine, 1970-1985», dans B. Jewsiewicki (dir.), *Art et politique en Afrique noire*, Ottawa, ACEA/CAAS, 1989, p. 95-120.

12. Ph. de Dorlodot, *«Marche d'espoir» Kinshasa 16 février 1992. Non-violence pour la démocratie au Zaïre*, Paris, Groupe Amos-L'Harmattan, 1994, p. 11.

ne relève que de la tactique. Ainsi, la Marche des chrétiens du 16 février 1992 constitue effectivement une rupture puisqu'elle met concrètement à la portée de tous une troisième voie.

Il faut situer cette nouvelle voie par rapport à l'émergence d'une nouvelle pratique de la religion qui a affecté aussi bien les diverses Églises locales d'inspiration chrétienne, dont le nombre ne cesse de croître de manière exponentielle, que l'Église catholique romaine. Au sein du nouveau christianisme zaïrois se situe la nouvelle relation entre la communauté, qui est dorénavant celle des croyants, et les individus qui la composent à titre personnel. Il est désormais socialement accepté que chacun et chacune puissent choisir sa communauté de prières et d'appartenance, et même, éventuellement, en sortir, à condition de demeurer chrétien. La communauté possède certes une sorte de préséance devant l'individu puisque, par exemple, on accepte généralement le droit, pour une Église ou pour un groupe de prières du voisinage, de s'emparer de la cérémonie mortuaire d'une personne qui, tout en étant chrétienne, n'a pas appartenu à ce groupe ; parfois, deux ou trois groupes se succèdent ainsi au cours d'une cérémonie. Néanmoins, l'individu est reconnu comme acteur ; sa relation directe avec le Créateur est soulignée et son autonomie mise en scène par l'acte public de témoignage.

À des moments spécifiques, et habituellement bien distincts d'une cérémonie religieuse, un certain nombre d'individus se placent devant le groupe pour témoigner de la grâce divine dont l'un ou l'autre a bénéficié. Il s'agit d'un récit autobiographique construit autour de l'intervention divine et mettant celle-ci en valeur ; cette intervention atteste de la relation privilégiée entre le narrateur et Dieu. L'acte de grâce en est un de guérison puisque autant le chômage que l'échec scolaire, la mésentente conjugale ou une infection virale, voire l'ensorcellement, sont conceptualisés à titre de maladie dont un « désordre » moral constitue la source. Il est facile de voir, dans cette représentation sociale du mal qui peut être vaincu, une synthèse de la logique chrétienne de mise à l'épreuve du juste pour qu'il mérite personnellement la grâce et de la logique de la sorcellerie qui présente le mal dont une personne est affligée comme la manifestation d'un désordre social au sein de la communauté.

Le témoignage louange Dieu en livrant une nouvelle preuve de sa présence (sa nature est « moderne » puisque le témoin comparaît devant la communauté comme devant un tribunal). Le narrateur rappelle la responsabilité de chacun à l'égard de son salut et rétablit l'ordre au sein du groupe par une manifestation publique de reconnaissance de sa faute, suivie de la mise à mort/renaissance : le pécheur qu'il était n'est plus. La grâce divine l'a fait renaître comme une personne juste qui se tient devant la communauté. Si on retrouve dans l'acte de témoigner la structure d'une cérémonie de guérison, son organisation narrative est, au contraire, fondamentalement chrétienne et obéit aux trois phases suivantes: mise à l'épreuve par le Mal, puis reconnaissance de la faute et demande de pardon, enfin, grâce suivie de l'octroi du pardon par la communauté. Le rapport sur les événements de la Marche des chrétiens, rendu public en mars 1992 par l'association «Voix des sans-voix», raconte que les soldats qui gardaient les prêtres arrêtés pendant la Marche des chrétiens les obligeaient à prononcer «Vive Lucifer!» avant de leur permettre de regagner leurs cellules[13]. C'est une allusion claire à la nature satanique de l'État qu'on ne peut dès lors vaincre qu'en démasquant son pacte avec le diable. Seule la non-violence chrétienne peut en venir à bout.

Il est important de souligner que le nouveau christianisme zaïrois a déplacé l'au-delà ici et maintenant, et a mis la guérison de tous les maux à la portée des fidèles. Le miracle étant de ce monde, il n'est plus nécessaire de le quitter pour s'attendre à ce que la justice divine rétablisse l'ordre perturbé. Cette ouverture aux enseignements de la théologie de la libération a permis à «L'Appel au peuple de Dieu [...]» de faire résonner dans toute la ville le mot d'ordre «libère le Peuple de Dieu[14]».

Sur le plan politique, la nouvelle structure de mise en sens est lourde de conséquences puisqu'elle valorise moralement le fait d'être victime d'une injustice. Mwadi wa Ngombu conclut ainsi le récit de sa vie: «Dans ma vie, je peux affirmer que Dieu m'aime beaucoup, car j'ai traversé des étapes très difficiles.» La souffrance endurée des mains de quelqu'un qui est agent du Mal donne le privilège de s'attendre à un acte de grâce, mais aussi le devoir de lui accorder le pardon. Puisque la reconnaissance d'une faute commise sous l'emprise du Mal témoigne de la grâce divine, il serait sacrilège de la part de la victime de ne pas accorder le pardon demandé. L'accorder avant qu'il ne soit demandé peut attirer la grâce, sauver des âmes, et contribue à rétablir l'ordre divin. La logique de cette mise en sens du monde favorise la circulation des élites politiques, qui recourent au témoignage pour se refaire une peau neuve. Par ailleurs, elle encourage la participation populaire aux actions politiques. L'Appel du 10 février 1992 du Comité laïc de coordination conviant tous les chrétiens de Kinshasa à la «Marche d'espoir» exhorte chacun et chacune: «Chrétien, lève-toi, engage-toi[15]». L'emploi du singulier met l'accent sur la responsabilité personnelle, fait de chacun l'instrument de l'intervention divine: «libère le Peuple de Dieu».

---

13. Ibid., p. 69.

14. P. LUMBI et F. KANDOLO (pour le Comité laïc de coordination), «Appel», La Conscience, n° 73, 10 février 1992, p. 1.

15. Ibid.

Les martyrs de la démocratie et le passage à l'Histoire

Par contre, la Marche des chrétiens, que Mwadi wa Ngombu dit, à la fin de son récit, être le haut lieu de la martyrologie pour la démocratie, est l'objet d'une grande fierté. L'attitude de cette narratrice concorde bien avec le témoignage d'un journaliste kinois selon qui une mère de famille, la veille de la marche, a rêvé qu'elle y était tuée, puis y a participé malgré les supplications de ses enfants et est tombée sous les balles des soldats[16]. C'est une construction typique de la radio-trottoir; le nom de cette femme se retrouve sur toutes les listes de victimes; le journaliste rapporte ses propos et même le curé de la paroisse aurait participé aux efforts pour dissuader la visionnaire de courir à sa propre mort. Elle sacrifie sa vie puisque, dit-elle, «Rien ne me séparera de mon Dieu.»

José Mpundu, l'un des principaux animateurs du groupe Amos, la plus importante organisation de défense des droits de l'Homme au Zaïre, et un participant actif à la Marche, où il a été sérieusement agressé, la considère comme le point de départ de la «véritable démocratisation» du Zaïre[17]. Pour tous les observateurs, c'est un point de rupture de loin plus important que les pillages; Mwadi wa Ngombu compare la Marche à l'émeute du 4 janvier 1959. Son récit souligne l'acharnement des marcheurs à atteindre le rond-point de la Victoire dédié aux victimes de la répression coloniale, qui est cependant aussi le lieu où sont tombées les premières victimes populaires de la répression policière exercée par le régime du président Mobutu: les étudiants de l'Université Lovanium. Pour cette même raison, l'armée avait probablement reçu l'ordre de bloquer leur passage. D'ailleurs, peu importe si effectivement le conflit avec les soldats y a été plus intense que dans d'autres lieux; l'intrigue que la narratrice construit, renforcée par l'effet de vérité de l'affirmation du lien historique, permet à celle-ci de ne prononcer le terme d'holocauste qu'à l'égard de la répression coloniale; le transfert s'impose de lui-même. Si en majorité les habitants de Kinshasa sont trop jeunes pour avoir conservé un souvenir de l'émeute de 1959, en revanche leur âge les rend plus solidaires des étudiants dont le massacre à Lubumbashi, en 1990, résonne fort dans la mémoire collective.

Deux ans plus tard, et à l'autre extrémité du pays, à Lubumbashi, cette association apparaît dans la mémoire des adolescents. La Marche des chrétiens est, pour certains d'entre eux, un événement mémoriel, un lieu de mémoire de même valeur que l'émeute du 4 janvier 1959, un fait fondateur de l'Indépendance de 1960 que tout le monde dit aujourd'hui avoir été confisquée par Mobutu et son «clan». Il m'est évidemment impossible de conclure au caractère indépendant de cet investissement mémoriel. Les

---

16. Ph. de DORLODOT, «*Marche d'espoir*»…, *op. cit.,* p. 32.
17. *Ibid.*, p. 237.

observateurs et les commentateurs zaïrois et étrangers n'associent généralement pas ces deux événements, contrairement aux témoins et à la population, si les écrits d'élèves sont représentatifs. Les textes de ces derniers, à qui on a demandé de raconter l'histoire du pays dans le cadre d'une enquête sur la conscience historique, reflètent probablement les opinions des parents et des enseignants[18].

C'est autour de la construction de la mémoire de la Marche des chrétiens comme élément central de la conscience historique en formation que je veux prolonger la lecture comparée du témoignage de Mwadi wa Ngombu en regard d'autres témoignages de même nature.

Ces autres témoignages suggèrent que, à peine terminée, la Marche des chrétiens a déjà son martyr, voire presque une hagiographie, ce qui lui donne une supériorité sur les martyrs du 4 janvier qui ne sont qu'un nom collectif sans visage, sans corps. Le martyr, c'est Bob, dont nous ne connaissons aucune image, mais qui, sur les listes des victimes, a un nom, une adresse et des parents. Cet enfant de dix ans aurait été tué par une balle perdue et offert à Dieu par son grand-père, tel Abraham sacrifiant Isaac (rappelons-nous la déclaration de l'auteur du rêve prémonitoire: «Rien ne me séparera de mon Dieu»). À l'occasion de l'enterrement de la petite victime, ce grand-père aurait dit: «Seigneur, je t'offre mon enfant pour la libération de notre pays[19]». Il n'est pas sans importance que le sacrificateur soit un «ancien», un grand-père, et non pas le père, moins autorisé à agir au nom de la famille, du lignage, donc de la communauté, qui est aussi celle des chrétiens. L'acte ainsi posé n'est plus celui d'une personne, mais celui d'un peuple tout entier. On y voit bien la boucle, ouverte par l'exhortation «libère le Peuple de Dieu», se fermer par les paroles du sacrificateur. La représentation de l'événement se transforme en un puissant schéma d'interprétation du présent; elle devient une grille de l'écriture du passé en tant qu'Histoire. Notons par ailleurs que l'élection d'un innocent pour martyr donne à la répression de la Marche la valeur du massacre des saints Innocents et fait ainsi tomber l'opprobre sur le président de la République qui prend alors figure de roi Hérode.

Voici la raison première de l'intérêt du récit venant de l'intérieur d'un groupe, politique selon nos critères, même si la narratrice montre bien qu'il est pour elle bien plus qu'un parti politique: une communauté. Venant d'une femme qui y occupe depuis de nombreuses années une position sans visibilité, mais vitale pour le fonctionnement de tous les jours, le récit nous permet de saisir la construction et le travail des représentations qui rendent l'action

18. Il s'agit d'une enquête en cours sur la formation de la conscience historique en Pologne, au Québec et au Zaïre, que je dirige avec J. Létourneau. Le projet bénéficie d'une subvention du Fonds FCAR (Québec). L'équipe qui travaille à Lubumbashi est dirigée par Dibwe dia Mwembu. Les travaux en question ont été récoltés dans deux écoles secondaires de cette ville en juin 1994.
19. Ph. de DORLODOT, «Marche d'espoir»..., op. cit., p. 21.

politique possible, qui lui donnent un sens et qui à leur tour permettent de transformer le vécu en récits de témoins et, plus tard, d'écrire la mémoire du passé, en tant qu'Histoire, d'un sujet politique. Pour la première fois dans l'histoire du Zaïre, c'est le peuple en tant qu'entité qui semble apparaître comme sujet de l'Histoire.

Revenons aux relations sur les circonstances de la mort du martyr de la Marche. Dans le récit de Mwadi wa Ngombu, le héros, ce n'est pas l'enfant, mais un abbé qui, au mépris de sa vie, le sauve miraculeusement:

> Parmi nous, un jeune garçon de 8 à 10 ans, sur lequel une grenade allait éclater, fut sauvé par l'abbé Noël qui le transporta d'un trait, laissa la grenade se piaffer au sol, au milieu des fidèles.

Le récit laisse entendre que l'action héroïque de l'abbé, non seulement a sauvé l'enfant, mais a aussi neutralisé la force du Mal puisque la grenade (lacrymogène) semble soudainement être devenue inoffensive pour les «fidèles». Ce fait peut être mis en relation avec le rapport de l'association «Voix des sans-voix» qui parle d'un laïc, Jeannot Mukuna, asphyxié par une grenade lacrymogène qu'il a voulu rejeter ailleurs dans un effort pour protéger d'autres manifestants[20].

Le récit d'un jésuite belge présent à l'église Saint-Joseph, où plusieurs corps ont été transportés par les manifestants, parle de deux enfants:

> Il y avait parmi les victimes un enfant de cinq à six ans et un autre de douze à quinze dont le Papa s'est présenté et a placé le corps sous la protection de l'Église[21].

Le père de la victime agit de la sorte afin d'éviter que le corps ne soit enlevé et détruit par des soldats qui cherchent à effacer les traces de la répression.

C'est une religieuse, la sœur Pilar, qui, en racontant en avril 1992 sa participation à la Marche, y place aussi la figure d'un enfant:

> J'ai vu un enfant tout près de moi, dans un petit champ de manioc près de la route. Il était là, on le croyait touché par une balle, alors j'ai demandé à un soldat de venir m'aider. Il a refusé. [...] Alors je me suis approchée et j'ai vu l'enfant tout tremblant. J'ai voulu qu'il retourne à la maison. Mais il m'a dit: «Non, je vais marcher aussi comme vous»[22].

C'est aussi elle qui rapporte l'enterrement de Bob à la paroisse de Yolo et les paroles de son grand-père qui auraient été prononcées la veille. Elle souligne que le corps de Bob a été porté à travers tout le quartier, mais il ne s'agit que d'une coutume urbaine actuelle. Les jeunes s'emparent d'un corps et le portent en chantant par toutes les rues.

---

20. *Ibid.*, p. 67.
21. *Ibid.*, p. 42.
22. *Ibid.*, p. 37.

La mort de Bob est rapportée dans un autre témoignage attribué à «un jeune de Yolo» et présenté comme extrait d'une lettre adressée, au lendemain de la Marche, à une religieuse de Belgique. Ni le nom du témoin ni celui de la destinataire de la lettre ne sont cités. L'information semble être un cas typique d'une nouvelle de radio-trottoir présentée comme témoignage et, à ce titre, offre pour ma démonstration une valeur particulière.

Après avoir franchi une première barrière dressée par les soldats, les manifestants, parmi lesquels se trouvait le narrateur, sont arrivés à la seconde:

> Là aussi un enfant d'une dizaine d'années, du nom de Bob, était touché par une balle et est mort, première victime. Nous l'avons pris, mort, dans nos bras et avons continué [...]. [Après avoir ouvert le passage de cet obstacle, le corps de Bob aide à franchir la seconde barrière:] des soldats armés bloquaient le passage et commençaient à tirer: tous, prêtres, sœurs, chrétiens, nous nous sommes mis à genoux, priant et brandissant rameaux, bibles, bougies allumées [...] et notre petit mort, le petit Bob. Après 15 minutes, les soldats ont cessé de tirer[23].

Le rapport détaillé de l'association «Voix des sans-voix» ne rapporte pas la mort de Bob; par contre, son nom figure sur trois listes de morts dressées par trois organismes indépendants; son âge y oscille entre 9 et 10 ans et l'adresse de son domicile concorde[24].

Les éléments de divers témoignages sont laconiquement réunis en une histoire complète par l'éditeur du recueil *«Marche d'espoir» Kinshasa 16 février 1992. Non-violence pour la démocratie au Zaïre*[25], qui était absent de Kinshasa au moment de la Marche et qui n'en a donc pas été témoin oculaire. Philippe de Dorlodot écrit dans l'introduction générale:

> Bob, un enfant de dix ans est tué. Le lendemain, lors du deuil, son grand-père proclame: «Seigneur, je t'offre mon enfant pour la libération de notre pays»[26].

L'Histoire est née, mais pour qu'elle soit crédible et admise, pour qu'elle s'impose comme figure de la mémoire et comme schéma de mise en sens des destins individuels, il faut qu'elle ne contredise pas le pensable, qu'elle rencontre des procédés de mise en sens déjà en place et qu'elle les renforce.

Dans un témoignage paru deux mois après la Marche dans la revue *Renaître* (n° 6, 15 avril 1992), publiée à l'intention des chrétiens locaux par les jésuites, René Mabiala, un prêtre zaïrois en formation, écrit: «le sang du Christ a coulé, et j'ai communié à la souffrance et à l'espérance de ce

---

23. *Ibid.*, p. 31.
24. *Ibid.*, p. 91-93.
25. *Ibid.*
26. *Ibid.*, p. 21.

peuple[27]». La sœur Pilar conclut son récit ainsi: «Nous avions vécu l'eucharistie ensemble[28]». Enfin, Mwadi wa Ngombu termine son récit: «[...] nous avons eu des martyrs, morts pour la démocratie en date du 16 février 1992». Une autre participante à la Marche[29] s'exclame, dans un poème écrit pour le second anniversaire de l'événement: «Mon frère m'a tué/mon frère m'a trahi/il m'a vendu[30]», ne laissant aucun doute ni sur qui serait Jésus et qui Juda ni sur la marche comme eucharistie.

Un missionnaire du Centre d'information et d'animation missionnaire à Kinshasa-Limete lance dans un texte sans date le concept de «Kin-martyr», forgé sur celui de Kin-kiesse (Kin-joie), et prend à témoin l'évangile selon saint Marc racontant le seul miracle de Jésus qui ne s'est accompli qu'à la seconde reprise. Son allusion à la guérison de l'aveugle de Bethsaïde se réfère de toute évidence à la répétition de la Marche des chrétiens, le 1er mars 1992, qui, sans avoir la même ampleur que la première, a forcé le président Mobutu à autoriser, un mois plus tard, la reprise de la Conférence nationale[31]. Enfin, un jésuite zaïrois, Vata Diambanza, termine ainsi ses réflexions sur la Marche des chrétiens, publiées dans la revue *Renaître,* qui a une assez large diffusion locale, sous le titre «Kinshasa — le dimanche de l'horreur»:

> La plus grande insulte que nous ferions aux victimes de la «marche d'espoir» serait d'en faire — par le biais d'un oubli coupable — des morts inutiles, des défunts anonymes. Pour éviter ce péché d'ingratitude, il nous faudra travailler d'arrache-pied à la construction d'un monde plus fraternel et plus juste dans notre pays; mais surtout, nous souvenir[32].

Monique Kahumba écrit, deux ans après l'événement: «Tous mes frères et sœurs en Christ ne sont pas morts pour rien, mais pour que paix et justice règnent. [...] Ils sont morts pour l'avènement d'un État de droit[33]».

Il n'est probablement pas possible de comprendre cette insistance sur la naissance d'une martyrologie, que je crois largement inconsciente, sauf chez quelques missionnaires qui écrivent à froid comme le père de Dorlodot, sans rappeler la place que tiennent les martyrs de l'Ouganda dans l'histoire du christianisme zaïrois. Déjà, au début du siècle, les missionnaires de Scheut et les jésuites se sont servi de l'histoire des victimes des conflits politiques à la cour de *kabaka* pour donner à l'évangélisation un visage plus africain[34]. La béatification de ces victimes, en 1921, a permis à l'Église en

---

27. *Ibid.*, p. 33-34
28. *Ibid.*, p. 38.
29. M. KAHUMBA, «Ils ne sont pas morts pour rien», *Renaître*, n° 3, 15 février 1994, p. 10.
30. M. KAHUMBA, «Mon frère m'a tué», *Renaître*, n° 3, 15 février 1994, p. 5.
31. Ph. de DORLODOT, *«Marche d'espoir»…*, *op. cit.*, p. 211.
32. V. DIAMBANZA, «Kinshasa: le dimanche de l'horreur», *Renaître*, n° 4, 15 mars 1992, p. 3.
33. M. KAHUMBA, «Ils ne sont pas morts pour rien», *Renaître*, *op. cit.*
34. I. de PIERPONT, *Histoire des Martyrs nègres de l'Uganda*, Kisantu, 1911; M. KALULAMBI PONGO, «Production et signification…», *op. cit.*

mal d'exemples indigènes de leur donner plus de visibilité. Il devait s'agir, au moins pour les jésuites, de quelque chose d'important, puisqu'ils ont invité un prêtre noir de Luanda aux célébrations de leur fête en novembre 1922[35]. Certainement, il s'agissait aussi de faire face à un Simon Kimbangu dont on venait de maîtriser physiquement le danger et de montrer aux fidèles que le prophétisme n'est pas le seul moyen, pour un Noir, de trouver une place plus près de Dieu. Depuis le milieu des années 1920, plusieurs pièces de théâtre ont été montées, sous l'égide des missionnaires, pour commémorer ces martyrs. La reconnaissance par l'Église des martyrs zaïrois ne s'est faite que dans les années 1980 et 1990 et a abouti aux béatifications d'Anouarite et d'Isidore Bakanja.

Une dernière remarque avant de terminer. Il n'est pas indifférent pour la construction de l'histoire de la Marche du 16 février 1992 autour de la martyrologie que tous ces martyrs reconnus aient offert leur vie à Dieu en s'opposant à une autorité politique: les martyrs de l'Ouganda ont été exécutés sur l'ordre du *kabaka* (dans un effort évident pour protéger l'autorité légale, lire coloniale, la version utilisée au Congo belge, à l'époque coloniale, faisait du *kabaka* la victime d'une machination des païens); Anouarite refusa les avances d'un officier de l'armée des rebelles et Bakanja fut tué sur l'ordre d'un Européen représentant alors l'autorité coloniale. C'est la société civile, telle que le langage politique des années 1980 et 1990 l'invente à titre d'incarnation de la légitimité populaire opposée à l'État dictatorial, qui s'investit dans la figure du martyr presque anonyme succombant à la sauvagerie du Mal. Un chant congolais, venant donc de l'autre rive du fleuve, a accompagné plusieurs groupes de manifestants durant la Marche; il exhorte les chrétiens: «choisis le chemin à suivrre/si c'est celui de Dieu ou celui de satan[36]». Tout comme le massacre des saints Innocents n'a pu empêcher l'avènement de Jésus, de même l'État au service de Lucifer n'empêchera pas la victoire de la société civile, n'empêchera pas l'Histoire d'avancer.

Après la Marche des chrétiens, les jeunes gens de la paroisse Sainte-Bernadette ont composé un chant en lingala: «Kinshasa, prends courage, resplendis comme la lumière. [...] La gloire de Dieu a été vue chez toi[37]».

---

35. P. CHARLES, *Le séminaire de Lamfu*, Louvain, Xaveriana, 1924, p. 4.

36. J.-M. DADU, «"Yindule": médite...», *Renaître*, n° 3, 15 février 1994, p. 5.

37. Il n'y a pas de place ici pour un exposé élaboré; je me permets seulement de mentionner la reprise par I. BURUMA, dans son ouvrage intitulé *The Wages of Guilt. Memories of War in Germany and Japan* (London, Cape, 1994), d'un important débat initié il y a plusieurs années par Ruth BENEDICT dans *Chrysanthemum and the Sword*, qui opposait les concepts de *shame culture* et de *guilt culture* pour expliquer les approches différentes du Japon et de l'Allemagne à l'égard de leurs responsabilités respectives dans la Deuxième Guerre mondiale. La culture zaïroise me semble actuellement basculer dans la *guilt culture*, ce qui n'appuierait que partiellement la conclusion de Buruma, qui pense qu'un changement politique précède une attitude responsable à l'égard de la guerre et de la paix. Peut-être les deux doivent-ils se produire en même temps.

Prolégomènes à une ethnologie urbaine

Jean Du Berger
CÉLAT et Département d'histoire, Université Laval

Depuis le 4 avril 1991, le Laboratoire d'ethnologie urbaine, groupe de recherche, de formation et de diffusion constitué en vertu d'une entente entre la Ville de Québec, le ministère de la Culture du Québec et l'Université Laval, cherche à reconstituer et à préserver le patrimoine intangible, la mémoire non institutionnelle de la ville de Québec. Reconnue par l'Unesco comme un joyau du patrimoine mondial, et consciente de l'héritage culturel dont elle a la responsabilité, la ville a aussi voulu assumer son patrimoine immatériel en plus de sauvegarder et de mettre en valeur son patrimoine archéologique et architectural.

Pour le Laboratoire d'ethnologie urbaine, la ville est parole, parole multiple, et sa démarche se situe en ce sens dans le prolongement des premières enquêtes menées par Luc Lacourcière et Félix-Antoine Savard il y a cinquante ans. Inspiré par l'ethnologue Marius Barbeau, Luc Lacourcière a introduit l'enseignement du folklore à l'Université Laval dans le cadre des cours d'été en juillet 1940 et, le 3 mars 1944, étaient créées les Archives de folklore. Conçues comme «un centre universitaire pour l'étude du folklore, constituées d'un centre de documentation (bibliothèque, archives réunissant la documentation manuscrite, archives sonores) et d'un centre d'enseignement», les Archives de folklore voulaient mener des études sur les contes et les légendes, études qui «auraient pour objet la personnalité des conteurs eux-mêmes, leur genre et leur style, les traditions qu'ils incarnent, leur esprit d'invention étonnamment fertile». Les Archives de folklore voulaient aussi rattacher les «récits populaires à l'histoire et aux grands mythes du folklore universel». Bref, cette équipe souhaitait faire «un inventaire scientifique et complet du folklore», instituer un enseignement «qui en ferait valoir toutes les richesses» et rendre «au peuple, dans l'avenir, une partie des biens qu'il nous a légués».

Du folklore à l'ethnologie, il n'y a pas solution de continuité. Du point de départ constitué par le conte et la chanson, la discipline ethnologique a progressivement intégré les coutumes, la culture matérielle, les loisirs et les divertissements, la science et la religion populaires. Ces domaines furent abordés, en un premier temps, comme autant de lieux de production d'objets traditionnels qu'il fallait sauver de l'oubli ou de la destruction. Les recherches dans le domaine de l'oral et de la culture matérielle ont produit des typologies, des catalogues et des bibliographies, des recueils de textes, des monographies et des études générales.

De son côté, le Laboratoire d'ethnologie urbaine reconstitue la culture urbaine à partir des récits de vie et des récits de pratiques des citoyens et citoyennes. Ces témoignages font connaître des pratiques culturelles, la compétence du groupe, qui prennent la forme des faits et gestes posés dans les contextes de la vie quotidienne, dans les fonctions urbaines[1]. Les témoignages recueillis par le laboratoire permettent donc de rendre compte de l'expérience urbaine, car le témoin qui parle est le produit des instances qui l'ont formé, informé, influencé, contrôlé : lorsque l'acteur social parle, c'est la ville qui parle. La somme des témoignages produit un discours urbain, celui de la ville dans son ensemble, mais aussi celui des villes dans la ville. Par le recours au discours que les citoyens et citoyennes de la ville de Québec tiennent sur eux-mêmes et sur leur milieu, la démarche du laboratoire permet de définir leurs rapports avec les espaces sociaux qu'ils se sont appropriés. L'analyse de ces représentations fait découvrir les identités locales et conduit à une affirmation de l'identité, comme en témoigne notre ouvrage *Les ouvrières de Dominion Corset à Québec*[2]. Or, toute affirmation d'identité, que ce soit au niveau d'un quartier, d'une entreprise ou d'une association, comporte une dimension collective plus large. Les identités affirmées au niveau local entraîneront une affirmation identitaire à un niveau supérieur. De la parole traditionnelle aux prises de parole urbaines dont nous rendons compte, il y a donc continuité.

Dans le présent article, nous ferons le point sur le lieu de l'oral. Après avoir situé l'oralité dans la pratique des folkloristes, nous esquisserons rapidement les étapes de la «découverte» des pratiques orales en Europe et de la constitution des grands genres traditionnels canoniques. Par la suite, nous présenterons un état des travaux qui ont contribué, plus ou moins consciemment, à fixer les pratiques orales en les faisant passer de l'état de performance à celui de documents d'archives ou à celui de documents imprimés. Nous verrons que cette démarche avait pour objet de faire de la pratique orale un élément constitutif de l'identité collective. Par la suite, nous verrons que la pratique orale s'est ramifiée en une infinité de pratiques qui définissent des lieux identitaires multiples qui évoluent sans cesse.

---

1. Voir Jean Du Berger, «Pratiques culturelles et fonctions urbaines», *Canadian Folklore Canadien,* vol. 16, n° 1, 1994, p. 21-41.

2. Jean Du Berger et Jacques Mathieu, *Les ouvrières de Dominion Corset à Québec, 1886-1988,* Québec, Les Presses de l'Université Laval, 1993, 148 p. («Laboratoire d'ethnologie urbaine»).

Folklore et oralité

Une longue tradition scientifique a défini comme folklorique ce qui était transmis oralement, de bouche à oreille, sans contagion de l'écrit. Dans la série de définitions du concept de folklore publiées dans le *Funk & Wagnalls Standard Dictionary of Folklore, Mythology and Legend,* en 1949, l'anthropologue américain William R. Bascom définissait le folklore comme un art de la parole :

> *In anthropological usage, the term folklore has come to mean myths, legends, folktales, proverbs, riddles, verse, and a variety of other forms of artistic expression whose medium is the spoken word. Thus folklore can be defined as verbal art. [...] Folklore in all its forms, thus defined, is obviously related to literature, which is written; but folklore may never be written even in a literate society, and it may exist in societies which have no form of writing. Like literature, folklore is an art form related to music, the dance and the graphic and plastic arts, but different in the medium of expression which is employed*[3].

George M. Foster précisait que le folklore est l'expression littéraire non écrite des peuples possédant ou non l'écriture : « *Without attempting a formal statement, to me the term " folklore " is most meaningful when applied to the unwritten literary manifestations of all people, literate or otherwise*[4]. » Cette littérature non écrite y a aussi été présentée comme une tradition orale « littéraire » : « *It is usual to define folklore either literally as the lore of the folk or, more descriptively, in terms of an oral literary tradition*[5]. » De cette définition d'une production littéraire orale, l'extension du concept de folklore s'est progressivement élargie pour inclure tous les aspects oraux d'une culture, ou même désigner une culture complètement orale où tout serait folklore, selon le folkloriste américain Ben Botkin : « *In a purely oral culture everything is folklore*[6]. » Affirmation que Marius Barbeau a pris à son compte : « Où la culture humaine est purement orale, tout est folklorique[7]. » Pour Luc Lacourcière et Félix-Antoine Savard, en 1945, l'oralité permettait de déterminer l'authenticité des objets traditionnels dont ils faisaient la collecte, car elle constituait le signe de leur rapport direct au peuple :

> la tradition orale nous paraît être, dans une chose, la marque la plus certaine de son origine populaire. [...] Il n'est donc sage, nous semble-t-il, de conclure à l'authenticité folklorique qu'après une enquête étendue et nombreuse lors-

---

3. William R. BASCOM, « Folklore », dans Maria LEACH (éd.), *Funk & Wagnalls Standard Dictionary of Folklore, Mythology and Legend,* New York, Funk & Wagnalls Company, 1949.

4. George M. FOSTER, « Folklore », dans Maria LEACH (éd.), *op. cit.*

5. Mariam W. SMITH, « Folklore », dans Maria LEACH (éd.), *op. cit.*

6. B. A. BOTKIN, « Folklore », dans Maria LEACH (éd.), *op. cit.*

7. Marius BARBEAU, « Ce qu'est le folklore », *Cahiers de l'Académie canadienne-française,* vol. 9, 1965, p. 7-8.

qu'une tradition orale s'avère collective, anonyme, expressive de quelque besoin spirituel ou physique de l'être populaire[8].

La tradition orale, comme mode de transmission, était donc reconnue comme critère d'authenticité des «faits de folklore» recueillis par les anthropologues et les folkloristes. D'autres modes de transmission, comme l'exemple, l'imitation ou le geste, ont été identifiés comme canaux d'une tradition directe et non institutionnelle où opéraient des dynamismes de ré-élaboration qui expliquaient la stabilité adaptative des objets traditionnels selon les contextes. Il s'agit des pratiques culturelles traditionnelles d'un groupe.

Un système de pratiques culturelles

D'entrée de jeu, une précision s'impose: l'expression «l'oral» désigne un ensemble de pratiques langagières traditionnelles inscrites dans les pratiques culturelles traditionnelles qui se regroupent en trois champs d'activité: un champ coutumier, un champ pragmatique ainsi qu'un champ symbolique et expressif. Pour chaque groupe d'appartenance, c'est-à-dire un espace social restreint à caractère communautaire dont les membres ont conscience d'appartenir à un «nous», ces champs de pratiques culturelles constituent un paradigme culturel, un répertoire des comportements possibles, une tradition, en un mot, la compétence du groupe. Au niveau du groupe d'appartenance, l'oral est donc un système de rapports dynamiques et d'interactions directes entre des acteurs sociaux guidés par des buts communs. Le passage du champ latent de la compétence à celui de la pratique se fait dans la performance, dont les facteurs constitutifs sont le performant (chanteur, conteur, musicien, danseur, etc.), son groupe d'appartenance, la structure communautaire qui les englobe, le contexte immédiat de cette performance, et la tradition. Nous sommes essentiellement en présence d'un acte de communication.

Par la mise en œuvre des genres traditionnels qui constituent sa compétence, le réseau anime la rencontre orale en fonction des contextes. L'usage des récits traditionnels, contes ou légendes, blagues ou rumeurs, permet de distinguer ce qui est familier et ce qui est étranger au réseau, de confirmer la position des acteurs, de définir et de redéfinir sans cesse le point de rupture où l'univers du «nous» peut se dissoudre dans celui des «autres». Les pratiques langagières réintègrent les acteurs dans le réseau par la circulation de la matière traditionnelle dont la reconnaissance est un facteur d'identification. Dans ce lieu de l'oral se produit une quête d'identité dont

---

8. Luc LACOURCIÈRE et Félix-Antoine SAVARD, «Le folklore et l'histoire», *Les Archives de folklore*, n° 1, 1946, p. 22.

l'échec entraîne la perte de l'individu qui ne se reconnaît plus, puis de son groupe, dans lequel on ne se reconnaît plus.

Nous sommes donc en présence d'un système qui opère dans un procès continu d'échanges dont le «texte» produit et «l'objet» réalisé ne sont que des étapes. Dès qu'un sujet assume le rôle d'observateur du système traditionnel, il institue un système propre où l'objet d'échange traditionnel perd son identité dynamique, caractérisée par la tension entre un état de variabilité et un état de stabilité. Fixé par l'acte qui l'arrache au système traditionnel, il n'est qu'une trace d'un procès dorénavant interrompu par lequel ce système transforme l'objet d'échange traditionnel dans la performance. De toutes les valeurs engagées dans l'acte de communication, l'observateur ne peut retenir que la fonction référentielle.

Dans les dynamismes culturels, à la fois vivants et évanescents, les «observateurs» ont distingué certaines pratiques qui répondaient à leurs attentes: sur un fond de courtepointe et d'armoire à portes «en pointe de diamants», dans une ronde rythmée par les battements des pieds et ponctuée de «cris joyeux» passait un vieillard disert aux admirables et interminables histoires, un rusé bonhomme qui se démenait à grands coups de proverbes et de dictons, un angoissé hagard qui se déplaçait dans les méandres des superstitions, une aïeule-effacée-qui-chantait-encore, un «vieux menteur» aux petites allusions égrillardes qui, une fois «réchauffé», s'élançait comme un faune sur les fabliaux. Là était défini le lieu unique de l'oral, transformé par l'imagination des observateurs qui opéraient un retour nostalgique vers des formes de sociabilité langagière qu'ils ne reconnaissaient plus dans les pratiques de leur temps. Au Canada français, les premiers «observateurs» (écrivains, musiciens, essayistes, folkloristes) s'inscrivaient dans une tradition savante qui, en Europe, avait découvert chez les chanteurs et les conteurs des villages et des campagnes une poésie différente et avait par la suite progressivement établi un canon des genres populaires.

Découverte de l'oral et constitution des genres traditionnels canoniques

En 1760, une génération découvrait le «génie populaire» en lisant les chants du «barde» Ossian, qui auraient été recueillis en Écosse par James Macpherson, et publiés sous le titre de *Fragments of Ancient Poetry collected in the Highlands of Scotland. The Poems of Ossian*[9]. En réalité, ces chants étaient l'œuvre de Macpherson qui avait attribué à un chantre de son invention des récits à l'archaïsme savant. La même année, en Angleterre, Thomas Percy faisait connaître de très anciens poèmes en publiant *Reliques of Ancient English Poetry*. En rapport avec l'expression «populaire», deux

---

9. Traduit en français par LE TOURNEUR en 1777.

lieux se définissaient: celui d'un espace naturel, hors des villes, et celui du passé. En Allemagne, en 1766, dans *Fragmente über die neuere deutsche Literatur*, Johann Gottfried von Herder avait distingué le langage poétique du langage scientifique, une poésie naturelle d'une poésie savante. En 1778, il publiait son *Volkslieder*, recueil de chants populaires où se faisait entendre, selon lui, la voix profonde des peuples, une grande voix vivante qui exprimait l'âme collective, proche de la nature originelle.

Au début du XIXe siècle, en des années où les identités nationales cherchaient à se définir par le recours à ce qu'il y avait de plus permanent dans les pratiques collectives, les recueils de chants populaires se multiplièrent. En Écosse, en 1802, Walter Scott faisait paraître *Minstrelsy of the Scottish Border*[10], qui influencera par exemple Claude-Charles Fauriel, dont le recueil *Chants populaires de la Grèce moderne*, publié en 1824, se situe dans le contexte violent où se trouvait la Grèce, laquelle, lors du congrès d'Épidaure en 1822, avait proclamé son indépendance et provoqué une réaction brutale des Turcs. Que l'on songe au massacre de Chio. Les chants populaires sont ici une affirmation collective de l'identité nationale bafouée. Rappelons le recueil de Ludwig Achim von Arnim et Clemens Brentano, *Des Knaben Wunderhorn (Le Cor merveilleux de l'enfant)* en 1806, celui de Vuk Stefanovic Karadzic, *Mala prostonarodnja slaveno-serbska pjesnarica (Chansons populaires serbes)*[11] ainsi que celui d'Arvid August Afzelius et Erik Gustaf Geijer, *Svenska Folk-Visor (Chansons populaires suédoises)* en 1814, enfin celui de Svend Hersleb Grundtvig, *Danmarks gamle Folkeviser (Vieilles ballades du Danemark)* publié de 1853 à 1858, œuvre qui influencera Francis James Child[12].

En France, en 1822, par ses *Romances historiques traduites de l'espagnol*, Abel Hugo ouvrit de nouvelles perspectives à ses contemporains. Hersart de La Villemarqué, en 1839, faisait découvrir des chants «archaïques» de Bretagne dans son *Barzaz-Breiz, chants populaires de la Bretagne*. Gérard de Nerval contribua à faire redécouvrir la chanson traditionnelle par son essai «Les vieilles ballades françaises», publié dans *La Sylphide* en 1842[13]. Dix ans plus tard, Jean-Jacques Ampère, en août 1853, par ses «instructions», *Poésies populaires de la France. Instructions du Comité de la langue, de l'histoire et des arts de la France*, et, l'année suivante, par ses «Instructions relatives aux poésies populaires», dans le *Bulletin du Comité*

---

10. Traduit par ARTAUD: *Chants populaires des frontières méridionales de l'Écosse recueillis et commentés par sir Walter Scott*, Paris, 1826.

11. *Chants populaires des Serviens*, recueillis par Wuk STEPHANOWITCH et traduits d'après TALVY [pseudonyme d'Élise Voiart], Paris, 1834.

12. Francis James CHILD, *The English and Scottish Popular Ballads*, Boston, Houghton-Mifflin, 1882-1898.

13. Voir Paul BÉNICHOU, *Nerval et la chanson folklorique*, Paris, Librairie José Corti, 1970.

de la langue, de l'histoire et des arts de la France, déclenchait une opération de collecte qui se soldera par le dépôt du fonds de la *Poésie populaire de la France* à la Bibliothèque nationale de Paris en 1876. Des recueils comme *Chants populaires de la Basse-Bretagne* de François-Marie Luzel en 1868, *Chansons populaires du Velay et du Forez* de Victor Smith en 1878, *Chansons populaires de l'Alsace* de Jean-Baptiste Weckerlin en 1883, le *Recueil de chansons populaires* d'Eugène Rolland, publié de 1883 à 1890, et *Le Romancéro populaire de la France* de Georges Doncieux en 1904 sont autant de jalons dans la constitution d'un genre traditionnel canonique qui fut le premier objet de collecte et de publication des folkloristes du Canada français.

En France, le conte de tradition orale fit surface en 1682 dans le recueil de Marie-Catherine le Jumel de Berneville, comtesse d'Aulnoy, *Contes de fées;* en 1697, Charles Perrault lui donnera ses «lettres de noblesse» dans *Histoires ou contes du temps passé: Contes de ma Mère l'Oye.* De 1785 à 1789, les 41 volumes de *Le Cabinet des fées ou Collection choisie des contes de fées, et autres contes merveilleux* rassemblèrent ces «contes» produits par une tradition d'écriture savante[14]. En Allemagne, les *Kinder und Haus-märchen (Contes pour les enfants et le foyer,* 1812-1814) de Jacob et Wilhem Grimm constituent une sorte de fondement sur lequel reposeront les collections de contes qui suivront[15]. Ainsi le recueil *Norske Folke-eventyr (Contes populaires norvégiens)* de Peter Asbjörnsen et Jorgen Moe, publié en 1843, fut inspiré par les frères Grimm. Les grandes collections se succédèrent: celle d'Aleksandr Nikolaevich Afanas'ev, *Narodnye russkie skazki (Les contes populaires russes)* en 1855, celle de John Francis Campbell, *Popular Tales of the West Highlands* en 1860. En France, en 1880, les collections *Les littératures populaires de toutes les nations,* publiées chez Maisonneuve, et *Contes et chansons populaires,* chez l'éditeur Leroux, feront connaître les traditions orales régionales. Ici encore, une mention de quelques titres qui ont influencé les premiers travaux au Canada français, comme *Contes populaires de la Haute-Bretagne* (1880), *Contes des paysans et des pêcheurs* (1881), *Littérature orale de la Haute-Bretagne* (1881) et *Le Folk-Lore de France* (1904-1907) de Paul Sébillot, ainsi que *Littérature orale de Picardie* d'Henry Carnoy (1883) et *Contes populaires de la Gascogne* de Jean-François Bladé (1886). Toutes ces collections et ces recueils ont contribué à constituer le «lieu» (topos) du conte traditionnel.

---

14. Voir Jacques BARCHILON, *Le conte merveilleux français de 1690 à 1790,* Paris, Champion, 1975; Teresa DI SCANNO, *Les contes de fées à l'époque classique (1680-1715),* Naples, Liguori, 1975; Catherine VELAY-VALLANTIN, *L'histoire des contes,* [Paris], Fayard, [©1992].

15. Gonthier-Louis FINK, *Naissance et apogée du conte merveilleux en Allemagne (1740-1800),* Paris, Les Belles-Lettres, 1966; Antoine Faivre, *Les contes de Grimm, mythe et initiation,* Circé, Cahiers de recherche sur l'imaginaire, n°s 10-11, 1978.

Le genre de la légende a été l'objet d'une longue quête épistémologique. Aux limites de la raison, oscillant entre le possible et l'impossible, objet de croyance ou de doute, vérité ou superstition, elle constitue un récit ambigu. Cette inquiétante matière a d'abord été étudiée par l'abbé Jean-Baptiste Thiers dans son *Traité des superstitions,* paru en 1679, réédité en 1697. En 1828, la traduction du *Faust* de Goethe, par Gérard de Nerval, a ouvert la porte du fantastique diabolique à de nombreux écrivains romantiques que fascinait le thème du pacte avec le diable. Cet intérêt a attiré l'attention sur les croyances populaires. En 1829, dans *Légendes françaises,* suivi de *Nouvelles légendes françaises* en 1833, Édouard D'Entremont faisait défiler des personnages surnaturels qui s'enracinaient dans les anciens terroirs des provinces de France. En 1836, Le Roux de Lincy publiait *Le livre des légendes,* suivi, en 1842, de *Nouvelle Bibliothèque bleue, ou Légendes de la France.* Amélie Bosquet consacrait à sa province un recueil intitulé *La Normandie romanesque et merveilleuse; traditions, légendes et superstitions populaires de cette province* (1845). Un ouvrage de référence à l'usage du clergé, le *Dictionnaire des légendes du christianisme, ou Collection d'histoires apocryphes et merveilleuses,* rédigé par le comte de Douhet, quatorzième tome de l'*Encyclopédie théologique* de l'abbé Migne (1855), tenta de distinguer ce qui était vrai de ce qui était faux dans toutes ces histoires.

Par la suite, dans la lignée d'Amélie Bosquet, les légendes ont été présentées dans une perspective régionale. Citons tout simplement quelques titres : Frédéric Noëllas, *Légendes et traditions foréziennes* (1865), Prosper Baur, *Légendes et souvenirs de l'Alsace* (1881), et François-Marie Luzel, *Légendes chrétiennes de la Basse-Bretagne* (1881). De son côté, Paul Sébillot a abordé les légendes par leur rapport avec des genres de vie dans *Légendes et curiosités des métiers* (1885). Mais ces récits n'ont pas la stabilité formelle des contes : témoignages qui rendent compte d'expériences plus ou moins douteuses, ils sont communiqués brièvement, sur le ton de la confidence. Quand ils échapperont au champ éthique pour glisser progressivement dans le champ esthétique, souvent par l'écriture, les récits légendaires seront fixés en des formes plus ou moins stables qui se regrouperont en des grappes thématiques comme les morts, les esprits et les êtres diaboliques. Une autre catégorie traditionnelle avait tout de même pris forme.

De la pratique orale aux archives et aux livres

Au Canada français, les folkloristes, à diverses époques, ont voulu sauvegarder des pratiques orales en voie de disparition. Dans cette perspective, l'état des lieux traditionnels en rapport avec la «tradition orale», le «folklore», la «littérature orale» ou les genres du conte et de la légende a été décrit par Marius Barbeau[16], Luc Lacourcière[17], Jean Du Berger[18] et, dans l'aire culturelle de l'Ontario français, par Jean-Pierre Pichette[19]. Dans le domaine de la chanson, Conrad Laforte, après avoir proposé un premier inventaire en 1958[20], a publié une série de «catalogues de la chanson folklorique[21]» établis en fonction des «poétiques de la chanson tradition-

16. Marius BARBEAU, «L'étude de nos traditions orales», *Revue canadienne,* vol. 21, 1918, p. [24]-33; «Le folklore canadien-français», *Mémoires de la Société royale du Canada,* série III, t. 9, 1915, sec. I, p. [449]-481; «Le pays des gourganes», *Mémoires de la Société royale du Canada,* série III, t. 11, 1917, sec. 1, p. 207-218; «Les traditions orales françaises au Canada», *Bulletin du Parler français au Canada,* Québec, vol. 15, n° 7, mars 1917, p. 300-318; «The Field of European Folk-Lore in America», *Journal of American Folklore,* vol. 32, n° 124, avril-juin 1919, p. 185-197.

17. Luc LACOURCIÈRE, «Les études de folklore français au Canada», *Culture,* vol. 6, n° 1, mars 1945, p. 3-9 [Communication à la *Modern Language Association,* New York, 27 décembre 1944]; *Le Folklore, patrimoine traditionnel,* Boston, Société historique franco-américaine, 1951, 12 p.; «Bibliographie chronologique du conte canadien», dans Carmen ROY, *Littérature orale en Gaspésie,* 1955, p. 231-234; «The Present State of French-Canadian Folklore Studies», *Journal of American Folklore,* vol. 74, n° 294, octobre-novembre 1961, p. 373-382; «Le conte populaire français en Amérique du Nord», dans *Internationaler Kongreß der Volkserzählungsfarscher,* Berlin, de Gruyter, 1961, p. 142-151; «L'étude de la culture: le folklore», *Recherches sociographiques,* vol. 3, n⁰ˢ 1-2, juillet-août 1962, p. 253-262; «La tradition orale au Canada», dans Claude GALARNEAU et Elzéar LAVOIE (éd.), *France et Canada français du XVIᵉ au XXᴱ siècle; colloque de Québec, 10-12 octobre 1963,* Sainte-Foy, Les Presses de l'Université Laval, 1966, p. 223-231 («Les Cahiers de l'Institut d'histoire», n° 7); «The Analytical Catalogue of French Folktales in North America», *Revue de l'Université Laurentienne,* vol. 8, n° 2, février 1976, p. 123-128.

18. Jean DU BERGER, «Marius Barbeau, le conte et le conteur», *Études françaises,* vol. 12, n⁰ˢ 1-2, avril 1976, p. 61-70; «Le Diable dans les légendes du Canada français», *Revue de l'Université Laurentienne,* vol. 8, février 1976, p. 7-20; «La littérature orale», *Études françaises,* vol. 13, n⁰ˢ 3-4, octobre 1977, p. 219-235; «La littérature orale (thèmes traditionnels)», dans *Le Québécois et sa littérature,* Sherbrooke, Éditions Naaman, [1984], p. 315-338; «Germain Lemieux et le folklore», *Revue d'histoire littéraire du Québec et du Canada français,* n° 12, été-automne 1986, p. [109]-139; «En amont de Germain Lemieux: Marius Barbeau, Félix-Antoine Savard, Luc Lacourcière», dans Jean-Pierre PICHETTE (dir.), *L'œuvre de Germain Lemieux, s.j.: bilan de l'ethnologie en Ontario français,* Sudbury, Prise de Parole et Centre franco-ontarien de folklore, 1993, p. 107-136; «Imaginaire traditionnel, imaginaire institutionnel», dans Gérard BOUCHARD (dir.), *La construction d'une culture : le Québec et l'Amérique française,* Québec, Les Presses de l'Université Laval, 1993, p. 95-117.

19. Jean-Pierre PICHETTE, *Répertoire ethnologique de l'Ontario français. Guide bibliographique et inventaire archivistique du folklore franco-ontarien,* Ottawa, Les Presses de l'Université d'Ottawa, 1992, x + 230 p.; *L'œuvre de Germain Lemieux, s.j.: bilan de l'ethnologie en Ontario français. Actes du colloque tenu à l'Université de Sudbury, les 31 octobre, 1ᵉʳ et 2 novembre 1991,* Sudbury, Centre franco-ontarien de folklore et Prise de Parole, 1993, 529 p.

20. Conrad LAFORTE, *Le catalogue de la chanson folklorique française,* préface de Luc Lacourcière, Québec, Les Presses universitaires Laval, 1958, xxix + 397 p. (Publications des Archives de folklore, Université Laval).

21. Conrad LAFORTE, *Le catalogue de la chanson folklorique française I. Chansons en laisse,* nouvelle édition augmentée et entièrement refondue, préface de Luc Lacourcière, Québec, Les Presses de l'Université Laval, 1977, cxi + 561 p. (Coll. «Archives de folklore», n° 18); *II. Chansons strophiques,* Québec, Les Presses de l'Université Laval, 1981, xiv + 841 p. (Coll. «Les Archives de folklore», n° 20); *III. Chansons en forme de dialogue,* Québec, Les Presses de l'Université Laval, 1982, xv + 144 p. (Coll. «Archives de folklore», n° 21); *IV. Chansons énumératives,* nouvelle édition augmentée et entièrement refondue, Québec, Les Presses de l'Université Laval, 1979, 295 + 33 + 1 p. (Coll. «Archives de folklore», n° 19); *V. Chansons brèves (Les enfantines),* Québec, Les Presses de l'Université Laval, 1987, xxx + 1017 p. (Coll. «Archives de folklore», n° 22); *VI. Chansons sur*

nelle[22]». En 1986, un recueil, *Héritage de la francophonie canadienne: traditions orales,* présentait un choix de «textes» de tradition orale[23].

Dans le domaine du conte, rappelons les travaux de Gérald Thomas sur le conte populaire des francophones de Terre-Neuve[24], de Lucille Guilbert sur les contes d'animaux[25], d'Hélène Bernier sur le conte-type 706 *(La fille aux mains coupées),*[26] de Nancy Schmitz sur le conte-type 710 *(La Mensongère)*[27], du père Germain Lemieux sur le conte-type 938 *(Placide-Eustache)*[28] et enfin de Jean-Pierre Pichette sur le conte-type 910B *(L'observance des conseils du maître)*[29]. Le conte traditionnel a surtout été l'objet de nombreuses anthologies, comme celles qui constituent la collection *Les vieux m'ont conté* dirigée par le père Germain Lemieux[30] ou la collection *Mémoires d'homme* dirigée par Jean-Pierre Pichette, qui regroupe de beaux recueils de contes de Gérald Aucoin[31], de Bertrand Bergeron[32], de Jean-

---

des timbres, Québec, Les Presses de l'Université Laval, 1983, xvii + 649 p. (Coll. «Archives de folklore», n° 23).

22. Conrad LAFORTE, *Poétiques de la chanson traditionnelle française ou classification de la chanson folklorique française,* Québec, Les Presses de l'Université Laval, 1976, ix + 162 p. (Coll. «Archives de folklore», n° 17).

23. Jean-Claude DUPONT et Jacques MATHIEU, *Héritage de la francophonie canadienne: traditions orales,* Québec, Presses de l'Université Laval, 1986, 269 p. Pour une analyse de la recherche ethnologique, voir la communication de Lucille GUILBERT, «Folklore et ethnologie: de l'identité ethnique à l'interculturalité», dans Jacques MATHIEU (dir.), *Les dynamismes de la recherche au Québec,* Sainte-Foy, Québec, Les Presses de l'Université Laval, 1991, p. 63-96.

24. Gérald THOMAS, *Les deux traditions: le conte populaire chez les Franco-Terreneuviens,* Montréal, Bellarmin, 1983, 479 p.

25. Lucille GUILBERT, *La ruse dans les contes d'animaux et dans le Roman de Renart,* thèse de doctorat préparée sous la direction d'Elli Köngäs-Maranda et présentée à l'Université Laval en 1982; «L'animal dans la "Légende dorée"», dans *Legenda aurea: sept siècles de diffusion, Actes du colloque international (11-12 mai 1983),* Montréal, Bellarmin-Vrin, 1986, p. 77-94.

26. Hélène BERNIER, *La fille aux mains coupées (conte-type 706),* Québec, Les Presses de l'Université Laval, 1971, xi + 190 + 1 p. (Coll. «Archives de folklore», n° 12).

27. Nancy SCHMITZ, *La Mensongère (Conte-type 710),* Québec, Les Presses de l'Université Laval, 1972, xiv + 310 + 12 p. (Coll. «Archives de folklore», n° 14).

28. Germain LEMIEUX, *Placide-Eustache; sources et parallèles du conte-type 938,* Québec, Les Presses de l'Université Laval, 1970, 214 p. (Coll. «Archives de folklore», n° 10).

29. Jean-Pierre PICHETTE, *L'observance des conseils du maître: monographie internationale du conte-type A.T. 910B précédée d'une introduction au cycle des bons conseils (A.T. 910-915),* Québec, Les Presses de l'Université Laval, 1991, xx + 671 p. (Coll. «Archives de folklore», n° 25).

30. Germain LEMIEUX, *Les vieux m'ont conté,* Montréal, Les Éditions Bellarmin et Paris, Maisonneuve et Larose, 1973-1993, 33 volumes.

31. Gérald E. AUCOIN, *L'oiseau de la vérité, et autres contes des pêcheurs acadiens de l'Île du Cap-Breton présentés par Gérald E. Aucoin,* [Montréal], Quinze, [©1980], 221 p. (Coll. «Mémoires d'homme»).

32. Bertrand BERGERON, *Les Barbes-bleues: contes et récits du lac Saint-Jean. Répertoire de M. Joseph Patry,* [Montréal], Les Quinze, [©1980], 256 + 5 p. (Coll. «Mémoires d'homme»).

Claude Dupont[33], de Conrad Laforte[34], de Clément Légaré[35] et de Philémon Desjardins[36].

Les légendes ont inspiré de nombreux écrivains, tant au XIXe siècle qu'au XXe siècle[37]. Dans le premier roman de la « littérature canadienne », *L'Influence d'un livre* de Philippe-Ignace-François Aubert de Gaspé, fils, publié à Québec en 1837, s'inscrit, véritable performance de conteur au centre de l'intrigue, la première «version» littéraire de la légende du «Diable beau danseur», aussi connue sous le nom de la jeune fille qui avait dansé avec le Diable, «Rose Latulipe[38]». Autour d'Henri-Raymond Casgrain et de la revue *Les Soirées canadiennes*, un «mouvement littéraire», celui de l'École littéraire de Québec se donna pour mission de sauver les contes et les légendes pour créer une littérature nationale. Le docteur Hubert La Rue publia «Voyage autour de l'Île d'Orléans» où sont rapidement évoquées «Le Diable au bal», «Le Diable et la voiture du prêtre» et «Le Diable constructeur d'église[39]». Les œuvres les plus représentatives de cette école littéraire sont *Les Anciens Canadiens* (1863)[40], de Philippe-Joseph Aubert de Gaspé, père, et «Forestiers et voyageurs; étude de mœurs», d'abord publié dans *Les Soirées canadiennes* de Joseph-Charles Taché en 1863[41]. Par ses «histoires» et ses portraits, Louis Fréchette, qui aborda à

33. Jean-Claude DUPONT, *Contes de bûcherons,* [2e édition revue et corrigée], [Montréal], Quinze, [Ottawa], Musée national de l'Homme, [©1980], 215 p. (Coll. «Mémoires d'homme»).

34. Conrad LAFORTE, *Menteries drôles et merveilleuses; contes traditionnels du Saguenay,* 2e édition, [Montréal], Quinze, [©1980], 285 + 1 p. (Coll. «Mémoires d'homme»).

35. Clément LÉGARÉ, *La bête à sept têtes, et autres contes de la Mauricie présentés par Clément Légaré,* suivis d'une étude sur la sémiotique générative de *Pierre la Fève,* version québécoise du conte-type 563, [Montréal], Quinze, [©1980], 276 + 1 p. (Coll. «Mémoires d'homme»); *Pierre la Fève et autres contes de la Mauricie,* [Montréal], Quinze, [©1982], 367 p. (Coll. «Mémoires d'homme»).

36. Philémon DESJARDINS et Gilles LAMONTAGNE, *Le corbeau du Mont-de-la-Jeunesse: contes et légendes de Rimouski, recueillis et présentés par Philémon DESJARDINS et Gilles LAMONTAGNE,* [Montréal], Quinze, [©1984], 287 p. (Coll. «Mémoires d'homme»).

37. Voir Aurélien BOIVIN, «Contes anciens et iconographie», *Québec français,* n° 20, décembre 1975, p. 19-21; «La thématique du conte littéraire québécois au XIXe siècle», *Annales de l'ACFAS,* vol. 42, n° 2, 1975, p. 37-43; «La thématique du conte littéraire québécois au XIXe siècle», *Québec français,* n° 20, décembre 1975, p. 22-24; «Les périodiques et la diffusion du conte québécois au XIXe siècle», *Études françaises,* vol. 12, n°s 1-2, avril 1976, p. 91-102; «De quelques êtres surnaturels dans le conte littéraire québécois au XIXe siècle», *Nord,* [Sillery], n° 7, automne 1977, p. 9-40; *Le conte littéraire québécois au XIXe siècle; essai de bibliographie critique et analytique,* Montréal, Fides, [©1975], xxxviii + 385 p.

38. Philippe-Ignace-François AUBERT DE GASPÉ, fils, *L'Influence d'un livre: roman historique, par Ph. A. de Gaspé, jr.,* Québec, William Cowan et fils, 1837, iv + 122 p.

39. Hubert LA RUE, «Voyage autour de l'Île d'Orléans», *Les Soirées canadiennes,* vol. 1, 1861, p. 113-173.

40. Philippe-Joseph AUBERT DE GASPÉ, père, «Les Anciens Canadiens (fragments)», *Les Soirées canadiennes,* Québec, vol. 2, 1862, p. 9-35; 36-44; *Les Anciens Canadiens [...],* publié sous la direction du «Foyer Canadien», Québec, Desbarats et Derbishire, Imprimeurs-Éditeurs, 1863, 413 p.; voir aussi, du même auteur, *Mémoires,* Ottawa, G.-E. Desbarats, 1866, 563 p.

41. Joseph-Charles TACHÉ, «Forestiers et voyageurs; étude de mœurs», *Les Soirées canadiennes,* Québec, vol. 3, 1863, p. 13-260.

peu près tous les thèmes de légendes dans de nombreux articles de journaux et de revues, en vint à dominer la fin du XIXe siècle[42]. Il ne faut oublier ni Léon-Pamphile Le May et ses *Contes vrais*[43], ni Honoré Beaugrand et *La Chasse-galerie; légendes canadiennes*. Édouard-Zotique Massicotte a publié une anthologie des ces «contes[44]» intitulée *Conteurs canadiens-français du XIXe siècle*[45].

Par le recours aux enquêtes, Marius Barbeau redonna à la légende son statut traditionnel en publiant des transcriptions de récits recueillis sur le terrain. Un numéro spécial du *Journal of American Folklore* comporte un important article de Barbeau lui-même, «Anecdotes populaires du Canada (première série). I. Anecdotes de Gaspé, de la Beauce et de Témiscouata[46]», ainsi que des articles du docteur J.-E.-A. Cloutier, «[Anecdotes populaires du Canada (première série)] III. Anecdotes de L'Islet[47]», de Georges Mercure et Jules Tremblay, «Anecdotes de la Côte-Nord, Portneuf et de Wright[48]». Les «textes» du docteur Cloutier et de Jules Tremblay sont une tentative de sur-écriture qui s'inspire du ton des textes de «l'école du Terroir». De tous les recueils de textes de légendes qui se sont multipliés par la suite, mentionnons le beau livre de Marius Barbeau, *L'arbre des rêves*, publié en 1947. Les illustrations d'Arthur Price, de George Pepper, de Phoebe Thomson, de Marjorie Borden et de Pegi Nicol donnent à l'ouvrage une profondeur exceptionnelle, tandis que le texte de Barbeau atteint un bonheur d'écriture qui semble un écho textuel de la parole des conteurs. Marius Barbeau y reprend «Carcajou», «Grand Monarque», «Le beau danseur», «Le cheval noir», «Les marmites ensorcelées», «La poule noire», «Maisons hantées», la «Chasse Gallery», «Le Rocher-Malin» et «Gaspésiades», et plusieurs autres légendes[49]. Pour mémoire, rappelons les

---

42. Voir, par exemple, *La Noël au Canada: contes et récits,* illustrations par Frederic SIMPSON COBURN, Toronto, George Morang & Cie, 1900, xix + 288 p.

43. Léon-Pamphile LE MAY, *Contes vrais,* Québec, Imprimé par la Cie d'imprimerie «Le Soleil», 1899, 259 p.

44. Honoré BEAUGRAND, *La Chasse-galerie: légendes canadiennes, par H. Beaugrand,* illustrations de Raoul Barré et H. Julien, Montréal, [s. éd.], 1900, 123 p.

45. Édouard-Zotique MASSICOTTE, *Conteurs canadiens-français du XIXe siècle,* avec préface, notices et vocabulaire [...], portraits dessinés par Edmond J. Massicotte, Montréal, C. O. Beauchemin et fils, 1902, viii + 330 p.

46. Marius BARBEAU, «Anecdotes populaires du Canada (première série). I. Anecdotes de Gaspé, de la Beauce et de Témiscouata», *Journal of American Folklore,* vol. 33, n° 129, juillet-septembre 1920, p. 173-258.

47. J.-E.-A. CLOUTIER, «[Anecdotes populaires du Canada (première série)] III. Anecdotes de L'Islet», *Journal of American Folklore,* vol. 33, n° 129, juillet-septembre 1920, p. 274-294.

48. Georges MERCURE et Jules TREMBLAY, «[Anecdotes populaires du Canada (première série)] II. Anecdotes de la Côte-Nord, Portneuf et de Wright», *Journal of American Folklore,* vol. 33, n° 129, juillet-septembre 1920, p. 259-272.

49. Marius BARBEAU, *L'arbre des rêves,* Montréal, Les Éditions Lumen (Thérien Frères Limitée), [©1947], 189 p. (Coll. «Humanitas», publiée sous le patronage de la Faculté des lettres, Université de Montréal).

recueils de Saul Field[50], du père Anselme Chiasson[51], de Robert Choquette[52], d'Hélène Gauthier-Chassé[53], de Catherine Jolicœur[54], de Fernand Grenier[55] et les nombreux ouvrages de l'ethnologue Jean-Claude Dupont qui, dans ses tableaux inspirés par le légendaire de l'Amérique française, a su rendre le «climat» de la croyance traditionnelle[56]. Le genre traditionnel de la légende a aussi été étudié dans une perspective de monographie régionale par Bertrand Bergeron dans *Au royaume de la légende* (le royaume étant évidemment le Saguenay-Lac-Saint-Jean)[57]; des thèmes légendaires comme celui des revenants[58], de la Chasse-galerie[59], du Vaisseau-fantôme[60], d'Alexis le Trotteur[61], du père Jean-Baptiste de La Brosse[62] et de

---

50. Saul FIELD, *Légendes du Canada français; un folio de gravures en relief [...]*, *Legends of French Canada; a portfolio of embossed engravings [...]*, Legends in English collected and retold by Saul Field, Legends in French collected and retold by Jules Bazin, Toronto, Upstairs Gallery, [©1966], s.p.; *Le violon magique et autres légendes du Canada français*, texte de Claude Aubry, gravures de Saul Field, [Ottawa], Les Éditions des Deux Rives, [©1968], 100 p.

51. Anselme CHIASSON, *Les Légendes des Îles de la Madeleine*, Moncton (N.-B.), Éditions des Aboiteaux, 1969, 123 p.

52. Robert CHOQUETTE, *Le Sorcier d'Anticosti, et autres légendes canadiennes*, illustrations de Michèle Théorêt, Montréal, Fides, [©1975], 123 + [1] p. («Collection du Goéland»).

53. Hélène GAUTHIER-CHASSÉ, *À Diable-vent; légendaire du Bas-Saint-Laurent et de la vallée de la Matapédia*, [Montréal], Quinze, [©1981], 139 + 3 p. (Coll. «Mémoires d'homme»).

54. Catherine JOLICŒUR, *Les plus belles légendes acadiennes*, Montréal, Stanké, [©1981], 280 p.

55. Fernand GRENIER, *De Ker-Is à Québec: légendes de France et de Nouvelle-France*, illustrées par Rémi Clark, Québec, Les Éditions de La Galerie Le Chien d'Or, Inc., 1990, 109 p.

56. Jean-Claude DUPONT, *Monde fantastique de la Beauce québécoise*, Ottawa, Centre canadien d'études sur la culture traditionnelle, Musée national de l'Homme, 1972, 116 p. (Coll. «Mercure», n° 2); *Le légendaire de la Beauce*, Québec, Éditions Garneau, [©1974], 149 p. (Coll. «Garneau-Histoire»); *Le légendaire de la Beauce*, [Montréal], Leméac, [©1978], 197 p. (Coll. «Connaissance»); *Légendes du Saint-Laurent; récits des voyageurs*, Sainte-Foy, Québec, [Chez l'auteur, ©1984], [2] + 57 p.; *Légendes de l'Amérique française*, Sainte-Foy, Québec, [Chez l'auteur, ©1985], 66 p.; *Légendes du cœur du Québec*, Sainte-Foy, Québec, [Chez l'auteur, ©1985], 63 p.; *Légendes du Saint-Laurent, I: De Montréal à Baie-Saint-Paul*, Sainte-Foy, Québec, [Chez l'auteur, ©1985], 67 p.; *Légendes du Saint-Laurent, II. De l'Île-aux-Coudres à l'Île d'Anticosti*, Sainte-Foy, Québec, [Chez l'auteur, ©1985], 67 p.; *Légendes des villages*, Sainte-Foy, Québec, [Chez l'auteur, ©1987], 66 p.

57. Bertrand BERGERON, *Au royaume de la légende*, Chicoutimi, Les Éditions JCL, Inc., 1988, 389 p.

58. Paul JACOB, *Les revenants de la Beauce*, Montréal, Éditions du Boréal Express, [©1977], 159 p.

59. Brigitte PURKHARDT, *La chasse-galerie, de la légende au mythe: la symbolique du vol magique dans les récits québécois de chasse-galerie*, [Montréal], XYZ, [©1992], 207 p.

60. Catherine JOLICŒUR, *Le Vaisseau fantôme: légende étiologique*, Québec, Les Presses de l'Université Laval, 1970, 337 p. (Coll. «Archives de folklore», n° 11).

61. Jean-Claude LAROUCHE, *Alexis le Trotteur, 1860-1924*, Montréal, Éditions du Jour, 1971, 297 p.

62. Léo-Paul HÉBERT, *Histoire ou légende? Jean-Baptiste de La Brosse*, Montréal, Les Éditions Bellarmin, 1984, 546 p.

Marie-Josephte Corriveau[63] ont été étudiés selon la méthode de l'étude comparée.

Dans le champ des pratiques orales, une grande importance a été donnée à la chanson traditionnelle. En 1865, le musicien québécois Ernest Gagnon publiait *Chansons populaires du Canada*[64]. Cinquante ans plus tard, Marius Barbeau, qui croyait que son prédécesseur avait épuisé le répertoire de la chanson traditionnelle, découvrit au cours de ses premières enquêtes la riche veine de la tradition et entreprit en premier lieu de faire connaître des complaintes comme «La blanche biche[65]», «Pyrame et Thisbé[66]», «Biron[67]», «Blanche comme la neige[68]», «Les orphelins[69]». En 1919, avec Édouard-Zotique Massicotte, il publiait «Chants populaires du Canada» dans *The Journal of American Folklore*[70], puis, avec son collègue du Musée de l'Homme, Edward Sapir, *Folk Songs of French Canada* en 1925[71]. En 1937, l'année de la parution de *Menaud, maître-draveur* de Félix-Antoine Savard, il faisait paraître chez Beauchemin son grand *Romancéro du Canada*[72]. Rappelons enfin les autres recueils de Marius Barbeau : *Folk-Songs of Old Quebec, Jongleurs Songs of Old Quebec* et *Le Rossignol y chante* en

63. Luc LACOURCIÈRE, «Le triple destin de Marie-Josephte Corriveau (1733-1763)», *Les Cahiers des Dix*, n° 33, 1968, p. 213-242; «Le destin posthume de la Corriveau», *Les Cahiers des Dix*, n° 34, 1969, p. 239-271; «Présence de la Corriveau», *Les Cahiers des Dix*, n° 38, 1973, p. 229-264.

64. Ernest GAGNON, *Chansons populaires du Canada, recueillies et publiées avec annotations*, Québec, Bureaux du «Foyer Canadien», 1865, viii + 375 p.

65. «La blanche biche», *Bulletin du Parler français au Canada*, Québec, vol. 15, n° 10, juin-août 1917, p. 454-455.

66. «Pyrame et Thisbé», *Bulletin du Parler français au Canada*, Québec, vol. 16, n° 2, octobre 1917, p. 63-70.

67. «Biron, ballade», *Bulletin du Parler français au Canada*, Québec, vol. 16, 1918, p. 312-313.

68. «Blanche comme la neige», *Bulletin du Parler français au Canada*, Québec, vol. 16, 1918, p. 263-264.

69. «Les orphelins, ballade», *Bulletin du Parler français au Canada*, vol. 16, 1918, p. 225-226; voir aussi «Ballades populaires françaises au Canada, recueillies et préparées par Marius Barbeau», *Revue canadienne*, nouvelle série, vol. 20, 1917, p. 124-125; «Ballades françaises recueillies au Canada», *Revue canadienne*, nouvelle série, vol. 20, 1917, p. 448-453.

70. Édouard-Zotique MASSICOTTE et M. BARBEAU, «Chants populaires du Canada (première série), recueillis par É.-Z. Massicotte et préparés par C.-M. Barbeau», *JAF*, vol. 32, janvier-mars 1919, n° 123, p. 1-89.

71. Marius BARBEAU et Edward Sapir, *Folk Songs of French Canada*, New Haven (Conn.), Yale University Press, 1925, xxii + 216 p.

72. *Romancéro du Canada*, préface de Marguerite Béclard d'Harcourt, [Montréal], Éditions Beauchemin, 1937, 254 p.

1962[73], ainsi que ses recueils posthumes, *En roulant ma boule* et *Le roi boit* publiés par les soins de Lucien Ouellet[74].

En 1942, les pères Anselme Chiasson et Daniel Boudreau commençaient à publier les *Chansons d'Acadie*, qui eurent une profonde influence sur toute une génération de folkloristes d'Acadie et dont le père Boudreau vient de présenter une onzième série[75]. Le docteur Dominique Gauthier a fait connaître le répertoire de l'île de Shippagan[76], Charlotte Cormier celui de Pré-en-haut[77] et Georges Arsenault les complaintes de l'Île-du-Prince-Édouard[78]. En Ontario, dès 1949, le père Germain Lemieux publiait des chansons recueillies au cours de ses premières enquêtes[79], puis, pionnier ici encore, réunissait dans un même ouvrage répertoires et interprètes[80]. En 1974 et 1975, il faisait paraître deux «chansonniers franco-ontariens[81]».

D'autres pratiques langagières moins «littéraires» ont aussi été prises en compte. Dans le domaine de la toponymie, après un premier état de la

---

73. *Folk-Songs of Old Quebec,* second edition, song translations by Regina Lenore SOOLMAN, illustrations par Arthur LISMER, Ottawa, Department of Northern Affairs and National Ressources, 1962, 72 p. (National Museum Bulletin, n° 75, Anthropological Series, n° 16); *Jongleurs Songs of Old Quebec,* interpreted into English by Sir Harold BOLTON and Sir Ernest MACMILLAN, decorations by Arthur PRICE, Toronto, The Ryerson Press, [©1962], xxi + 202 p.; *Le Rossignol y chante:* première partie du *Répertoire de la chanson folklorique française au Canada,* Ottawa, Ministère du Nord canadien et des Ressources nationales, Musée national du Canada, 1962, 485 p. (Bulletin n° 175, n° 52 de la série anthropologique).

74. Marius BARBEAU, *En roulant ma boule: deuxième partie du Répertoire de la chanson folklorique française au Canada,* couverture et dessins au trait par Arthur Price, [Ottawa], Musée national de l'Homme, Musées nationaux du Canada, [©1982], xxvi + 753 p.; *Le roi boit: troisième partie du Répertoire de la chanson folklorique française au Canada,* couverture et dessins au trait par Arthur Price, édité par Lucien Ouellet, [Ottawa], Musée canadien des civilisations, Musées nationaux du Canada, [©1987], xxviii + 623 p.

75. Anselme CHIASSON et Daniel BOUDREAU, *Chansons d'Acadie,* (première série), Pointe-aux-Trembles (Montréal), La Réparation, [1942], 28 p.; Daniel BOUDREAU, capucin, *Chansons d'Acadie, onzième série,* [Chéticamp, Le Centre Trois-Pignons, 1993], 82 p.

76. Dominique GAUTHIER, *Chansons de Shippagan,* transcription musicale de Roger Matton, Québec, Les Presses de l'Université Laval, 1975, xxviii + 177 p. (Coll. «Archives de folklore», n° 16).

77. Charlotte CORMIER, *Écoutez tous, petits et grands; chansons de Pré-d'en-haut,* [Moncton], Éditions d'Acadie, [1978], 81 p. + 2 disques.

78. Georges ARSENAULT, *Complaintes acadiennes de l'Île-du-Prince-Édouard,* [Montréal], Leméac, [©1980], 262 p. (Coll. «Connaissance»).

79. Germain LEMIEUX, s.j., *Folklore franco-ontarien, I,* Sudbury, La Société historique du Nouvel-Ontario, 1949, 48 p. (Coll. «Documents historiques», n° 17); *Folklore franco-ontarien. Chansons II,* Sudbury, Société historique du Nouvel-Ontario, 1950, 48 p. (Coll. «Documents historiques», n° 20).

80. *Chanteurs franco-ontariens et leurs chansons,* Sudbury, La Société historique du Nouvel-Ontario, 1963-1964, 113 p. (Coll. «Documents historiques», n°s 44-45).

81. *Chansonnier franco-ontarien, I,* Sudbury, Centre franco-ontarien de folklore, Université de Sudbury, 1974, 138 p. (Coll. «Documents historiques», n° 64); *Chansonnier franco-ontarien, II,* compilé et annoté par Germain LEMIEUX, Ph.D., Sudbury, Ontario, Centre franco-ontarien de folklore, Université de Sudbury, 1975, 142 p. (Coll. «Documents historiques», n° 66).

question établi par Luc Lacourcière en 1955[82], Jean Poirier a fait de nombreuses recherches tant méthodologiques[83] que monographiques[84].. La Commission de toponymie du Québec a publié *Itinéraire toponymique du Chemin du Roy, Québec-Montréal*, de René Bouchard[85]. et un *Dossier toponymique du Nouveau-Québec*[86]. Mentionnons ici les publications de François Beaudin[87] et les Actes du premier congrès international sur la toponymie française de l'Amérique du Nord[88]. Le blason populaire a été l'objet d'articles de Marius Barbeau[89], de Marcel Rioux[90] et de Jean-Yves Dugas[91]. Des pratiques langagières agressives désignées par des termes comme juron, sacre, blasphème, injure ont été colligées et analysées par Jean-Pierre Pichette[92], Gilles Charest[93], Robert-Lionel Séguin[94], Diane

82. Luc LACOURCIÈRE, «Toponymie canadienne», dans *Société du Parler français au Canada, Études sur le parler français au Canada*, Québec, Les Presses universitaires Laval, 1955, p. [199]-220.

83. Jean POIRIER, *Toponymie : méthode d'enquête*, Québec, Les Presses de l'Université Laval, 1965, 165 p.

84. Jean POIRIER, «La toponymie de l'île d'Orléans», *Cahiers de géographie de Québec*, vol. 6, n° 12, avril-septembre 1962, p. 183-199; «De la tradition orale en toponymie», *Cahiers de géographie de Québec*, vol. 9, n° 17, octobre 1964-mars 1965, p. 92-96; «Toponymie canadienne», *Vie et langage*, Paris, vol. 15, n° 169, avril 1966, p. 214-217; n° 170, mai 1966, p. 258-261; n° 171, juin 1966, p. 347-349; «La toponymie québécoise: une image du milieu humain où s'attachent des vestiges du passé», *Forces*, n° 17, 1971, p. 35-42; «Légendaire et toponymie; La Table de Roland: nom primitif du mont Sainte-Anne dans la région de Percé», *Canadian Folklore Canadien*, vol. 3, n° 1, 1981, p. 74-78.

85. René BOUCHARD, *Itinéraire toponymique du Chemin du Roy, Québec-Montréal*, [Québec], Gouvernement du Québec, Commission de toponymie, [1981], 89 p. («Études et recherches toponymiques», n° 2).

86. Pierre BARABÉ, Jean-Yves DUGAS, Jacques FORTIN et Martyne MICHAUD, *Dossier toponymique du Nouveau-Québec*, [Québec], Commission de toponymie, [©1982].

87. François BEAUDIN, *La toponymie du Québec, partie intégrante et miroir de son folklore*, [Québec], Gouvernement du Québec, Commission de toponymie, [©1982], 18 p. («Dossiers toponymiques», n° 15.)

88. *450 ans de noms de lieux français en Amérique du Nord: allocutions et conférences prononcées lors du premier congrès international sur la toponymie française de l'Amérique du Nord, Québec, du 11 au 15 juillet 1984*, [Québec], Les Publications du Québec, [©1986], 555 p.

89. Marius BARBEAU, «Blason, géographie et généalogie populaires de Québec (I. Beauce, Gaspé et Témiscouata)», *Journal of American Folklore*, vol. 33, n° 130, octobre-décembre 1920, p. 346-366.

90. Marcel RIOUX, «Le blason populaire canadien», *Le Canada français*, vol. 32, n° 4, décembre 1944, p. 259-265.

91. Jean-Yves DUGAS, «Le blason populaire», *La Jarnigoine*, Fédération des loisirs-danse du Québec, vol. 4, n° 2, automne 1984, p. 6-7, 18; «Le blason populaire au Québec, un phénomène révolu?», *Canadian Folklore Canadien*, vol. 6, n°s 1-2, 1984, p. 9-38.

92. Jean-Pierre PICHETTE, *Le Guide raisonné des jurons: langue, littérature, histoire et dictionnaire des jurons*, [Montréal], Quinze, [©1980], 312 p. (Coll. «Mémoires d'homme»).

93. Gilles CHAREST, *Le livre des sacres et des blasphèmes québécois*, [Montréal], Éditions de l'Aurore, [1974], 123 + [5] p. (Coll. «Connaissance des pays québécois»).

94. Robert-Lionel SÉGUIN, *L'injure en Nouvelle-France*, [Montréal], Leméac, [©1976], 250 + [2] p. (Coll. «Connaissance»).

Vincent[95], ainsi que par Clément Légaré et André Bougaïeff[96]. Les proverbes et les dictons ont par ailleurs fait l'objet de compilations d'Édouard-Zotique Massicotte[97], de Madeleine Doyon[98] et de Pierre Des Ruisseaux[99]. Des formulettes et comptines ont été publiées par Édouard-Zotique Massicotte[100] et Marius Barbeau[101]; Luc Lacourcière a établi une bibliographie sur les comptines en 1948[102] et Louise Bernard a proposé une typologie des formulettes enfantines[103]. Mentionnons enfin des recueils comme *Comptines traditionnelles du Canada français*[104] et des articles de Paul Carpentier[105] et de Claude Bourguignon[106].

L'oral comme élément constitutif de l'identité

Aux genres du conte, de la légende et de la chanson ainsi qu'à d'autres pratiques langagières, constitués en formes canoniques de l'expression «populaire», a été attribué un caractère stable qui semblait les garder des dérives; ils en vinrent à servir de marqueurs identitaires. Par le jeu d'une large intertextualité diachronique, leur rapport au passé était perçu comme

95. Diane VINCENT, *Pressions et impressions sur les sacres au Québec*, [Québec], Office de la langue française, [©1982], 143 p. (Coll. «Langues et sociétés»); «Le sacre au Québec: transgression d'un ordre religieux ou social?», *Culture*, vol. 4, n° 2, 1984, p. 55-61.

96. Clément LÉGARÉ et André BOUGAÏEFF, *L'empire du sacre québécois; étude sémiolinguistique d'un intensif populaire*, Québec, Presses de l'Université du Québec, 1984, 276 p.

97. Édouard-Zotique MASSICOTTE, «Croyances et dictons populaires des environs de Trois-Rivières (Canada)», *Journal of American Folklore*, vol. 32, n° 123, janvier-mars 1919, p. 168-175.

98. Madeleine DOYON, «Dictons et remarques sur les sucres», *Les Archives de folklore*, n° 4, 1949, p. [65]-66.

99. Pierre DES RUISSEAUX, *Le livre des proverbes québécois*, [Montréal], L'Aurore, [©1974], 203 + [2] p. (Coll. «Connaissance des pays québécois»); *Le livre des proverbes québécois*, Montréal, Hurtubise HMH, 1978, 219 p.; *Le livre des pronostics au Québec*, Montréal, HMH, 1982, 246 p.

100. Édouard-Zotique MASSICOTTE, «Formulettes, rimettes et devinettes du Canada», *Journal of American Folklore*, vol. 33, n° 130, octobre-décembre 1920, p. 299-320; «Rimettes et formulettes», *Bulletin des recherches historiques*, vol. 48, 1942, p. 20-22.

101. Marius BARBEAU, *Les Enfants disent*, illustrations de Marjorie Borden et de Phoebe Thomson, Montréal, Éditions Paysana, [1943], 90 p.; «Minette m'a volé mes roulettes», *La Presse*, 2 décembre 1933 et *Le Droit*, 17 novembre 1934; «Formulettes et devinettes de notre province», *La Presse*, 22 et 29 décembre 1934; «Devinettes: l'homme et l'araignée. Les sétesses. Toujours mouillé. Sans âme», *Le Droit*, 15 décembre 1934; «Devinettes: Je l'ai eu vert. Sous le pont. Du coq qui ferme les yeux. Sur la laiterie. Il reste toujours le même», *Le Droit*, 2 février 1935.

102. Luc LACOURCIÈRE, «Comptines canadiennes», *Archives de folklore*, n° 3, 1948, p. 109-157.

103. Louise BERNARD, «Essai de classification des formulettes enfantines et l'utilisation traditionnelle d'une comptine dans un roman contemporain (I ni mi ni maï ni mo)», *Revue de l'Université Laurentienne*, vol. 8, n° 2, février 1976, p. 86-96.

104. Michèle LECLERC, Louise MÉTHÉ et Yolande CHATILLON, *Comptines traditionnelles du Canada français*, [Montréal], Leméac, 1973, 32 p. (Coll. «Littérature de jeunesse»).

105. Paul CARPENTIER, «Comptines et chansonnettes dans l'est de l'Ontario», *Culture et tradition*, vol. 2, 1977, p. 115-129.

106. Claude BOURGUIGNON, «Am Stram Gram... Quelques comptines», *Troubadour*, vol. 6, n° 1, août 1982, p. 11.

un facteur d'enracinement collectif. Une communauté aux prises avec les mécanismes de l'acculturation s'attache aux formes culturelles qui représentent les valeurs menacées. Parlant de la chanson, le père Germain Lemieux évoquera ce pouvoir des formes traditionnelles comme suit:

> Comprenons-nous l'importance, pour nous, Canadiens français, de mieux connaître notre folklore et de nous y cramponner comme à un ponton de sauvetage? C'est une source de fierté, un bain d'énergie patriotique, un rempart contre l'anglicisation et l'américanisation. En chantant nos joies et nos peines dans le mode ancestral, nous réintégrerons cette âme française qui, en se canadianisant, devint celle des laborieux défricheurs, des joyeux découvreurs, des malheureux déportés et des lutteurs persévérants. [...] Nous serons Canadiens français dans la mesure où nous suivrons les traces des générations passées: gaieté française, sens artistique, clarté d'expression, retenue chrétienne et respect des valeurs que nous ont léguées nos pères. C'est par ce retour constant à notre tradition ancestrale, autrement dit à notre folklore, que nous découvrirons les raisons d'être fiers de notre passé et d'affronter crânement l'avenir[107].

En d'autres termes, il reprenait les propos tenus par Luc Lacourcière et Félix-Antoine Savard, en 1945, lorsqu'ils déclaraient que l'objet ultime du travail du folkloriste était d'atteindre «la source vitale» qui donne sens à la vie collective:

> Par ce long cheminement qu'il fait à travers les paroles et les gestes traditionnels, par la comparaison, par l'étude du particulier et de l'universel, des similitudes et des différences, par tout un savant système de décantation, de pesée et de filtrage, c'est donc aux lois essentielles qu'il prétend aller, à la source vitale d'où proviennent les œuvres de l'homme durable[108].

L'abbé Émile Chartier, dans un cours à la Sorbonne, en 1927, attribuait aux pouvoirs de la culture traditionnelle, le folklore, la «survivance canadienne-française»:

> le folklore canadien-français est la survivance d'une façon de s'exprimer qui fut jadis celle de l'âme paysanne en France. Puis cette littérature populaire a exercé, sur les destinées du Canada français, une influence prépondérante. Loyaux sujets de l'Angleterre depuis plus d'un siècle et demi, si les Canadiens français sont demeurés, depuis non moins longtemps, de vrais fils de la France, c'est au maintien de cet art naïf que pour une large part ils le doivent. Ce qui entretient chez eux l'esprit français, ce sont les récits ou les inventions fantaisistes de leurs conteurs, les redites ou les créations de leurs chanteurs, tout autant que la culture intellectuelle dans les écoles et les collèges, tout autant que l'instinct de réaction accentué par la pression maladroite du maître politique. La survivance canadienne-française, sans être un «miracle»,

---

107. Germain LEMIEUX, s.j., *Chanteurs franco-ontariens et leurs chansons,* Sudbury, La Société historique du Nouvel-Ontario, 1963-1964, p. 8.

108. Luc LACOURCIÈRE et Félix-Antoine SAVARD, «Le folklore et l'histoire», *Les Archives de folklore,* n° 1, 1946, p. 23.

provient d'autres causes sans doute, mais d'abord de la persistance du folklore français au Canada[109].

Lorsqu'il s'est agi de définir l'identité collective, les élites ont cherché chez le «paysan», fidèle gardien des traditions, les œuvres immuables dont il était le dépositaire. À leurs yeux, les contes, les légendes et les chansons constituaient une littérature, un corpus de textes que la collecte devait fixer avant que «le souffle niveleur du modernisme intellectuel et matériel[110]» ne les fasse disparaître. Ces œuvres «du peuple», spontanées, naturelles, authentiques, sentimentales, simples, originales s'opposaient aux œuvres savantes apprêtées, artificielles, mensongères, froidement logiques, complexes et foncièrement étrangères à «l'âme profonde» de la collectivité nationale. Les œuvres du peuple auraient exprimé les valeurs authentiquement collectives alors que celles des élites n'auraient exprimé que celles des auteurs. Par leur passage à l'écrit, les grands genres traditionnels se transformaient en œuvres littéraires, «*monumenta*» du génie populaire, que l'on pouvait dorénavant conserver malgré la disparition des derniers conteurs et chanteurs. Formes symboliques dorénavant stables, dans un monde en pleine mutation, elles permettaient à la communauté de garder le cap.

En réalité, la transmutation de l'acte de parole traditionnel en livre reprenait à un autre niveau une des fonctions des pratiques traditionnelles : réaffirmer l'identité du groupe d'appartenance. Pourquoi conter ou chanter? Pour se retrouver, se reconnaître, se rassurer, se situer, se fixer, interrompre la dérive, exorciser l'aléatoire, nommer ce qui soudainement surgit, inconnu, et qui trouble. Bref, pour donner un sens aux crises qui secouent le groupe d'appartenance et menacent de le détruire, pour affronter ce qui tue, par la mort quotidienne des espoirs et des illusions, ou par cet enfouissement au bout de la vie. De la position stratégique du lieu de l'oral, les interlocuteurs font face à ce qui les menace et qui n'est pas que péril clairement identifiable, comme la pauvreté, la maladie des corps et des esprits, ou le vieillissement. Il y a aussi tous ces autres périls qui se cachent sous les images d'une Ombre, d'une Gueule-qui-dévore, d'un Monstre, Dragon ou Diable, que le récit contrôle en les situant dans les espaces de l'imaginaire où se déplacent les interlocuteurs.

La recherche de sens des groupes d'appartenance se fait par le choix de parcours au travers de symboles, de figures et d'archétypes. Une quête de la cohérence fait prendre la route aux sujets qui parlent. Avançant dans le territoire délimité par leur discours, ils n'échappent pas au pays de leur parole en dehors duquel ils seraient éternellement perdus. Cette démarche

109. Émile Chartier, *Au Canada français, La Vie de l'esprit, 1760-1925,* Montréal, Éditions Bernard Valiquette, 1941, p. 31 [Cours à la Sorbonne, 1927].

110. Marius Barbeau, «Le folklore canadien-français», *Mémoires de la Société royale du Canada,* section 1, série III, vol. IX, mars 1916, [Communication faite en mai 1915], p. 449.

se retrouve-t-elle à un niveau supérieur ? Par quelle instance la quête de sens se prolongerait-elle au-delà des groupes restreints ? Nous l'avons vu, ceux qui se situent en dehors de la culture traditionnelle par la distanciation qu'impose l'acte de définition, les «observateurs», ont cherché dans les pratiques culturelles traditionnelles des œuvres permanentes qui, à leurs yeux, incarnaient les valeurs collectives. Les chants, les contes, les légendes semblaient constituer un corpus stable qui fondait l'identité collective. La longue marche au pays de la tradition de tant d'intellectuels et de clercs n'avait de sens que pour atteindre la vérité profonde de la collectivité dans les faits et gestes de l'homme ordinaire. Ce faisant, ils esquissaient la figure d'un état stable et permanent, d'un temps immobile qui, à proprement parler, est celui du mythe, du discours fondateur qui aménage le chaos en cosmos. Mais la mémoire langagière ainsi consignée ne pouvait contenir les dynamismes de la parole.

La parole éclatée et retrouvée

Alors que l'oral semblerait ainsi fixé dans une fonction symbolique de mémoire qui relie au passé, voilà qu'il refait surface en de nouvelles formes discursives.

Évidentes mais éloquentes, bruyantes et omniprésentes, banales et révélatrices, il faut entendre, en premier lieu, les interactions quotidiennes de l'univers domestique ou du milieu de travail : bavardage, communication de techniques, commérage[111], conversation, débat, discussion, dispute, insulte et négociation. Songeons aussi au riche répertoire des formules d'adieu, de blâme, de condoléances, de demande, d'engagement, d'exclusion, de félicitations, d'hospitalité, d'hostilité, de pacification, de politesse, de rencontre, de remerciement, de salutation, de séparation, de souhait, de sympathie, de vœu. Rappelons les cris de ralliement de bandes de jeunes, les bans et les chansons parodiques lors de rencontres sportives ou de manifestations populaires. Il y a aussi les discours prononcés à l'occasion de rites de passage, comme les anniversaires de mariage ou de naissance, à l'occasion de la retraite ou lors d'un mariage.

Une nouvelle forme d'oralité prend source dans la lecture de périodiques (redire les scandales, les commenter, les transformer), ou dans l'univers médiatique : on raconte des films[112] (des adolescents peuvent répéter de longues séquences du film de Pierre Falardeau, *Elvis Gratton*), on raconte

---

111. Roger D. ABRAHAMS, «A Performance-Centered Approach to Gossip», *Man,* vol. 5, 1970, p. 290-301 ; Donald BRENNEIS, «Gossip», dans Richard BAUMAN (éd.), *Folklore, Cultural Performances, and Popular Entertainments: A Communications-Centered Handbook,* New York, Oxford University Press, 1992, p. 150-153.

112. Voir la thèse de maîtrise d'Élaine JULIEN, *Héros traditionnels et héros médiatisés : permanence ou changement,* Québec, Université Laval, 1991, Jean Du Berger, directeur.

des émissions de télévision (pensons au répertoire de contes ou de légendes connus par les émissions pour enfants comme *Fanfreluche*), on raconte des pièces de théâtre (les meilleures blagues de *Broue* font partie du répertoire contemporain), on reprend des dialogues du théâtre burlesque ou des monologues («Le bon *Boss*» d'Yvon Deschamps, de larges extraits de «textes» d'oncle Georges ou des «exagérations» du capitaine Bonhomme). Les tribunes téléphoniques sont devenues une «place publique» où la parole éclate, s'esclaffe, se plaint, s'indigne[113].

La narrativité aussi prend la forme du récit d'expérience personnelle : que l'on songe aux innombrables «récits de maladie», aux récits d'hospitalisation, aux récits de chasse, de pêche, de voyage[114]. Dans l'ordre du récit historique, nous trouvons le fait divers[115], l'épopée familiale[116], le récit généalogique et surtout le récit de vie[117] qui peut devenir histoire de vie. Le récit de pratiques porte sur certains aspects de la vie comme celui du milieu de travail[118]. Le récit historique populaire[119] évoque les accidents, les catastrophes comme les conflagrations, les écrasements d'avion, les glissements de terrain, les inondations, les naufrages et les tremblements de terre. Les crimes et les grands procès, les émeutes, les épidémies, les grandes grèves, les visites de chefs d'État sont aussi repris à l'infini. La guerre, pour

---

113. Voir, sur la culture populaire en général, M. Thomas Inge, *Handbook of Popular Culture,* Westport (Conn.), Greenwood Press, 3 vol., 1978-1981.

114. Richard M. Dorson et Sandra K. D. Stahl (éd.), «Stories of Personal Experiences», *Journal of the Folklore Institute,* vol. 14, 1977, p. 1-126 ; voir aussi Sandra K. D. Stahl, «The Oral Personal Narrative in its Generic Context», *Fabula,* vol. 18, 1977, p. 18-39 et «Personal Experience Stories», dans R. M. Dorson (éd.), *Handbook of American Folklore,* 1983, p. 268-286.

115. Sylvie Dion, «Le fait divers comme genre», dans *Imprévue,* Centre d'études et de recherches sociocritiques, Montpellier, Université Paul-Valéry, 1988, n° 2, p. 45-54.

116. Amy J. Kotkin et Steven J. Zeitlin, «In the Family Tradition», dans Richard M. Dorson (éd.), *Handbook of American Folklore,* Bloomington, Indiana University Press, [© 1983], p. 90-99.

117. Voir J. Poirier, S. Clapier-Valladon et P. Raybaut, *Les récits de vie : théorie et pratique,* Paris, Presses universitaires de France, 1983, 238 p. (Coll. «Le Sociologue», n° 52) ; Pierre Crépeau, *Voyage au pays des merveilles : quatre autobiographies d'immigrants,* Ottawa, Musées nationaux du Canada, 1978, xxvi + 165 p. (Coll. «Mercure», Centre canadien d'études sur la culture traditionnelle, dossier n° 25) ; Diane Morin et Fabrice Montal, «Expériences historienne et ethnologique des récits autobiographiques : problèmes de méthode», dans Jacques Mathieu, *Étude de la construction de la mémoire collective des Québécois au XXᵉ siècle,* Sainte-Foy, CÉLAT, 1986, p. 301-305 (Coll. «Cahiers du CÉLAT», n° 5) ; Bogumil Koss Jewsiewicki, «Le récit de la vie entre la mémoire collective et l'historiographie», dans Jacques Mathieu, *ibid.,* p. 71-97 ; Valérie Gascon, *Disponibilité, liberté et qualité de vie : analyse de trois récits de vie de femme,* thèse de maîtrise, 1987, Jean Du Berger ; Gabrielle Lachance, *Mémoire d'une époque : un fonds d'archives orales au Québec,* Québec, Institut québécois de recherche sur la culture, 1987, 251 p. (Coll. «Documents de recherche», n° 12) ; Simonne Dubois, «Le récit de vie comme outil d'enquête : expérience de terrain», *Canadian Folklore Canadien,* vol. 16, n° 1, 1994, p. 55-71.

118. Voir Jean Du Berger et Jacques Mathieu (dir.), *Les ouvrières de Dominion Corset à Québec, 1886-1988.*

119. Ronald Labelle, «Histoire orale et culture locale : perspectives ethnologiques», *Canadian Folklore Canadien,* vol. 13, n° 2, 1991, p. 99-107.

toute une génération, est racontée : conscription, enrôlement, entraînement militaire, déserteur, espion, prisonnier de guerre, récit de combat, rationnement[120]. La légende urbaine[121] et la rumeur[122] sont deux genres majeurs des pratiques langagières narratives. Elles donnent sens aux éléments inconnus de la scène contemporaine et remplissent les vides de l'information.

Les pratiques langagières ludiques sont évidemment prodigieusement vivantes : blague «cruelle» ou ethnique, blague sexiste, calembour, contre-pèterie, jeu de mots, monologue, plaisanterie obscène ou scatologique, rime ludique et vire-langue. Circulant rapidement, apparaissant sans crier gare, se groupant par cycles, s'identifiant à des groupes auxquels elles intègrent, ces pratiques permettent de mettre au jour les objets de tension sociale et de régler les conflits au niveau symbolique.

Pour terminer, mentionnons la chanson de camp de vacances, la chanson de circonstance, la chanson grivoise, la chanson parodique et la chanson satirique, répertoire insaisissable dont les pièces sont composées «sur l'air de». Enfin, circulant dans la matrice médiatique, les répertoires de *Blues*, de *Rock*, de chanson *Country* ou *Western*.

La parole fondatrice de l'identité ethnique, tradition verticale diachronique, éclate en des pratiques langagières qui renvoient à des identités multiples, celles des groupes d'appartenance avec leurs modèles, leurs valeurs et leurs codes. En milieu urbain, les pratiques langagières des groupes sont conditionnées par les fonctions urbaines et par les organisations qui les encadrent[123]. De plus, elles s'inscrivent dans une tradition horizontale dont l'horizon est défini par les médias électroniques et par l'infosphère. Longtemps, comme le dit Alvin Toffler, «toute l'expérience accumulée du groupe était entreposée dans les neurones, la névrologie et les synapses des hommes.» La «civilisation de la Seconde Vague», pour reprendre la formule de Toffler, «fit sortir les souvenirs sociaux de la tête des gens, trouva des solutions nouvelles pour les emmagasiner et, ce faisant, elle fit sauter leurs anciennes limites.» «La civilisation de la Troisième Vague» fait passer à une infosphère qui «amplifie la mémoire sociale et, en même temps, la dynamise[124]». Les pratiques langagières ne disparaîtront pas. Le réseau *Internet*, jour et nuit, est le lieu de passage de récits, de débats,

---

120. Voir le chapitre «Les mémorables» dans le livre toujours éclairant d'André JOLLES, *Formes simples,* Paris, Éditions du Seuil, [©1972 pour la traduction française, ©1930 pour l'édition allemande], p. 159-171.

121. Jan Harold BRUNVAND, *The Vanishing Hitch Hiker : American Urban Legends and Their Meanings,* New York, W.W. Norton & Company, [©1981].

122. Martine ROBERGE, «L'étude de la rumeur dans la construction de la mémoire collective», dans Jacques MATHIEU, *Étude de la construction de la mémoire collective..., op. cit.,* p. 315-320 ; *La rumeur,* Québec, Rapports et mémoires du Célat, n° 14, mai 1989, 4 + 107 p.

123. Voir mon article «Pratiques culturelles et fonctions urbaines», *Canadian Folklore Canadien,* vol. 16, n° 1, 1994, p. 21-41.

124. Alvin TOFFLER, *La Troisième Vague,* Paris, Denoël, 1980, p. 222-224.

de dialogues, de renseignements : des réseaux virtuels se font et se défont. La mémoire est stockée, accessible en tout temps. Mais, dans la mesure où se développe l'infosphère, il faut un contrepoids, une réaction de l'homme. Le développement de la société technologique s'accompagne d'un développement de systèmes de valeurs personnelles de plus en plus importants qui doivent assurer l'équilibre entre la technologie et les besoins humains. Il faut se retrouver avec les autres, car plus il y a de robots plus il faut développer les contacts interpersonnels, comme l'observe John Naisbitt : « *the more need for human touch*[125]. » Un nouvel état de l'oral prend forme.

Les travaux de plusieurs générations d'historiens, de critiques littéraires, d'écrivains et de folkloristes ont été assimilés à une vaste entreprise de sauvegarde, terme qui renvoie à un champ sémantique où nous trouvons des mots comme : salut, défense, protection, abri, refuge, bouclier ; le verbe sauvegarder s'inscrit dans un ensemble qui comprend des verbes comme : conserver, défendre, préserver et maintenir. L'oral était perçu comme une substance sur laquelle on pouvait fonder l'identité. Il est au contraire un dynamisme d'apprentissage profond qui anime les groupes sociaux en dehors des instances institutionnelles. La tradition est projet.

Les folkloristes américains ont progressivement intégré le concept de «tradition» à la définition du folklore. Devant une liste de pratiques folkloriques qui s'allongeait et prétendait définir la discipline du folklore par l'énumération de ses objets, Stith Thompson a proposé, en 1949, le concept de tradition comme dénominateur commun de ces pratiques : « *The common idea present in all folklore is that of tradition, something handed down from one person to another and preserved either by memory or practice rather than written word*»[126]. Dix ans plus tard, Richard Dorson ne pourra que conclure, après l'examen des tentatives de définition : « *The common element in all these matters is tradition*»[127]. En 1968, l'anthropologue américain William Bascom, qui avait déjà proposé de limiter le sens du mot «folklore» à ce qu'il nommait « *verbal art*[128]», le définira comme un savoir « folk» dont il élargira le contenu à tout savoir transmis oralement et à tout savoir-faire appris par imitation ou par l'exemple ainsi qu'à ce qui est produit par ces arts et techniques : « *Folklore means "folk learning" ; it comprehends all knowledge that is transmitted by word of mouth and all crafts and other techniques that are learned by imitation or example, as well*

---

125. John NAISBITT, *Megatrends : Ten New Directions Transforming Our Lives,* [New York], Warner Books, [©1984], p. 52.

126. Stith THOMPSON, «Folklore», dans Maria LEACH (éd.), *op. cit.*

127. Richard M. DORSON, *American Folklore,* Chicago, The University of Chicago Press, 1959, p. 1-2.

128. William R. BASCOM, «Verbal Art», *Journal of American Folklore,* vol. 68, 1955, p. 245-252.

as the products of these crafts[129].» Jan Harold Brunvand proposera la même définition en 1976: «*As a working definition we may accept to begin with the common concept of folklore as consisting of materials in culture that are transmitted by word of mouth in "oral tradition" or by means of customary example*[130].»

L'extension du concept de tradition à ceux de tradition coutumière, de tradition imitative ou de tradition exemplaire, «par le geste et la parole», a attiré l'attention sur la transmission dynamique et directe des savoirs. Elli-Kaija Köngäs Maranda l'avait bien vu, dans un article de 1963, où elle insistait sur le caractère direct et informel de la communication folklorique:

> What we call folklore is also a mentifact; and dance and game are mentifacts as well as verbal traditions. What distinguishes these mentifacts from literature and other arts is that folklore is not learned with the help of a record. It is learned in face-to-face contact, in personal transmission. [...] Thus I maintain that the process of transmission is the key for defining what folklore is[131].

Dans ce mode de transmission, les objets de transmission ne sont pas conservés sous une forme stable: il s'agit d'«*un-recorded mentifacts*» directement communiqués dans un processus que Marius Barbeau a pour sa part décrit comme suit: «Quand, à l'aide de connaissances transmises de père en fils, on se communique une adresse manuelle, des tours de main et des pratiques usuelles dans la vie quotidienne, sans recourir aux livres, aux almanachs et aux moyens établis; c'est alors que nous découvrons le folklore dans son milieu propre, toujours à l'œuvre et mobile et prêt à assimiler de nouveaux éléments sur sa route[132].» Ainsi comprise, la tradition est vivante, directe, personnelle et prend forme en des performances inscrites dans un système de contextes. Ces situations contextuelles changeantes soumettent les pratiques culturelles traditionnelles à des dynamismes de ré-élaboration qui leur confère un caractère de stabilité adaptative.

En 1982, les experts des pays membres de l'UNESCO réunis à Paris proposeront une définition du folklore fondée aussi sur le concept de tradition:

> Le folklore (au sens large de culture traditionnelle et populaire) est une création émanant d'un groupe et fondée sur la tradition, exprimée par un

---

129. William BASCOM, «Folklore», *International Encyclopedia of the Social Sciences,* New York, 1968, vol. V, p. 496-497.

130. Jan Harold BRUNVAND, *Folklore; A Study and Research Guide,* New York, St. Martin's Press, 1976, p. 2-3.

131. Elli-Kaija KÖNGÄS MARANDA, «The Concept of Folklore», *Midwest Folklore,* vol. XIII, n° 2, 1963, p. 85-86.

132. Marius BARBEAU, «Ce qu'est le folklore», *Cahiers de l'Académie canadienne-française,* vol. 9, 1965, p. 7-8.

groupe ou par des individus, reconnus comme répondant aux attentes de la communauté en tant qu'expression de l'identité culturelle et sociale de celle-ci ; les normes et les valeurs se transmettent oralement, par imitation ou par d'autres manières[133].

La tradition est encore perçue comme dynamique puiqu'elle favorise «une création émanant d'un groupe», mais, comme elle est l'expression de l'identité culturelle et sociale [d'une communauté]», elle doit être, jusqu'à un certain point, stable. Nous sommes ici en présence du paradoxe du dynamisme traditionnel. D'une part, il doit assurer l'adaptation des acteurs sociaux à l'environnement et, à ce titre, être inventif, innovateur, souple, créateur ; d'autre part, sur lui reposent les processus qui permettent à un groupe de se définir et de ne pas se dissoudre. Les contextes historiques et les situations dialectiques qui en découlent ont conduit les pouvoirs religieux, politiques, économiques ou culturels à donner un sens univoque au concept de tradition, car les transformations sociales, par la tradition, provoquent un mouvement de retour aux «origines» et aux actes fondateurs.

Les pratiiques orales témoignent des dynamismes culturels urbains qui permettent une constante adaptation à l'environnement fonctionnel pour réussir l'intégration et échapper à la ségrégation. L'expérience dont rendent compte les récits de vie et les récits de pratiques est modelée par des mécanismes d'association et d'opposition, de compétition et de coopération, de conflit et d'accommodation. Un jeu de balancier fait osciller l'acteur social entre conformité et déviance. En définitive, le récit de vie urbain rend compte des transformations sociales qui constituent peut-être les identités des locuteurs. Ces voix sont aussi, pour nous, l'écho d'une grande voix, celle d'une ville, liieu privilégié de la parole, un patrimoine fait de savoirs, de savoir-vivre et de savoir-faire. À travers leurs perceptions, leurs sentiments, leurs convictions, leurs affirmations et leurs doutes, ces femmes et ces hommes ont exprimé l'expérience urbaine.

---

133. «L'Unesco et la protection du folklore», *Courrier de l'UNESCO*, 38e année, avril 1985, p. 27.

La mode vestimentaire féminine en milieu urbain au Québec

L'exemple des années 40

Agathe Gagné-Collard
CÉLAT, Université Laval

Suzanne Lussier
CÉLAT, Université Laval

Jocelyne Mathieu[1]
CÉLAT, Université Laval

La ville représente un pôle attractif où la diversité démographique semble autoriser toutes les expressions individuelles. S'installer à la ville, c'est accéder à la modernité. Si la société traditionnelle est d'abord associée à la vie rurale, elle doit tout de même être replacée dans un courant de mutation vers l'urbanité et l'industrialisation, particulièrement au XXe siècle. Bien sûr, l'irrégularité des rythmes due, entre autres, aux modes de transmission souvent non verbaux, dans la longue durée et sans simultanéité possible[2], engendre un phénomène de décalage, plus ou moins prononcé, qui se manifeste dans l'emprise progressive de la ville sur la campagne, de l'industrie sur l'artisanat, du commerce sur l'autosuffisance, de la parure sur l'utilité, en somme, de la mode sur la tradition[3]. Mais la ville, si changeante soit-elle en apparence, n'évacue pas complètement les savoirs, les habitudes et les modèles déjà en vigueur dans les collectivités qui la composent. C'est ce que nous voulons vérifier dans l'habillement des femmes en milieu urbain québécois[4] durant les années 40.

---

1. Ce texte conjugue une partie des recherches de Suzanne Lussier, dont les études à la maîtrise portent sur les pratiques vestimentaires en milieu urbain durant la Seconde Guerre mondiale; d'Agathe Gagné-Collard, qui prépare une thèse sur «La consommation vestimentaire, reflet de l'évolution sociale: le cas du pantalon féminin (1940-1990)»; et de Jocelyne Mathieu, professeure d'ethnologie et directrice de recherches. Le présent article rend plus spécialement compte, ici, de certains résultats du projet intitulé «L'influence de la mode sur le costume québécois» (CRSH, 1990-1993).

2. Françoise LOUX, *Traditions et soins d'aujourd'hui*, Paris, Inter Éditions, 1990, p. 24.

3. Jocelyne MATHIEU, «Au sujet des rapports entre le costume et la mode. Le cas du costume canadien», *Canadian Folklore canadien*, vol. 10, nos 1-2, 1988, p. 35-52.

4. Comprenons les villes de Montréal et de Québec.

Ces années retiennent notre attention parce qu'elles nous sont apparues particulièrement intéressantes dans l'analyse de la dynamique entre la tradition et la modernité. La Seconde Guerre mondiale a en effet marqué la fin d'une ère où la tradition tenait encore une place honorable dans l'ensemble des milieux, urbains comme ruraux, alors que les années 50 ont amorcé un changement de valeurs qui deviendra irréversible par la suite.

Au-delà d'une simple succession de formes, la mode se définit par son rapport à la société. Partie structurante d'un système social dont elle est un indicateur significatif, la mode évolue d'une manière intimement liée aux nombreux facteurs contextuels, parmi lesquels l'économie joue un rôle stratégique. L'économie interne comme l'économie mondiale dictent en effet des comportements où les moyens financiers, les goûts et les valeurs se conjuguent dans la construction des apparences identitaires. Selon Bruno Du Roselle, ce sont les événements politiques, économiques et sociaux qui génèrent les tendances et les modes qui traversent nos sociétés : « En raison même de la rapidité de son renouvellement, l'habillement est sans doute de tous les articles celui qui traduit le mieux l'évolution d'une société[5]. »

Riche de codes identitaires, l'habillement reflète la place des individus dans le groupe, leurs fonctions, leurs allégeances. La composition des vêtements et la manière de les porter constituent le costume qui, de l'étymologie même du mot, renvoie aux coutumes : « Être en costume, c'est bien, au fond, exposer la coutume.[6] »

Véritable signe des temps, la mode doit donc nécessairement être étudiée dans le contexte qui l'a favorisée, puisqu'en dehors de son contexte, tout signe perd son sens[7].

Femmes, traditions vestimentaires et consommation

Notre étude nous amène à nous intéresser particulièrement aux femmes, car elles sont généralement les plus préoccupées par l'organisation de la vie quotidienne, entre autres par le costume et la consommation. Les exigences économiques dictent, particulièrement dans une société de consommation, nombre de pratiques, et permettent ou non de les maintenir. De nombreux exemples pourraient servir à le démontrer, dans des domaines aussi divers que l'habitation, l'alimentation, les communications ou le costume, mais nous retenons ce dernier pour deux raisons : d'abord, parce que le costume est la première expression usuelle de l'identité individuelle et collective ; ensuite, parce qu'il traduit des mentalités. Objet de consom-

---

5. Bruno Du Roselle, *La crise de la mode*, Paris, Imprimerie nationale, 1973, p. 14.

6. Jean Cuisenier, *Costume-Coutume*, « Introduction », Paris, Musée national des arts et traditions populaires et Éditions de la Réunion des musées nationaux, 1987, p. 33.

7. Robert Devleeshouwer, « Costume et société », *Revue de l'Institut de sociologie. À propos de la mode*, Bruxelles, Université libre de Bruxelles, 1977, n° 2, p. 167-184.

mation très lente durant les époques antérieures aux grandes guerres, voilà que le vêtement devient un signe exploité des transformations sociales; il témoigne des continuités et des ruptures, des persistances et des nouveautés, tant dans son caractère matériel que dans l'expression des courants de pensée.

La relation entre consommation et culture est sans précédent, comme l'explique Grant McCracken (1988)[8]. Définissant la culture comme un ensemble d'idées et d'activités sur lesquelles se structure une société, et la consommation comme un processus par lequel les biens et les services sont créés, achetés et utilisés, McCracken démontre que les biens offerts aux consommateurs expriment la culture dans ses catégories, ses normes, ses styles de vie et qu'ils sont des agents de changements sociaux. Bien qu'il faille reconnaître la limite de l'expression par la consommation vestimentaire, il faut admettre qu'elle peut envelopper une bonne partie des diversités sociales et des idéaux. Les objets sont le «blueprint» d'une culture, dit McCracken:

> Objects contribute thus to the construction of the culturally constituted world precisely because they are a vital, visible record of cultural meaning that is otherwise intangible[9].

Par le jeu de la publicité, des images, des productions visuelles accompagnées d'un discours, verbal ou écrit, transfèrent des propriétés significatives qui, avec l'usage, deviennent des significations culturelles courantes. La publicité de la mode vestimentaire, soit dans les journaux, les revues, ou par d'autres médias, dévoile les nouveaux styles en les associant presque toujours à des catégories, des règles, des normes culturelles. La mode, en l'occurrence vestimentaire, propose ainsi de nombreux objets de consommation selon plusieurs variations, selon les richesses et selon la versatilité. C'est ainsi que des changements sont proposés, initiés, renforcés ou ignorés.

La nécessité de croiser les sources

À l'époque de la Seconde Guerre mondiale, les deux quotidiens les plus importants de la province sont *Le Soleil* de Québec et *La Presse* de Montréal. *Le Soleil* privilégie le texte au détriment des photographies et des illustrations. *La Presse,* par contre, est abondamment illustrée et son contenu plus accessible à la majorité des lecteurs. À l'intérieur de ces deux quotidiens sont insérées des publicités liées à l'effort de guerre. Moyens de propagande efficaces, les journaux rejoignent beaucoup de gens à l'époque.

---

8. Grant McCracken, *Culture and Consumption,* «Introduction», Bloomington, Indiana University Press, 1988, p. xi-xv.

9. *Ibid.,* p. 74.

Avec la radio, ils constituent le seul lien entre le gouvernement fédéral, la guerre et la population.

Du côté de la presse féminine, deux publications mensuelles occupent la scène de l'édition québécoise : *La Revue moderne,* publiée à Montréal et diffusée depuis 1919, et *La Revue populaire,* également fondée à Montréal en 1907. Ces deux magazines exclusivement destinés aux femmes traitent de sujets tels que la mode, la cuisine, la décoration intérieure et l'artisanat. On y retrouve aussi des nouvelles et des romans-feuilletons. La publicité y occupe une place prépondérante. Durant la guerre, elle sera totalement orientée vers les changements préconisés par l'économie de restriction.

Afin de confronter le discours transmis dans les imprimés et l'icono-graphie, le recours à l'enquête orale s'avère essentiel pour recueillir les pratiques racontées par les informatrices ayant vécu à différentes époques. Il faut toutefois garder en tête le caractère subjectif de ce dernier discours, qui reste une interprétation personnelle d'un souvenir plus ou moins défor-mée par le temps et l'informateur. À cette limite, on doit donc référer à l'histoire du costume et aux contextes.

La lecture d'imprimés, de journaux et de périodiques, entre autres en ce qui concerne la publicité, permet de comparer les modèles proposés aux modèles portés, tels qu'ils sont décrits par l'enquête orale et l'iconographie de situation, soit les photographies présentées et commentées lors des entrevues sur le terrain. Notons que le matériel iconographique et les imprimés ne constituent pas l'objet d'étude et qu'ils ne seront donc pas analysés formellement. Ils servent plutôt de référents aux discours recueillis en enquête afin d'identifier ce que ces discours traduisent, et constituent un moyen de compléter les informations sur les pratiques recueillies et les contextes qui s'y rattachent, en somme de définir le rapport entre les discours et les pratiques effectives.

Deux études récentes ont emprunté cette démarche comparatiste. Dans son mémoire de maîtrise en ethnologie intitulé « Le culte du corps ou le culte de l'âme » (Université Laval, 1989), Suzanne Marchand met en rapport les deux types de discours, celui des normes véhiculées par la publicité des produits de beauté et les prescriptions de *L'Action catholique ;* et celui des pratiques effectives rapportées lors d'une enquête orale. Auteures de l'ou-vrage *De la poêle à frire à la ligne de feu*[10], les historiennes Geneviève Auger et Raymonde Lamothe ont pour leur part traité des témoignages inédits sur la véritable participation des femmes à l'effort de guerre, à l'intérieur ou à l'extérieur de la maison, et les ont confrontés aux publicités et aux écrits publiés dans les journaux de l'époque ; elles ont alors démystifié l'image de la femme véhiculée par la propagande officielle. Les recherches

---

10. Geneviève Auger et Raymonde Lamothe, *De la poêle à frire à la ligne de feu,* Montréal, Boréal Express, 1981.

de Suzanne Lussier et d'Agathe Gagné-Collard tendent vers une analyse semblable.

Dans un contexte où la ville devient synonyme de vie moderne, l'attrait qu'elle exerce traduit un désir de modernité. Si la population rurale s'approprie les biens de la ville et certaines manières «modernes», se laissant peu à peu envahir par les modes, ne peut-on pas poser comme hypothèse que la population des villes, en grande partie exilée de la campagne, s'approprie les réalités urbaines; elle intègre les nécessités de son nouveau milieu aux connaissances et aux usages qui l'ont modelée dans son milieu d'origine. Corollairement, nous pouvons présupposer que le discours officiel, véhiculé d'abord dans les villes par les voies officielles, publiques, imprimées ou mass-médiatiques, valorise certains savoirs et certaines pratiques en les présentant comme une façon nouvelle de vivre la contemporanéité. Cela permet d'intégrer élégamment des éléments caractéristiques du genre de vie traditionnel au style de vie moderne.

Lors d'une recherche intitulée «L'influence de la mode sur le costume québécois[11]», nous avons tenté d'examiner le costume québécois dans ses rapports avec la tradition, ce qui persiste tout en évoluant, et avec la mode, ce qui change périodiquement, en tenant compte bien sûr des différents facteurs d'influences contextuelles. La problématique était que l'habillement dit «traditionnel», c'est-à-dire correspondant à certains modèles déterminés comme originaux, relativement «anciens» et caractéristiques au Québec, est non seulement peu répandu, mais suit l'évolution des modes.

Les enquêtes ont alors révélé que, loin d'être indépendants et isolés, les milieux ruraux et urbains s'influencent mutuellement et que leurs populations respectives, toutes caractéristiques socioculturelles confondues, poursuivent le même idéal de l'apparence : avoir l'air de leur temps. Accéder à la modernité passe donc par l'image de soi, qui doit afficher une identité dynamique, en évolution, plutôt qu'une identité figée, calquée sur un modèle trop stable, donc inévitablement dépassé.

Deux discours à confronter

Durant la Seconde Guerre mondiale, le Québec ne connaît ni l'occupation ni les massacres civils, mais son économie est touchée de façon significative. L'État cherche à s'ingérer dans la vie quotidienne par une politique de rationnement alimentaire et textile qui assure un certain contrôle de la consommation domestique. Dès les premiers mois de la

---

11. Ce projet a été subventionné par le CRSH. Il comprenait un volet important d'enquête orale de type ethnographique. Nous avons interrogé plus de cent cinquante informatrices et informateurs, d'occupations variées et de milieux différents, dans les villes de Montréal et de Québec. Je tiens à remercier Christiane Noël, ma principale collaboratrice pour ce projet, ainsi que Nathalie Hamel, Suzanne Marchand et Mireille Racine qui ont participé à la recherche.

guerre, le gouvernement fédéral met en branle des campagnes auprès des Québécoises afin de les inciter à réduire leur consommation de vêtements. Entre 1939 et 1945, les journaux et les magazines regorgent de chroniques de mode et de publicités par lesquelles différents ministères fédéraux reliés à la guerre véhiculent la propagande officielle. La lecture de ces journaux nous apprend que la jeune génération urbaine du Québec, habituée à acheter du neuf, est invitée, elle aussi, à faire son « effort de guerre » et que les femmes sont appelées à changer leurs habitudes vestimentaires. L'abondance de ces prescriptions laisse présager que l'économie de guerre aura des répercussions considérables sur les pratiques vestimentaires et la mode, du moins en milieu urbain.

La mode, en général associée à la frivolité et au luxe, devient synonyme d'économie et de récupération. Or, si la récupération des tissus et des vêtements est chose courante en milieu rural québécois depuis plusieurs générations, elle reste un phénomène à mesurer en milieu urbain. Cette pratique fut-elle toujours présente, en ville comme à la campagne, ou bien constitua-t-elle une habitude tout à fait nouvelle, instaurée par la guerre et sa propagande de restriction? Cette question nous amène à nous demander dans quelle mesure les Québécoises du milieu urbain répondirent aux prescriptions vestimentaires véhiculées par la presse et, dans une perspective plus large, comment la mode québécoise fut récupérée par la guerre.

À ce jour, la recherche nous montre que l'insistance des prescriptions n'a pas porté fruit. Nos enquêtes révèlent en effet que le discours officiel véhiculé par les journaux présente une réalité tout à fait différente de celle vécue par les Québécoises du milieu urbain à cette époque.

Après l'analyse du corpus des imprimés (*La Presse, Le Soleil, La Revue populaire* et *La Revue moderne,* de 1939 à 1945) et la comparaison des résultats de cette analyse avec le discours des quelques informatrices rencontrées jusqu'à maintenant, nous constatons que le remodelage des vêtements fortement conseillé par les voix officielles ne trouve pas d'adeptes auprès des femmes en milieu urbain. Celles-ci ne se rappellent pas avoir attaché d'importance aux campagnes de récupération, ni avoir manqué de quoi que ce soit en fait de tissus ou d'articles de mercerie. Elles considèrent plutôt la période de la guerre comme un temps d'abondance après une période de restrictions majeures imposées par la crise des années 30.

Les Québécoises ont soif de dépenser, car elles en ont alors les moyens, et les magasins regorgent de biens à consommer. Le gouvernement cherche cependant à freiner cette fièvre au profit d'épargnes visant à supporter la Grande-Bretagne dans le paiement de son armement. D'où les politiques d'abolition de taxes sur les produits britanniques et de taxation des produits américains, et les campagnes menées dans les magasins anglophones de Montréal pour inciter les Montréalaises à acheter des produits britanniques.

Ce qui semble encore plus important, c'est la volonté de ce même gouvernement de relancer la pratique de la récupération, trop vite oubliée durant cette période de guerre, relativement prospère, par des campagnes de remodelage des vêtements. On fait appel au patriotisme, au gros bon sens des Québécoises, à la menace de pénuries... lesquelles semblent avoir été inexistantes selon les dires des informatrices interrogées. Tous les textiles auraient été disponibles durant la guerre, mais on remarque une abondance de lainages britanniques. Le seul textile qui semble avoir réellement disparu durant cette période est la soie, remplacée par le nylon américain plus économique, plus pratique et plus résistant[12].

Les informatrices expriment l'«illusion» d'avoir été conduites par la mode: elles ignorent les réglementations gouvernementales quant à la longueur des robes, pensant que c'est à la mode de dicter la tendance au port du court, plutôt qu'au contexte économique. Malgré les nombreux décrets votés par la Commission des prix et du commerce dont font état les imprimés, les informatrices, qui les ignoraient, semble-t-il, ont cousu ce qu'elles ont voulu, même des jupes à multiples plis, supposément illégales, de la façon qu'elles ont voulu, c'est-à-dire de la longueur qu'elles préféraient et ce, même pour la robe de mariée, pourtant fortement réglementée[13].

L'écart entre le discours officiel et le portrait que nous présentent les journaux, d'une part, et les témoignages, d'autre part, est surprenant. La récupération ne tient pas la place que nous soupçonnions. Serait-ce un trait de mentalité dans cette Amérique du Nord où déjà, sous le Régime français, Jean Talon avait du mal à faire travailler les femmes et les filles, non persévérantes, semble-t-il, dans la confection de «menus ouvrages[14]»?

Cet écart entre les messages véhiculés dans les discours officiels et le vécu dont témoignent les informateurs et les informatrices se vérifie encore dans quelques résultats préliminaires touchant le port du pantalon chez les femmes.

Cette fois, le phénomène se présente en quelque sorte à l'inverse puisque les publicités annoncent plutôt timidement ce vêtement qui rompt la ségrégation des genres. Sous l'effet des circonstances, on assiste à une rupture des traditions régies par la société; ne pas s'habiller comme sa mère ou sa grand-mère devient l'expression d'un refus d'accepter cette existence quasiment immuable. Par sa forme, sa texture, cette pièce d'habillement n'est pas seulement portée, elle devient porteuse de message, elle traduit son temps, explique les mœurs, les valeurs, elle devient indicatrice de l'évolution sociale. Signe extérieur catégorique d'abolition des distinctions,

---

12. «Les Canadiennes devront renoncer aux bas "tout soie"», *La Presse*, 5 mars 1941, p. 4.

13. «Plus de traîne», *La Presse*, 5 décembre 1942, p. 20.

14. Jean-Noël FAUTEUX, *Essai sur l'industrie au Canada sous le Régime français*, Québec, Impr. Ls.-A. Proulx, 1927, vol. 2, p. 459 et suiv.

le pantalon est aussi affirmation de soi. Enveloppe recherchée pour effacer la différence, il est l'aspiration visible à un vouloir d'intégration dans toute la démarche socioculturelle et politico-économique. Le pantalon féminin devient produit social et objet de consommation, accompagnateur de l'effondrement de quelques siècles de traditions, tant dans les choix vestimentaires que dans l'accomplissement des rôles. L'effritement du dimorphisme sexuel du vêtement, amorcé avec Poiret[15], s'est doucement poursuivi avec Chanel[16] et s'est intensifié en un mouvement à partir du milieu des années 50, période où s'ébauchera la nouvelle culture des jeunes.

Pourtant, dans le quotidien du travail, surtout en milieu rural, le pantalon s'impose plus rapidement, car il répond à la norme d'aisance de l'habillement courant. De plus, dans une communauté restreinte où l'on joue périodiquement à inverser les rôles, entre autres en se déguisant lors de circonstances diverses et notamment selon certaines coutumes calendaires (par exemple, lors des quêtes et du Mardi gras), la résistance due à la force des convenances semble beaucoup moins grande[17].

Nous sommes loin d'une problématique autour d'un costume national, régional[18] ou même local. Nous ne pouvons plus prétendre à définir une identité de reconnaissance généralisée. Les identités se construisent constamment, et de manière encore plus évidente à la ville, qui se construit elle-même en un enchevêtrement d'espaces et de fonctions[19].

Conclusion

Les manuels de bienséance ne sont plus au programme, les périodiques de mode et la publicité les ayant remplacés. La liberté apparaît maintenant comme la seule loi: liberté de se choisir un *« look »,* c'est-à-dire de se fabriquer une allure «personnalisée», ce nouveau chic, non apprivoisé, fait de décalages qui se disent par rapport à la norme[20].

Dans l'optique traditionnelle, on adapte le profil recommandé selon son âge, son sexe et sa fonction dans le groupe d'appartenance; dans l'optique moderne, les modèles sont multiples, construits à partir des images

---

15. Paul Poiret, jeune dessinateur chez Worth, avait ouvert en 1904 une petite maison de couture et s'était lancé dans des initiatives retentissantes en déclarant la guerre au corset. Voir Yvonne DESLANDRES et Florence MÜLLER, *Histoire de la mode au XXᵉ siècle,* Paris, Somogy, 1986.

16. Gabrielle Chanel est renommée pour l'esprit de liberté qu'elle a insufflé aux femmes par sa mode.

17. Voir, dans le présent collectif, l'article de Marc GRIGNON, *La convenance et la représentation architecturale du rang social.*

18. Jocelyne MATHIEU, «La région: un terrain ou un concept. Approche ethnologique», dans Fernand HARVEY (dir.), *La région culturelle. Problématique interdisciplinaire,* Québec, IQRC et Céfan (Université Laval), 1994, p. 97-110.

19. Jean Du Berger le démontre aussi par son schéma sur les fonctions de la ville.

20. Marylène DELBOURG-DELPHIS, *Le chic et le look. Histoire de la mode féminine et des mœurs de 1850 à nos jours,* Paris, Hachette, 1981, p. 12.

que l'on veut emprunter puis projeter. Si la jeunesse est valorisée, il faut surtout paraître moins que son âge; si les rôles sexuels sont contestés, il faut avoir l'air émancipée et annoncer les activités sociales qui caractérisent sa personnalité et le groupe d'appartenance choisi.

Comme toujours, les profils recommandés viennent d'en haut: ce sont les élites créatrices, artistiques et commerçantes qui dessinent les silhouettes et qui proposent une «féerie du code[21]». On assiste, au XXe siècle, à une démocratisation des modes, plus accessibles à cause de l'avènement de la consommation de masse et, implicitement, du traitement simplifié des vêtements. Contrairement à une idée généralement répandue, les gens de la rue ne décident pas vraiment des modes actuelles, ils adoptent plutôt certains éléments proposés en les agençant de diverses façons, ce qui crée une originalité relative.

Si le concept d'identité renferme deux aspects de l'identification, l'un partant du collectif, l'autre de l'individuel, le défi des individus, dans les sociétés dites modernes, est de se faire valoir au sein d'un groupe d'appartenance sociale et culturelle. Dans un contexte où l'on assiste à la suppression des frontières politiques, voire culturelles, on peut craindre parfois la perte de son identité collective, car si la mode est géographiquement située — la mode française, italienne, américaine —, elle donne accès à l'ouverture internationale.

Le phénomène de démocratisation a provoqué ce mouvement de fluctuation entre la tradition et la mode. Au XIXe siècle, dans un contexte de reconnaissance de l'individu et de son besoin d'épanouissement, le courant romantique a valorisé la distinction personnelle et l'appartenance nationale nourrie par les révolutions. Tout est confondu: le costume traditionnel, le costume régional, et même la mode. L'identité collective est alors noyée dans la quête d'identités individuelles.

On cherche alors ce qu'est devenu le costume traditionnel. Certains le réduisent à l'habillement de travail, particulièrement en milieu agricole; le costume dit paysan est en effet celui qui subit l'évolution la plus lente; il est le moins touché par l'emprise de la consommation, donc celui qui absorbe le moins les modes. Mais, dans bien d'autres types de costume, des traditions persistent: vêtements de métier, ensembles rituels, manières de se présenter... Il faut tout de même admettre qu'aussitôt que la fonction d'apparat et de représentation est présente, tout costume implique des expressions de mode et ce, en ce qui concerne tant le costume porté la semaine que celui des dimanches ou des jours de fête[22]. C'est dans ce

---

21. Jean BAUDRILLARD sait que «tout aujourd'hui est affecté dans son principe d'identité par la mode», *Traverses. La mode*, vol. 13, février 1976, p. 7-19.

22. Plusieurs auteurs ont souligné ce fait, entre autres André LEROI-GOURHAN, en 1945, dans *Évolution et techniques*, t. 2: *Milieu et techniques*, Paris, Albin Michel, 1973, p. 196-202; Bruno DU ROSELLE, *op. cit.*; Denise POP, «Évolution vestimentaire et mode: l'exemple roumain»; Tatiana

mouvement de fluctuation — entre la tradition et la mode — que s'inscrivent les caractéristiques identitaires.

Nos recherches actuelles nous amènent à énoncer trois constatations : d'abord, que la construction de l'identité résulte en effet de la négociation personnelle et collective entre les forces conservatrices dominantes et la soif de changement qui se traduit dans la composante et le port du costume ; ensuite, que les femmes en général s'inspirent plus ou moins de la presse et des médias, du moins en ce qui concerne les années 40, pour le choix de leur habillement, se laissant influencer plutôt par les mouvements ambiants de leurs milieux respectifs ; enfin, que la ville, terrain propice à la circulation des modes, donc des idées et des pratiques, nourrit aussi des traditions, dans une indépendance relative de celles des campagnes, probablement en raison des rythmes différents qui caractérisent chaque milieu.

Il s'agit de savoir maintenant dans quelle mesure nous pouvons multiplier les grappes de traditions et démontrer la fluctuation entre la tradition, d'une relative durée, et la mode, aux changements accélérés. « La tradition n'est [peut-être] plus ce qu'elle était[23] » en perdant son apparente uniformité, mais le costume expose encore la coutume, soit des genres de vie dorénavant choisis.

BENFOUGHAL, « Traditions, innovations, mode : l'exemple des bijoux de l'Aurès » ; Nina ABRAMT-CHIK et Éliane DORST, « Du costume "traditionel" au costume dit "à la mode" » ; ces trois derniers articles, publiés dans *Ethnographie,* vol. LXXX, nᵒˢ 92-94 (1984), font état des travaux européens dans le domaine du costume présentés lors des journées « Vêtement et sociétés 2 » qui ont regroupé des chercheurs de différentes institutions françaises (CNRS, EHESS., Musée de l'Homme, Musée national des ATP, Musée de la mode et du costume, etc.).

23. Titre d'un article de Gérard LENCLUD, *Terrain,* n° 9, octobre 1987, p. 110-123.

Pour une archéologie contextuelle de la ville

Creuser la mémoire de Québec

Marcel Moussette
CÉLAT et Département d'histoire, Université Laval
Réginald Auger
CÉLAT et Département d'histoire, Université Laval

Les différentes approches à l'étude de la ville par les archéologues de la période historique ont déjà été discutées par Paul-Gaston L'Anglais dans son livre intitulé *La recherche en milieu urbain*: d'une archéologie dans la ville vers une archéologie de la ville[1]. Qu'il nous suffise de dire que, depuis quelques années, les archéologues tentent d'ouvrir des voies de recherche qui, à partir de l'approche très particularisante que supposent les fouilles de sites isolées les unes des autres sur un territoire urbain, permettraient de comprendre la ville prise dans son ensemble. L'un des premiers pas dans cette direction consiste à considérer la ville comme un écosystème dont la dynamique s'articule autour de certaines fonctions. Cette approche par les fonctions est éminemment accessible à l'archéologie et elle permet de rattacher les sites archéologiques individuels aux multiples contextes urbains auxquels ils participent et dans lesquels ils trouvent leur signification.

En dressant ce bilan des recherches archéologiques réalisées depuis 1982 à Québec, dans le cadre du chantier-école de l'Université Laval, nous serons en quelque sorte amenés à faire l'histoire du cheminement intellectuel qui nous a conduits à considérer l'étude d'une ville sous l'angle du phénomène urbain.

Si l'on revient un peu en arrière, disons que le principal facteur du développement de la fouille archéologique en milieu urbain a été la Loi sur les biens culturels de 1972. En effet, cette loi, qui réglemente la pratique archéologique, vise aussi la protection des sites. Et il n'est pas besoin de dire que, dans des noyaux urbains où les pressions de développement sont fortes et qui ont souvent fait l'objet de classements patrimoniaux à cause de l'ancienneté de leur établissement, cette loi a eu pour effet de multiplier les

---

1. Paul-Gaston L'Anglais, *La recherche archéologique en milieu urbain: d'une archéologie dans la ville vers une archéologie de la ville*, Québec, CÉLAT, Université Laval, 1994 (Coll. «Hors série», n° 6).

interventions archéologiques de toute nature: fouilles, surveillances, sauve-
tages, inventaires simples, prospections, ou inspections visuelles. Si l'archéologie historique a d'abord pris naissance autour de lieux historiques
comme le fort Lennox, place Royale et les forges du Saint-Maurice, pour
n'en nommer que quelques-uns, il est certain que la Loi sur les biens
culturels en a littéralement transporté la pratique dans les rues des villes et
a ouvert la porte à des interventions allant au-delà de la commémoration.
Mais quelles nouvelles orientations devait-on donner à ces recherches? La
situation a été résumée par Paul-Gaston L'Anglais:

> Ces excavations ont aussi eu pour effet de réunir d'innombrables collections
> d'artefacts, constituées d'objets en céramique et en verre principalement, qui
> ont conduit vers la spécialisation de certains chercheurs en culture matérielle.
> Rapidement, les précisions chronologiques et autres renseignements que
> pouvaient fournir ces différentes catégories matérielles ont été exploités, si
> bien que l'intérêt de l'archéologie s'est à nouveau déplacé, cette fois vers
> l'étude des modes de vie des individus qui avaient utilisé cette culture
> matérielle, artefactuelle et architecturale[2].

On peut dire que, encore au début des années 1980, c'est cette approche centrée sur les modes de vie — surtout illustrée, à Québec, par l'étude
des collections du grand projet de place Royale —, la constitution de
collections disparates, issues d'interventions ponctuelles par les firmes de
consultation en archéologie et les fouilles de Parcs Canada sur les fortifications, qui caractérisent l'archéologie urbaine. En ce sens, la ville est considérée comme un lieu constitué d'une multitude de sites qui peuvent faire
l'objet d'interventions ponctuelles. On se livre à une archéologie dans la
ville.

Lorsque le chantier-école s'est transporté sur le site du Palais de
l'intendant à Québec, au printemps de 1982, nous étions certainement
tributaires de ces approches. Pour Michel Fortin et Marcel Moussette, ce
lieu situé le long de la rue Saint-Vallier, au pied de la côte du Palais, formait
un tout en soi dont il s'agissait de lire les différents vestiges et strates pour
en reconstituer le développement. À notre décharge, il faut dire que le motif
principal de notre intervention sur ce site était l'implantation d'un chantier-
école. L'aspect pédagogique primait et nous imposait des critères de choix
précis: site situé au centre-ville et facile d'accès par les voies de transports
publics; site offrant assez de complexité pour permettre l'initiation des
étudiants à l'ensemble des méthodes et techniques de l'archéologie; site
assez riche pour soutenir l'intérêt des fouilleurs étudiants; site assez étendu
pour supporter quatre ou cinq années d'interventions. Dans ces circonstances, il n'est donc pas étonnant que ce lieu ait été considéré comme un
site en soi et que notre problématique de recherche, liée au projet de place

---

2. *Ibid.*, p. 16.

Royale, se soit orientée vers l'étude des modes de vie. C'est ainsi que notre première demande de permis de fouilles spécifie, dans la section consacrée à la problématique: «Comment rendre compte de la vie en milieu urbain sur un site occupé à la fin du XVIIe siècle?» Bien entendu, l'examen de cette problématique prévoyait des comparaisons avec d'autres sites que nous considérions analogues à ceux du Palais de l'intendant, de place Royale de Québec, et de Louisbourg dans l'île du Cap-Breton.

Toutefois, sur le plan méthodologique, nous avons opté pour l'application d'une méthode, simple mais originale, d'interprétation des vestiges et de la stratigraphie adaptée à l'environnement urbain et mise au point par l'archéologue britannique Edward C. Harris[3]. Cette méthode commençait d'ailleurs à se répandre dans le milieu québécois, notamment chez les archéologues à l'emploi de Parcs Canada. Après avoir démontré que la stratification suit les mêmes lois que celles régissant la déposition géologique, Harris[4] en vient à considérer le bâti, les vestiges architecturaux, comme faisant partie de la stratigraphie au même titre que les niveaux anthropiques horizontaux, tels les couches d'occupation ou les remblais. De plus, en insistant sur la notion d'interface, marquée par les discordances entre des couches et des vestiges de différentes natures, Harris[5] oblige les archéologues à considérer, dans leur lecture de la stratigraphie, non seulement les ajouts mais aussi les enlèvements de matériel. Cette façon d'interpréter la stratigraphie, par rapport à l'archéologie traditionnelle qui distinguait les couches d'occupation des vestiges architecturaux, permet de considérer le site comme un ensemble d'éléments indissociables et d'en faire une lecture synthétique. Selon la méthodologie de Harris, la lecture du site doit se faire dans ses trois dimensions. Il s'agit d'abord de le déconstruire, c'est-à-dire de retrouver systématiquement, par la fouille, la logique de la déposition de chacun de ses éléments stratigraphiques par rapport aux autres, et, sur cette base, d'interpréter ces éléments sous forme d'événements, d'actions ou d'activités reliés les uns aux autres et qui se trouvent ainsi, en quelque sorte, à reconstituer la trame historique de l'endroit fouillé. Avec une telle méthode, l'archéologue considère toujours des ensembles et il ne devrait donc pas, théoriquement, privilégier un aspect du site plutôt qu'un autre. Cette façon de faire devait prendre toute son importance dans les changements qui allaient ultérieurement affecter notre approche.

En effet, après les fouilles exploratoires des deux premières campagnes de 1982 et 1983[6], le site du Palais de l'intendant nous est apparu

---

3. Edward C. HARRIS, *Principles of Archaeological Stratigraphy*, New York, Academic Press, 1989.

4. *Ibid.*, p. 29-68.

5. *Ibid.*, p. 90-95.

6. Michel FORTIN et Marcel MOUSSETTE, *Le site du Premier Palais de l'intendant à Québec (CeEt 30). Rapport préliminaire de la première campagne de fouilles (1982)*, Québec, CÉLAT, Université Laval, 1983 (Coll. «Rapports et mémoires de recherche du CÉLAT», n° 1). *Id., Le site du*

dans toute sa complexité. Les premières années d'interventions nous ont permis de définir pas moins de six phases successives d'occupation, s'échelonnant depuis le XVIIᵉ jusqu'au XXᵉ siècle (tableau 1).

Tableau 1
Phases d'occupation au site du Palais de l'intendant

I.   Brasserie de Talon (1670-*ca* 1675)

II.   Palais de l'intendant (*ca* 1684-1713)

III. Magasins du roi (1716-1760)

IV.   Abandon et réaménagement (1760-1852)

V.   Brasserie Boswell-Dow (1852-1970)

VI.   Espace vert urbain (1974-   )

De toutes ces phases, une seule, celle que nous avons désignée par les termes d'«abandon et réaménagement», comportait des occupations domestiques qui auraient pu se prêter à une approche par les modes de vie, et encore, on ne peut dire qu'il s'agit de la phase la plus riche sur le plan des vestiges et des artefacts. En effet, nos recherches nous ont montré qu'au cours des trois derniers siècles ce lieu avait changé de fonction à plusieurs reprises, passant d'une fonction industrielle, la fabrication de la bière, à une fonction administrative, le Palais de l'intendant, à laquelle se mêlaient des fonctions d'incarcération, d'entreposage et de travail sur des matériaux divers; le site renaît sur ses propres ruines sous forme d'habitations, d'une malterie et d'une boulangerie auxquelles succédera une grande brasserie qui sera démolie en partie pour faire place, enfin, à un petit parc urbain.

De plus, notre lecture de la stratigraphie nous a permis de voir que ces aspects positifs du développement du site ont été entrecoupés par des événements variés, parfois d'une grande violence, et qui y ont laissé leurs empreintes: incendie du Palais en 1713; bombardements lors de la Conquête en 1760 et lors de l'invasion américaine en 1775; incendie du faubourg Saint-Roch en 1845; démolition de la brasserie Dow en 1970. Force nous était donc de constater que nous étions en présence d'un lieu d'une très grande richesse, au travers des vestiges duquel nous devenait perceptible toute la vitalité d'une ville en train de se faire. Cette fouille nous donnait l'occasion d'assister littéralement à la création d'un espace urbain. Pour rendre compte de cette réalité, il fallait aller au-delà de l'approche par les modes de vie et définir une approche qui considérerait le site dans son

Premier Palais de l'intendant à Québec (CeEt 30). Rapport préliminaire de la deuxième campagne de fouilles (1983), Québec, CÉLAT, Université Laval, 1984 (Coll. «Rapports et mémoires de recherche du CÉLAT», n° 3).

ensemble. Ce tournant décisif a été exprimé dans le bilan de notre recherche rédigé en 1984:

> Étant donné la situation privilégiée de ce site par rapport à la ville de Québec, à la Nouvelle-France des XVIIe et XVIIIe siècles et au Canada d'après la Conquête jusqu'au XXe siècle, nous pensons qu'il faudra s'en tenir à une véritable approche d'archéologie urbaine qui s'attachera non seulement à décrire les différents faciès du site selon ses fonctions diverses, mais aussi à définir les rythmes de ces développements afin de pouvoir les rattacher aux changements affectant la société prise d'une façon globale. Une telle approche implique que nous ne privilégierons pas une époque plutôt qu'une autre. Elle veut dire en plus que l'on ne saurait négliger les autres sources servant à reconstituer l'histoire de l'occupation du site: la documentation écrite abondante pour une bonne partie de la période; et la tradition orale pour l'occupation plus récente.

> De fil en aiguille, nous en serons venu à définir une approche liée au type de sources le plus susceptible de nous permettre de reconstituer une phase donnée d'occupation. Par exemple, l'interprétation des niveaux les plus anciens qui ont été soit bouleversés ou modifiés par les occupations subséquentes pourra heureusement être complétée par les recherches plus poussées dans les documents d'archives sur le site que nous savons être nombreux. Notre démarche sera alors plus teintée par la recherche documentaire. Au contraire, pour la période très récente d'occupation des brasseries, jusqu'en 1971, nous pensons que l'enquête orale auprès d'informateurs, anciens ouvriers et patrons, sera beaucoup plus rentable. Dans ce cas, on parlera d'une véritable approche liée à l'ethnologie industrielle[7].

On a là les prémices de l'approche à la fois contextuelle et multidisciplinaire qui devait caractériser ce projet jusqu'à ce qu'il soit rendu à terme.

Cependant, ce n'est que progressivement que l'idée de contexte a fait son chemin dans ce projet. Si on retourne à la citation précédente, on voit bien que l'approche décrite y est éminemment contextuelle, même si le terme «contexte» n'y est pas employé! En fait, l'approche contextuelle utilisée sur le site du Palais de l'intendant ne prendra vraiment forme qu'en 1989, dans un document présenté au CÉLAT (en vue de la production d'un collectif des chercheurs) et intitulé «L'étude du site du Palais de l'intendant; en guise d'introduction»[8]. Comme nous en arrivions à la dernière intervention prévue sur le site, il s'agissait de faire une mise en place systématique du cadre conceptuel qui guiderait l'interprétation synthétique envisagée après les recherches sur le terrain. En se basant sur une reconstitution à la fois formelle et dynamique des différents systèmes d'occupation du site au cours des siècles, l'auteur se propose, dans la suite des idées exprimées

---

7. Marcel MOUSSETTE, «Bilan et programmation de la recherche sur le site du Premier palais de l'intendant à Québec», manuscrit, Québec, CÉLAT, Université Laval, 1984, p. 10.

8. M. MOUSSETTE, «L'étude du site du Palais de l'intendant; en guise d'introduction», manuscrit, Québec, CÉLAT, Université Laval, 1989.

principalement par Hodder, mais aussi par Bourdieu, Eco et Baudrillard, de comprendre le sens profond des différents aspects de ce lieu urbain grâce aux contextes dans lesquels ils baignent, que ces contextes soient temporel, spatial, de déposition ou typologique. Ce texte marque une nette volonté de se détacher de la démarche descriptive, et même fonctionnaliste puisque montrer le fonctionnement d'un objet revient encore à le décrire, pour pousser une pointe du côté de l'archéologie cognitive :

> Cette mise en relation des espaces architecturaux étudiés avec des contextes changeants en les considérant sous l'angle des systèmes, des fonctions et des pratiques, me permettra de les voir comme des objets de communication et de percevoir leur signifié, leur sens profond dans le système culturel. C'est une fois cette signification contextuelle acquise que je serai en mesure de déterminer les facteurs qui ont présidé à la dégénérescence ou à la transformation d'une phase d'occupation du site en une autre. Je serai alors non seulement capable de décrire la décomposition d'une phase d'occupation du site et sa recomposition en une nouvelle, mais je pourrai dans une certaine mesure voir le phénomène de l'intérieur et, par le jeu changeant des signifiés, saisir les véritables facteurs de ces transformations. De la description des phénomènes, je serai ainsi passé à leur explication[9].

Cette approche est effectivement celle qui a été privilégiée dans la monographie récemment publiée et intitulée *Le site du Palais de l'intendant*: genèse et structuration d'un lieu urbain[10]. Par cette démarche contextuelle, on a pu reconnaître

> dans les changements qui affectent le site, trois cheminements qui s'interceptent en une espèce de triple spirale évolutive: un cheminement marqué d'événements significatifs ponctuant l'histoire du site; un cheminement défini par les transformations successives des structures occupant le site et des comportements qui leur sont associés; et enfin un cheminement relié à la signification changeante de ce lieu au cours de ses différentes périodes d'occupation[11].

Mais le site du Palais de l'intendant n'en étant qu'un parmi d'autres, nous avons décidé, en 1990, à la suite du renouvellement de l'entente entre la Ville de Québec et l'Université Laval sur l'archéologie et la restauration des artefacts, d'élargir notre réflexion et d'orienter carrément notre recherche du côté de l'appropriation de l'espace urbain[12]. Notre idée était alors de voir jusqu'à quel point on pouvait saisir le phénomène urbain dans toute son ampleur grâce à la démarche archéologique:

9. *Ibid.*, p. 17.

10. M. MOUSSETTE, *Le site du Palais de l'intendant à Québec : genèse et structuration d'un lieu urbain*, Sillery, Septentrion, 1994.

11. *Ibid.*, p. 211.

12. M. MOUSSETTE et Lise JODOIN, «Archéologie et restauration, l'étude des contextes urbains à Québec», manuscrit, Québec, CÉLAT, Université Laval, 1990, p. 6.

Déjà, la fouille du site du Premier Palais de l'intendant a démontré les différents sens qu'acquiert un site archéologique dans ses phases successives de composition, décomposition et de recomposition par rapport au contexte urbain. Dans la même ligne, l'étude réalisée par William Moss (1994) sur la Terrasse Dufferin constitue une belle illustration de la création, réorganisation, restructuration et surdétermination du paysage urbain au travers du processus d'urbanisation. On retrouve dans cette étude les éléments d'une véritable archéologie contextuelle qui, éventuellement, permettra d'approfondir le sens (et donc la nature) du fait urbain dans sa totalité. Il y a là une voie intégratrice qui mérite d'être empruntée dans le cadre des activités du chantier-école[13].

Pour approfondir notre réflexion dans cette direction et l'asseoir sur des bases solides, un mandat de recherche a été confié à Paul-Gaston L'Anglais, en 1991. Sa revue de la littérature sur l'archéologie urbaine l'a naturellement conduit du côté des archéologues urbains américains dont les approches par la typologie des dépôts ou selon des modèles de distribution spatiale se sont avérées, après discussion, mal adaptées pour la compréhension du phénomène urbain, voire dépassées. C'est la raison pour laquelle L'Anglais[14] a résolument tourné sa réflexion du côté d'une approche englobante, multidisciplinaire, qui considérerait la ville comme un tout. L'aboutissement de cette démarche a été la production du document intitulé *La recherche archéologique en milieu urbain* : d'une archéologie dans la ville vers une archéologie de la ville, dont la principale conclusion est que la meilleure façon, pour les archéologues, d'étudier la ville, serait de l'approcher sous l'angle écosystémique:

> Bien que les chercheurs ne semblent pas s'entendre sur la définition d'une ville, puisque ses caractéristiques varient dans le temps comme dans l'espace, il semble possible d'éviter cette embûche en lui appliquant un concept analytique neutre et très actuel, soit celui de l'écosystème. Il consiste à conceptualiser la ville en tant que groupe d'éléments en interaction constante, concourant à la formation d'un ensemble unifié et intégré à un environnement qu'il exploite et modifie pour sa survie. Il s'agit donc de ne pas considérer les caractéristiques d'une ville, variables dans le temps comme dans l'espace, mais bien les propriétés communes des villes[15].

En considérant la ville comme un écosystème, l'archéologue peut non seulement aborder le phénomène urbain sous l'angle des éléments structuraux et fonctionnels qui caractérisent ses dynamismes internes, mais aussi l'envisager dans ses rapports avec cet environnement œkouménique dont, en tant qu'écosystème alimenté et dépendant, à la manière d'un bac d'huîtres, il tire l'énergie nécessaire à sa survie comme système. Vu de cette façon, ce concept se montre éminemment compatible avec celui de ville, et

---

13. *Ibid.*

14. P.-G. L'ANGLAIS, *La recherche archéologique en milieu urbain, op. cit.*, p. 3-4.

15. *Ibid.*, p. 4.

de nombreuses études archéologiques ont déjà démontré qu'on pouvait l'utiliser efficacement comme concept opérationnel[16].

C'est donc avec l'idée bien arrêtée d'appliquer ces approches, développées au cours des dernières années, que nous avons abordé la fouille du site de l'îlot Hunt (CeEt 110), en 1991, avec les étudiants du chantier-école. L'attrait principal de ce site résiderait dans le fait qu'il a été entièrement construit. À l'origine, ce lieu était ce que l'on appelait un «lot d'eau», un endroit submergé par la marée haute et que l'on a rendu utilisable pour des fonctions urbaines par des remplissages successifs de remblais de toutes sortes qui y ont été apportés du XVIIe au XXe siècle. Quant à nous, qui étions intéressés au phénomène d'urbanisation ou d'urbanification, nous escomptions, par ces fouilles, saisir littéralement ce processus à l'œuvre.

Les interventions diverses sur le site, de même que les recherches en archives menées depuis 1987, nous ont permis de nous faire une idée assez précise de son histoire: construction d'un caisson en pierre de grès face à la résidence de Charles Aubert de La Chesnaye en 1699; prolongement du quai vers le nord jusqu'à la rue Saint-Antoine et érection de la première batterie Dauphine en 1707; construction d'une maison en 1727 sur les terres gagnées sur le fleuve, à l'endroit qui constitue l'angle sud-est des rues Saint-Antoine et Saint-Pierre; érection, en 1745, d'une nouvelle batterie Dauphine à une dizaine de mètres à l'est de la première; destruction de la maison de 1727 lors du bombardement de 1760 et reconstruction en 1765; concession de nouveaux lots de grève entre 1765 et 1836 et construction de nouveaux quais plus avant dans le fleuve; installation, au XIXe siècle, d'un habitat le long de la rue Saint-Antoine et rue Dalhousie avec ses maisons, ses hangars et ses écuries; démolition, en 1960, des maisons de la rue Saint-Antoine avec leurs dépendances pour faire place à un stationnement; occupation, à partir de 1991, de l'ensemble du site par le complexe de l'Auberge Saint-Antoine.

À la suite d'une intervention exploratoire effectuée en 1989 par la firme Harcart, qui en a démontré le potentiel archéologique intéressant, des découvertes importantes ont été faites par les archéologues au site de l'îlot Hunt. Soulignons l'important dépôt de céramique et de verre mis au jour par Daniel Simoneau[17] dans le sous-sol de l'édifice occupé par la firme Vallerand à partir des années 1880, et maintenant par la réception de l'Auberge Saint-Antoine. Une partie du verre de ce dépôt a été étudié par Claude Lafleur et Manon Goyette, qui en ont fait leur mémoire de baccalauréat en ethnologie, à l'Université Laval. Claude Lafleur a entrepris, à l'automne de

---

16. Amos H. HAWLEY, *Human Ecology. A Theoretical Essay*, Chicago, The University of Chicago Press, 1986. Karl N. BUTZER, *Archaeology as Human Ecology*, Cambridge, Cambridge University Press, 1985.

17. Daniel SIMONEAU, *Fouilles archéologiques, îlot Hunt*, Québec, Division du Vieux-Québec et du Patrimoine, Ville de Québec, 1991.

1994, une recherche sur la céramique institutionnelle de ce dépôt en vue de l'obtention d'une maîtrise en archéologie historique.

Comme il se doit, la première campagne du chantier-école sur le site de l'îlot Hunt, en 1991, a été de nature exploratoire[18]. Elle a donné lieu à la mise au jour d'une section de la première batterie Dauphine, comprenant son retour vers l'ouest, et à une fouille minutieuse des remblais qui se trouvaient de part et d'autre. Des données intéressantes sur les maisons des XIXe et XXe siècles construites le long de la rue Saint-Antoine ont aussi été récoltées. Quant à la campagne de 1992[19], elle a confirmé la très grande richesse du site en exhumant, plus au sud, une nouvelle portion de la première batterie Dauphine qui se trouvait à faire le joint avec le caisson de quai construit en 1699. Profitant de l'angle nord-est de ce caisson, et lui étant donc contemporaine, se trouvait une profonde citerne de maçonnerie qui n'avait été comblée que vers 1875, ainsi que le suggère la grande quantité d'objets en verre et en céramique datant de cette période et récupérés lors de la fouille. Derrière la batterie, à l'ouest, la fouille nous a permis de localiser, sous la surface du stationnement, une concentration de boulets de canons, quelques-uns encore entourés de leur bourrelet d'impact dans le sol, qui témoignent sans doute des bombardements de 1760. Et, sous les épais remblais derrière le quai, nous sommes parvenus jusqu'à des niveaux gorgés d'eau très riches en matières organiques bien conservées, principalement des bois et des macrorestes végétaux qui devraient nous donner des indications sur le paysage de Québec au début de l'appropriation de ce lieu, mais aussi des restes fauniques, des retailles de cuir et même des bouts de tissus. Enfin, à l'est de la première batterie, la fouille des remblais a révélé trois importants dépôts de matériel: un dépotoir domestique de 1750; un dépôt de marchandises, céramique et verre, probablement rejetées à leur arrivée à Québec, de même qu'une fosse à déchets, les deux datant des années 1820.

Forts de ces connaissances, il nous devenait possible de donner une orientation plus précise aux recherches effectuées sur le site en 1993 et 1994. C'est pourquoi la campagne de 1993 a été consacrée à la fouille de l'espace compris entre la première batterie Dauphine et la deuxième (que nous n'avons toujours pas localisée!), soit les vestiges de l'habitat des XIXe et XXe siècles. Les découvertes y ont été nombreuses: niveaux de cours, dépendances (hangars ou écuries), drains pour les eaux usées, petite et grande fosses à déchets, le tout bien entendu dans ses relations stratigraphiques avec les remblais du XVIIIe siècle et la grande muraille de pierre de la première

---

18. Myriam LECLERC, «Appropriation de l'espace et urbanisation d'un site de la Basse-Ville de Québec. La première campagne de fouilles à l'îlot Hunt (1991)», mémoire de maîtrise, Québec, CÉLAT, Université Laval, 1994.

19. P.-G. L'ANGLAIS, «Le site de l'îlot Hunt: rapport de la deuxième campagne de fouilles», manuscrit, Québec, CÉLAT, Université Laval, 1995.

batterie Dauphine, qui nous apparaît de plus en plus comme l'épine dorsale du site. C'est la découverte de ces vestiges d'arrière-cour, dont Manon Goyette[20] fera son mémoire de maîtrise, qui a décidé de la nature de la campagne de fouilles de 1994. En effet, cette campagne a été entièrement centrée sur la fouille des maisons érigées en 1814 et 1825 le long de la rue Saint-Antoine et démolies en 1960. Nous prenons pour acquis que le riche matériel découvert dans les drains et les fosses de l'arrière-cour provient des habitants de ces maisons. Les données de la campagne de 1994 font présentement l'objet d'un mémoire de maîtrise, par Janic Dubé, qui tente de cerner le mode de développement urbain dans la basse-ville aux XIXe et XXe siècles.

Enfin, deux surveillances effectuées en 1993 et 1994 par Philippe de Varennes[21] lors de l'excavation de certaines parties des fondations de la maison Hunt, à l'angle des rues Saint-Antoine et Saint-Pierre, ont soulevé tellement de questions sur cette structure que nous avons confié à Suzie Poulin[22], étudiante à la maîtrise en histoire de l'art, le mandat d'une recherche sur l'histoire architecturale de ce bâtiment. L'approche préconisée en a été une compatible avec les recherches de nature archéologique réalisées sur le site jusqu'à maintenant, c'est-à-dire que nous avons demandé à la chercheuse de considérer comme point de départ de son étude le monument lui-même et les transformations qu'il a subies. Cela était d'autant plus réalisable que les trois-quarts de l'intérieur de l'édifice avaient été dénudés pour sa restauration. Cette étude, en partie supervisée par l'historien de l'architecture Marc Grignon, professeur au département d'histoire, a donné des résultats très probants puisque la maison Hunt actuelle a pu être reliée aux maisons de 1765 et 1727 qui l'avaient précédée à cet endroit, et même à une portion du côté nord du caisson de quai de 1699. Pour vérifier certaines hypothèses sur la construction de la maison, des carottes ont été prélevées par des spécialistes du Centre d'études nordiques en vue de déterminer, par dendrochronologie, l'âge de certaines poutres.

Il va sans dire que ces interventions à l'îlot Hunt, même si nous sommes loin d'avoir exploité toute la richesse des données recueillies, nous ont beaucoup appris sur le phénomène urbain et surtout sur le fait qu'on peut en faire l'étude par une démarche archéologique. Par exemple, Myriam Leclerc[23], dont l'étude vient d'être acceptée comme mémoire de maîtrise,

20. Manon GOYETTE, *Le site de l'îlot Hunt à Québec (CeEt 110)*, rapport annuel d'activités, Québec, CÉLAT, Université Laval, 1993.

21. Philippe DE VARENNES, «Le site de l'îlot Hunt. Rapport d'une surveillance archéologique sur le site de l'îlot Hunt», manuscrit, Québec, CÉLAT, Université Laval, 1994. Voir également, du même auteur, «Surveillance archéologique sur le site de la maison Hunt», manuscrit, Québec, CÉLAT, Université Laval, 1995.

22. Suzie POULIN, «Histoire architecturale de la maison Hunt», manuscrit, Québec, CÉLAT, Université Laval, 1995.

23. M. LECLERC, «Appropriation de l'espace, [...]», *op. cit.*

en est venue à la conclusion que le rythme de développement de la partie du site qu'elle a étudiée est très différent de celui constaté ailleurs. En effet, à l'îlot Hunt, qui est un environnement portuaire aux activités très intenses, elle ne constate que des phases positives de développement. Cette situation est bien différente du développement en dents de scie du site du Palais de l'intendant avec ses treize phases de composition, décomposition et recomposition où des fonctions aussi différentes que l'administration, la fabrication de bière, l'entreposage de marchandises et l'incarcération se succèdent les unes aux autres, parfois entrecoupées d'événements violents[24]. Il en est de même du site de la terrasse Dufferin, étudié par Moss[25], où se succèdent les phases de création, la restructuration et la surdétermination du paysage urbain. Ces rythmes différenciés sont évidemment liés à des fonctions urbaines différentes et nous permettent donc de commencer à mieux percevoir la complexité de l'écosystème urbain à l'œuvre, à partir des vestiges architecturaux, des artefacts, des écofacts et des traces matérielles mises au jour par nos fouilles.

Les conclusions auxquelles est arrivée Myriam Leclerc[26] seront d'une grande utilité dans l'étude que Manon Goyette et Janic Dubé sont à effectuer sur la fonction résidentielle du lieu. Il serait en effet très intéressant de déterminer quelle allure prend cette fonction résidentielle sur un site dont l'évolution est si fortement touchée par l'environnement portuaire. Pour ce faire, nous avons adopté une approche contextuelle qui considère les habitations et leurs dépendances comme un système d'adaptation au milieu urbain.

Avec la prochaine campagne de fouilles, qui sera la dernière à cet endroit, nous porterons une attention spéciale aux composantes de l'environnement en exploitant les fosses à déchets et les milieux gorgés d'eau où nous savons que des restes de plantes, d'animaux et autres matières organiques ont été conservés en grande quantité. Les résultats de cette recherche feront l'objet d'une thèse de doctorat, par Allison Bain, étudiante spécialisée en archéologie environnementale.

On peut donc dire, après ce long développement, que ce n'est plus un site en soi qui nous intéresse, mais le phénomène urbain dans ce qu'il a de plus fondamental et tel que l'archéologie nous permet de le percevoir à travers un site comme l'îlot Hunt. Notre approche en est donc une de recherche de base qui s'intéresse, par la voie de l'archéologie, aux dynamismes de la ville de Québec et, par conséquent, aux rythmes de développement, aux rapports ville-campagne et à la signification des lieux urbains.

---

24. M. MOUSSETTE, *Le site du Palais de l'intendant à Québec [...]*, *op. cit.*

25. William MOSS, *Une archéologie du paysage urbain à la terrasse Dufferin à Québec*, Québec, CÉLAT, Université Laval, 1994 (Coll. «Rapports et mémoires de recherche du CÉLAT», n° 23).

26. M. LECLERC, «Appropriation de l'espace, [...]», *op. cit.*

Notre travail nous amènera, dans un deuxième temps, à aborder le domaine des identités urbaines, qui fait présentement l'objet d'études de la part des ethnologues, des géographes et des historiens de l'architecture. De plus, nous sommes conscients que nos recherches futures devront comprendre une approche beaucoup plus large, sur le plan méthodologique, et qui pourra permettre la comparaison entre nos données et la source considérable de connaissances accumulées au fil des ans par les archéologues de la Ville de Québec et les autres intervenants sur ce territoire. C'est par la méthode comparative que nous pourrons pousser à ses limites l'applicabilité de cette approche contextuelle et écosystémique qui nous permettra d'aborder la ville de façon synthétique et de créer des liens avec les spécialistes des autres disciplines qui travaillent sur le même phénomène.

III
LES ESPACES INTERCULTURELS

Le chaudron de cuivre

Parcours historique d'un objet interculturel

Laurier Turgeon[1]
CÉLAT et Département d'histoire, Université Laval

L'idée de cette étude remonte à la visite d'une exposition au Musée de la civilisation de Québec consacrée aux contacts interculturels entre Français et Amérindiens à l'époque de la Nouvelle-France. Tenue en 1992 sous le titre «Rencontre de deux mondes», l'exposition devait commémorer le 500ᵉ anniversaire de la découverte de l'Amérique et contribuer à la réconciliation entre Québécois et Amérindiens après les événements tragiques et déchirants provoqués par la résistance des Mohawks à Oka, au Québec, en 1990[2]. L'affrontement avait mobilisé la presse internationale et des comptes rendus du conflit paraissaient régulièrement dans les journaux nord-américains et européens. En privilégiant le thème des échanges et des transferts culturels, les organisateurs de l'exposition voulaient sans doute insister sur les rapports harmonieux qui existaient entre les Français et les Amérindiens dans la vallée du Saint-Laurent sous le Régime français et, par la même occasion, peut-être, renégocier hors des cadres officiels des alliances avec les groupes amérindiens du Québec. Si, au départ, le projet avait suscité des protestations de la part de certains Amérindiens, la participation de ces derniers à l'élaboration du concept et du scénario a finalement permis de parvenir à un consensus et de réaliser une exposition acceptable pour les deux parties.

1. Nous voulons remercier Réal Ouellet, Marie Parent, Gervais Carpin et Micheline Aubin pour leurs remarques et leurs corrections de la première version de ce texte. Nos remerciements vont aussi à Louise Bernard qui a bien voulu le dactylographier. Grâce à Ronnie-Gilles Le Blanc du Centre d'études acadiennes de l'Université de Moncton, de Fidèle Thériault du Service d'archéologie de la province du Nouveau-Brunswick et de Ruth Holmes Whitehead du Musée provincial de la Nouvelle-Écosse, nous avons pu voir et toucher les très riches collections de chaudrons micmacs. Qu'ils trouvent dans ce texte l'expression de notre profonde reconnaissance. Cette recherche n'aurait pu ni commencer, ni s'achever sans le soutien financier du Conseil de recherches en sciences humaines du Canada (CRSHC), le Fonds pour la formation des chercheurs et l'aide à la recherche (FCAR) et le bureau du Québec en Acadie. Nous sommes aussi très reconnaissant envers l'École des Hautes Études en Sciences Sociales de Paris qui, en nous accueillant comme maître de conférences associé pendant le mois de novembre 1993, nous a permis de nous familiariser avec les travaux de Jean Bazin, Alban Bensa et Emmanuel Désveaux.

2. Pour une analyse complète et approfondie de ce conflit, voir l'étude de Boileau (*Le silence des messieurs*, Montréal, Méridien, 1991).

Plus que par le contexte politique, nous avons été intrigué par un objet présenté au début de l'exposition: un chaudron de cuivre. Par sa taille imposante, mais aussi par sa position, renversée sur le côté, le creux de la panse lustrée tourné vers le visiteur, ce chaudron d'une soixantaine de centimètres de diamètre attirait tout naturellement le regard. Il nous interpellait, car, en l'observant de face, on voyait en lui les contours de notre propre image, l'effet d'un miroir qui nous renvoyait à nous-mêmes. En bas, à gauche, une étiquette signalait qu'il était parmi les premiers objets échangés par les Français en Amérique du Nord[3]. Alors, nous avons pensé que cet objet offrait une porte d'entrée pour étudier les rapports entre nous et les Amérindiens et, plus généralement, le rôle des objets dans la médiation des contacts interculturels. Il nous semblait aussi que le chaudron de cuivre pouvait éclairer les processus qui font entrer des objets historiques dans nos musées et, par conséquent, dans la modernité.

L'histoire culturelle des objets

Notre démarche repose sur le postulat que les objets, comme les personnes, possèdent une vie culturelle. Au lieu de nous arrêter sur les techniques de leur production ou sur leur valeur d'échange, nous voulons reconstituer leurs trajectoires et savoir comment les groupes les manipulent pour se signifier[4]. Par l'étude des objets, nous pensons aussi échapper quelque peu à la monographie classique qui tend à restreindre le champ d'observation au groupe unique et à occulter ses relations compétitives avec d'autres groupes. Après tout, ce sont les tensions interculturelles qui expliquent pourquoi les membres d'un groupe sentent l'obligation de se définir et de s'identifier comme groupe[5]. Suivre le parcours des objets dans le temps, d'un groupe à l'autre, permet de cerner les espaces de contacts et de

---

3. Il n'y a malheureusement pas de catalogue de l'exposition, mais il existe un ouvrage de synthèse qui reprend le contenu de l'exposition et les objets exposés (Marie DUFOUR, *Rencontre de deux mondes*, Québec, Musée de la civilisation, 1992).

4. Voir Arjun APPADURAI (dir.), *The Social Life of Things: Commodities in Cultural Perspective*, Cambridge, Cambridge University Press, 1986, p. 3-5; voir également George W. STOCKING, «Introduction», dans George W. STOCKING (éd.), *Objects and Others: Essays on Museums and Material Culture*, Madison, University of Wisconsin Press, 1985, p. 3-14; et Martin SEGALEN et Béatrix LE WITA, «Éditorial», *Chez soi. Objets et décors: des créations familiales*, Paris, Autrement, 1993, p. 17-22.

5. Jean-Loup AMSELLE, dans *Logiques métisses: anthropologie de l'identité en Afrique et ailleurs* (Paris, Payot, 1990, p. 54-62), a très bien démontré que les constructions identitaires, voire la définition même de la culture, résultent de relations compétitives entre groupes, «d'un rapport de forces interculturel», et non pas de la tradition ou de la mémoire collective comme processus historique. Nous nous inspirons aussi des travaux de Khadiyatoulah FALL, Daniel SIMEONI et Georges VIGNAUX (directeurs de *Mots, représentations: enjeux dans les contacts interethniques et interculturels*, Ottawa, Presses de l'Université d'Ottawa, 1994); de Lawrence GROSSBERG, Cary NELSON et Paula A. TREICHLER (éditeurs, *Cultural Studies*, New York et Londres, Routledge, 1992), qui s'inscrivent dans la foulée des travaux de l'école de Birmingham; et de ceux, particulièrement éclairants, de Jean BAZIN et Alban BENSA («Des objets à la chose», *Genèses*, vol. 17, 1994, p. 4-7).

mieux observer les glissements de significations lors des recontextualisa-tions culturelles[6]. L'étude des objets permet aussi d'accéder aux expressions non verbales des relations interculturelles, aux actions concrètes du vécu quotidien qui ne s'embarrassent pas toujours de mots[7]. Les mots, on le sait, ne disent pas tout: souvent même, ils trompent, ou cachent plus qu'ils ne montrent, ou encore ils détournent et transforment le sens des choses.

Le recours à la culture matérielle semble d'autant plus justifié dans le cadre de cette étude que les Amérindiens, sans écriture, n'ont laissé aucun autre témoignage de leur expérience que par des récits oraux. Si les écrits français, sous forme de littérature de voyage surtout et d'histoire de la Nouvelle-France, décrivent des comportements, des attitudes et des croyances des Amérindiens, ils représentent toujours un filtre que les ana-lyses rhétoriques, narratologiques ou thématiques peuvent dénoncer, mais rarement corriger. Bien plus, les récits de voyage dévoilent eux-mêmes l'importance des objets matériels dans la communication interculturelle. Dans son *Histoire de la Nouvelle-France* publiée en 1609, Marc Lescarbot[8], avocat au parlement de Paris venu en Acadie au temps des premiers voyages de Champlain au Canada, décrit en détail la *lingua franca*, ou *pidgin*, que Basques et Micmacs ont bricolée avant tout pour commercer, puisque les quelques mots de cette langue hybride désignent des objets et les groupes qui prennent part aux échanges, ou évoquent les relations qui unissent les partenaires de traite[9]. Plus qu'un palliatif à une défaillance linguistique ou à une incompréhension de la langue de l'autre, l'objet matériel est le moyen privilégié de l'échange et de la communication. Le missionnaire récollet Gabriel Sagard, qui hiverne chez les Hurons en 1623-1624, dit bien que ceux-ci reconnaissent que les Français possèdent un «grand esprit» parce qu'«eux seuls peuvent faire les choses les plus difficiles, comme haches, couteaux, chaudières[10]». En dépit du caractère ethnocentrique du propos,

6. Nicholas THOMAS, *Entangled Objects: Exchange, Material Culture and Colonialism in the Pacific*, Cambridge (Mass.), Harvard University Press, 1991, p. 28-30; A. WEINER, *Inalienable Possessions*, Berkeley, University of California Press, 1992.

7. Henry GLASSIE, «Studying Material Culture Today», dans Gerald POCIUS (éd.), *Living in a Material World: Canadian and American Approaches to Material Culture*, St. John's (T.-N.), Institute of Social and Economic Research, 1991, p. 253-266.

8. Marc LESCARBOT, *Histoire de la Nouvelle-France*, Paris, 1609.

9. Le lexique *pidgin* des Micmacs, évoqué par Lescarbot, comprend des mots comme *atouray* (en basque, *atorra*, chemise), *echapada* (en basque, *ezpata*, épée), *mouschcoucha* (en basque, *biskotxa*, biscuit de mer), *martra* (en basque, *marta*, martre), *matachiaz* (en basque, *patatxa*, bracelets), *basquoa* (en basque, *Baskoa*, Basque), *normandia* (en basque, *Normandia*, Normand), *chabaia* (en basque, *Xabaia*, Sauvage), *canadaquoa* (en basque, *Kanadakoa*, Canadien ou Amérin-dien habitant le Canada), *mercateria* (en basque, *merkataria*, marchand), *adesquidé* (en basque, *adeskide*, ami), *ania* (en basque, *anaia*, frère). Voir Marc LESCARBOT (*op. cit.*, 1609, p. 626-645) et Peter BAKKER («"The Language of the Coast Tribes is Half Basque": A Basque-Amerindian Pidgin in Use between Europeans and Native Americans in North America, ca.1540-ca.1640», *Anthropological Linguistics*, vol. 31, n°s 3-4, 1989, p. 117-147).

10. La dernière édition critique du récit de Sagard est la plus complète et la plus fiable: Gabriel SAGARD, *Le grand voyage du pays des Hurons*, Réal OUELLET et Jack WARWICK (éd.), Montréal, Leméac, 1990, p. 266.

on voit que l'objet joue ici un rôle de médiation, qu'il est le moyen pour l'Amérindien de penser et d'évaluer l'autre, tout au moins au début des contacts avec les Européens.

Notre démarche vise à identifier les usages de l'objet dans la culture d'origine, à retracer son parcours transculturel et à repérer ses nouveaux usages dans la culture de réception. Elle s'inspire de la méthode «historique» mise au point pour étudier les contes populaires et qui consiste à réunir toutes les versions possibles d'un même conte, à reconstruire leur évolution dans le temps et dans l'espace, et à expliquer les variations textuelles par les contextes de reproduction et de réception[11]. Nous partons du principe que l'objet matériel, comme le récit oral, porte la marque de l'usage qui en est fait. Nous choisissons d'étudier un seul objet pour mieux l'isoler, cerner ses contextes de production et de réception, et finalement atteindre le fonctionnement des échanges interculturels.

Pour saisir cette activité dans sa matérialité, nous avons exploité deux principaux types de sources: les relations de voyage de la Nouvelle-France et les collections muséologiques qui proviennent, pour la plupart, de fouilles archéologiques menées depuis plus d'un siècle sur des sites de contacts amérindiens dans le nord-est de l'Amérique. Ces sources sont abondantes et complémentaires. Le corpus des relations de voyage de la Nouvelle-France est l'un des plus riches de l'Amérique du Nord, tant par le nombre de récits publiés que par la qualité de la description ethnographique[12]. La culture matérielle des Amérindiens du nord-est de l'Amérique est sans doute celle la plus étudiée et la mieux connue des deux Amériques, du moins pour la période de la préhistoire récente (XIIIᵉ-XVᵉ siècle) et des premiers contacts (XVIᵉ-début XVIIᵉ siècle). Les sites fouillés et les artefacts répertoriés pour les seuls groupes iroquoiens de la région des Grands Lacs sont plus nombreux que ceux des Aztèques de la vallée de Mexico[13]. Grâce à des méthodes de datation fiables des sites, nous disposons d'une chronologie suffisamment fine des collections pour nous permettre de reconstituer les séquences culturelles. Les collections archéologiques permettent de vérifier les usages des objets décrits dans les relations de voyage et de suivre l'évolution de la

---

11. Voir, par exemple, Holger OLOF NYGARD (*The Ballad of "Heer Halewijn": Its Forms and Variations in Western Europe*, Knoxville, University of Tennessee Press, 1958); et surtout Catherine VELAY-VALLANTIN (*L'histoire des contes*, Paris, Fayard, 1992, p. 11-42), qui a complètement renouvelé la méthode «historico-géographique» en rendant compte de la transformation des contes en fonction des contextes historiques et du rôle des conteurs et des auditoires dans leur reproduction. Plutôt que de voir les contes comme des produits immuables de la tradition, Catherine Velay-Vallantin leur redonne vie en faisant état de leurs recompositions et de leurs réappropriations sociales et culturelles.

12. Geoffroy ATKINSON, *The Extraordinary Voyages in French Literature before 1700*, New York, Columbia University Press, 1920.

13. Peter RAMESDAN, «The Huron-Petun: Current State of Knowledge», communication présentée à la *Réunion annuelle de l'Association canadienne d'archéologie*, Montréal, 5-9 mai 1993.

culture matérielle amérindienne depuis la fin de la préhistoire afin d'observer les retombées de l'introduction des objets européens sur les modes de vie.

Le cuivre en Europe

Dans l'Europe des XVIe et XVIIe siècles, le cuivre sert essentiellement à fabriquer des objets utilitaires. Même si on l'emploie plus que jamais dans la frappe de monnaies pour répondre aux fortes poussées inflationnistes et à la demande d'espèces sonnantes[14], le cuivre rouge ou «rosette» — c'est sa couleur naturelle — ne cesse de perdre du terrain face aux autres métaux précieux, à l'argent et à l'or surtout. L'accroissement de la circulation de la monnaie de cuivre, souvent appelée «monnaie noire» en raison de la frayeur que provoquent ses dévaluations successives[15], est un signe de sa vulgarisation. Le fait aussi que ce métal soit de plus en plus utilisé pour imiter l'or, grâce à un alliage avec le zinc qui produit le «cuivre jaune» ou laiton, laisse entendre qu'il peut de plus en plus difficilement prétendre être un signe de distinction dans son état naturel.

Moins en mesure d'assurer une valeur d'usage distinctive et symbolique, le cuivre est de plus en plus destiné à la fabrication de produits industriels et d'objets domestiques[16]. C'est sans doute l'industrie militaire, en pleine expansion, qui a le plus contribué au développement du marché du cuivre en Europe au XVIe siècle. Plus résistant et moins sujet à la corrosion que le fer, le cuivre entre dans la manufacture de canons et de fusils, toujours plus en demande dans cette Europe en guerre. Il sert à doubler les coques des navires et à garnir les toits et les fontaines de bâtiments publics et de maisons de particuliers[17]. On l'utilise encore dans la confection des cuves pour brasser la bière ou faire fondre des graisses de baleine, ainsi que pour une gamme toujours plus importante d'objets domestiques: chaudrons, urinoirs, bassines, plateaux, plats et chandeliers[18].

La production croissante du cuivre répond à une demande accrue du marché européen, mais aussi à des possibilités grandissantes d'exportation en Amérique et en Afrique. Le cuivre est en effet l'un des premiers produits

---

14. Franck SPOONER, *L'économie mondiale et les frappes monétaires en France*, Paris, Armand Colin, 1956, p. 30-32.

15. Pierre VILAR, *Or et monnaie dans l'histoire, 1450-1920*, Paris, Flammarion, 1974, p. 212.

16. Ekkehard WESTERMANN, «Tendencies in the European Copper Market in the 15th and 16th Centuries», dans Hermann KELLENBENZ (éd.), *Precious Metals in the Age of Expansion*, actes du XIVe Congrès international des sciences historiques (1975), Stuttgart, Klett-Cotta, 1981, p. 71-77.

17. Pierre JEANNIN, «Le cuivre dans l'économie minière et métallurgique des régions vosgiennes», dans H. KELLENBENZ (éd.), *Schwerpunkte der Kupferproduktion und des Kupferhandels in Europa 1500-1650*, Cologne, Bohlav Verlag, 1977, p. 68-81, p. 72-77.

18. Édouard PONCELET, «Les cuivriers du Chapitre de Saint-Lambert à Liège», *Bulletin de la Société d'art et d'histoire du diocèse de Liège*, 1936, p. 5-17; Cécile DOUXCHAMPS-LEFÈVRE, «Note sur la métallurgie du cuivre en pays mosan de 1500 à 1650», dans Hermann KELLENBENZ (éd.), *Schwerpunkte der Kupferproduktion...*, op. cit., p. 40.

européens exportés en grande quantité en Amérique du Nord. Par exemple, le capitaine de navire Micheau de Hoyarsabal, un Basque de Saint-Jean-de-Luz, emprunte, en 1584, des fonds pour l'achat d'environ 100 chaudrons de «cuyvre rouge», tel que le précise un acte notarié passé à Bordeaux[19]. En 1586, ce même Hoyarsabal se procure 209 «chaudieres de cuyvre rouge neufves garnyes de fer» — signifiant vraisemblablement que les anses et les attaches sont en fer — et encore 200 de plus l'année suivante pour la traite avec «les sauvages du Canada[20]». Les cargaisons destinées à la côte est américaine, connue sous le nom de «coste de Floride[21]», semblent plus variées. Le navire *L'Aigle de La Rochelle,* armé en 1565, porte à son bord des chaudrons, des bracelets, des clochettes, des boucles d'oreilles, des alênes et des aiguilles en cuivre pour la traite avec «les habitans du pays[22]». Les quantités de cuivre expédiées en Afrique sont encore plus considérables. Dans un contrat assez typique, passé devant notaire à Anvers en 1548, la puissante maison de la famille Fugger, à Augsbourg, s'engage à livrer au roi du Portugal, pour la traite avec les «negres de la coste de Guinee», 7 500 quintaux de bracelets, 24 000 urinoirs, 5 300 bassines de barbier et 10 500 chaudrons, le tout en cuivre[23]. Principal produit d'exportation européenne en Afrique, le cuivre est échangé contre des esclaves, du poivre, de l'ivoire, voire même de l'or[24].

Le cuivre qui transite par La Rochelle et Bordeaux provient des pays germaniques et scandinaves. Les notaires rochelais font état de «chaudrons de Namur» achetés en grand nombre par l'entremise de marchands

---

19. Archives départementales de la Gironde (ci-après ADG), Notaires, 3E 5425 (le 28 avril 1584). Il s'agit de chaudrons en cuivre et non en laiton.

20. ADG, Notaires, 3E 5425 (le 30 avril 1586); 3E 5428 (le 6 février 1587). La documentation notariale demeure très incomplète. Comme les archives notariales basques du XVIe siècle ont disparu, nous sommes obligés de travailler avec les minutiers de Bordeaux, où l'on retrouve des navires de Saint-Jean-de-Luz et de Ciboure qui viennent s'y avitailler. Nous avons identifié, à Bordeaux, pour la période de 1580 à 1600, seulement trois navires pour lesquels les objets de traite transportés étaient décrits, sur un total de 22 navires basques destinés au trafic canadien (Laurier TURGEON, William FITZGERALD et Réginald AUGER, «Les objets des échanges entre Français et Amérindiens au XVIe siècle», *Recherches amérindiennes au Québec,* vol. 22, n°s 1-2, 1992, p. 158). Il est donc légitime de penser que chacun des navires avait une cargaison semblable à celles identifiées (entre 100 et 200 chaudrons), ce qui représente un commerce potentiel de 3 000 à 4 000 chaudrons.

21. La «coste de la Floride» signifie à l'époque toute la côte est de l'Amérique du Nord depuis l'actuelle province de la Nouvelle-Écosse jusqu'à la péninsule de la Floride (Laurier TURGEON, «Basque-Amerindian Trade in the Saint-Lawrence During the Sixteenth Century: New Documents, New Perspectives», *Man in the Northeast,* n° 40, 1990, p. 84).

22. Archives départementales de la Charente-Maritime, Notaires, 3E 2149 (le 22 juin 1565).

23. Eugenia W. HERBERT, «The West African Copper Trade in the 15th and 16th Centuries», dans Hermann KELLENBENZ (éd.), *Precious Metals in the Age of Expansion, op. cit.,* p. 120; E. W. HERBERT, *Red Gold of Africa: Copper in Precolonial History and Culture,* Madison, University of Wisconsin Press, 1984.

24. Eugenia W. HERBERT, «The West African Copper Trade in the 15th and 16th Centuries», *op. cit.,* p. 125.

d'Anvers[25]. Spécialisés dans la chaudronnerie, la quincaillerie et la dinanderie, les cuivriers flamands travaillent surtout le laiton, produit avec du zinc qu'ils trouvent sur place et du cuivre qu'ils font venir, en feuilles, des mines de l'Europe centrale[26]. Le cuivre arrive à Bordeaux par la même filière, mais aussi de la Suède. En 1583, le marchand bordelais Jehan de Pinssun s'associe à un marchand allemand de Hambourg et achète plusieurs cargaisons de cuivre suédois[27], sans doute pour répondre à la demande suscitée par le développement du commerce des fourrures en Amérique du Nord. N'ayant pas les moyens de production nécessaires pour remplir ces commandes exceptionnelles, les Bordelais font souvent appel, au cours de la décennie 1580, aux chaudronniers de l'arrière-pays, de la Garonne et même de la Dordogne[28].

Une typologie des chaudrons permet de retrouver leurs lieux de production. Ceux qui proviennent des Flandres et du nord de la France sont souvent en laiton, et leur technique de fabrication est particulière : le rebord est plié et tourné sur un anneau en fer pour former la lèvre, et les deux attaches — de simples pièces de laiton double fixées sur la lèvre à l'aide de rivets également en laiton — soutiennent une anse roulée en fer forgé[29]. Les chaudrons du sud-ouest de la France sont de facture différente. Fabriqués avec du cuivre rouge, ils présentent un rebord saillant, fait en pliant la paroi vers l'extérieur, à environ 90° ; les attaches sont de longues bandes de fer, rivetées à la panse juste sous la lèvre et surmontées chacune d'un œillet. Sur les gros chaudrons, les deux extrémités de l'anse, passant par les œillets, ressortent de plusieurs centimètres pour être tenues à la main[30]. Ces chaudrons, que l'on voit encore aujourd'hui dans les maisons et les musées des Landes et du Pays basque, ont une parenté certaine avec ceux du XVIe siècle trouvés sur des sites amérindiens.

---

25. Étienne TROCMÉ et Marcel DELAFOSSE, *Le commerce rochelais (XVe-XVIIe siècle)*, Paris, Armand Colin, 1952, p. 75.

26. Cécile DOUXCHAMPS-LEFÈVRE, «Note sur la métallurgie du cuivre en pays mosan de 1500 à 1650», dans Hermann KELLENBENZ (éd.), *Schwerpunkte der Kupferproduktion..., op. cit.*, p. 45.

27. ADG, 3E 5424, fos 507v-508r, 1er avril 1583. Le notaire précise que le cuivre sera chargé sur un ou plusieurs navires.

28. Bon nombre de chaudrons sont fabriqués à Bordeaux, puisque le 30 mars 1580 Micheau de Hoyarsabal achète des «chaudieres garnyes de fer» pour la traite à Gerault Freiche, maître chaudronnier de Bordeaux (ADG, 3E 5420, fos 546v-547r). Le marchand Jehan de Pinssun traite avec des chaudronniers bordelais comme Jehan de Sondencq (ADG, 3E 5407, fos 45v-46r, 10 janvier 1585), ainsi qu'avec un dénommé Anthoine Moysson, «maistre de la batterie de Marquai les Perigueux» (ADG, 3E 5426, fo 274v, 12 mars 1585). Il a aussi des liens commerciaux avec René Duret, de Bayonne, et Martin Dagarrette, de Saint-Jean-de-Luz, deux marchands qui participent activement au commerce des fourrures (ADG, 3E 5456, fos 464r-464v, 8 mai 1585).

29. William FITZGERALD, Laurier TURGEON, James BRADLEY et Ruth WHITEHEAD, «Late Sixteenth-Century Basque Banded Copper Kettles», *Historical Archaeology*, vol. 27, n° 1, 1993, p. 48.

30. *Ibid.*, p. 45.

Usages amérindiens du cuivre

Le cuivre d'origine européenne connaît une rapide et très large diffusion dans tout le nord-est de l'Amérique du Nord dès la deuxième moitié du XVIe siècle. Introduit par les pêcheurs normands, bretons et basques, il est échangé d'abord sur les côtes de l'est du Canada et circule abondamment parmi les groupes micmacs de la péninsule acadienne; ce sont ces sites qui en contiennent les plus grandes quantités[31]. Empruntant des réseaux d'échanges préhistoriques, il ne tarde pas à descendre vers le sud et à remonter les grandes rivières de la côte est du continent: la Kennebec, la Hudson et la Susquehanna[32]. Dès les années 1580, les Basques introduisent le cuivre dans la vallée du Saint-Laurent; de là, il gagne les groupes algonquiens du nord du Québec[33] et les nombreux groupes iroquoiens de la région des Grands Lacs[34]. Avant la fin de la décennie, il atteint la lointaine vallée de l'Ohio, située au cœur du continent[35].

Le chaudron de cuivre n'est pas le seul objet échangé. Les haches, les couteaux, les épées et «autres ferrements» sont nombreux dans les cargaisons basques et rochelaises[36]. Aux métaux s'ajoute la mercerie de «diverses sortes» (aiguilles, rubans et plumetis), souvent accompagnée de chapeaux, de draps et de «cottes» (longues vestes à basques) en «foreze» d'Écosse[37]. Les Amérindiens portent bien ces vêtements européens puisque l'explorateur anglais John Brereton rencontre, en 1602, sur les côtes du Maine, à Cape Neddick, une chaloupe basque conduite par six Amérindiens, dont l'un est habillé d'un justaucorps et de chausses marinières en serge noire, avec, aux pieds, chaussettes et chaussures[38]. On trouve aussi parmi les marchandises

---

31. Ruth Whitehead, *Nova Scotia: The Protohistoric Period, 1500-1630*, Halifax, Nova Scotia Museum, 1993, p. 23-70.

32. Voir Bruce Bourque et Ruth Whitehead, «Tarrentines and the Introduction of European Trade Goods in the Gulf of Maine», *Ethnohistory*, vol. 32, n° 4, 1985, p. 327-328; James Bradley et S. Terry Childs, «Basque Earrings and Panther's Tails: The Form of Cross-Cultural Contact in Sixteenth-Century Iroquoia», dans Robert M. Ehrenreich (éd.), *Metals in Society: Theory Beyond Analysis*, Philadelphie, MASCA, The University Museum of Archaeology and Anthropology, University of Pennsylvania, 1991, p. 9.

33. Jean-François Moreau et Éric Langevin, «Premières manifestations européennes en pays amérindien», *Recherches amérindiennes au Québec*, vol. 22, n° 4, 1992, p. 42; David Denton, «Des pointes de projectile aux pierres à briquet: évolution d'une tradition technologique du Québec subarctique», *Recherches amérindiennes au Québec*, vol. 24, n°s 1-2, 1994, p. 78.

34. William Fitzgerald *et al.*, «Late Sixteenth-Century Basque Banded Copper Kettles», *op. cit.*, p. 47-49.

35. C. Wesley Cowan, «The Dawn of History and the Demise of the Fort Ancient Cultures in the Central Ohio Valley», communication présentée à la *Réunion annuelle de la Society for American Archaeology*, Pittsburgh, 8-12 avril 1992, p. 14.

36. ADG, 3E 5425, f°s 449-450, 28 avril 1584; 3E 5427, f°s 265-267, 30 avril 1586. Dans le contrat de 1584, il est question de l'achat de 1 921 couteaux, de 50 haches et de «plusieurs» épées.

37. ADG, 3E 5427, 1er et 3 mai 1586. Le «foreze» est certainement un épais tissu en laine bien adapté aux rigueurs du climat canadien.

38. Bruce Bourque et Ruth Whitehead, «Tarrentines and the Introduction of European Trade Goods in the Gulf of Maine», *op. cit.*

de traite des perles de verre de toutes sortes[39] et des barriques de farine et de pruneaux[40]. Il n'en demeure pas moins que les objets en cuivre surclassent toutes les autres catégories d'objets. Ils apparaissent toujours en premier sur les listes des objets de traite dressées par les notaires. Ils sont également les premiers objets européens à paraître sur les sites amérindiens et, par la suite, ils dominent les assemblages archéologiques d'origine européenne[41].

Déjà prisé dans les sociétés précolombiennes de l'Amérique du Nord, le cuivre s'inscrit dans leurs systèmes de croyances et de représentations du monde élaborés bien avant l'arrivée des Européens[42]. Les archéologues ont bien montré que des groupes autochtones exploitaient des gisements de cuivre natif, situés dans les Appalaches et le bouclier canadien[43]. Les premiers voyageurs européens ont souvent remarqué cette fascination des Amérindiens pour le cuivre. Par exemple, Verrazano, qui rencontre des Algonquiens dans la baie de Narragansett (le site actuel de Newport, Rhode Island) en 1524, précise qu'ils portent, hommes et femmes,

> des pendants d'oreilles à la manière des orientaux, notamment des lamelles de cuivre ciselé, métal que ce peuple met à plus haut prix que l'or. Ce dernier métal, poursuit Verrazano, n'est pas apprécié; il est même tenu pour le plus méprisable à cause de sa couleur, le bleu et le rouge étant surtout goûtés[44].

Même attitude chez les Iroquoiens du Saint-Laurent qui, à plusieurs reprises, parlent à Cartier du merveilleux royaume du Saguenay d'où ils

39. ADG, 3E 5425, f°s 449-450, 28 avril 1584. Les notaires nomment deux types de perles en verre de manière explicite: les «patinotes de Gayet», soit de jais (un lignite dur d'un noir luisant), et les «turgyns» (couleur «bleu venise»), achetés en lots de 50 000 unités, sans doute les perles turquoises que les archéologues trouvent par centaines sur les sites amérindiens de la côte atlantique et des Grands Lacs.

40. Robert LE BLANT et Marcel DELAFOSSE, «Les Rochelais dans la vallée du Saint-Laurent», *Revue d'histoire de l'Amérique française,* vol. 10, n° 3, 1956, p. 338, 354.

41. Bruce TRIGGER, *The Children of Aataentsic: A History of the Huron People to 1660,* Montréal et Kingston, McGill-Queen's University Press, 1976, 2 tomes, p. 242; Charles WRAY *et al., The Adams and Culbertson Sites,* dans Charles F. HAYES III (éd.), «Charles F. Wray Series in Seneca Archaeology», Rochester, New York, Rochester Museum and Science Center, vol. 1, 1987, p. 249; James BRADLEY, *Evolution of the Onondaga Iroquois: Accomodating Change, 1500-1655,* Syracuse (N.Y.), Syracuse University Press, 1987, p. 130; William FITZGERALD, *Chronology to Cultural Process: Lower Great Lakes Archaeology, 1500-1650,* Montréal, Université McGill, 1990, p. 113.

42. Christopher L. MILLER et George R. HAMELL, «A New Perspective on Indian-White Contact: Cultural Symbols and Colonial Trade», *Journal of American History,* vol. 73, n° 2, 1986, p. 315.

43. Kevin LEONARD, «Copper Use among Aboriginal Groups in the Maritime Peninsula, Northeastern North America», communication présentée à la *Réunion annuelle de l'Association canadienne d'archéologie,* Montréal, 5-9 mai 1993.

44. Charles-André JULIEN *et al.* (éd.), *Jacques Cartier: voyages au Canada. Avec les relations des voyages en Amérique de Gonneville, Verrazano et Roberval,* Paris, Maspéro/La Découverte, 1981, p. 89.

tirent «le cuivre rouge qu'ils appellent *caignetdazé*»[45]. Les qualités intrinsèques de ce métal aident à expliquer son succès auprès des Amérindiens.
Rare, mais très malléable dans son état naturel, il se prête bien au façonnage
de petits objets décoratifs. Résistant à la corrosion, il se conserve longtemps
et un simple frottement lui redonne son lustre. De plus, sa couleur rouge —
sans cesse soulignée par les voyageurs — rappelle celle du sang et contribue
à faire du cuivre un puissant symbole de la vie chez tous les peuples du
nord-est de l'Amérique. Signe de fertilité et de vitalité, le rouge est aussi la
couleur du pouvoir. Plus que tous ses autres attributs, c'est le rouge qui
donne au cuivre ses vertus. Dans certains cas, les objets en cuivre sont
enduits d'ocre rouge pour les rendre encore plus rouges[46].

Le cuivre d'origine européenne acquiert cependant une valeur d'usage
statutaire et symbolique que n'avait pas le cuivre natif à l'époque préhistorique. Les groupes amérindiens attribuent au cuivre européen une plus-value
rituelle, sans doute en raison de ses valeurs intrinsèques et de sa singularité.
Celui-ci se présente sous une forme nouvelle qui n'est guère reproductible
(des chaudrons); il est infiniment plus abondant, beaucoup plus rigide et son
origine est européenne. Sa provenance semble, en effet, accroître son
pouvoir de représentation. Si le cuivre natif disparaît des sites lorsqu'y
apparaît le cuivre européen, c'est sûrement parce que ce dernier est jugé
supérieur.

Le cuivre européen est réservé à des usages cérémoniaux et rituels.
Chez les groupes iroquoiens des Grands Lacs, les chaudrons de cuivre ne
viennent pas remplacer les traditionnels pots en terre cuite que ces Indiens
continuent à utiliser pour préparer la cuisine de tous les jours[47]. Ces peuples
les thésaurisent: les chaudrons, retirés de la circulation quotidienne, sont
conservés dans les maisons où ils servent à rehausser les décors intérieurs[48].

---

45. Il n'est pas impossible que le cuivre d'origine européenne ait déjà circulé à l'intérieur
du continent à l'époque de Cartier. Les Amérindiens rencontrés par Cartier sur l'île de Montréal lui
disaient que le laiton (forcément d'origine européenne) venait du sud et le cuivre rouge du nord, du
Saguenay, là où les chaudrons de cuivre basques transiteront vers la fin du siècle (CARTIER,
Relations, édition critique par Michel BIDEAUX, Montréal, Presses de l'Université de Montréal,
1986, p. 156-157).

46. Nous avons remarqué que certains objets de cuivre du site micmac de Northport avaient
été badigeonnés d'ocre rouge. Le cuivre et l'ocre rouge sont souvent trouvés en association (R.
WHITEHEAD, *Nova Scotia…*, *op. cit.*, p. 41, 55, 69; Yves CHRÉTIEN, André BERGERON et Robert
LAROCQUE, «La sépulture historique ancienne du site Lambert (CeEu-12) à Saint-Nicolas», dans
Anne-Marie BALAC, Claude CHAPDELAINE, Norman CLERMONT et Françoise DUGUAY (éd.), «Ar-
chéologies québécoises», *Recherches amérindiennes*, 1995, p. 203-225). Plusieurs relations de
voyages de la Nouvelle-France font allusion à l'importance que les Amérindiens attachaient au
rouge. Le baron de Lahontan, par exemple, fait état de sa rencontre avec «la Nation des *Essanapés*»,
qui veut dire «les gardiens de la pierre rouge» ou catlinite dont les Amérindiens faisaient leurs
calumets (LAHONTAN, *Œuvres complètes*, édition critique par Réal OUELLET *et al.*, Montréal, Presses
de l'Université de Montréal, 1990, t. 1, p. 399).

47. James BRADLEY, *Evolution of the Onondaga Iroquois…*, *op. cit.*, p. 131.

48. Marie de L'INCARNATION, *Correspondance*, Dom Guy OURY (éd.), Solesmes, Abbaye
Saint-Pierre, 1971, p. 776.

Ils n'échappent à cette consommation ostentatoire qu'à l'occasion de fêtes, pour préparer les «sagamités», ces soupes grasses à base de maïs, destinées aux convives. Ces chaudrons sont souvent découpés — avant même d'avoir servi à la cuisson d'aliments — pour fabriquer des objets esthétiques destinés à orner le corps: bracelets, bagues, pendentifs et boucles d'o-reilles[49]. Ces fragments refaçonnés sont portés lors de guerres, de rencontres diplomatiques, de fêtes ou encore de rites funéraires. Objets de parure, ils servent aussi aux rituels de guérison. On offre aux chamans ou directement aux malades des objets de cuivre que l'on croit dotés de pouvoirs curatifs[50].

Le chaudron semble bien l'objet en cuivre le plus recherché. Certains groupes en accumulent des centaines. L'ursuline Marie de l'Incarnation, qui a vécu à Québec de 1639 à 1672, raconte qu'en 1665 les soldats français ont enlevé aux Agniers, un groupe d'Iroquois, «bien quatre cens chaudieres [chaudrons], et le reste de leurs richesses», laissant entendre par là que les chaudrons comptaient parmi leurs biens les plus précieux[51]. Tous les voya-geurs reconnaissent le rôle important attribué au chaudron de cuivre, mais personne ne l'exprime aussi clairement que Nicolas Denys, dans son *His-toire naturelle des mœurs et productions des peuples de l'Amérique septen-trionale,* parue en 1672: «la chaudiere [chaudron] leur a toujours paru et paraît encore la chose la plus précieuse qu'ils puissent tirer de nous.[52]» Si les observateurs ne prennent pas la peine d'expliquer pourquoi le chaudron est si recherché, son usage permet de penser que c'est parce qu'il affirme, mieux que les autres objets, la cohésion et la pérennité du groupe. Le chaudron est continuellement évoqué dans les relations de voyage, non pas comme un simple objet, mais comme le pôle attractif d'un acte de sociali-sation, d'où l'expression «faire chaudiere», qui apparaît souvent sous la plume des voyageurs. «Faire chaudiere», c'est convoquer les membres du groupe à se réunir et à partager des aliments qui sont — faut-il le rappeler — source de vie. On mesure l'importance d'un festin en fonction du nombre et de la taille des chaudrons[53]. C'est aussi dans «une grande chaudiere», rappelle le missionnaire récollet Gabriel Sagard, que l'on fait cuire les corps «éventrés» des captifs et qu'on les «mange en festin[54]». Le chaudron

---

49. James BRADLEY, *Evolution of the Onondaga Iroquois…, op. cit.,* p. 130-136; Jean-François MOREAU et Éric LANGEVIN, «Premières manifestations européennes en pays amérindien», *op. cit.,* p. 42.

50. Nous trouvons plusieurs exemples d'objets de cuivre offerts en cadeaux lors de rites de guérison dans les *Relations des jésuites* (Reuben G. THWAITES, *The Jesuit Relations and Allied Documents,* New York, Pageant Book Company, 1959, vol. 10, p. 174-176 et 186; vol. 15, p. 178; vol. 17, p. 178, 204).

51. Marie de L'INCARNATION, *Correspondance, op. cit.,* p. 776.

52. Clarence J. D'ENTREMONT, *Nicolas Denys, sa vie et son œuvre,* Yarmouth (N.-É.), Imprimerie Lescarbot, 1982, p. 259.

53. Gabriel SAGARD, *Le grand voyage du pays des Hurons, op. cit.,* p. 232-233.

54. *Ibid.,* p. 242.

participe donc au procès d'anthropophagie: il est le lieu de transformation des corps ennemis en nourriture, le lieu d'appropriation de la vie de l'autre et de sa transmutation en soi.

Le chaudron joue encore un rôle central dans la «feste des Morts», qui est, selon le jésuite Jean de Brébeuf, le rituel le plus important chez les Iroquoiens du nord[55]. Célébrée surtout par les Hurons, les Pétuns et les Neutres, à intervalles de 12 à 15 ans, et généralement avant la relocalisation des villages, la fête réunit tous les villageois et, tout particulièrement, ceux de familles qui ont connu des décès. On exhume les corps des morts, enterrés temporairement dans les maisons ou à l'extérieur du village[56], et on n'apporte à la cérémonie que les os puisqu'on considère que ceux-ci renferment les «âmes» ou encore la vie des morts. Soigneusement décharnés, nettoyés et réunis dans des peaux de cerf ou de castor, ces ossements humains sont déposés dans une fosse commune avec des offrandes données par les parents et les amis des défunts: des chaudières, bien sûr, et aussi des haches, des bracelets, des colliers en perles et «autres choses qu'ils estiment de valeur» afin qu'ils puissent, comme le précise Sagard, «se butiner et se faire riches ce jour-là en l'autre vie[57]».

La description la plus détaillée d'une «feste des Morts» est celle donnée par Brébeuf pour le village huron d'Ossossané, en 1636. Il dit bien que la douzaine de personnes qui étaient dans la fosse «mirent au beau milieu trois grandes chaudieres» — qui reproduisent d'ailleurs elles-mêmes la forme de la fosse — et arrangèrent les ossements «tout autour [des chaudrons] les uns aupres des autres[58]». Fouillé par l'archéologue Kenneth Kidd, cet ossuaire d'un diamètre de sept mètres contenait environ 1 000 squelettes, disposés à l'intérieur et autour des trois chaudrons, à peu près de la manière décrite par Brébeuf[59]. Dans son récit, Brébeuf avoue que les Hurons appellent cette cérémonie «la chaudiere» et non pas la «feste des Morts», comme le font les Français. Il dévoile, en même temps, le lien que les Hurons font entre le chaudron de la cuisine et celui de la sépulture. Le rite culinaire et le rite funéraire forment un ensemble, car, précise-t-il, les «Capitaines» ne parlent de cette fête, «mesmes dans les Conseils les plus sérieux, que sous le nom de chaudiere». Un peu plus loin, il ajoute que les chefs «y approprient tous les termes de cuisine; de sorte que pour dire avancer ou retarder la feste des Morts, ils diront détiser, ou attiser le feu dessous la chaudiere… et qui diroit la chaudiere est renversée, ce seroit à

55. Reuben G. THWAITES, *The Jesuit Relations and Allied Documents, op. cit.*, vol. 10, p. 278.
56. William FITZGERALD, «The Hood Site: Longhouse burials in an Historic Neutral Village», *Ontario Archaeology*, vol. 32, 1979, p. 45.
57. Gabriel SAGARD, *Le grand voyage du pays des Hurons, op. cit.*, p. 296.
58. Reuben G. THWAITES, *The Jesuit Relations and Allied Documents, op. cit.*, vol. 10. p. 298.
59. Kenneth E. KIDD, «The Excavation and Historical Identification of a Huron Ossuary», *American Antiquity*, vol. 18, n° 14, 1953, p. 364-367.

dire, il n'y aura point de feste des Morts[60]». Loin d'être une célébration de la mort, «la chaudiere» assure le passage de la vie sur terre à la vie dans l'au-delà, «au pays des âmes». Elle est donc l'objet de médiation par excellence entre cette vie et «l'autre vie[61]».

Le chaudron de cuivre assure une fonction semblable chez les Micmacs de la côte atlantique, même si les pratiques mortuaires de ces chasseurs-cueilleurs, regroupés en petites entités très mobiles, sont sensiblement différentes de celles des Iroquoiens. À la suite du décès, le corps du défunt est exposé sur un échafaud et, une fois desséché, la peau et la chair sont séparées des os. Les trois substances sont ensuite réunies, avec les objets funéraires, pour former une masse compacte, et le tout est déposé sur un tapis d'écorce de bouleau et de peaux étalé sur le fond de la fosse[62]. De taille réduite, ces tombes micmaques contiennent généralement les restes d'un seul individu ou d'un petit groupe. En revanche, on y trouve plusieurs chaudrons, car les Micmacs bénéficiaient de contacts directs avec les Européens et obtenaient plus facilement ces récipients. La plupart du temps, les chaudrons sont retournés par-dessus les dépouilles et les objets funéraires[63] et ils sont, à leur tour, recouverts de peaux de castor, d'élan ou d'ours[64]. Bon nombre de chaudrons exhumés ne contiennent aucune trace de feu ni d'usure, mais ils portent les marques d'une destruction volontaire, faite à l'aide de pics et de haches, dans le but de les priver à jamais de leur fonction utilitaire[65]. Par exemple, les trois chaudrons provenant d'une sépulture micmaque, à Tabusintac, au Nouveau-Brunswick, ont été mis sous terre et renversés les uns sur les autres en forme de pyramide : celui qui constituait la base de cette pièce montée était intact et renfermait des ossements humains, alors que les deux autres, vides, avaient été délibérément perforés[66]. On remarque, dans ce cas comme dans beaucoup d'autres, que le chaudron qui n'a subi aucune intervention porte des marques d'usure et que les chaudrons percés sont, à toutes fins utiles, neufs. Faut-il comprendre que

---

60. Reuben G. THWAITES, *The Jesuit Relations and Allied Documents, op. cit.*, vol. 10, p. 278.

61. Gilles DANDURAND, *Analyse d'un rite de sépulture des Micmacs dans les* Relations des jésuites *de l'an 1611*, Montréal, mémoire de maîtrise, Université du Québec à Montréal, 1976.

62. Ruth WHITEHEAD, *Nova Scotia..., op. cit.*, p. 84-88.

63. Dans les cas de la sépulture de Saint-Nicolas (CHRÉTIEN *et al., op. cit.*) et de l'une de celles de Pictou (R. WHITEHEAD, *Nova Scotia..., op. cit.*, p. 55), certains des os et des offrandes se trouvent à l'extérieur des chaudrons renversés, sans doute parce qu'il n'y avait pas suffisamment d'espace à l'intérieur pour contenir tout l'assemblage, ou encore parce que l'enterrement a été fait hâtivement et de manière désordonnée.

64. Ruth WHITEHEAD, *Nova Scotia..., op. cit.*, p. 54-55.

65. Nous avons étudié les collections de chaudrons venant des sites suivants : Pictou (10 chaudrons), Northport (4), Bartibogue (4), Tabusintac (3) et Moncton (1). Les collections sont conservées au Musée acadien (Moncton), au Musée provincial du Nouveau-Brunswick (Saint-Jean) et au Musée provincial de la Nouvelle-Écosse (Halifax).

66. A. C. SMITH, «On Pre-Historic Remains and on an Interment of the Early French Period at Tabusintac River», *Bulletin of the Natural History Society of New Brunswick*, vol. 5, 1886, p. 14-15.

ces chaudrons neufs, probablement enterrés peu après leur acquisition sans avoir eu le temps de servir les vivants, étaient défoncés afin de simuler une utilisation et de leur donner une vie ? Quoi qu'il en soit, se manifeste ici la volonté de retirer ces objets de la circulation, de les approprier, voire de les sacraliser. N'étant plus fonctionnels ici-bas, ils ne peuvent servir qu'aux «âmes» dans l'au-delà; ils deviennent des dons sacrificiels destinés à fortifier les dieux ou les êtres réincarnés.

Dans un des rares dialogues de son récit, Nicolas Denys fait allusion à la fonction médiatrice du chaudron et dévoile, peut-être, son sens profond. Il rapporte les propos d'un «Sauvage» micmac qui explique que «l'âme» du chaudron va «servir en l'autre monde au deffunt». Un peu plus loin, il précise que le chaudron d'origine européenne est enterré avec les dépouilles mortelles parce qu'il est «un ustensile de nouvelle introduction, et dont l'autre monde ne peut estre fourny[67]». Par cette remarque, le «Sauvage» de Nicolas Denys laisse entendre que «l'autre monde» est inaccessible aux Européens. Seuls les Amérindiens peuvent y accéder et y introduire les objets européens par le biais des rituels mortuaires. C'est bien le chaudron qui sert le défunt et non l'inverse, puis c'est encore lui qui le transporte dans «l'autre monde», hors de la portée de l'Européen. L'objet sacrifié est donc porteur d'identité parce qu'il est un objet approprié[68]. Le chaudron perforé et enterré renvoie à la puissance de son possesseur plus qu'à celle de son créateur, à l'acte d'appropriation plus qu'à l'action de médiation. De toutes les manières, attribuer à l'objet un pouvoir de médiation n'est qu'un moyen, parmi d'autres, de l'investir d'une force.

En fin de compte, la fonction du chaudron semble être plus politique qu'eschatologique. Le père Brébeuf fait plusieurs fois allusion à la force unificatrice de la «chaudiere». Préparée longtemps à l'avance «aux Conseils les plus secrets et les plus importants», la fête mobilise les habitants des huit ou neuf villages du pays et ceux des «Nations estrangeres qui y sont invitées» pour participer à un ensemble de cérémonies pendant sept ou huit jours. Logés par les habitants du village hôte et des villages environnants, les invités participent aux discussions, aux jeux et aux processions, «du matin jusques au soir», en attendant le dernier jour de la fête, réservé à l'inhumation des ossements des morts. Pendant ce temps fort de la fête, tous se réunissent autour de la fosse, avec, au centre, les chaudrons et, de chaque côté, une galerie en bois, puis, au fond, «une espece de theatre» destiné à mettre en scène les paquets d'ossements suspendus à des perches.

---

67. Clarence J. D'ENTREMONT, *Nicolas Denys, sa vie et son œuvre, op. cit.*, p. 259.

68. Nous reprenons ici une idée de Jean BAZIN («Retour aux choses-dieux», dans Charles MALAMOUD et Jean-Pierre VENNANT (éd.), «Corps des dieux», *Le temps de la réflexion*, vol. 8, Paris, Gallimard, 1986, p. 272), développée dans un article magistral consacré aux choses-dieux. Marc AUGÉ a également éclairé les mécanismes de la matérialisation du sacré dans son étude du dieu objet (*Le dieu objet*, Paris, Flammarion, 1988).

Brébeuf compare cet aménagement non pas à un cimetière français, mais à la place Royale, à Paris. Construite par Henri IV, cette place (l'actuelle place des Vosges) est encore considérée, sous Louis XVIII, comme la plus imposante place de Paris et, par conséquent, le centre du royaume[69]. Si ce missionnaire choisit un référent politique plutôt que religieux, c'est sans doute parce qu'il reconnaît le rôle hautement politique du lieu. Réunifiée dans la vie, la communauté est également recomposée dans la mort. Désincarnés et désarticulés, les ossements se détachent et se confondent les uns avec les autres, de sorte que les individus ne peuvent plus être identifiés[70]. On assiste à une ultime décomposition de l'individu, à son renvoi à l'anonymat originel, mais, en même temps, à une reconstitution de la communauté qui, en réunissant dans un lieu commun les ossements des ancêtres du pays et même ceux des étrangers, réaffirme son identité. Le chaudron est bien l'incarnation de la collectivité.

Si les voyageurs considèrent les offrandes funéraires et la fête de la «chaudiere» comme des traditions anciennes qui remontent à l'époque préhistorique, les résultats de fouilles archéologiques, menées à la fois dans des villages et des cimetières, montrent que ces pratiques sont, au contraire, très récentes et de courte durée. Peu répandue à la fin de la préhistoire, la sépulture collective se développe avec la présence européenne : les cimetières deviennent très fréquents au moment des premiers contacts avec les Européens, tant chez les Algonquiens de la Nouvelle-Angleterre[71] que chez les Senecas de la région des Grands Lacs[72]. De même, la pratique du mobilier funéraire se propage chez tous les groupes amérindiens, et la majorité des objets enterrés sont d'origine européenne[73]. On remarque aussi que les objets européens n'apparaissent que dans des contextes de sépultures, presque jamais dans les villages ou dans les lieux de campements[74], ce qui confirme leurs usages essentiellement mortuaires. On assiste à l'émergence de pratiques encore plus étranges. Par exemple, chez les Senecas, où des milliers de sépultures ont été fouillées, les fosses deviennent plus

---

69. Bernard CHAMPIGNEULLE, *Paris, architectures, sites et jardins*, Paris, Seuil, 1973, p. 607.

70. Emmanuel DÉSVEAUX, «Eschatologie cannibale et anthropophagie saisonnière», *Critique*, t. 59, nos 555-556, 1993, p. 594.

71. Elise M. BRENNER, «Sociopolitical Implications of Mortuary Ritual Remains in 17th-Century Native Southern New England», dans Mark LEONE et Parker POTTER (éd.), *The Recovery of Meaning: Historical Archaeology in the Eastern United States*, Washington et Londres, Smithsonian Institution Press, 1988, p. 156.

72. Charles WRAY et al., *The Adams and Culbertson Sites, op. cit.*, p. 245.

73. Bruce TRIGGER, *The Children of Aataentsic..., op. cit.*, p. 242-243 ; James BRADLEY, *Evolution of the Onondaga Iroquois..., op. cit.*, p. 110 ; W. FITZGERALD, *Chronology to Cultural Process..., op. cit.*, p. 557.

74. Charles WRAY et al., *Tram and Cameron: Two Early Contact Era Seneca Sites*, dans Charles F. HAYES III (éd.), «Charles F. Wray Series in Seneca Archaeology», Rochester, New York, Rochester Museum and Science Center, vol. 2, 1991, p. 393 ; W. FITZGERALD, *Chronology to Cultural Process..., op. cit.*, p. 103.

profondes et les corps, orientés jusqu'alors vers l'est, se tournent progressivement vers l'ouest[75]. À la fin du XVIᵉ siècle, la moitié des dépouilles mortelles sont orientées vers l'ouest[76], comme si le salut était maintenant du côté du continent et non plus en direction du soleil levant, origine de l'homme blanc. La fête des morts, les sépultures collectives et les offrandes funéraires tendent à disparaître avec l'éclatement et la dispersion des groupes amérindiens, dans la deuxième moitié du XVIIᵉ siècle[77].

Les regroupements dans la mort ne font que refléter les rassemblements et les coalitions dans la vie. L'apparition des cimetières, chez les Senecas, correspond à l'émergence des villages et d'une identité tribale spécifique[78]. C'est vraisemblablement à la même époque que les Senecas se sont alliés avec les quatre autres groupes de l'Iroquoisie, également en formation — les Cayugas, les Onondagas, les Oneidas et les Mohawks —, pour fonder la Confédération des cinq nations iroquoises[79]. Plus au nord, un autre regroupement se met en œuvre pour établir la puissante Confédération huronne, composée d'une vingtaine de villages et d'environ 30 000 habitants[80]. L'élaboration de ces grandes entités politiques est sans doute considérée comme un moyen de contenir la menace de l'Autre : d'abord, des Européens et, ensuite, du groupe ennemi, car Iroquois et Hurons étaient souvent en guerre. Si les origines de ces mouvements de coalition restent incertaines, les spécialistes s'accordent pour dire que la présence européenne et les hostilités entre groupes iroquoiens ont accentué et accéléré leur réalisation.

Le chaudron de cuivre devient le pôle de ralliement des individus et des groupes. Il s'impose parce que sa force d'attraction est plus forte que celle de tous les autres objets connus. C'est autour du chaudron que l'on se réunit pour les fêtes de la vie et de la mort ; c'est aussi autour du chaudron que l'on médite sur le devenir de la communauté et que l'on fait renaître les espoirs. Lieu de convergence des êtres, il provoque l'émergence de nouvelles pratiques rituelles. Pendant cette période de contacts interculturels, on assiste en effet à un mouvement général de ritualisation des pratiques quotidiennes. Outre l'élaboration du cérémonialisme mortuaire, on observe un développement marqué des rituels de guérison en réponse à la propagation des épidémies. L'acte de fumer prend aussi un caractère plus cérémoniel

75. Charles WRAY *et al.*, *The Adams and Culbertson Sites*, *op. cit.*, p. 245.

76. Charles WRAY *et al.*, *Tram and Cameron...*, *op. cit.*, p. 398.

77. Harold HICKERSON, «The Feast of the Dead among the Seventeenth Century Algonkians of the Upper Great Lakes», *American Anthropologist*, vol. 62, 1960, p. 81.

78. Charles WRAY *et al.*, *The Adams and Culbertson Sites*, *op. cit.*, p. 239.

79. Bruce TRIGGER, *The Children of Aataentsic...*, *op. cit.*, p. 163.

80. Reuben G. THWAITES, *The Jesuit Relations and Allied Documents*, *op. cit.*, vol. 9, p. 312 ; Denys DELÂGE, *Le pays renversé : Amérindiens et Européens en Amérique du nord-est, 1600-1664*, Montréal, Boréal Express, 1985, p. 60.

et sacré, car les pipes apparaissent plus fréquemment dans des sépultures et elles sont de plus en plus ornées d'effigies anthropomorphiques et zoomorphiques[81]. Plus qu'un *signe* d'identité, le chaudron est un *opérateur* d'identité : tant par les coalitions politiques que par les pratiques culturelles suscitées, il contribue à prévenir le désordre, à le contenir même, et à insuffler à ses possesseurs un regain de vitalité.

Réappropriations euro-canadiennes

Ces chaudrons de cuivre sont restés sous terre jusqu'à ce que les savants euro-canadiens — archéologues et anthropologues surtout — les aient exhumés et de nouveau appropriés pour en faire des objets de savoir. Pendant la deuxième moitié du XIXe siècle, les archéologues, américains d'abord et canadiens ensuite, ont commencé à fouiller les sépultures des groupes amérindiens pour mieux connaître les objets qu'elles contenaient. Ce mouvement n'était pas isolé puisqu'en Europe, à la même époque, les archéologues, emportés par le romantisme et le nationalisme[82], recherchaient avidement du mobilier funéraire et des ossements de races anciennes, voire même de saints, pour ramener ces objets de collection à la nation, au patrimoine étatique. Cet intérêt marqué pour les ossements humains découlait aussi de l'apparition de la théorie évolutionniste qui interprétait les différences raciales par des décalages dans l'évolution des peuples, suivant un découpage en trois principaux stades de développement : sauvagerie, barbarie et civilisation. Il devenait alors impératif de trouver des preuves morphologiques de l'évolution humaine, depuis les primates, par la fouille de sites préhistoriques[83].

Au Québec, il y eut deux précurseurs, l'un anglophone et l'autre francophone. John William Dawson, professeur de géologie à l'Université McGill, a été le premier à publier des rapports portant sur un site préhistorique. Il s'agissait de la description d'objets trouvés par des ouvriers lors de travaux d'excavation : des crânes humains, des fragments de céramique, des pipes, des haches en pierre et des fragments de fer et de cuivre de facture européenne[84]. Dawson pensait que cette collection, maintenant conservée au musée McCord à Montréal, provenait d'Hochelaga, le grand village

---

81. Zena Pearlstone MATHEWS, «Of Man and Beast: The Chronology of Effigy Pipes among Ontario Iroquoians», *Ethnohistory*, vol. 27, 1980, p. 292-307 ; Eileen S. O'CONNOR, *Spirits, Shamans and Communication: Interpreting Meaning from Iroquoian Human Effigy Pipes,* mémoire de maîtrise en histoire, Université Laval, 1994, p. 43-61.

82. Bruce TRIGGER, *A History of Archaeological Thought,* Cambridge, Cambridge University Press, 1989.

83. George W. STOCKING, «Introduction», dans George W. STOCKING (éd.), *Bones, Bodies and Behavior: Essays on Biological Anthropology,* Madison, University of Wisconsin Press, 1988, p. 7-8.

84. Charles MARTIJN, «Histoire de la recherche archéologique au Québec», *Recherches amérindiennes au Québec,* vol. 7, n°s 1-2, 1978, p. 14.

iroquoien visité par Jacques Cartier lors de son voyage de 1535-1536. Bien avant les fouilles entreprises par Dawson, Joseph-Charles Taché, professeur à l'Université Laval, avait fouillé seize ossuaires hurons en Ontario au cours de la décennie 1850, mais il n'a malheureusement jamais publié les résultats de ses recherches. Il avait probablement reçu des enseignements de Charles Brasseur de Bourbourg, un prêtre français qui enseigna au Séminaire de Québec à la fin des années 1840 et qui allait devenir un des grands spécialistes des antiquités mexicaines[85]. Si Taché n'a pas publié de rapport de ses fouilles, il a créé le musée Taché de l'Université Laval, sans doute le premier musée d'archéologie et d'histoire amérindiennes au Canada[86]. On sait que le musée contenait des «cuivres» puisque trois spécimens provenant d'ossuaires hurons ont été exposés lors du XVe Congrès international des américanistes, tenu à Québec en septembre 1906[87].

Ce n'est peut-être pas un hasard si ces premiers travaux d'archéologie ont été réalisés pendant la période de fortes tensions ethniques et de grande agitation politique qui conduira à l'institution de la Confédération canadienne de 1867. Fait significatif, les responsables des fouilles ont participé activement aux débats politiques et à la constitution de l'État canadien. Président du conseil de l'Instruction publique, John William Dawson eut une influence déterminante dans l'instauration d'un système d'enseignement protestant et anglais distinct dans la province de Québec[88]. Quant à Joseph-Charles Taché, appelé par ses amis «l'Iroquois» en raison de son intérêt prononcé pour les Amérindiens, il fut parlementaire et rédacteur en chef du quotidien canadien-français *Le Courrier du Canada*. Représentant le Canada à l'Exposition universelle tenue à Paris en 1855, il fut nommé chevalier de la Légion d'honneur par Napoléon III. Fervent nationaliste, il milita pour les droits des Canadiens français lors de l'élaboration de la Constitution de 1867[89]. Même si l'on ne connaîtra probablement jamais les motifs qui ont poussé Taché à fouiller les ossuaires hurons, il est à peu près sûr qu'il connaissait la relation du père Brébeuf et donc la place centrale occupée par le chaudron dans la fête des morts. Les *Relations des jésuites* étaient largement lues à cette époque, car, après l'incendie de la riche bibliothèque de la législature de Québec en 1854, plusieurs prêtres de l'Université Laval et du Petit Séminaire de Québec avaient préparé une

85. *Ibid.*, p. 12-13.

86. Yves BERGERON et Jocelyne MILOT, *La collection d'ossements sacrés des ancêtres Huron-Wandat*, Québec, Rapport du Musée du Séminaire de Québec, 1993, p. 3.

87. Catalogue des manuscrits et imprimés en langues sauvages ainsi que des reliques indiennes exposés à Québec à l'occasion du XVe Congrès international des américanistes, septembre 1906.

88. Peter R. EAKINS et Jean Sinnamon EAKINS, «Sir John William Dawson», *Dictionnaire biographique du Canada*, Québec, Presses de l'Université Laval, vol. 12, 1990, p. 256.

89. Jean-Guy NADEAU, «Joseph-Charles Taché», *Dictionnaire biographique du Canada*, Québec, Presses de l'Université Laval, vol. 12, 1990, p. 1105.

première édition des *Relations,* parue en 1858. Celui qui s'identifiait lui-même volontiers comme «l'Iroquois» ne voulait-il pas puiser une force dans l'objet et réincarner la puissance latente de son possesseur?

Si le chaudron n'acquiert pas, chez les Euro-Canadiens, la valeur symbolique qu'il avait chez les Amérindiens, il n'a cessé d'alimenter les collections muséologiques de l'est du Canada et des États-Unis. Les rites de prise de possession des objets matériels ne sont pas sans rappeler ceux pratiqués par les Amérindiens aux XVIe et XVIIe siècles. Suivant les canons établis par la discipline, le lieu d'extraction est rebaptisé du nom du proprié-taire du terrain et on lui attribue un code d'identification composé de lettres et de chiffres (connu au Canada sous le nom de code *Borden*). L'objet subit une transfiguration et une transmutation en laboratoire. Il est soigneusement dépouillé et nettoyé : on enlève les éléments qui adhèrent à sa surface, comme les objets de fer rouillé, l'écorce de bouleau, les cheveux et les fragments de peaux, conservés grâce à l'action des sels minéraux contenus dans le cuivre[90]. Les parties plus fragiles du chaudron, telles que les anses et les attaches en fer, sont lavées à l'eau déminéralisée et traitées avec des produits anti-oxydants pour freiner leur décomposition. Purgé et purifié, l'objet est marqué du code d'identification du site et d'un numéro d'inven-taire, puis ces références sont retranscrites dans le catalogue de la collection pour donner à l'objet, devenu artefact, une existence civile. Il passe alors à la collectivité en devenant propriété de l'État[91]. Pour compléter le rituel, il reste à donner à l'artefact une enveloppe destinée à assurer sa conservation : on enrobe les parties en état de décomposition d'une cire protectrice et on emballe le tout d'un papier désacidifié ou encore de bandes de mousse en polyéthylène blanc. Comme les peaux dans l'inhumation amérindienne, l'enveloppe blanche fournit à l'ossature une nouvelle chair qui, en sens inverse de la mort, la fait vivre. L'artefact est enfin enfoui dans la réserve d'un musée ou d'un centre de conservation, dans un lieu bien gardé et fermé à clé. Retiré de la circulation, loin du regard et du toucher, le chaudron est, de nouveau, sacralisé.

Cette fois, l'objet est approprié au nom non pas de la religion, mais de la science. Comme les autres objets d'origine européenne, le chaudron a servi à construire un discours scientifique largement axé sur la notion d'acculturation, selon lequel l'adoption des objets européens a complète-ment transformé le mode de vie de l'Amérindien tout en le rendant dépen-dant de l'Européen qui possédait les techniques requises pour fabriquer ces

---

90. Ruth WHITEHEAD, *Nova Scotia…, op. cit.,* p. 23 ; Yves CHRÉTIEN *et al., op. cit.,* p. 7.

91. Au Canada, les lois régissant la propriété des objets archéologiques varient d'une province à l'autre. En règle générale, les propriétaires de terrains sont les propriétaires des objets, mais ils acceptent presque toujours de les donner à une institution publique (musée, ville, ministère). La pratique veut que les archéologues fassent signer un acte de donation avant le début des fouilles. Dans les faits, donc, la quasi-totalité des objets passe au domaine public.

objets. Ayant perdu l'usage de sa technologie traditionnelle, l'Amérindien ne pouvait pas faire autrement que de s'intégrer au mode de vie européen. Calvin Martin, par exemple, dans son étude consacrée aux chaudrons de cuivre chez les Micmacs, privilégie la thèse du déterminisme technologique. Il soutient que les chaudrons en cuivre européens ont remplacé les grands chaudrons en bois d'origine autochtone parce qu'ils étaient plus solides, plus légers et plus pratiques pour la cuisine. Plus faciles à transporter, les chaudrons européens auraient incité les Micmacs à se diviser en petits groupes très mobiles et à se spécialiser dans la chasse aux animaux à fourrure. Ces pratiques «capitalistes» auraient bouleversé leurs schèmes d'établissement et leurs modes de vie traditionnels[92]. Or, les études plus récentes ont bien montré que les mécanismes mis en œuvre sont tout autres. Loin d'être une acculturation, c'est au contraire d'un phénomène d'appropriation qu'il s'agit. Si les chaudrons sont perforés et mis sous terre, c'est pour les extraire de l'échange et pour les rendre uniques, et c'est aussi parce qu'ils sont uniques qu'on essaye de les approprier.

Conclusion

Le chaudron de cuivre est un opérateur d'identité parce qu'il est un objet approprié. C'est moins l'objet lui-même que l'acte d'appropriation qui produit la tension créatrice d'identité. Les échanges interculturels contribuent à accentuer ces tensions identitaires. Tout se passe comme si l'acquisition d'objets européens par l'échange permettait aux groupes amérindiens qui y participent de consolider leurs cohésions internes, d'étendre leurs alliances, de se distinguer et de se renforcer par rapport aux autres groupes amérindiens. Mais l'échange avec l'Européen représente aussi une ouverture, une brèche qui permet à celui-ci de pénétrer le groupe, d'où la nécessité de développer des pratiques symboliques et d'affirmer son identité en recourant, en l'occurrence, et peut-être avant tout, aux objets de l'Autre. Mais loin d'être un signe d'acculturation, l'enfouissement des objets européens représente une forme marquée d'appropriation, un moyen de les mettre hors de circulation et hors de la portée de leur créateur. Le chaudron de cuivre, plus que tous les autres objets européens, permet le transport des âmes vers l'au-delà, où, moins menacées, elles peuvent espérer accéder à une autre vie.

De même, l'exposition de l'objet amérindien par les Euro-Canadiens exprime un double mouvement d'ouverture et de fermeture. D'abord d'ouverture, car ressusciter des objets funéraires, c'est aussi ressusciter ceux à qui ils appartenaient. L'étude des objets autochtones renferme une volonté de renouvellement des connaissances sur les sociétés humaines et de com-

---

92. Calvin MARTIN, «The Four Lives of a Micmac Copper Pot», *Ethnohistory*, vol. 22, n° 2, 1975, p. 128.

munication de ces connaissances à d'autres. Mais, en même temps, se met en marche un mouvement de fermeture, sans doute parce que ressusciter des morts est aussi un moyen de leur redonner vie et de les rendre menaçants. Il faut donc assurer la réappropriation de l'objet en construisant de nouvelles emblématiques et de nouveaux discours à son sujet. On assiste à une prise de possession et à une transformation physique de l'objet: il est sorti de terre, inventorié, marqué de codes, classé et conservé ailleurs. Il entre dans un nouvel ordre et acquiert de nouvelles significations. La fermeture se manifeste également par la construction du discours scientifique destiné à expliquer l'acculturation des groupes, laquelle n'est, ni plus ni moins, qu'une manière de les faire disparaître. En effet, la notion d'acculturation part d'une négation, car le but est de retracer les étapes d'un parcours qui transforme l'Autre. Altéré, l'Amérindien n'est plus ce qu'il était: il est, au mieux, un métis, un être qui ne peut plus prétendre à une quelconque authenticité. On peut d'ailleurs se demander si le traditionalisme, aujourd'hui très prononcé chez certains groupes amérindiens, n'est pas une réaction contre ce discours scientifique de l'acculturation.

Toute société constituée semble faire l'objet de tensions identitaires qui sont à la fois centrifuges et centripètes : elle ressent, d'une part, le besoin d'ouverture pour se renouveler, se régénérer et se renforcer, et, d'autre part, la nécessité de fermeture pour assurer sa cohésion, sa continuité et sa stabilité. Les chaudrons, comme les groupes, oscillent entre deux positions : debout, ils s'ouvrent aux autres pour fournir les aliments nourriciers nécessaires à la vie ; renversés, ils se ferment pour offrir protection et sécurité.

Monuments, images et pratiques rituelles

Vers une archéologie du paysage rituel

Daniel Arsenault
CÉLAT, Université Laval

Introduction

Malgré l'abondance des écrits théoriques et méthodologiques publiés en anthropologie à propos du rituel, rares sont les études archéologiques qui sont parvenues à offrir une perspective originale sur le sujet. On constate bien plutôt l'existence de nombreuses lacunes conceptuelles, avec les problèmes épistémologiques et méthodologiques qui s'ensuivent, lorsqu'on évalue de manière critique les travaux archéologiques qui traitent de questions d'ordre religieux ou rituel. La notion même de rituel et les éléments théoriques qui s'y rapportent ont le plus souvent été utilisés sans avoir été analysés ou discutés au préalable, notamment dans le cas de textes portant sur des contextes préhistoriques[1]. Le concept de rituel est ainsi devenu une idée passe-partout qui a trop fréquemment servi aux archéologues à attribuer un sens déjà convenu à des objets difficiles à identifier ou dont les fonctions et les significations demeuraient obscures. Autrement dit, la difficulté, voire l'incapacité, de donner immédiatement un sens clair à certains artefacts a poussé à l'occasion des analystes à les classer trop arbitrairement ou trop facilement sous la rubrique du religieux ou du rituel, en s'appuyant sur des commentaires purement spéculatifs plutôt que sur des interprétations rigoureuses et intellectuellement stimulantes.

---

1. Simon COLEMAN, «In search of the Sacred...? Some themes raised by *Sacred and Profane: A conference on archaeology, ritual and religion, Oxford, 28th-29th October 1989*», *Archaeological Review from Cambridge*, vol. 8, n° 2, 1989, p. 251; I. DUFF, G. A. CLARK et T. J. CHADDERDON, «Symbolism in the early paleolithic: a conceptual odyssey», *Cambridge Archaeological Journal*, vol. 2, n° 2, 1992, p. 211-229; P. GARWOOD, D. JENNINGS, R. SKEATES et J. TOMS (éd.), *Sacred and Profane. Proceedings of a Conference on Archaeology, Ritual and Religion. Oxford 1989*, Oxford, Oxford University Committee for Archaeology, 1991 (Monograph n° 32); Ian HODDER, *The Present Past. An Introduction to Anthropology for Archaeologists*, Londres, B. T. Batsford Ltd., 1982, p. 164; Colin RENFREW, «The archaeology of religion», dans C. RENFREW et E. B. W. ZUBROW (éd.), *The Ancient Mind. Elements of Cognitive Archaeology*, Cambridge, Cambridge University Press, 1994, p. 52 (Coll. «New Directions in Archaeology»).

Un groupe de chercheurs tente toutefois, depuis quelques années, de remédier à cette situation en utilisant les acquis des travaux d'anthropologie sociale et culturelle sur la religion pour forger une analytique du rituel qui soit adaptée aux conditions particulières de la recherche archéologique[2]. Désormais, pour les archéologues, le principal défi posé par l'étude des rituels passés consiste à reconstituer, à partir de traces matérielles fragmentaires, les contextes rituels de la société étudiée en mettant l'accent sur la dynamique des pratiques sociales qui les caractérisaient et sur le développement de ces pratiques dans l'histoire de cette société. Ce type d'analyse propose d'élargir le cadre d'interprétation des données matérielles (en particulier, des monuments religieux et du mobilier qui leur est associé) conçues comme autant d'éléments de l'univers symbolique d'une société, pour accéder à un niveau de réflexion qui vise à identifier les acteurs impliqués, à saisir la diversité et la complexité des actions rituelles et à dégager les conditions sociales qui encadrent leur existence. L'objectif général d'une telle démarche, dans laquelle s'inscrit cet article, est de reconstituer les contextes socioculturels déterminés et déterminants de l'histoire religieuse de la société à l'étude.

Plus précisément, je propose, dans ce texte, d'explorer quelques pistes prometteuses en archéologie pour l'étude des espaces et du paysage rituels des sociétés préhistoriques, c'est-à-dire pour l'examen du phénomène rituel sous l'angle des lieux de pratique rituelle. Par exemple, du point de vue du préhistorien, quels sont les vestiges à partir desquels on peut travailler? Comment reconstituer le dispositif rituel du point de vue spatial? Que peut-on apprendre de la mise en correspondance des traces matérielles disponibles avec d'autres types de documents liés au domaine religieux? Enfin, comment parvenir à contextualiser les données matérielles liées aux espaces rituels de manière à mettre en évidence la dynamique des rapports sociaux qui s'y jouaient? La première partie précise la définition des principales notions théoriques auxquelles je fais appel; j'explique ensuite brièvement la méthode employée, puis je présente deux études de cas, l'une portant sur des témoignages archéologiques du Pérou précolombien, l'autre sur des sites fréquentés par des sociétés algonquiennes préhistoriques du Bouclier canadien, dans le but de mettre à l'épreuve les possibilités et les limites de la démarche retenue.

---

2. Voir Richard BRADLEY, «Monuments and places», dans P. GARWOOD et al., *Sacred and Profane. [...]*, *op. cit.*, p. 135-140; Daniel MILLER, *Artefacts as Categories (A Study of Ceramic Variability in Central India)*, Cambridge, Cambridge University Press, 1985; C. RENFREW, «He archaeology of religion», *op. cit.*, p. 47-54.

Le rituel, ses espaces et son paysage:
quelques aspects théoriques et méthodologiques

L'élaboration d'une problématique proprement archéologique du rituel bénéficie des importants travaux réalisés en anthropologie de la religion, depuis ceux d'Émile Durkheim[3] et d'Arnold Van Gennep[4] jusqu'à ceux, plus récents, de Catherine Bell[5], Bruce Kapferer[6], Gilbert Lewis[7], Stanley Tambiah[8], Victor Turner[9] et Richard Werbner[10], entre autres. Ces travaux mettent clairement en évidence la diversité et la complexité des rituels inventés par les sociétés humaines; ce savoir accumulé constitue déjà en lui-même une précieuse source d'information pour les archéologues. Mais surtout, la vitalité de ce champ de recherche a permis de développer un arsenal théorique raffiné pour décrire et analyser les différentes dimensions du phénomène rituel. Il incombe toutefois aux archéologues de savoir adapter cet arsenal aux conditions spécifiques de la recherche archéologique.

Dans cette optique, je propose donc ici une définition opératoire de trois termes clés déjà évoqués, à savoir ceux de rituel, d'espace rituel et de paysage rituel. Comme on le verra plus loin, cependant, ces termes, bien qu'indispensables pour dégager certains aspects des domaines symbolique, social, idéologique et politique propres à ce phénomène religieux, ne constituent pour les archéologues qu'une portion de l'ensemble des moyens théoriques et méthodologiques qui restent à développer pour reconstituer les différentes facettes des rituels passés.

La notion de rituel

Pour les fins de ce texte, je propose de définir le *rituel* comme un système codifié de pratiques et de croyances qui met en jeu des acteurs sociaux, avec leurs positions respectives et les rapports mutuels qu'elles impliquent, ainsi que des objets de leur culture matérielle (mobilier et

---

3. Émile Durkheim, *Les formes élémentaires de la vie religieuse*, Paris, Presses universitaires de France, 1985 [1912].

4. A. van Gennep, *Les rites de passage*, New York et Londres, Mouton Pub., et Paris, Maison des sciences de l'Homme, 1969 [1909].

5. Catherine Bell, *Ritual Theory, Ritual Practice*, Cambridge, Cambridge University Press, 1992.

6. B. Kapferer, «Introduction: ritual process and the transformation of context», *Social Analysis*, n° 1, 1979, p. 3-19.

7. G. Lewis, *Day of Shining Red. An Essay on Understanding Ritual*, 2e édition, Cambridge, Cambridge University Press, 1990.

8. S. J. Tambiah, «A performative approach to ritual», *Radcliffe-Brown Lecture in Social Anthropology*, Londres, (Proceedings of) The British Academy, 1981, p. 113-169.

9. V. Turner, *The Ritual Process: Structure and Anti-Structure*, Ithaca, Cornell University Press, 1969 (Série «Symbol, Myth and Ritual»).

10. R. P. Werbner, *Ritual Passage, Sacred Journey: The Process and Organization of Religious Movement*, Washington, Smithsonian Institution Press, et Manchester, Manchester University Press, 1989.

architecture). Un tel système relève de valeurs spécifiques associées à une vision particulière du monde qui possède sa propre logique: c'est une «idéologie[11]» pour reprendre l'expression de Marc Augé[12]. Le rituel met ainsi en rapport, concrètement et symboliquement selon différentes modalités, des individus avec eux-mêmes et avec le monde matériel et spirituel qu'ils expérimentent et expriment, en des lieux et des moments particuliers de l'histoire de leur société[13].

Comme l'a clairement démontré Van Gennep[14], le temps et l'espace constituent deux composantes essentielles du symbolisme caractéristique du rituel en contexte religieux. Plus précisément, lors d'une prestation rituelle, l'«acteur rituel» (que j'associe ici aussi bien à un individu qu'à un groupe) se trouve placé en dehors — concrètement, sinon symboliquement — du monde profane et des activités de la vie quotidienne: il se situe alors, pour une certaine durée, dans un espace et un temps distincts de ceux où il a l'habitude de vivre ordinairement. C'est pour désigner cette situation «extra-ordinaire» engendrée par le rituel que Van Gennep a proposé le concept de *liminaire*. Ce continuum espace-temps propre au rituel se traduit généralement par des manifestations matérielles et symboliques déterminées, dont on peut essayer d'identifier les indices et la présence dans les vestiges encore en place dans les sites archéologiques.

L'espace rituel

De nombreuses études anthropologiques[15] ont montré que les groupes religieux cherchent généralement à s'approprier des lieux, ou du moins à les dissocier symboliquement des espaces domestiques, afin d'y mener, ne serait-ce que momentanément, leurs activités rituelles. En effet, que les rituels soient conduits en public ou en privé, ils ne peuvent généralement être tenus qu'en des endroits jugés adéquats par la procédure religieuse prescrite, et nulle part ailleurs; ces endroits peuvent être aussi bien des bâtiments complexes, tels des temples, que des lieux non aménagés, tels que

---

11. Comme tout «appareil *idéo-logique*», la religion inclut de façon plus ou moins étendue de tels systèmes codifiés; c'est pourquoi, dans la suite de ma discussion, j'utiliserai simplement le terme rituel, mais en faisant strictement référence au rite religieux.

12. M. AUGÉ, *Pouvoirs de vie, pouvoirs de mort: introduction à une anthropologie de la répression*, Paris, Flammarion, 1977, p. 74.

13. Pour une discussion plus élaborée, voir D. ARSENAULT, *Symbolisme, rapports sociaux et pouvoir dans les contextes sacrificiels de la société mochica (Pérou précolombien). Une étude archéologique et iconographique*, thèse de doctorat, Université de Montréal, 1994.

14. A. VAN GENNEP, *Les rites de passage, op. cit.*

15. Voir C. BELL, *Ritual Theory, Ritual Practice, op. cit.*; Luc de HEUSCH, *Le sacrifice dans les religions africaines*, Paris, Gallimard, 1986; G. LEWIS, *Day of Shining Red [...], op. cit.*; V. TURNER, *The Ritual Process [...], op. cit.*; Valerio VALERI, *Kingship and Sacrifice. Ritual and Society in Ancient Hawaii*, Chicago et Londres, The University of Chicago Press, 1985; A. VAN GENNEP, *Les rites de passage, op. cit.*; R. P. WERBNER, *Ritual Passage, Sacred Journey [...], op. cit.*

des grottes ou des lieux-dits (carrefours, promontoires, etc.). Je propose de qualifier ces lieux, aussi différents soient-ils, d'*espaces rituels*.

La procédure qui ordonne la conduite d'un rite donné comporte en règle générale des indications plus ou moins élaborées quant au lieu précis où il faut le pratiquer (par ex. : la synagogue pour les juifs), quant au parcours particulier à suivre à l'intérieur d'un endroit aménagé (par ex. : le « chemin de croix » des chrétiens), quant aux prérogatives et aux rôles des différents acteurs impliqués lorsque ceux-ci ont à occuper des lieux consacrés (par ex. : dans un monastère), ou même quant à l'orientation que doivent présenter le corps des fidèles (par ex. : l'orientation obligatoire du corps vers le Levant pour la prière chez les musulmans) ou les lieux de culte dans l'espace[16]. La notion d'espace rituel fait donc référence à tous ces aspects.

Le paysage rituel

C'est pour désigner l'ensemble des espaces rituels dans un territoire ou une région donnés que la notion de *paysage rituel* a été récemment proposée, entre autres, par les archéologues Richard Bradley[17] et Jan Harding[18]. Selon cette perspective, au sein d'un même territoire, diverses structures architecturales ou d'autres formes d'aménagement, incluant des routes particulières, voire même des lieux naturels, peuvent faire partie d'un paysage rituel formant un ensemble signifiant pour la culture majoritaire de ce territoire ou pour d'autres cultures, voisines ou co-présentes. Par exemple, on connaît des cas de rituels qui ne sont pratiqués qu'en des endroits désignés à l'intérieur d'un vaste territoire et qui attirent des membres de plusieurs communautés avoisinantes, même si celles-ci ne partagent pas la même culture, la même économie ou les mêmes institutions politiques. Ces communautés, tout en ne participant pas nécessairement aux mêmes sphères d'activités socio-économiques et politiques, partagent le même paysage rituel.

Qui plus est, l'établissement de centres culturels régionaux, voire nationaux ou internationaux, caractérisés par un ou plusieurs sanctuaires, et la création de « circuits religieux » (pensons à la route empruntée au Moyen Âge par les pèlerins pour se rendre à Saint-Jacques-de-Compostelle) ou de réseaux d'échange d'idées, de biens et de services créent une topographie originale — avec un centre, une périphérie, des lieux de pèlerinage et des

---

16. C. Bell, *Ritual Theory, Ritual Practice, op. cit.*, p. 98-101 ; David Parkin, « Ritual as spatial direction and bodily division », dans D. Coppet (éd.), *Understanding Rituals*, Londres et New York, Routledge, 1992, p. 11-25 ; R. P. Werbner, *Ritual Passage, Sacred Journey [...], op. cit.*, p. 134-138.

17. R. Bradley, « Ritual, time and history », *World Archaeology*, vol. 23, n° 2, 1991, p. 209-219.

18. Jan Harding, « Using the unique as the typical : monuments and the ritual landscape », dans P. Garwood *et al.*, *Sacred and Profane. [...], op. cit.*, p. 141-151.

emplacements sacrés bien spécifiques[19] — qui se différencie de l'organisation politico-territoriale et qui engendre des rapports sociaux d'un autre ordre entre les communautés impliquées. De même, un paysage rituel peut révéler l'existence d'échanges de biens symboliques spécifiques entre des communautés voisines, échanges qui sont polarisés par la pratique des rites d'une religion particulière. Cette notion de paysage rituel a donc l'avantage de complexifier la relation — souvent conçue de manière trop unilatérale — entre identité culturelle et pratiques religieuses, en montrant que ces dernières, par leur ancrage dans une topographie rituelle particulière, peuvent transcender les limites d'une telle identité, parfois réifiée dans les analyses scientifiques.

Mais, sur le plan de la méthode, comment peut-on aborder les dimensions spatiales d'un contexte rituel ancien à partir des données archéologiques?

L'analyse de l'espace et du paysage rituels
selon une démarche contextuelle

Le principal fondement théorique qui va me guider dans cette entreprise s'inspire de la démarche dite «contextuelle» en archéologie[20]. Il peut s'énoncer de la façon générale suivante: les données matérielles d'une société sont des productions signifiantes issues de pratiques sociales déterminées et déterminantes, et non des résidus anecdotiques ou détachés de tout contexte social. Leur étude peut donc permettre de comprendre certains aspects de la vie sociale, politique et idéologique qui ont formé le contexte de leur production et de leur utilisation dans le passé.

Cette démarche contextuelle a ainsi pour but de mettre en relation, c'est-à-dire d'inscrire dans des réseaux de significations, les indices matériels sélectionnés en fonction de leur pertinence pour la problématique choisie. Par exemple, dans l'étude des espaces et du paysage rituels, la mise en correspondance des données disponibles permettra d'interpréter les relations significatives observées entre elles en vue d'une réflexion sur les liens entre espace, symbolisme et pratiques rituelles au cours de l'histoire d'une ou de plusieurs communautés contemporaines. Cette démarche se veut «contextuelle» non seulement au sens où il s'agit d'une mise en pratique de principes théoriques issus de l'approche du même nom, mais également parce qu'elle tente de mettre en évidence les contextes socio-religieux des pratiques rituelles dans une perspective dynamique, d'un point de vue tant diachronique que synchronique.

---

19. R. P. WERBNER, *Ritual Passage, Sacred Journey [...], op. cit.*, p. 8.

20. Voir I. HODDER, «The contextual analysis of symbolic meanings», dans I. HODDER (éd.), *The Archaeology of Contextual Meanings*, Cambridge, Cambridge University Press, 1987, p. 1-10; *id.*, *Reading the Past*, 2e édition révisée, Cambridge, Cambridge University Press, 1991.

Comment peut-on, à partir d'un ensemble d'espaces rituels anciens, identifiés comme tels par l'analyse archéologique, reconstituer le paysage rituel d'un territoire donné? Puisque, pour les archéologues, l'étude du symbolisme spatial relié au contexte rituel passe nécessairement par l'interprétation des aménagements et réaménagements architecturaux encore perceptibles dans les sites, on comprend bien que ce type d'analyse est davantage possible dans les grands sites archéologiques, là où les traces matérielles sont bien plus abondantes et variées. Par exemple, dans le cas d'une architecture élaborée comportant des monuments complexes, l'évaluation du plan d'ensemble de certains édifices et des relations entre ces derniers, ainsi que l'étude des restes de mobilier qui s'y trouvent peuvent révéler des aménagements spécifiques qui ont pu avoir les effets suivants: servir à délimiter des lieux utilisés exclusivement dans un contexte rituel, aider à contrôler ou à orienter la circulation des fidèles (ou à en limiter le nombre), afficher de façon ostentatoire les instruments à caractère rituel, concentrer l'attention des participants sur ceux et celles qui menaient l'action rituelle[21].

Cependant, comme le soulignent Richard Bradley[22] et Jan Harding[23], même s'il est vrai que les pratiques rituelles orientent bien souvent la vocation de certains monuments et l'utilisation des divers espaces aménagés pour leur servir de cadre, il est aussi vrai que l'appropriation de lieux particuliers à des fins rituelles n'est pas nécessairement marquée par l'érection d'édifices monumentaux. En effet, certains emplacements naturels, tels les grottes[24], les abords de plans d'eau[25] ou les sommets de collines ou de montagnes[26], ont pu être également le foyer de pratiques rituelles majeures sans qu'ils aient eu à subir de modifications substantielles. Dans de tels lieux, l'intégrité physique originelle a parfois été préservée avec soin, et seule l'utilisation d'artifices éphémères ou le simple affichage de symboles visuels, voire l'unique présence des fidèles pendant la durée du rite pratiqué, pouvaient indiquer la nature des activités qui s'y déroulaient: ces emplace-

---

21. William J. Conklin, «The architecture of Huaca Los Reyes», dans C. B. Donnan (éd.), *Early Ceremonial Architecture in the Andes,* Washington (D.C.), Dumbarton Oaks Research Library and Collection, 1985, p. 139-164; Jerry D. Moore, «Pattern and meaning in prehistoric Peruvian architecture: the architecture of social control in the Chimu state», *Latin American Antiquity,* vol. 3, n° 2, 1992, p. 95-113; C. Renfrew et Paul Bahn, *Archaeology. Theories, Methods and Practice,* New York, Thames and Hudson, 1991, p. 358-360.

22. R. Bradley, «Ritual, time and history», *op. cit.,* p. 209-219.

23. J. Harding, «Using the unique as the typical [...]», *op. cit.*

24. André Leroi-Gourhan, *Les religions de la préhistoire,* Paris, Presses universitaires de France, 1983.

25. Charlotte Fabech, «Booty sacrifices in southern Scandinavia: a reassessment», dans P. Garwood *et al., Sacred and Profane.* [...], *op. cit.,* p. 88-99.

26. Johan Reinhard, «Sacred peaks of the Andes», *National Geographic,* vol. 181, n° 3, 1992, p. 84-111; Patrick Tierney, *L'autel le plus haut. Le sacrifice humain de l'antiquité à nos jours,* Paris, Robert Laffont, 1991.

ments constituaient donc de véritables monuments «naturels» à fonction religieuse[27]. Pour les archéologues, seuls les vestiges du mobilier encore en place dans un site non aménagé, ou même la simple présence d'inscriptions sur un support fixe naturel (par ex.: des peintures ou gravures visibles sur un affleurement rocheux), peuvent suggérer que le lieu était intégré au symbolisme religieux et qu'il fut le théâtre d'activités rituelles plus ou moins étendues.

Comme l'archéologie a l'avantage d'avoir une fenêtre ouverte sur la longue durée des pratiques sociales et des expressions culturelles, il peut être intéressant d'étudier la manière dont certains lieux, aménagés ou non, ont pu être utilisés sur de longues périodes de temps, voire réutilisés successivement par différentes sociétés[28]. En effet, des lieux sacrés ont pu faire l'objet d'appropriations et de réappropriations par diverses communautés, ce qui entraînait bien souvent divers réaménagements matériels. Ces aménagements et réaménagements, lorsqu'ils sont perceptibles dans les données archéologiques, peuvent fournir des indices majeurs permettant de mieux comprendre comment une procédure rituelle s'est perpétuée ou a été modifiée au fil des siècles, ou comment les groupes sociaux en présence se sont affirmés symboliquement. Indirectement, aussi, les représentations iconographiques illustrant des actions rituelles de façon détaillée peuvent aider les analystes à identifier certains lieux de pratique religieuse et les acteurs qui y prenaient place, même si ces «objets porteurs d'images» sont aujourd'hui séparés de leur contexte archéologique originel. Ce sont donc là autant d'éléments significatifs qui peuvent nous renseigner sur les moyens symboliques utilisés par divers groupes pour exprimer leur position idéologique ou politique dans une région donnée[29].

En somme, par ses configurations spécifiques, les vestiges qui s'y trouvent et les illustrations qui s'y rapportent, un espace rituel peut être révélateur de certains aspects dominants des rapports sociaux en contexte rituel. Si, par exemple, le plan d'ensemble d'un édifice religieux suggère que certaines parties avaient un accès plus restreint ou que la circulation y était fortement contrôlée, cela constitue un indice qui peut alors nous renseigner non seulement sur le type d'activités rituelles qui pouvait s'y dérouler — ainsi, cet édifice n'était visiblement pas un lieu propice pour la tenue de rites de masse —, mais aussi parfois sur la dynamique de diverses formes de rapports sociaux établie sur la base de l'âge, du genre, de la catégorie sociale, du degré d'initiation atteint, etc. — par exemple, des

---

27. R. BRADLEY, «Ritual, time and history», *op. cit.*, p. 136-139.

28. Ann WOODWARD, *Book of Shrines and Sacrifice*, Londres, B. T. Batsford Ltd., English Heritage, 1992.

29. David I. KERTZER, *Ritual, Politics, and Power*, New Haven et Boston, Yale University Press, 1988.

témoignages matériels peuvent suggérer l'idée que certaines salles de l'édifice étudié étaient réservées aux femmes[30].

Comme on peut le constater, tous les éléments d'un paysage rituel donné, qu'il s'agisse d'une terrasse naturelle surplombant une vallée, d'un édifice religieux (par exemple, un temple), d'une ville ou même d'un territoire tout entier (par exemple, la Terre sacrée ou la Terre promise), comportent, chacun à leur façon, un ensemble d'indices qui peuvent être révélateurs de l'existence d'espaces rituels et des activités qui s'y sont déroulées. Dans une telle perspective, l'interprétation archéologique de ce paysage exige que l'on évalue adéquatement l'ensemble des données résiduelles des contextes rituels et que l'on dresse un tableau de leurs relations réciproques à partir de l'analyse scrupuleuse de tous les aspects matériels et symboliques qui étaient greffés aux pratiques rituelles, c'est-à-dire l'architecture, les objets du mobilier et l'iconographie.

Toutes ces remarques permettent d'enrichir la problématique archéologique de l'espace et du paysage rituels en suggérant d'orienter davantage le travail d'attribution du caractère rituel de certains sites archéologiques vers l'étude des témoignages subtils qui pourraient, autrement, rester inaperçus dans l'analyse. En ce sens, il est désormais crucial de considérer tous les indices autres qu'architecturaux, notamment les artefacts mobiles, les traces ténues encore visibles dans le sol des sites et les représentations iconographiques, comme d'importants éléments d'information au même titre que les artefacts plus «classiques». Ces indices ainsi identifiés peuvent nous renseigner, directement ou indirectement, sur l'existence d'un espace rituel ancien ou nous permettre de reconstituer et de délimiter le paysage rituel d'une région donnée. Pour illustrer cette démarche, je décrirai dans ce qui suit deux contextes archéologiques distincts, le premier étant constitué de sites urbains du Pérou précolombien, et le second, de sites préhistoriques des forêts boréales du Bouclier canadien.

Analyse de deux paysages rituels préhistoriques

Le paysage rituel des Mochicas

Mon premier exemple de paysage rituel est celui constitué par des sites urbains habités jadis par les Mochicas du Pérou précolombien. La société mochica s'est épanouie entre le Ier siècle avant J.-C. et le VIIIe siècle après J.-C. Occupant les vallées septentrionales du désert côtier péruvien, les communautés mochicas étaient sédentaires et vivaient principalement des produits cultivés sur des terres irriguées. Leur régime alimentaire était toutefois complété par les ressources marines, abondantes dans ces régions, et, à l'occasion, par les fruits de la chasse. Même si la plupart des membres

---

30. D. Miller, *Artefacts as Categories [...]*, op. cit., p. 156.

de la société mochica étaient des agriculteurs ou des pêcheurs, les découvertes archéologiques et l'analyse de leur iconographie permettent aujourd'hui d'affirmer que cette société s'était progressivement hiérarchisée et allait bénéficier du travail de divers groupes de spécialistes (potiers, tisserandes, métallurgistes, architectes, etc.) soumis à une autorité religieuse et administrative[31]. Les élites dirigeantes, dont certaines études paléo-anthropologiques suggèrent qu'elles avaient un pouvoir transmis sur une base héréditaire, contrôlaient en fait des royaumes autonomes plus ou moins grands qui parvinrent à maintenir leur hégémonie sur les communautés d'une ou de plusieurs vallées du littoral nord péruvien pendant plusieurs siècles. À leur apogée, soit entre le IVe et le VIe siècle de notre ère, les Mochicas occupèrent un territoire qui s'étendait sur plus de 2 000 kilomètres carrés.

La culture matérielle mochica est riche et variée. Elle témoigne de la grande habileté de ses architectes et artistes. Par exemple, la céramique cérémonielle est d'excellente facture et constitue l'un des témoignages majeurs que l'on retrouve en abondance dans les sites archéologiques, en particulier dans les sépultures. Cette céramique servait de support privilégié à des représentations iconographiques parfois très élaborées, dont la plupart sont à caractère figuratif ; elle permet encore aujourd'hui, avec une méthode d'analyse appropriée, d'avoir un aperçu détaillé de plusieurs aspects de la vie sociale et religieuse des Mochicas.

Sur le plan architectural, le type de monuments le plus imposant érigé par les Mochicas est sans contredit ce que l'on appelle communément une *huaca*. Fabriquée en briques de boue séchées au soleil, la huaca est constituée d'une plate-forme, voire de plusieurs plates-formes superposées lui donnant alors l'apparence d'une pyramide à degrés. Vue en plan, la huaca offre le plus souvent une forme rectangulaire, mais il existe également des huacas à plan carré, rond, cruciforme ou à configuration en L ou en T. La huaca était généralement surmontée d'un dais, structure rectangulaire couverte qui formait probablement le *Sanctum sanctorum,* le lieu le plus sacré du bâtiment. Pour atteindre le palier supérieur de la huaca et accéder ainsi au Saint des Saints, il fallait nécessairement gravir une rampe, dont le tracé et la pente plus ou moins inclinée limitaient d'autant l'accessibilité. Certains

---

31. Voir Elizabeth P. BENSON, *The Mochica Culture of Peru,* New York, F. A. Praeger Pub., 1972 ; Yuri E. BEREZKIN, «Moche society and iconography», dans A. M. HOCQUENGHEM, P. TAMÁSI et C. VILLAIN-GANDOSSI (éd.), *Pre-Columbian Collections in Europe,* Budapest, Akadémiai Kiadó, 1987, p. 270-277 ; Christopher B. DONNAN, *Moche Art of Peru,* 2e édition, Los Angeles, Museum of Cultural History, University of California, 1979 ; C. B. DONNAN et L. J. CASTILLO, «La ocupación Moche de San José de Moro, Jequetepeque», dans S. UCEDA et E. MUJICA (éd.), *Moche. Propuestas y Perspectivas,* Trujillo et Lima, Universidad Nacional de la Libertad, Insituto Francés de Estudios Andinos, Asociación Peruana para el fomento de las Ciencias Sociales, 1994, p. 93-146 ; Theresa L. TOPIC, «The Early Intermediate Period and its legacy», dans M. E. MOSELEY et K. C. DAY (éd.), *Chan-Chan : Andean Desert City,* Albuquerque, University of New Mexico Press, 1982, p. 255-284.

centres cérémoniels, tels *Moche*[32], *Pacatnamú*[33] et *Pampa Grande*[34], comptaient plus d'une huaca. Signalons également que certaines huacas ont servi de lieu d'inhumation pour des personnes de haut rang[35], constituant de fait un véritable mausolée pour ceux et celles qui dirigeaient la cité ou le royaume.

Les archéologues ont également montré que les cimetières mochicas parmi les plus élaborés étaient parfois aménagés à l'intérieur ou à proximité des centres cérémoniels, quoique la plupart aient été installés sur les versants des vallées, à la frontière entre les sites résidentiels, les terres agricoles et les zones désertiques inhabitées[36]. L'association étroite entre un centre cérémoniel et une aire d'inhumation est d'ailleurs particulièrement évidente à *Pañamarca*[37], *Huaca de la Cruz*[38], *Pacatnamú*[39] et *Batán Grande*[40].

Or, parmi les témoignages matériels retrouvés dans ces sépultures, on a remarqué la présence, parfois presque exclusive au sein du mobilier funéraire, d'offrandes, notamment des céramiques, qui n'étaient pas de facture mochica: ces objets provenaient de régions voisines du territoire

32. T. L. TOPIC, «The Early Intermediate Period and its legacy», *op. cit.*, p. 263-266.

33. Gisela HECKER et Wolfgang HECKER, *Pacatnamú y sus construcciones. Centro religioso prehispánico en la costa norte peruana*, Francfort, Verlag Klaus Dieter Ververt, 1985.

34. Jonathan HAAS, «Excavations on Huaca Grande: an initial view of the elite of Pampa Grande, Peru», *Journal of Field Archaeology*, vol. 12, n° 4, 1985, p. 391-409; Izumi SHIMADA et R. CAVALLARO, «Monumental adobe architecture of the Late Prehispanic Northern North Coast of Peru», *Journal de la Société des américanistes*, vol. 71, 1985, p. 41-78.

35. Walter ALVA, « Richest unlooted tomb of a Moche lord», *National Geographic*, vol. 175, n° 4, 1988, p. 510-544; *id.*, «La tombe au trésor mochica», *Géo*, n° 123, 1989, p. 20-44; *id.*, «New tomb of royal splendor», *National Geographic*, vol. 177, n° 6, 1990, p. 2-15; C. B. DONNAN et L. J. CASTILLO, «Finding the tomb of a Moche priestess» dans *Archaeology*, vol. 45, n° 6, 1992, p. 38-42; *id.*, «Excavaciones de tumbas de sacerdotisas Moche en San José de Moro, Jequetepeque». dans S. UCEDA et E. MUJICA (éd.), *Moche. [...], op. cit.*, 1994, p. 415-424; Sidney D. KIRKPATRICK, *Lords of Spain. A Tale of Pre-Inca Tombs, Archaeology, and Crime*, New York, William Morrow and C°, 1992; Alfredo NARVÁEZ V., «La Mina: una tumba Moche I en el valle de Jequetepeque», dans S. UCEDA et E. MUJICA (éd.), *Moche. [...], op. cit.*, 1994, p. 59-92; W. D. STRONG et C. EVANS, jr., *Cultural Stratigraphy in the Virú Valley, Northern Peru*, New York, Columbia University Press, 1952.

36. D. ARSENAULT, «Les Mochicas et la mort: quelques aspects idéologiques et politiques du contexte funèbre mochica», *Culture*, vol. 8, n° 2, 1988, p. 19-38; C. B. DONNAN et C. J. MACKEY, *Ancient Burial Patterns of the Moche Valley, Peru*, Austin, University of Texas Press, 1978; C. B. DONNAN, «Moche funerary practice», manuscrit en possession de l'auteur.

37. Donald A. PROULX, *An Archaeological Survey of the Nepeña Valley, Peru. Research Reports n° 2*, Amherst, Department of Anthropology, University of Massachusetts, 1968; *id., An Analysis of the Early Cultural Sequence of the Nepeña Valley, Peru. Research Reports n° 25*, Amherst, Department of Anthropology, University of Massachusetts, 1985.

38. W. D. STRONG et C. EVANS, jr., *Cultural Stratigraphy in the Virú Valley, Northern Peru, op. cit.*

39. C. B. DONNAN et G. A. COCK (éd.), *The Pacatnamú Papers*, Los Angeles, Museum of Cultural History, UCLA, 1986; G. HECKER et W. HECKER, *Pacatnamú y sus construcciones. [...], op. cit.*

40. I. SHIMADA, «The Batán Grande-La Leche archaeological project: the first two seasons», *Journal of Field Archaeology*, vol. 8, n° 4, 1981, p. 405-447.

mochica et avaient été produits par des communautés non mochicas[41]. Ces artefacts étrangers, que l'on a retrouvés aussi dans d'autres types de bâtiments à *Pacatnamú*[42], permettent de proposer l'idée que des communautés culturelles différentes fréquentaient les mêmes grands centres cérémoniels installés en territoire mochica, et participaient activement à certains rites qui y étaient pratiqués, en particulier aux rites funéraires. Ces sites paraissent même avoir été des lieux de pèlerinage où se rassemblaient périodiquement les représentants de diverses communautés, qui y apportaient chacun les objets caractéristiques de leur culture pour les offrir soit aux dieux, soit aux ancêtres, soit aux oracles qui pouvaient y habiter[43].

Mais en dépit de cette «fréquentation étrangère» des centres cérémoniels, les Mochicas semblent avoir eu recours à des moyens de conviction idéologique pour manifester l'identité mochica et bien marquer que ces centres étaient avant tout les lieux de culte de leurs divinités. En effet, outre l'usage ostentatoire de vases et d'autres objets cérémoniels typiquement mochicas, souvent rehaussés de scènes à caractère religieux, outre, encore, un mobilier vraisemblablement utilisé au cours de divers rituels publics, on retrouvait sur certains édifices d'imposantes œuvres murales à décor figuratif, peintes ou modelées et hautes en couleur, s'étendant parfois sur plusieurs mètres carrés[44]. Ces œuvres impressionnantes représentaient fidèlement les mêmes thèmes rituels ou mythologiques que ceux reproduits sur les autres supports iconographiques, mais elles étaient exposées dans des

41. Par exemple, *recuay, cajamarca* ; voir G. HECKER et W. HECKER, *Pacatnamú y sus constructiones. [...], op. cit.*; D. A. PROULX, *An Analysis of the Early Cultural Sequence [...], op. cit.*; I. SHIMADA, «Batán Grande and cosmological unity in the prehistoric Central Andes», dans R. MATOS M., S. A. TURPIN et H. H. ELING (éd.), *Andean Archaeology (Papers in Memory of Clifford Evans)*, Los Angeles, Institute of Archaeology, UCLA, 1986, p. 163-188 (Monograph n° 27); Heinrich UBBELÖHDE-DOERING, *On the Royal Highways of the Inca (Archaeological Treasures of Ancient Peru)*, New York et Washington, F. A. Praeger Pub., 1967.
42. G. HECKER et W. HECKER, *Pacatnamú y sus constructiones. [...], op. cit.*
43. Il est intéressant de constater que cela n'est pas un phénomène strictement associé aux sites mochicas et que la pratique s'est poursuivie jusqu'à la période historique au Pérou puisque, selon les documents ethnohistoriques, de tels lieux de pèlerinage, attirant des fidèles de diverses régions des Andes, continuèrent à être fréquentés après la Conquête espagnole. Voir, entre autres, CRISTÓBAL de ALBORNOZ, «Instrucción para descubrir todas las huacas del Pirú y sus camayos y haziendas», dans H. URBANO et P. DUVIOLS (éd.), *Fábulas y mitos de los incas*, Madrid, Historia 16, Cronicas de America n° 48, 1989 [vers 1581-1585], p. 161-198; Antonio DE LA CALANCHA, *Cronica Moralizada del Orden de San Agustín en el Perú, con Sucesos Ejemplares de esta Monarquía*, La Paz, Biblioteca Boliviana n° 1, 1939 [1638-1653]; Christoval DE MOLINA, «Relación de las fábulas y ritos de los incas», dans H. URBANO et P. DUVIOLS (éd.), *Fábulas y mitos de los incas, op. cit.*, p. 4-134; Ana SÁNCHEZ, *Amancebados, hechiceros y rebeldes (Chancay siglo XVII)*, Cusco, Centro de estudios regionales «Bartolomé de las Casas», Archivos de historía andina n° 11, 1991.
44. Voir Duccio BONAVIA, *Mural Paintings in Ancient Peru*, Bloomington, Indiana University Press, 1985; *id.*, «Peinture murale au Pérou», dans S. PURIN (éd.), *Inca-Perú. 3 000 ans d'histoire*, Bruxelles, Imschoot, Uitgevers, 1990, p. 412-423; R. FRANCO, C. GÁLVEZ et S. VÁSQUEZ, «Arquitectura y decoración mochica en la Huaca Cao Viejo, Complejo El Brujo: resultados preliminares», dans S. UCEDA et E. MUJICA (éd.), *Moche. [...], op. cit.*, 1994, p. 147-180.

endroits stratégiques, c'est-à-dire dans des aires ouvertes où l'on pouvait les contempler de loin, et en saisir, du moins en partie, le message idéologique. D'ailleurs, plusieurs des œuvres murales encore visibles de nos jours révèlent un rapport direct au sacrifice humain, qui semble avoir été l'un des rites majeurs pratiqués par les Mochicas en ces lieux[45].

Le fait de retrouver, du nord au sud du territoire mochica, cette récurrence dans l'aménagement des centres cérémoniels et dans l'affichage répété des symboles rituels (le mobilier et l'iconographie) non seulement permet de percevoir l'existence d'une large diffusion des concepts religieux fondamentaux et une certaine uniformité dans l'expression matérielle et symbolique des espaces rituels, du moins dans leurs formes monumentales, mais laisse également entrevoir la possibilité de reconstituer le paysage rituel qu'occupaient les Mochicas. Ce paysage rituel était ainsi dominé par les centres cérémoniels, dont certains ont constitué pendant quelques siècles de véritables foyers de ferveur religieuse dont le prestige ou l'attrait mystique débordait les frontières du territoire mochica[46].

Quoiqu'ils aient été décrits et interprétés rapidement, ces quelques exemples, puisés à même les riches témoignages archéologiques mochicas, nous donnent un certain aperçu du potentiel d'interprétation des espaces et du paysage rituels qui caractérisaient l'univers religieux des Mochicas. Mais il faut également souligner qu'en raison des recherches archéologiques qui ont porté presque essentiellement sur l'excavation de sites urbains et des centres cérémoniels il demeure quasiment impossible, actuellement, de documenter davantage la pratique des rites en dehors des grands établissements mochicas, notamment celle des rites tenus sur des emplacements naturels. Or les sociétés préhistoriques n'offrent pas toutes, hélas, une telle diversité de données architecturales, ce qui rend l'analyse des aspects spatiaux du phénomène rituel davantage problématique et en limite les interprétations. C'est le cas avec les données que nous livrent les sites préhistoriques occupés par des populations algonquiennes de la forêt boréale du Québec. Comme ce second exemple constitue une avenue encore peu explorée, je me risquerai ici à ne relever que certaines observations à propos des espaces rituels algonquiens qui pourraient servir à esquisser le paysage rituel de ces peuples.

---

45. D. ARSENAULT, *Symbolisme, rapports sociaux et pouvoir dans les contextes sacrificiels de la société mochica [...], op. cit.*, 1994.

46. Il est intéressant de constater que cette ferveur est particulièrement perceptible sur le site de *Pacatnamú*, qui fut aménagé sur une terrasse dominant la mer (C. B. DONNAN et G. A. COCK, *op. cit.*). Ce site offre en effet des difficultés d'accès qui ne semblent pas avoir empêché une fréquentation extérieure de la part de nombreux fervents non mochicas. Il apparaît en effet que des pèlerins venant de régions éloignées faisaient fi de toute contrainte pour pouvoir visiter ce centre cérémoniel : ceux-ci devaient soit parcourir à pied, sur des dizaines de kilomètres, les routes souvent ensablées du désert côtier, soit naviguer à bord d'embarcations en jonc le long du littoral, sur une mer parfois déchaînée (l'océan Pacifique ne l'étant pas toujours... !).

Le paysage rituel des groupes algonquiens du Québec préhistorique

La forêt boréale du Québec, qui s'étend au nord du Saint-Laurent depuis l'Abitibi-Témiscamingue jusqu'à la Côte-Nord inclusivement, est occupée depuis au moins deux à trois mille ans par de petites communautés qui faisaient partie de la même famille linguistique. Ces communautés, dites algonquiennes, étaient constituées essentiellement de groupes nomades qui vivaient de la chasse, de la pêche et de la cueillette de produits végétaux.

Disposant principalement d'un outillage lithique, avec l'usage sporadique de contenants céramiques, ces bandes de chasseurs-pêcheurs-cueilleuses[47] parcouraient de vastes territoires, des zones spécifiques dont les ressources naturelles propres étaient exploitées sur une base saisonnière. L'architecture des Algonquiens de la préhistoire était caractérisée par des habitations temporaires construites en matériaux périssables, tels le bois et l'écorce, qui pouvaient loger quelques familles tout au plus. En raison de la nature de ces matériaux et de l'acidité des sols québécois, il ne subsiste généralement, lorsqu'on met au jour les sites d'occupation, que l'empreinte des poteaux de la charpente des habitations, ainsi que les traces résiduelles de certaines activités qui se déroulaient à l'intérieur. Pour mieux comprendre l'apparence et les fonctions des structures architecturales érigées par les communautés algonquiennes, il faut donc parfois se référer aux observations consignées à la période historique par les explorateurs et les évangélisateurs euro-québécois, puis, plus tard, par les ethnologues, au sujet des habitations amérindiennes, et supposer que celles de l'époque préhistorique étaient semblables. Ainsi, selon plusieurs comptes rendus ethnohistoriques et ethnographiques, certaines constructions, telles la tente tremblante ou la suerie, constituaient pour les Algonquiens historiques des lieux spécifiquement aménagés pour la pratique de rites privés ou publics[48]. Malheureusement, aucune fouille archéologique n'a permis jusqu'à maintenant de mettre au jour au Québec des vestiges qui révéleraient sans contredit l'existence de telles constructions à usage rituel à l'époque préhistorique. Mais il reste à savoir si les archéologues ont vraiment tenté d'interpréter les données en ce sens, et s'ils ont posé les bonnes questions à l'égard des traces d'habitation observées...

En revanche, il existe d'autres sites préhistoriques qui suggèrent davantage des fonctions religieuses et sacrées. Ce sont, d'une part, les

---

47. Cette désignation «chasseurs-pêcheurs-cueilleuses» est une convention. Elle ne doit pas faire oublier la possibilité que des femmes aient participé, aux côtés des hommes, aux activités halieutiques et cynégétiques, et, inversement, que les hommes aient aidé les femmes à cueillir les végétaux. En d'autres termes, il est permis de croire que les activités de subsistance n'étaient pas strictement réservées à l'un ou l'autre genre dans les sociétés algonquiennes, notamment en périodes de disette, même si certains témoignages ethnohistoriques tendent à montrer des champs d'activités à usage exclusif pour les hommes et pour les femmes.

48. Grace RAJNOVICH, *Reading Rock Art. Interpreting the Indian Rock Paintings of the Canadian Shield*, Toronto, Natural Heritage/Natural History inc., 1994, p. 23-30.

cimetières, dont l'exhumation scientifique soulève toutefois des questions d'ordre éthique qui rendent leur analyse pratiquement impossible de nos jours, et, d'autre part, les sites d'art rupestre, que l'on retrouve en très petit nombre au Québec.

Dans ce dernier cas, il s'agit plus particulièrement de sites à pictogrammes[49], aussi appelés sites de peintures rupestres. On en dénombre sept pour l'instant, dont six se trouvent répartis dans la moitié occidentale du Québec, le septième étant situé en Haute-Côte-Nord[50]. Il s'agit de sites non aménagés et exposés à l'air libre, donc laissés à leur état naturel. Ils constituent des sites archéologiques par le seul fait de posséder des inscriptions peintes, appelées pictogrammes, tracées pour la plupart sur les parois de hautes falaises granitiques, ces falaises étant situées aux abords de plans d'eau, sur le bord de lacs ou de rivières. Pour dessiner les pictogrammes, on recourait à une matière minérale friable, l'ocre rouge, que l'on réduisait en poudre et qui, mélangée à de l'eau, était appliquée directement sur la surface rocheuse, vraisemblablement sans autre instrument que les doigts.

Il faut signaler qu'aucune fouille archéologique n'a jamais été réalisée dans l'environnement entourant directement ces sites, car il faudrait alors procéder à des excavations subaquatiques; mais de telles fouilles permettraient sûrement de découvrir des indices supplémentaires sur les activités qui s'y déroulaient. On doit cependant, pour l'instant, se contenter des informations plus facilement disponibles, c'est-à-dire le contenu des peintures rupestres et les données livrées par leur environnement physique immédiat, pour tenter d'interpréter les lieux en termes d'espace rituel.

Ainsi, le contenu graphique de ces sites comporte généralement des motifs figuratifs, des figures humaines ou animales schématisées, ou même des créatures à l'allure étrange ou fantasmagorique qui allient des traits humains et animaux, tels ces personnages cornus qui rappellent de grands

---

49. Il existe également quelques rares sites à pétroglyphes, ou gravures rupestres, au Québec. Certains sont situés au *Nunavik* (Nouveau-Québec), un autre, aujourd'hui disparu, mais dont les restes sont conservés au Musée du Séminaire de Sherbrooke, se trouvait près de la ville de Brompton, en Estrie.

50. Voir D. ARSENAULT, «Une énigme venue de la préhistoire: les sites d'art rupestre au Québec», *Cap-aux-Diamants. Revue d'histoire du Québec*, n° 37, 1994, p. 62-65; *id.*, «Des images dans la préhistoire. Un exemple d'art rupestre au Québec», *Eurêka*, 2ᵉ édition, fascicule inséré dans *Interface*, vol. 5, n° 15, 1994, p. 7-8; et *Québec-Science*, septembre 1994; D. ARSENAULT (avec la collaboration de L. GAGNON, C. MARTIJN et A. WATCHMAN), «Le Projet Nisula: recherche pluridisciplinaire autour d'un site à pictogrammes (DeEh-1) en Haute-Côte-Nord», *Paléo-Québec*, n° 23, 1995, p. 17-57; Gilles TASSÉ, «Premières reconnaissances», dans G. TASSÉ et S. DEWDNEY (éd.), *Relevés et travaux récents sur l'art rupestre amérindien*, Montréal, Laboratoire d'archéologie de l'Université du Québec à Montréal, 1977, p. 35-69 (Coll. «Paléo-Québec», n° 8); *id.*, «Les peintures rupestres du lac Wapizagonke», dans G. TASSÉ et S. DEWDNEY (éd.), *Relevés et travaux récents sur l'art rupestre amérindien, op. cit.*, 1977, p. 71-112; *id.*, «Newly recorded Quebec rock paintings and their conservation problems», *CRARA '77 Heritage Record*, *n° 8*, British Columbia Provincial Museum, 1979, p. 147-152; G. TASSÉ et S. DEWDNEY (éd.), *Relevés et travaux récents sur l'art rupestre amérindien, op. cit.*

diablotins. Or, la comparaison de ces pictogrammes visibles sur les sites québécois avec ceux d'autres sites du Bouclier canadien, notamment ceux de l'Ontario, offre de nombreuses possibilités d'interprétation. En effet, d'un site à l'autre, la présence récurrente de tels motifs figuratifs, comme ces personnages cornus, suggère le partage et la diffusion de certaines valeurs culturelles sur un vaste territoire, allant de la Saskatchewan au Québec[51]. Quel en est le sens ?

Selon certaines traditions orales autochtones, corroborées par les écrits des premiers Européens à venir sur le continent américain, ce sont les chamans, des hommes et des femmes investis de pouvoirs magico-religieux, qui produisirent ce type d'œuvres artistiques dans le cadre de rituels particuliers[52]. Ils exprimaient alors ce qu'ils avaient vu en rêve ou en transe, par exemple leur contact avec les puissances surnaturelles, les esprits du ciel et de la terre, ou encore des événements à venir. On peut donc présumer que de telles pratiques existaient également à l'époque préhistorique et que les sites de peintures rupestres étaient réservés à des pratiques rituelles, notamment à l'expression des expériences religieuses des Algonquiens.

Mais, outre le contenu graphique, il semble avoir existé un lien étroit entre la composition et le support rocheux sur lequel elle se trouve exposée. C'est comme si, pour reprendre l'expression de Marshall McLuhan, le « médium était le message[53] ». Par exemple, les failles, les crevasses, les aspérités et d'autres particularités qui font partie intégrante du support rocheux peuvent venir accentuer certains aspects de l'œuvre pariétale, comme si ces composantes servaient à compléter des éléments spécifiques à certains motifs ou à délimiter des parties ou la totalité de la composition graphique. Mais l'environnement immédiat du site peut également fournir

---

51. D. ARSENAULT *et al.,* « Le Projet Nisula [...] », *op. cit.* ; G. RAJNOVICH, *Reading Rock Art [...], op. cit.*

52. Thor CONWAY, « Scotia Lake Pictograph Site : Shamanic Art in Northeastern Ontario », *Man in the Northeast,* n° 37, 1989, p. 1-23 ; Selwyn DEWDNEY et Kenneth E. KIDD, *Indian Rock Paintings of the Great Lakes,* 2e édition, Toronto, University of Toronto Press, Quetico Foundation, 1967 ; W. J. HOFFMANN, « The Midé'wiwin or "Grand Medicine Society" of the Ojibwa », dans J. W. POWELL (éd.), *Seventh Annual Report of the Bureau of Ethnology to the Secretary of the Smithsonian Institution,* Washington, Government Printing, 1891, p. 143-300 ; Bryan Leigh MOLYNEAUX, « The lake of the painted cave », *Archaeology,* vol. 40, n° 4, 1987, p. 18-25 ; Wolf MOONDANCE, *Rainbow Medicine. A Visionary Guide to Native American Shamanism,* New York, Sterling Pub. Co. inc., 1994 ; G. RAJNOVICH, « Visions in quest for medicine : an interpretation of the Indian pictographs of the Canadian Shield », *Midcontinental Journal of Archaeology,* vol. 14, n° 2, 1989, p. 179-225 ; Jack STEINBRING, « Shamanistic manipulations and the Algonkian idiom in the archaeology of rock art », *American Indian Rock Art,* nos 7-8, 1982, p. 212-226 ; J. VASTOKAS et R. VASTOKAS, *Sacred Art of the Algonquins,* Peterborough, Mansard Press, 1973 ; J. P. WHELAN, jr., « Context and association in Canadian Shield rock art systematics », *Canadian Journal of Archaeology,* vol. 7, n° 1, 1983, p. 77-84 ; M. Jane YOUNG, « Images of power and the power of images : the significance of rock art for contemporary Zunis », *Journal of American Folklore,* vol. 98, n° 387, 1985, p. 3-48.

53. Cité par Margaret CONKEY, « Boundedness in art and society », dans I. HODDER (éd.), *Symbolic and Structural Archaeology,* Cambridge, Cambridge University Press, 1982, p. 115.

des indices précieux sur les critères qui ont présidé à la sélection de cet emplacement comme lieu de manifestation rituelle et aider ainsi à comprendre les pratiques qui s'y déroulaient.

En effet, des recherches récentes dans l'étude de l'art rupestre nous invitent à regarder de plus près le cadre physique du site, c'est-à-dire les relations structurelles entre les motifs et entre les différents panneaux ornés d'un site, mais également le rapport de ces éléments avec ceux de la topographie environnante[54]. Certes, des événements historiques vécus par des groupes algonquiens, voire certaines images provoquées par la transe ou le rêve chez des chamans, ont pu être décisifs pour la désignation d'un site d'art rupestre. Mais il se peut aussi que le choix d'un site ait reposé en partie sur des critères liés à son emplacement dans le paysage naturel, à son accessibilité, à ses propriétés visuelles et acoustiques, ou même à la configuration des surfaces de la falaise devant recevoir les pictogrammes, donc sur un ensemble d'éléments davantage perceptibles aujourd'hui et que les archéologues peuvent bien sûr identifier avec plus de facilité sur les sites. Tentons de voir à quoi cela peut conduire.

Comme on l'a vu précédemment, les sites rupestres québécois font partie intégrante de formations rocheuses escarpées placées en bordure d'un lac ou d'une rivière. Ces falaises ornées font généralement face à un vaste espace dégagé. Il est légitime de penser que cette condition faisait de ces sites des lieux ouverts plutôt que des espaces clos, ce qui devait non seulement les rendre relativement accessibles, donc propices à la tenue de rites publics, mais leur conférer également des qualités visuelles et acoustiques qui pouvaient servir à impressionner les participants réunis. En effet, selon le moment de la journée où les individus se réunissaient, ils auraient pu profiter des conditions particulières qu'offre le cadre naturel de ces sites.

---

54. Voir, par exemple, Ragnhild Bjerre FINNESTAD, «The part and the whole: reflections on theory and methods applied to the interpretation of Scandinavian rock carvings», dans G. STEINSLAND (éd.), *Words and Objects. Towards a Dialogue between Archaeology and History of Religion,* Oslo, Norwegian University Press et The Institute for Comparative Research in Human Culture, 1986, p. 21-31; Ake HULTKRANTZ, «Rock drawings as evidence of religion: some principal points of view», dans G. STEINSLAND (éd.), *Words and Objects. [...], op. cit.,* p. 42-66; A. M. LLAMAZARES, «A semiotic approach in rock art analysis», dans I. HODDER (éd.), *The Meanings of Things. Material Culture and Symbolic Expression,* Londres, Unwin-Hyman, 1989, p. 242-248; A. LEROI-GOURHAN, *L'art pariétal. Langage de la préhistoire,* Paris, Jérôme Millon, 1992 (Coll. «L'Homme des origines»); Polly SCHAAFSMA, «Form, content, and function theory and method in North American rock art studies», dans M. B. SCHIFFER (éd.), *Advances in Archaeological Method and Theory,* New York, Academic Press, inc., 1985, n° 8, p. 237-277; Poul SIMONSEN, «The magic picture: used once or more times?», dans G. STEINSLAND (éd.), *Words and Objects. [...], op. cit.,* p. 197-211; David S. WHITLEY et Lawrence L. LOENDORF (éd.), *New Light on Old Art. Recent Advances in Hunter-Gatherer Rock Art Research,* Los Angeles, Institute of Archaeology, UCLA, 1994 (Monograph n° 36); M. J. YOUNG, «Images of power and the power of images [...]», *op. cit.,* p. 3-48.

Par exemple, les travaux entrepris par différents chercheurs dans le Nord-Ouest ontarien[55] montrent que la plupart des surfaces ornées des sites du Bouclier canadien sont exposées selon une orientation qui s'étend généralement du sud-est au sud-ouest. C'est le cas également pour les sites québécois. Ces surfaces, qui présentent habituellement une patine naturelle, sont donc placées dans des conditions maximales d'éclairage, utiles pour tracer et observer les pictogrammes, car leur orientation permet d'exploiter la luminosité particulière fournie par le rayonnement solaire ou même lunaire. Or, il est possible que la projection des rayons du soleil ou de la lune sur les parois ornées et sur les eaux en contrebas de ces sites ait été suffisante pour produire, par effet de réverbération, des jeux dramatiques de lumière. L'éclat des parois ornées pouvait ainsi représenter un facteur supplémentaire révélant les manifestations surnaturelles et encourageant la pratique des rites prescrits à ces endroits.

Mais en plus de présenter des conditions visuelles adéquates, la morphologie même des parois ornées et de celles qui les entourent a pu offrir des conditions acoustiques particulières. En effet, comme l'ont à quelques reprises constaté les chercheurs ontariens, des cavités rocheuses, de larges fissures verticales, voire des cavernes, des grottes et autres anfractuosités, sont généralement présentes en contrebas des sites de peintures rupestres ; il est également fréquent de retrouver des surplombs rocheux au-dessus de ces sites qui font parfois de ces derniers de véritables amphithéâtres naturels. On avance ainsi l'argument que, lors de pratiques rituelles, les esprits se faisaient entendre par le truchement des sons amplifiés de la nature. Il reste cependant à vérifier si, au Québec, les formations rocheuses observables présentent une configuration telle qu'elles produiraient différents effets acoustiques, comme par exemple un écho ou l'amplification du son produit par la voix humaine ou le tonnerre, par le sifflement du vent ou même par le clapotis des vagues qui viennent buter contre la roche.

Outre les conditions déjà discutées qui ont pu prévaloir dans le choix d'un espace rituel propice à l'expression graphique, il faut encore retenir celles liées aux particularités observées sur les falaises, notamment les failles ou les crevasses. Selon certaines traditions orales amérindiennes, les

---

55. Peter J. LAMBERT, *The Northwestern Ontario Rock Art Project: The 1982 Results*, Kenora, Conservation Archaeology Report, Northwestern Region, Ministry of Citizenship and Culture of Ontario, Heritage Branch, Kenora, 1983 (Report n° 2); *id., The Northwestern Ontario Rock Art Project: The 1984 Results*, Kenora, Northwestern Region, Ministry of Citizenship and Culture of Ontario, Heritage Branch, 1985 (Report n° 8); G. RAJNOVICH, «Visions in quest for medicine […]», *op.* cit.; *id., Reading Rock Art […], op. cit.;* C. S. «Paddy» REID, *The Archaeology of Northwestern Ontario n° 2: Indian Rock Art Paintings and Carvings*, Kenora, Historical Planning and Research Branch, Ministry of Culture and Recreation, Ontario, 1980; Jacqueline A. RUSAK, *The White Otter Lake Pictograph Project: 1991 Results*, Kenora, Ontario Rock Art Conservation Association, 1992 (Coll. «Papers in Ontario Rock Art», n° 1); Dennis SMYK, «On record: The Nippigon Bay pictographs», *Oraca Newsletter*, printemps 1991, p. 20; *id.*, «Images on stone: The White Otter Lake Pictograph Project», *Oraca Newsletter*, septembre 1991, p. 3-6.

falaises sont habitées par des esprits, qui prennent généralement la forme de petits êtres velus (appelés par exemple *Mémékueshuat* chez les Montagnais[56]). C'est en l'occurrence par les crevasses que peuvent sortir ou entrer ces êtres fantasmatiques, ainsi que les chamans qui veulent communiquer avec eux ; c'est aussi dans ces crevasses que l'on dépose des offrandes de tabac destinées aux esprits de la nature. Il y a donc de bonnes chances qu'au cours de la préhistoire les crevasses visibles sur les sites de peintures rupestres aient été perçues et utilisées de cette façon par les Algonquiens. L'espace rituel de ces sites à pictogrammes a donc pu englober de telles particularités, ce qui oblige l'archéologue à sortir littéralement du cadre strict de la composition graphique s'il veut pouvoir lire les signes naturels inscrits également dans la falaise et parvenir ainsi à saisir la profondeur symbolique et religieuse de ces sites d'art rupestre.

Après les diverses observations touchant à la composition graphique et à l'emplacement du site dans son cadre naturel, est-il possible, maintenant, de reconstituer ce qu'était le paysage rituel du vaste territoire occupé par les Algonquiens préhistoriques, comme cela a été permis dans le cas des Mochicas ? Nous avons rapporté plus haut l'hypothèse selon laquelle certains motifs figuratifs renverraient au partage de symboles religieux de base parmi les communautés algonquiennes ayant occupé le Bouclier canadien à l'époque préhistorique. Or, d'autres éléments permettent d'affirmer que ces communautés se distinguaient sensiblement par d'autres traits culturels. Il est donc possible que l'art rupestre et le message à portée religieuse qu'il véhiculait aient constitué une forme de lien symbolique puissant qui transcendait les différences culturelles, auquel cas les sites à pictogrammes auraient représenté des lieux identitaires unificateurs pour ceux et celles qui adhéraient à cette religion, aux mythes et aux rites qui s'y rapportaient. Toutefois, d'autres questions pertinentes demeurent pour l'instant en suspens, en particulier celles touchant aux types de prestations rituelles (par ex.: incantations, dépot d'offrandes, sacrifices) qui ont pu se tenir sur ces sites ou aux abords. Force nous est d'admettre que, dans l'état actuel de nos recherches et malgré les nombreuses ressemblances observées avec les autres sites du Bouclier canadien, il reste hasardeux de chercher à approfondir davantage notre interprétation de ces sites comme partie d'un paysage rituel, tant et aussi longtemps que des fouilles archéologiques n'auront pas été entreprises dans leur voisinage immédiat. En conséquence, il convient d'être patient et de continuer les recherches en ce sens afin d'obtenir éventuellement un tableau plus complet et plus riche du paysage rituel en territoire algonquien, tout en espérant que nous parviendrons également à

---

56. Voir Joséphine Bacon et Sylvie Vincent, *Les œuvres rupestres du site Nisula. Enquête auprès des Innus de Betsiamites,* Montréal, Rapport (version préliminaire) soumis à la Direction de la Côte-Nord du ministère de la Culture, 1994.

recueillir davantage de témoignages provenant d'autres types de sites archéologiques à caractère religieux tels qu'évoqués plus haut.

Malgré tout, même si les sources archéologiques restent pour le moment moins éloquentes pour les sites préhistoriques algonquiens que pour ceux des Mochicas et ne nous permettent donc pas de réaliser une véritable «topographie du paysage rituel» dans le Québec préhistorique, elles nous ont néanmoins fourni quelques indices valables pour circonscrire des espaces privilégiés de pratiques rituelles à l'intérieur de sites connus.

Pour conclure, mon analyse n'a montré que quelques aspects liés à l'espace et au paysage rituels des sociétés préhistoriques. Les recherches en cours devraient me permettre d'aborder cette problématique sous l'angle de l'expression des idéologies et de l'affichage des positions sociales et politiques, alors qu'un espace rituel peut devenir un lieu de consolidation, de légitimation et de perpétuation des positions d'autorité, ou encore un lieu de contestation de la structure de pouvoir en place dans une société donnée[57]. Dans cette optique, les lieux de culte peuvent être des endroits révélateurs où se manifestent plus aisément les effets de pouvoirs particuliers provoqués par l'affichage ou la manipulation des symboles matériels du rituel.

Or, il est amusant de constater que certains des sites dont j'ai parlé ont vu leur espace rituel réapproprié, chacun à leur façon, par de nouvelles communautés culturelles. Ainsi, les huacas mochicas sont souvent surmontées, aujourd'hui, d'une croix, qui affirme symboliquement que le lieu païen est désormais consacré dans sa nouvelle identité: en affichant ainsi un puissant symbole religieux largement reconnu, il exprime de fait la suprématie de l'Église catholique au Pérou. En revanche, des sites d'art rupestre, restés pendant longtemps des lieux de mémoire oubliés avant d'être redécouverts par les archéologues, sont maintenant fréquentés de nouveau par des Amérindiens, qui y voient un espace identitaire[58] où ils peuvent établir un contact privilégié avec leurs ancêtres, ceux et celles qui ont créé et qui fréquentaient il y a longtemps ces lieux de pratiques rituelles.

---

57. D. ARSENAULT, «El Personaje del pié amputado en la sociedad mochica del Perú: un ensayo sobre la arqueología del poder», *Latin American Antiquity*, vol. 4, n° 3, 1993, p. 225-245.

58. Certains autochtones voudraient même que cet espace identitaire leur soit strictement réservé, du moins pendant une partie de l'année, afin d'y tenir des cérémonies traditionnelles. Comme il s'agit pour eux d'un lieu sacré, qui doit être traité avec le même respect que l'on accorde à tout autre emplacement religieux (église, mosquée, synagogue), il serait en effet logique et préférable qu'ils participent, avec les autres personnes ou groupes concernés (instances gouvernementales, scientifiques, responsables du tourisme, etc.), aux décisions entourant la protection et la mise en valeur éventuelles de ces sites d'œuvres rupestres (voir D. ARSENAULT et L. GAGNON, «Le défi de la conservation et de la mise en valeur d'un site à pictogrammes (site Nisula DeEh-1) de la Haute-Côte-Nord du Québec», dans *Actes du colloque ICAHM-Montréal 1994. Vestiges archéologiques, la conservation in situ/Archaeological Remains, in situ Preservation*, Montréal, Comité international pour la gestion du patrimoine archéologique de l'ICOMOS, 1996, p. 167-178; *id.*, «Sacred versus Profane: Studying a Pictograph-Site in the Context of Native Territorial Dispute and Religious Revival», *Proceedings of the International Rock Art Congress News 95*, Turin, à paraître).

Autochtones[1], Canadiens, Québécois[2]

Denys Delâge
CÉLAT et Département de sociologie, Université Laval

Dix mille ans d'histoire

Attention avant de parler des pays neufs d'Amérique. Le Québec est habité depuis dix mille ans, et le Canada a vu ses premiers immigrants venir de Sibérie par l'Alaska il y a de cela douze, quinze, peut-être même vingt-cinq mille ans, sinon davantage. Avant l'arrivée des Européens, environ quarante mille personnes habitaient le territoire actuel du Québec, peut-être un demi-million au Canada et quelques millions aux États-Unis (entre 4 et 8, concentrés principalement sur les côtes, dans la vallée du Mississippi et dans la partie méridionale du pays); le Mexique, pour sa part, ne devait pas compter moins de 20 millions d'habitants. Tous ces chiffres sont approximatifs et sujets à révision, mais retenons cette idée incontournable, l'Amérique est un continent peuplé:

- Chasseurs, pêcheurs, cueilleurs du nord, agriculteurs là où les étés sont suffisamment longs pour que le maïs, ce «blé de l'Inde», ait le temps de venir à maturité.

- Populations dispersées dans de petites unités de chasse l'hiver et regroupées à l'été à l'embouchure des rivières dans des campements de pêche de quelques centaines de personnes.

- Villages sédentaires de cinq cents, voire d'un ou de deux milliers d'habitants à Québec, à Montréal, dans le sud de l'Ontario, en Nouvelle-Angleterre ou dans les régions de New York ou de Washington.

- Plus au sud, en Floride, le long du bas Mississippi, des villes pouvant atteindre dix, vingt mille habitants.

---

1. Dans ce texte, le terme «Autochtone» désigne l'ensemble des personnes habitant l'Amérique avant 1492, ou encore leurs descendants. Par «Premières Nations», nous désignons la même réalité, bien que l'angle soit davantage collectif. Deux groupes distincts sont compris sous l'appellation «Autochtone» ou «Premières Nations», il s'agit des Amérindiens et des Inuit. Enfin, par «Indien», nous nous référons aux seuls Amérindiens et Inuit dont le statut est reconnu légalement par le gouvernement canadien.

2. Ce texte reprend le résultat de nombreuses discussions avec Jean-Jacques Simard.

Relativement égalitaires au nord, ces sociétés peuvent être, au sud, extrêmement hiérarchisées.

De religions généralement animistes, de cultures extrêmement diversifiées et riches — particulièrement pour ce qui est des systèmes de parenté —, ces peuples ont également leurs traditions judiciaires et politiques. Les constitutions des confédérations huronne et iroquoise remontent probablement au XVe siècle. Nations appartenant à de vastes réseaux d'alliance, couvrant, comme dans le cas des Abénaquis, des Micmacs, des Montagnais, des Algonquins, des Hurons, des Potawatomis, des Outaouais, des Ojibwés, etc., des espaces reliant les Grands Lacs au golfe du Saint-Laurent et aux Maritimes. Enfin, des réseaux de commerce existent qui, de proche en proche, font traverser des marchandises d'est en ouest ou du nord au sud du continent nord-américain. Bref, l'Amérique autochtone existe. Non pas comme un paradis ou un monde meilleur, mais tout simplement comme une civilisation avec ses grandeurs et ses misères.

Morue, Chine et castor

La venue des Européens en Amérique du Nord est associée d'abord à la pêche sur les bancs de Terre-Neuve, où l'on trouvait de la morue en quantité prodigieuse ; à la baleine également, que l'on venait chasser lors de sa migration estivale dans le détroit de Belle-Isle. À ces fins, au cours du XVIe siècle, plusieurs milliers de marins viennent sur nos côtes.

Parmi ces pêcheurs, ceux qui faisaient sécher leur morue sur des vigneaux le long des côtes devaient s'entendre avec les premiers occupants (à moins qu'ils ne leur fassent la guerre, comme cela s'est produit avec les Beothuks de Terre-Neuve). Dans l'ensemble, cependant, pêcheurs et baleiniers appréciaient la main-d'œuvre autochtone et les manifestations d'entraide furent nombreuses.

Cette venue est, du XVIe au XIXe siècle, également associée aux explorations, tout particulièrement à la quête d'un passage vers la Chine. L'aide des Autochtones était indispensable aux explorateurs, dont le travail consistait pour l'essentiel à colliger le savoir amérindien transmis oralement, voire graphiquement — sur des cartes de bouleau, par exemple.

C'est cependant dans la traite des fourrures que l'interdépendance et la complémentarité s'institutionnalisèrent dans des alliances de longue durée. En effet, les Européens ne pouvaient se procurer de fourrures sans les Amérindiens, qui, de leur côté, ne pouvaient obtenir que des premiers les produits nouveaux désormais indispensables : métal, armes à feu, étoffes, etc. L'échange, le commerce se construisit non pas sur des rapports épisodiques, mais sur des rapports prolongés et stables, inscrits dans des alliances entretenues pendant des siècles.

Par contre, les Européens vinrent en Amérique pour un autre motif, de nature bien plus conflictuelle : la quête de terres nouvelles. Il s'agissait dans ce cas d'agrandir son territoire, d'en déloger les premiers occupants pour y cultiver leurs terres. Cela ne pouvait que susciter des rapports antagoniques.

En somme, l'histoire des rapports entre l'Europe et l'Amérique peut se ramener à deux grands paradigmes : celui de la rencontre et celui de la conquête. Relèvent du premier l'alliance, les échanges, les interinfluences et, du second, la dépossession, la dépendance, l'appauvrissement. Ces deux paradigmes, inextricablement liés, sont à l'œuvre tout au long de notre histoire ; selon les périodes, la dominante peut être à l'un ou à l'autre.

La tradition orale de l'arrivée des premiers Européens en Amérique du Nord

La tradition orale autochtone a gardé, à travers plusieurs récits, le souvenir des premières rencontres. La plupart de ces récits ont été fixés par écrit au XIXe siècle ou encore au début du XXe siècle.

Ces récits nous racontent le plus souvent qu'un chaman avait prédit la venue des nouveaux arrivants après les avoir vus dans un rêve ou lors d'une vision consécutive à un jeûne prolongé. Comme ils ne pouvaient savoir si ces inconnus étaient des dieux ou des humains, des amis ou des ennemis, les Amérindiens hésitèrent sur l'attitude à adopter : fallait-il fuir ou bien aller au-devant d'eux et les bien recevoir ? On réalisa bientôt qu'il s'agissait d'humains dont on pouvait se faire des amis, avec lesquels on pouvait collaborer et former une alliance. Selon la tradition, les Européens qui débarquèrent étaient souvent misérables et, dans ce nouveau pays dont ils ne connaissaient rien, ils ne purent survivre que grâce à l'aide des premiers habitants qui les nourrirent, les logèrent et les soignèrent. Bref, sans l'aide autochtone, les Européens n'auraient pas survécu. Ces derniers, par contre, apportaient des produits nouveaux qui rendaient la vie plus facile : le métal, les étoffes, des aliments jusqu'alors inconnus. Il fallut un temps aux Autochtones avant qu'ils ne s'habituent à ces nouveautés, c'est pourquoi ils se rirent bien de cette première période où ils prenaient les têtes de hache pour des pendentifs et les bas pour des blagues à tabac. On souligne que deux produits ont cependant fait problème, il s'agit de l'arme à feu et de l'alcool. La tradition reconnaît d'emblée une supériorité matérielle aux Européens, mais, par contre, elle proclame la supériorité spirituelle des Amérindiens.

On nous dit qu'en débarquant en Amérique les Européens ont demandé à leurs hôtes un tout petit morceau de terre, pas plus grand qu'une peau de bœuf, pour y faire pousser des herbes afin de faire de la soupe. Les Amérindiens consentirent aussitôt à cette demande jugée bien raisonnable ; mais quelle ne fut pas leur surprise quand ils virent les Européens découper la peau en une fine et très longue lanière pour entourer un espace bien plus grand que celui qu'on avait d'abord cru leur accorder. Déjoués par cette ruse, puis réalisant que les Européens prenaient toujours plus de terre, les Amérindiens s'unirent pour repousser l'envahisseur à la mer. Cependant, le chef des Blancs déboucha une bouteille qui contenait de la variole. Il souffla au-dessus du goulot et répandit la maladie parmi les nations d'Amérique, qui n'eurent d'autre choix que de se soumettre.

La tradition orale nous fournit des clés pour comprendre l'histoire. Soulignons d'abord l'incapacité des Amérindiens de se représenter l'absolue nouveauté; c'est pourquoi les récits ont recours au subterfuge de la vision prémonitoire. Dans toutes les sociétés traditionnelles d'avant la Renaissance, ce sont les paroles (ou les écrits) des Anciens qui prescrirent l'ordre du monde. Tout doit toujours/déjà avoir été su. Cela implique qu'alors la vision autochtone du monde est essentiellement religieuse et qu'elle ne comporte pas de distance par rapport à soi. Tel n'est pas tout à fait l'univers des Européens qui, à cette époque, ont déjà sillonné plusieurs mers, confronté plusieurs sociétés et qui, depuis la Renaissance, se sont distancés par rapport à leurs mythes fondateurs chrétiens, auxquels ils ont juxtaposé ceux des Grecs «païens». Cette différence confère aux Européens une distance plus grande face aux cultures et, en conséquence, une capacité supérieure à les manipuler.

Ces récits nous informent, en second lieu, de l'importance des échanges, du temps qu'il a fallu mettre pour adopter les produits nouveaux, mais surtout de l'établissement des rapports entre partenaires dont les besoins et les aptitudes étaient complémentaires dans le contexte d'alliances. Les Amérindiens n'étaient pas des sujets, mais des alliés. Ces alliances se sont retournées contre les Premières Nations et se sont transformées en un processus de conquête, d'abord à cause de la ruse des arrivants, mais surtout à cause des effets implacables et dévastateurs des maladies venues d'outre-Atlantique.

L'alliance franco-amérindienne

Commençons par souligner la pertinence de la tradition orale pour faire l'histoire. Certes elle n'est pas «la vérité», et il faut la décoder comme toute trace du passé: document écrit d'archives ou objet tiré de fouilles archéologiques. Qu'il suffise ici de relever que, dans l'histoire contemporaine des Amérindiens qui s'écrit maintenant, tout comme dans l'histoire nord-américaine qui prend en compte la place des Premières Nations, les questions concernant les maladies, les alliances, les transferts culturels et la conquête sont centrales.

Les épidémies consécutives à l'arrivée des Européens constituent l'événement le plus important et le plus tragique de l'histoire des Amériques. Marie de l'Incarnation, la fondatrice des Ursulines, écrivait, de son couvent de Québec, qu'au dernier âge de sa vie, à la fin du XVIIe siècle, les Amérindiens étaient vingt fois moins nombreux qu'à l'époque de son arrivée en 1634. Le père jésuite Charlevoix, qui voyagea en canot depuis Montréal jusqu'à la Nouvelle-Orléans, reprenait cet ordre d'intensité de la dépopulation pour l'intérieur du continent. Les historiens modernes, à travers toutes sortes de controverses, reconnaissent désormais ce fait. Cela oblige dès lors à une remise en perspective.

En effet, si l'on échappe aux visières de l'ethnocentrisme européen qui a si longtemps marqué notre mémoire, cela signifie, puisque c'est à l'histoire de tous les humains que nous nous intéressons, que l'Amérique du Nord ne se «peuple» pas au XVIIe siècle, mais plutôt qu'elle se dépeuple. Certes les «Pilgrims» débarquent à Plymouth, mais ils n'y défrichent rien puisqu'ils s'installent sur les terres de villages décimés trois ans auparavant. Certes on peut compter les Français à Québec à partir des années 1630 et voir leur nombre passer de trente à quatre-vingts, à quatre cents ou à quatre mille, mais que dire des mille cinq cents Montagnais qui y vivaient et qui ne sont bientôt plus que quelques-uns? Que dire des vingt mille Hurons du sud-ouest de l'Ontario bientôt réduits à quelques milliers? Il importe désormais de refaire une histoire qui donne à chacun sa place.

Dans cette même logique, une histoire qui ne fasse pas des héros martyrs d'hier les salauds-profiteurs d'aujourd'hui, et des barbares d'hier les êtres angéliques d'un nouveau discours tout aussi faux que l'ancien implique une histoire qui n'ait pas pour fondement la culpabilité. Ainsi, la tradition orale ne retenait-elle pas la métaphore d'une bouteille de variole? Il nous appartient de la décoder. Certes il y eut, dans le cadre des guerres, comme cela se pratiquait en Europe à partir des années 1750, distribution de «couvertures empoisonnées», mais cela est marginal. La circulation des maladies en Amérique du Nord et la mortalité bien plus grande chez les Amérindiens que chez les Européens tiennent à l'unification microbienne du monde et à l'absence d'anticorps des Amérindiens contre certaines maladies européennes. Voilà des phénomènes objectifs qui n'ont que peu à voir avec les «mauvaises» ou les «méchantes» intentions.

Soulignons également la pertinence de la tradition orale, qui situe la rencontre entre Européens et Amérindiens dans le cadre d'alliances qui, dans le contexte de rapports inégaux entre les partenaires, céderont finalement la place à un processus de conquête.

Trois réseaux d'alliance se sont constitués en Amérique du nord-est entre Européens et Amérindiens. D'abord, celui des Français et des Hurons; puis, celui des Néerlandais avec les Iroquois, sur le territoire actuel de l'État de New York; enfin, celui des Britanniques avec les Cris, à la baie James. Après la prise de New York en 1664, les Britanniques devinrent les principaux alliés des Iroquois, auxquels se joignirent graduellement la plupart de leurs colonies. Ces réseaux d'alliance constitués autour de la traite des fourrures s'inscrivirent bientôt dans la concurrence impériale entre les puissances de la France et de la Grande-Bretagne. Davantage engagée sur la voie du capitalisme, davantage tournée vers la mer, enfin, pays à la fois de plus forte émigration et de plus grande tolérance religieuse, ce qui conduisit à ouvrir les portes des colonies aux dissidents, la Grand-Bretagne réussit ses entreprises coloniales d'Amérique du Nord, où s'implanta une population européenne vingt à trente fois plus nombreuse que celle des colonies françaises.

C'est ce qui explique que les relations entre Amérindiens et colons britanniques, dans les colonies américaines, aient été bien plus tendues que celles qui se sont nouées entre Français et Amérindiens: la pression des colonies américaines pour acquérir la terre des Amérindiens fut bien plus forte; il en résulta donc un antagonisme bien plus grand. Pour l'essentiel, la différence d'attitude des colons envers les Amérindiens tient en effet moins aux mentalités respectives qu'au contexte de la colonisation. Les Français de Louisiane comme les Anglais des colonies atlantiques développent des rapports antagoniques avec les Autochtones puisqu'ils cherchent à prendre leurs terres. Peu nombreux, les Français à Montréal ou les Anglo-Écossais à la baie James construisent une économie qui repose sur la main-d'œuvre autochtone pour l'obtention des fourrures. Ils développent donc des relations relativement «harmonieuses».

Tandis que Britanniques et Iroquois seront alliés pour le commerce et la guerre pendant toute l'histoire coloniale, les Français et leurs alliés autochtones construiront un réseau bien plus vaste, cela pour deux ordres de raisons. D'abord, à l'origine, le réseau huron était plus vaste que celui des Iroquois. Ensuite, c'est précisément le succès colonial britannique qui empêcha l'expansion de leur réseau d'alliance. Les nations amérindiennes y voyaient en effet une sérieuse menace pour leurs terres et préféraient une alliance tactique avec les Français.

L'alliance franco-amérindienne regroupait des nations d'un immense territoire: les Maritimes, le golfe et le fleuve, les Grands Lacs, le Mississippi. Les Amérindiens y étaient des alliés, non pas des sujets. Des alliés indispensables non seulement pour le commerce, mais également pour la guerre. La force des Français reposait essentiellement sur l'appui des guerriers alliés. Cependant, pour les Français, la reconnaissance du statut d'alliés à leurs partenaires s'accompagnait, bien qu'ils ne réussirent pas à la faire prévaloir, d'une volonté politique de les réduire au statut de sujets. Cette alliance était militaire, matrimoniale, commerciale, religieuse et culturelle.

J'en présenterai ici les grands traits, tout en soulignant les contradictions qui y étaient à l'œuvre, c'est-à-dire, plus précisément, les tensions entre les rapports d'alliance et ceux du processus de conquête.

L'utilisation métaphorique des rapports de parenté dans la diplomatie marquait, dans les traditions de l'Amérique du Nord, le statut, la place et le rôle des partenaires. Ainsi, Néerlandais puis Britanniques d'une part et Iroquois de l'autre se sont toujours désignés sous le nom de frères *(Brethren)* dans les rencontres officielles; ceci signifiait qu'aucun des deux partenaires n'avait autorité sur l'autre. Jusqu'en 1649, il en fut de même entre les Français et leurs alliés amérindiens. Après cette date, c'est-à-dire après la défaite des Hurons et des nations qui leur étaient alliées aux mains des Iroquois, les nations alliées reconnurent le gouverneur français pour leur père. Quatre nations des Grands Lacs (Hurons-Wyandots, Outaouais, Potawatomis et Ojibwés-Chippewas) constituèrent un conseil auquel se rallièrent de très nombreuses autres nations et acceptèrent le statut d'enfants. Il en alla de même des Amérindiens domiciliés sur des terres à proximité de la zone coloniale allant de Montréal vers l'aval.

Pour ces nations amérindiennes, la désignation de père avait pour référent la famille autochtone, non pas l'européenne. Or, dans la tradition du nord-est de l'Amérique, l'autorité des parents est beaucoup moins coercitive que dans la tradition européenne. Qui plus est, le référent autochtone renvoyait probablement à la famille matrilinéaire des Iroquoiens, où le père était avant tout un protecteur et un pourvoyeur, mais où l'autorité sur les enfants et l'identité étaient transmises par l'oncle maternel. Effectivement, en diplomatie, quand les chefs indiens se qualifiaient de neveux et qu'ils désignaient une autre nation par le vocable d'oncle, ils acceptaient de reconnaître à celle-ci une autorité morale sur eux. Les chefs amérindiens ont toujours refusé de reconnaître pour «oncle» le chef des Français, c'est-à-dire le gouverneur à Québec. En acceptant de le désigner du nom de père, ils exigeaient de lui qu'il soit un pourvoyeur et un défenseur, en retour de quoi ils lui reconnaissaient un rôle analogue à celui d'un chef dans leur société, c'est-à-dire un leader capable de rallier, mais dépourvu de tout pouvoir coercitif. Tel n'était évidemment pas l'entendement des Français, qui cherchèrent à imposer, pour le vocable de père, le paradigme du système de parenté patrilinéaire européen, où le père était investi d'une autorité totale et d'un pouvoir absolu sur ses enfants. Cela donna lieu à de nombreuses frictions, les gouverneurs successifs cherchant à donner des ordres à leurs «enfants», tandis que ceux-ci les recevaient comme des propositions à débattre pour éventuellement les accepter ou les rejeter. Dans l'ensemble, durant toute la période du Régime français, au-delà des intentions des uns et des autres, c'est globalement l'interprétation amérindienne qui s'impose, bien qu'incomplètement.

Sur le plan économique, l'interdépendance était mutuelle dans l'alliance. Les Français ne pouvaient pas obtenir ces fourrures qui étaient au fondement de leur économie sans le savoir-faire technique et les réseaux de commerce de leurs alliés, qui, de leur côté, ne pouvaient produire par eux-mêmes ni le fer, ni le verre, ni les étoffes de laine. Le commerce des fourrures, contrairement à ce que l'on continue de penser, ne reposait pas sur le vol et la rapine, bien que cela ait pu se produire marginalement, car il n'aurait pu alors se maintenir pendant trois siècles. Il reposait plutôt sur des réseaux stables et avait à son fondement, pour son organisation à travers le continent, des couples bi-ethniques constitués d'un homme, originaire de Montréal, et d'une Amérindienne. Voilà donc qui relève de l'alliance; par contre, globalement, au cours des siècles, on observe dans la traite des fourrures un transfert de richesses des sociétés autochtones vers les sociétés européennes; cela essentiellement parce que le processus d'accumulation du capital n'a eu cours que d'un seul côté, c'est-à-dire celui des entrepreneurs, des compagnies, des gouvernements européens.

L'alliance était de nature militaire également et, ici aussi, les besoins étaient mutuels et l'interdépendance réciproque. Les Français ne pouvaient tenir en Amérique sans l'appui décisif des guerriers des nations alliées, sans non plus emprunter beaucoup à leur tradition de la «petite guerre», c'est-à-dire de la guerre d'embuscade, qui, comme on le sait, implique une grande autonomie des combattants. Impossible également aux Amérindiens de résister à la poussée britannique sur leurs terres ou de contenir leurs ennemis autochtones sans la poudre, l'arme à feu, éventuellement les canons et mortiers, et enfin sans l'intervention de l'armée française. L'alliance est donc à l'œuvre dans ces expéditions militaires où se côtoient et s'interinfluencent soldats français, miliciens canadiens et guerriers amérindiens; elle est également à l'œuvre quand les autorités françaises demandent aux Amérindiens la permission de construire des forts sur leurs terres, tout en acceptant ensuite de distribuer à chaque année des présents à leurs hôtes, soulignant ainsi le renouvellement de la permission qui leur est accordée. Par contre, une fois bien installés, les Français peuvent utiliser la force que leur confèrent les fortifications pour chercher à s'imposer ou pour réprimer. Ils peuvent également profiter de leur position centrale en diplomatie pour chercher à transformer leurs alliés en mercenaires.

Sur le plan religieux, les Français ne pouvaient accepter de se considérer des alliés qui emprunteraient autant à leurs partenaires que l'inverse, qui échangeraient leurs rituels réciproques, leurs savoirs sur les forces surnaturelles. La position officielle française fut donc de toujours se considérer en pays de mission. Cela n'empêche pas cependant que des voyageurs ou des coureurs de bois puissent emprunter des rituels religieux aux Autochtones et éventuellement, en s'assimilant à l'une ou l'autre des nations du continent, en acquérir la religion aux côtés d'autres traits culturels. Inversement, la conversion au christianisme ne peut pas être vue comme un simple effet de l'expansion coloniale. L'abolition des vieilles frontières et le mélange des peuples que cette expansion engendra favorisa l'adhésion à un dieu universel plutôt qu'ethnique. De surcroît, l'épouvantable impact des épidémies et leurs terribles effets différentiels (les Blancs mouraient peu, tandis que les Amérindiens étaient décimés) furent réinterprétés dans la logique de l'univers magique et spirituel d'alors: des Amérindiens crurent qu'il y avait eu sacrilège et rupture de l'alliance avec leurs dieux et qu'il fallait en conséquence revivifier la religion traditionnelle, tandis que d'autres furent plutôt d'avis que le Dieu des chrétiens constituait un meilleur bouclier, assurant ainsi une protection plus efficace à ses fidèles.

Les transferts culturels furent énormes dans l'alliance. Les Amérindiens du Canada et des États-Unis y ont acquis l'écriture, les mathématiques, le savoir moderne, le métal et la poudre, des arbres fruitiers, le porc, le cheval, le chat, la poule, l'oignon, les fortifications à la Vauban, etc.; tandis que les Européens acquéraient des connaissances sur la géographie, la faune, la flore, qu'ils empruntaient à l'agriculture autochtone le maïs, la courge et le haricot, et enfin qu'ils adoptaient la raquette et le canot. Plus fondamentalement, c'est dans le fait d'habiter l'Amérique et d'y côtoyer ses premiers habitants que les Canadiens se distinguèrent bientôt des Européens. La très grande diversité des cultures en Amérique favorisera chez les observateurs une attitude de relativisme culturel qui, doublée de la critique adressée par les Amérindiens aux sociétés occidentales, nourrira les débats de la fin du XVIIᵉ et du XVIIIᵉ siècle sur la république, l'éducation des enfants et, plus fondamentalement, la réflexion sur ces grands idéaux que sont la liberté, l'égalité, la fraternité et le droit au bonheur. Certes les influences autochtones à cet égard ne sont pas exclusives, elles se juxtaposent à plusieurs autres; mais il est certain qu'elles furent énormes.

Par contre, ces interinfluences s'inscrivent dans un rapport colonial, c'est-à-dire que les Français ou les Anglais ne viennent pas en Amérique comme immigrants dans les sociétés amérindiennes — bien que certains le fassent. Ils y viennent fonder des sociétés qui, bien qu'influencées par celles des Premières Nations, s'y juxtaposent. Enfin, la connaissance que les Européens ont des autres continents, la position centrale qu'ils occupent dans les réseaux d'alliance, et leur propre tradition scientifique issue de la Renaissance leur permettent d'acquérir une distance critique par rapport à toute société, y compris la leur. Il n'en va pas de même des Amérindiens, et si les critiques qu'ils adressent au monde occidental sont percutantes, ils demeurent généralement incapables de s'élever au-dessus de leur propre société et de la remettre en question. Les Européens acquièrent donc une distance critique plus grande qui, si elle déstabilise leur propre univers, les rend en même temps plus aptes à manipuler la culture des autres pour bâtir leur empire.

L'alliance anglo-amérindienne : 1760-1815

Le long conflit impérial qui a opposé, en Amérique du Nord, Français et Britanniques a pris fin avec la guerre de Sept Ans, la chute de Québec en 1759, celle de Montréal en 1760, puis le traité de Paris par lequel la France renonça à ses possessions nord-américaines. Lorsqu'à partir de 1760 les troupes britanniques ont remplacé les troupes françaises dans les postes à l'intérieur du continent (Niagara, Détroit, Mackinac à l'entrée du lac Michigan, Sault-Sainte-Marie à l'entrée du lac Supérieur, etc.), elles se sont comportées en conquérantes plutôt qu'en alliées des nations autochtones qui résidaient dans ces régions. Cela fut à l'origine d'une révolte centrée à Détroit, mais couvrant toute l'aire des «Pays-d'en-haut», c'est-à-dire des Grands Lacs. Les insurgés, inspirés par un prophète delaware du nom de Neolin et dirigés par Pontiac, exigeaient le retour à des rapports d'alliance. Bien que Pontiac ne pût forcer les Britanniques à quitter Détroit, il obligea ceux-ci à changer radicalement leur politique.

Craignant d'autres révoltes amérindiennes, appréhendant également une expansion vers l'ouest des colonies américaines qui renforcerait les Autochtones dans leurs velléités d'indépendance, enfin, voulant respecter la parole donnée aux Amérindiens de l'Ohio, dans un traité signé à Easton (Pennsylvanie) en 1758, de limiter l'expansion coloniale à la frontière des Appalaches, le roi d'Angleterre fit promulguer en 1763 une proclamation royale. Celle-ci est d'une importance capitale pour notre histoire puisqu'elle est au fondement même de toutes les réclamations judiciaires des Autochtones depuis lors. Cette loi crée un immense territoire indien entre les Appalaches et le Mississippi, du golfe du Mexique en passant par les Grands Lacs jusqu'au nord du Québec. En sont exclues les terres du bassin hydrographique de la baie d'Hudson, et celles de la zone colonisée du Québec d'alors. En font donc partie tout l'Ontario et une bonne partie du Québec. La Proclamation reconnaît un titre indien sur ces territoires et spécifie qu'aucune des terres des Indiens ne pourra être occupée ou acquise par des sujets britanniques sans l'autorisation expresse d'un représentant du roi qui devra avoir au préalable obtenu la cession de ces terres par traité conclu publiquement avec les nations concernées. Cette loi, qui n'a jamais été abrogée, est devenue une loi canadienne quand notre pays a obtenu son indépendance.

En effet, le Canada a assumé alors l'ensemble des lois britanniques qui le concernaient. Certes, le Canada étant un pays souverain, il pourrait abroger cette loi ; mais dans la mesure où, depuis 1980, elle fait partie intégrante de la Constitution canadienne, il faudrait un amendement constitutionnel.

La Proclamation royale, bien qu'elle soit vieille de deux cent trente ans, est donc une loi du pays et elle a toujours cours ; le fait qu'elle n'a pas toujours été respectée ne la rend pas caduque. Prenons, par exemple, tout le territoire de l'Abitibi : il fait partie du territoire réservé aux Indiens par la Proclamation royale. Y a-t-il eu des traités conclus avec les Algonquins avant que ne s'y engagent la coupe du bois, la colonisation agricole, la construction des barrages, les entreprises minières, la construction des villes ? Non ! Donc, c'est illégal. C'est au nom de cette loi que les Cris ont fait stopper les travaux de la baie James, dont le territoire, intégré au Canada au XIXe siècle, a été jugé grevé des mêmes droits que le territoire original couvert par la Proclamation royale. Cela a conduit à ce traité moderne qu'est la Convention de la baie James.

De 1763 à 1815, mais tout particulièrement à partir de l'éclatement de la Révolution américaine (1776), les Britanniques ont repris pour eux-mêmes l'essentiel de ce qu'avait été la politique française à l'égard des Amérindiens. Durant cette période, sur les plans diplomatique, militaire, commercial, religieux et culturel, l'alliance anglo-amérindienne fonctionne à peu près selon les mêmes règles et est traversée des mêmes tensions que l'alliance franco-amérindienne antérieure. L'« amérindianisation» de nombreux Britanniques, la convivialité dans les Pays-d'en-haut, les mariages mixtes, les transferts culturels répondent à la même logique qu'au temps des Français. Le gouverneur anglais à Québec est investi du titre de père, ce qui implique qu'il a l'obligation d'être un bon pourvoyeur et un défenseur efficace. Il est lui aussi dépourvu, dans l'alliance, de pouvoirs coercitifs bien qu'il tente de s'imposer. Cette similarité dans le comportement des Anglais et des Français s'explique par un contexte général qui demeure constant. Britanniques commerçant depuis Montréal et Amérindiens sont tout aussi interdépendants dans la traite des fourrures qu'on l'était au temps des Français. Ensuite, après la victoire de la Révolution américaine (1784), les Britanniques, à Québec et à Montréal, se retrouvent dans une position tout à fait analogue à celle des Français d'avant 1760 : ils font face à un ennemi autrement plus nombreux au sud, dans les États américains, et leur force repose dans l'alliance avec les Amérindiens. De fait, tant que perdurent les conflits et les tensions en Amérique du Nord entre deux puissances, les Amérindiens représentent un force stratégique d'importance décisive.

Durant cette période de 1763 à 1815, les Britanniques ont conclu, comme l'exigeait la Proclamation royale, de nombreux traités pour acheter formellement des terres amérindiennes. Cette politique a été appliquée tout particulièrement pour l'implantation, dans le Haut-Canada (Ontario), des Loyalistes, ces réfugiés de la Révolution américaine. De gré à gré, au cours de cette période, une grande partie de la péninsule sud-ontarienne a ainsi été achetée. Plus tard au XIXe siècle, ce fut tout l'Ontario. La même politique fut suivie, quoique de façon bien moins systématique, dans les Maritimes. Par ailleurs, sur le territoire actuel du Québec, les autorités britanniques ne procédèrent pas à de tels traités. À ce jour, les motifs de cette double conduite ne sont pas clairs.

L'année 1815 marque un tournant: c'est la fin de la grande période des alliances. Le traité de Gand met fin à la dernière guerre entre les États-Unis et la Grande-Bretagne (et par conséquent le Canada). La frontière est définitivement tracée et une longue paix s'instaure. Les Amérindiens n'ont donc plus aucune importance militaire. De surcroît, leur population continue de décroître, tandis qu'avec la fin des guerres napoléoniennes en Europe arrivent d'énormes vagues d'immigrants pour lesquels il faut toujours plus de terres. Les Amérindiens, désormais marginaux sur le plan démographique, n'ont d'autre choix que de céder.

Expropriation et «réduction»: 1815-1960

Lorsqu'ils cèdent leurs terres par traité, les Indiens se voient accorder le territoire réduit d'une réserve, de même que de maigres compensations monétaires, et enfin leur prise en charge par l'État. La multiplication des traités a amené le gouvernement canadien à légiférer en 1850, 1851 et 1878 pour établir une politique générale concernant les réserves et le mode de distribution des «annuités» du monarque. Cette nouvelle politique visait l'assimilation tout en pratiquant la ségrégation: il fallait isoler temporairement les Amérindiens jusqu'à ce que, parvenus à une plus grande maturité, ils puissent s'intégrer dans la société dominante. Cette volonté d'assimiler n'était pas qu'ethnocentriste et réactionnaire puisqu'elle répondait également aux idéaux progressistes d'alors, qui voulaient éviter que les Amérindiens ne se retrouvent dans la situation des esclaves noirs américains.

La conclusion de traités de cession avec des Amérindiens a eu pour effet de créer des catégories différentes de citoyens. Il y avait certes les sujets britanniques, essentiellement des Euro-Canadiens, ensuite des Amérindiens sans traités, puis d'autres avec traités pour lesquels le gouvernement canadien s'était engagé à verser des compensations. Il importait dès lors d'établir une liste des Indiens. C'est ce que fit le gouvernement canadien en 1850. Étaient Indiens ceux qui étaient recensés tels et optaient pour ce statut. Ceux-ci pouvaient se déclarer «Blancs» s'ils le désiraient. Désormais, il ne suffit donc plus de se reconnaître Indien pour l'être, c'est l'État qui confère le statut. De surcroît, le recensement ne fut pas exhaustif. Depuis lors existent donc des Indiens sans statut et d'autres avec un statut légal. L'État canadien ne pouvait se limiter à dresser une liste puisque des conditions particulières furent alors rattachées au statut d'Indien, de même qu'à celui d'Indien avec traité; il importait de contrôler les mariages pour éviter que des Blancs puissent profiter de mesures visant à «civiliser» les Indiens.

Il fut déterminé par la loi que seraient Indiens les descendants par la lignée paternelle. En conséquence, les enfants d'une Indienne et d'un Blanc étaient légalement blancs. Dans la mesure où généralement c'est plutôt la mère qui transmet la culture, cela donna la situation suivante : des enfants culturellement indiens, mais légalement blancs ; d'autres culturellement blancs, mais légalement indiens. Bref, l'ensemble de ces mesures ont eu pour effet de diviser les Amérindiens en six catégories différentes auxquelles correspondent autant de statuts particuliers : légaux ou sans statut, avec ou sans traités, vivant dans une réserve ou bien hors réserve.

De surcroît, de 1850 à 1960, les Indiens au sens de la loi étaient dépourvus des droits démocratiques : ni droit de vote, ni droit d'association, ni droits juridiques, ni droit de libre circulation sur le territoire. Leur statut était analogue à celui d'enfants. L'État qui, comme un père dans l'archaïque tradition occidentale, avait autorité sur eux devait s'en occuper comme de mineurs.

La situation actuelle : 1960-1996

Depuis 1960, les Indiens du Canada ont rapidement recouvré toutes les libertés démocratiques. À maints égards, leur situation s'est nettement améliorée depuis lors, particulièrement sur le plan de l'éducation, bien qu'ils aient encore un énorme retard à rattraper par rapport à l'ensemble des Canadiens. Les Amérindiens sont donc désormais des citoyens canadiens de plein droit, bien qu'ils ne le soient pas au même titre que les autres Canadiens. Les lois et les traités du passé, comme la loi canadienne actuelle sur les Indiens, en font une catégorie à part de citoyens pour lesquels certaines lois s'appliquent différemment, soit parce qu'ils sont Indiens, soit parce qu'ils occupent un territoire réservé aux Indiens, c'est-à-dire une réserve. Bien qu'en général, hors réserve, les lois soient les mêmes pour tout citoyen, Indiens ou non, les Indiens légaux du Canada peuvent aller travailler librement aux États-Unis sans qu'il leur soit nécessaire, comme c'est le cas pour les autres Canadiens, d'obtenir un visa. Les Indiens reconnus tels légalement ont droit à l'éducation gratuite, ils ont droit aux bourses d'études du gouvernement fédéral, mais pas, comme les étudiants non autochtones, à celles des gouvernements provinciaux. Dans les réserves, le gouvernement fédéral prend en charge les Indiens et leur assure les services sociaux, leur fournit, moyennant un loyer minime, des maisons, et les dispense des impôts et des taxes. Enfin, dernier exemple, les biens immobiliers d'un Indien dans une réserve ne sont pas saisissables. On pourrait voir là toute une série de privilèges, mais nous pensons qu'il s'agit plutôt de cadeaux empoisonnés.

Combien y a-t-il d'Amérindiens au Québec et au Canada pour une population, respectivement, d'environ 6 et 25 millions ? Légalement, environ soixante mille au Québec et cinq cent mille au Canada. Réellement ?

Nous ne le savons pas, si ce n'est qu'avec la montée des mouvements amérindiens de plus en plus de personnes s'en réclament. Pour compter, il faut d'abord définir, et nous savons que la manière de définir légalement qui était Indien et qui ne l'était pas a eu pour effet d'écarter un grand nombre de personnes qui étaient culturellement autochtones. Bref, si l'on dénombrait actuellement au Canada toutes ces personnes qui se considèrent amérindiennes, inuit ou métisses, nous obtiendrions un total se situant entre un et deux millions. Soulignons, au passage, que tout en se percevant distincts des Amérindiens, les Métis se sont beaucoup rapprochés, ces dernières années, des Premières Nations. Pour évaluer l'importance démographique des Autochtones au Canada, il faut donc multiplier le nombre de ceux ayant un statut légal par un facteur oscillant entre 2 et 4. Il en va de même au Québec.

Les Autochtones sont dispersés sur tout le territoire canadien et, à l'exception du Nord, ils y sont partout minoritaires. Les deux tiers habitent actuellement hors réserve. Leurs conditions de vie varient à l'extrême selon les régions, selon leur statut légal, selon qu'ils ont ou non conclu des traités et, enfin, selon la nature et les clauses de ces traités.

Pris globalement, les Autochtones constituent le groupe le plus pauvre au Canada; il en va de même, bien qu'à un degré moindre, au Québec. Pourtant, en un sens, à première vue cette pauvreté «n'est pas si mal». Un minimum n'est-il pas assuré de telle sorte que chacun est logé, nourri, soigné? Par rapport aux Indiens d'Amérique centrale ou du Sud, n'est-ce pas le paradis? Et puis, ces indicateurs économiques de pauvreté ne se fondent-ils pas sur l'intégration à une économie monétaire? Ils ne prennent pas en compte les ressources que plusieurs, dans les régions non urbanisées, peuvent tirer de la chasse ou de la pêche. Au nord du Québec, chez les Inuit, le revenu annuel moyen par ménage se situe autour de 25 000 $ et le logement ne coûte presque rien. Voilà qui n'est pas l'indigence. Et pourtant! Qui, au Québec, qui, au Canada, a la plus courte espérance de vie? Qui connaît un taux de suicide scandaleusement élevé (trois fois la moyenne nationale)? Qui est le moins scolarisé? Enfin, qui connaît un taux de chômage pouvant, selon les régions, osciller entre 50% et 90%? Réponse: les Amérindiens et les Inuit. Ce n'est pas la pauvreté économique qui fait principalement problème, mais la misère humaine, la désintégration culturelle, la dépendance et le mépris de soi.

Pourquoi est-ce ainsi? Il n'y a évidemment pas de réponses simples. Ce n'est certes pas parce que nos gouvernements ne s'occupent pas des Amérindiens. Il existe de multiples programmes sociaux ou de santé, de nombreux programmes d'initiatives économiques. Des sommes énormes y sont investies. Mais voilà, ces sommes servent à entretenir d'immenses machines ministérielles qui s'occupent des Amérindiens. Le problème n'est

294 LES ESPACES INTERCULTURELS

pas tellement que cet argent finance des fonctionnaires blancs qui s'occupent des Indiens, ce qui, d'ailleurs, est de moins en moins vrai avec l'entrée des Autochtones dans la fonction publique. Il est essentiellement lié au fait que les populations autochtones sont maintenues dans la dépendance et l'irresponsabilité. Il serait trop simple de se contenter d'accuser le ou les gouvernements. Cette situation résulte d'un long processus historique d'expropriation que le sociologue Jean-Jacques Simard a qualifié par un terme emprunté au XVIIᵉ siècle, celui de la «réduction» ou de la «mise en réserve». Il s'agit du processus global par lequel les Autochtones ont été dépossédés du territoire, puis graduellement de l'activité politique, puis de l'ensemble des activités du monde moderne. Cela au nom de toutes sortes de politiques «pour le bien des Amérindiens». Il pouvait s'agir tantôt de prendre leurs terres, tantôt de les préserver des influences perverses des «mauvais Blancs», tantôt de protéger leur culture désormais conçue comme une série de traits soit-disant génétiques et surtout folkloriques et figés. Ce long processus n'est pas le fait des seuls «mauvais gouvernements» ni de la société entière, il est également le fait des Amérindiens eux-mêmes, qui ont souvent fini par croire leur identité figée dans l'espace et le temps clos de la réserve.

Heureusement, à côté de la difficulté d'être des Autochtones, du mépris de soi et de l'autodestruction si caractéristiques des peuples colonisés, un sentiment de grande fierté existe, surgit, se construit à travers des associations de toutes sortes pour se prendre en main, à travers une effervescence culturelle sensible dans la création artistique, les radios communautaires, la multiplication des contacts avec les Autochtones de la planète, l'éducation dans toutes les sphères du savoir. Les revendications autochtones sont évidemment multiples, disparates et contradictoires, tout simplement parce que l'Autochtone «standard» de la «moyenne consensuelle» n'existe pas. S'il n'est pas possible, parce que le Québec n'est pas homogène, de répondre à la question *What does Quebec want* qui surgit parfois du Canada anglais, il est tout aussi impossible d'attendre une réponse simple, claire et réaliste à la question: «Mais enfin, que veulent les Autochtones?» Soulignons quand même que toutes les revendications des Autochtones visent, au-delà des coutumes, à ce que les non-Autochtones les reconnaissent. Entre les États canadiens et provinciaux d'une part et les citoyens individus d'autre part existent une ou des entités collectives amérindiennes et inuit, entités qui ne peuvent être confondues avec les anglophones, les francophones ou les Néo-Canadiens ou Néo-Québécois. Ensuite, toutes les revendications visent une plus grande autonomie pour les Autochtones. Quant aux conditions spécifiques d'exercice de cette autonomie, elles ne font d'aucune manière consensus et, à vrai dire, c'est plutôt l'éclatement qui caractérise le milieu.

À titre d'exemple, à Kahnawake, quatre organisations se réclament dépositaires de la légitimité de l'identité des Mohawks : le conseil de bande (détenteur du pouvoir légal) et trois regroupements traditionalistes rivaux ou «Maisons longues» *(Long-houses)*. Les manières de se définir tout comme les revendications sont donc multiples et souvent mutuellement exclusives et contradictoires. Qui plus est, au-delà de ces contradictions et dissensions internes, il y en a une autre qui est plus fondamentale : en général, les Amérindiens réclament un maximum d'autonomie politique, mais souhaitent souvent garder un maximum de dépendance économique à l'égard des différents paliers gouvernementaux. Certes, il s'agit là d'un réflexe de dépendance qui ne devrait pas nous surprendre, mais cela n'en est pas moins inacceptable, la responsabilité étant une condition de la souveraineté.

Quelles solutions ?

Une première solution consisterait simplement à abolir le statut d'Indien au Canada, biffant tout caractère distinguant le citoyen indien du citoyen non indien. Il n'y aurait donc au Canada, comme c'est le cas dans la plupart des pays occidentaux, qu'une seule catégorie de citoyens. On fermerait les portes du ministère des Affaires indiennes, allouant à d'autres services fonctionnaires, budgets et programmes spéciaux. Le Canada procéderait ainsi à l'intégration des Amérindiens, un peu comme l'ont fait les États-Unis avec leurs lois abolissant la ségrégation raciale à l'égard des Noirs. Le premier ministre du Canada Pierre Elliott Trudeau a mis de l'avant un tel projet au cours des années 1970 au nom des idéaux libéraux d'égalité des citoyens. Les Indiens s'y sont opposés farouchement, y voyant une nouvelle politique d'assimilation visant à les faire disparaître comme groupe ou comme «nation intérieure». Ils souhaitaient maintenir leur statut particulier et leurs réserves, qu'ils concevaient comme les derniers remparts de leur identité. Et en effet, le territoire des réserves tout comme l'ensemble des lois et politiques spécifiques aux Indiens ont fini par se constituer en marqueurs de l'identité.

En somme, tout en s'inspirant de principes libéraux, cette politique visant à faire des Indiens des citoyens comme tous les autres et à dégager leur culture de toute interférence avec l'État conduisait à ne pas reconnaître cette entité collective, cette nation intérieure que sont les Indiens. Cette issue étant fermée, reste à trouver des manières institutionnalisées de reconnaître la spécificité autochtone tout en préservant la démocratie. Pourquoi cela ne serait-il pas possible ? Les Québécois ne forment-ils pas, à l'intérieur du Canada, une communauté distincte, parlant majoritairement français et dotée d'un territoire sur lequel des lois, des politiques diffèrent de celles du reste du Canada ? La souveraineté canadienne est divisible. Le Québec n'a-t-il pas son code civil, sa propre police provinciale, ses lois sur la langue, etc.? On peut donc imaginer une approche analogue pour les Autochtones. Mais sur quelle base chercher une solution? Sur la base du sang ou bien sur celle du territoire? En d'autres mots, faut-il explorer du côté d'un statut particulier pour les Indiens en tant que groupe ethnique, peu importe là où ils se trouvent au Canada? Ou bien faut-il envisager des territoires indiens où s'appliquent des politiques et des lois indiennes, peu importe l'appartenance ethnique des résidants? Par analogie, posons les mêmes questions pour les Canadiens français. Faut-il, sur la base de la filiation avec les anciens colons de la Nouvelle-France, accorder un statut particulier à ce groupe ethnique, peu importe la localisation de ses représentants au Canada? Ou bien faut-il, indépendamment de leur origine ethnique, reconnaître un statut particulier pour l'ensemble des citoyens qui habitent un territoire où les Canadiens français sont majoritaires? En effet, au Québec, les mêmes lois s'appliquent à l'ensemble des résidants, qu'ils soient francophones ou anglophones; les lois ne s'appliquent donc pas à un groupe ethnique particulier.

Bien qu'environ un tiers d'entre eux habitent des réserves qui constituent des territoires indiens actuellement, les Indiens sont d'abord définis sur la base d'un groupe ethnique. Toutes les lois vont dans ce sens, tous les traités également. L'ensemble des revendications judiciaires, et elles seront de plus en plus nombreuses, impliquent que les plaignants qui contestent la non-application de traités démontrent qu'ils sont légalement les descendants des communautés signataires. L'addition de victoires autochtones devant les tribunaux conduira donc à la démarcation toujours plus profonde et plus diverse de statuts particuliers entre Indiens et non-Indiens, et entre Indiens eux-mêmes puisque le contenu des anciens traités varie énormément. Suivant la tendance, l'écart entre deux catégories de citoyens s'accroît: certains paient des impôts, d'autres pas; certains ont, en tout temps, droit de pêche et de chasse, d'autres pas. Cela est nécessairement source de tensions.

Prenons les cigarettes. Sans les taxes leur prix ne dépasserait pas 2,00 $ le paquet; avec celles-ci le consommateur doit débourser 7,00 $. Dans une réserve, il est légal de vendre des cigarettes à 2,00 $ aux Indiens. La tentation est bien grande de les offrir aux non-Indiens d'à côté qui sont tout aussi intéressés à les acheter. Le commerçant indien saisira l'occasion de faire de bonnes affaires, tandis que, de l'autre côté de la frontière de la réserve, le dépanneur y verra avec raison une concurrence déloyale. Source de tensions dans les réserves aussi, puisque ce n'est pas le fait d'y habiter qui importe, mais le fait d'être Indien. C'est ainsi qu'à Kahnawake la communauté impose comme conditions du droit de vote et du bénéfice des services sociaux l'obligation d'avoir 50 % de «sang» indien et le mariage avec une Indienne. Tout règlement sur la base du sang comporte la soumission de l'amour à la loi, c'est-à-dire, ici, le contrôle des mariages pour décider du statut des enfants et l'exclusion d'une catégorie de citoyens. En territoire indien, un «Blanc» n'a pas droit de vote au conseil de bande. Enfin, cela cristallise la ségrégation: dans la petite communauté de La Romaine (environ 1 600 habitants), sur la Basse-Côte-Nord, on compte deux écoles primaires, une pour les «Blancs» (environ deux cents habitants au total), une pour les Indiens.

L'autre approche consisterait à chercher une solution à la question autochtone sur la base de territoires. Cela n'est pas facile puisque les Amérindiens sont dispersés partout au Canada et qu'à l'exception des régions nordiques où, avec les Inuit, ils sont encore généralement majoritaires, ils sont partout ailleurs fortement minoritaires. Il faudrait donc accorder un statut indien à un ou à quelques territoires constitués de très nombreuses parcelles disséminées un peu partout. Ces territoires devraient compter bien plus d'espace que les réserves actuelles, scandaleusement petites. Il faudrait qu'elles soient autant que possible économiquement viables. Puisque désormais la plupart des Indiens vivent en milieu urbain, faudrait-il y concevoir des enclaves autochtones? Cela existe déjà près de Québec ou de Montréal, mais pas à Halifax, à Toronto ou à Vancouver. Ces territoires seraient dotés d'un statut particulier, non pas de privilèges particuliers. On pourrait y imaginer des lois civiles différentes, une police autonome, un système scolaire ou de services sociaux pas tout à fait comme ailleurs, des cours d'histoire des Autochtones, etc. Sur ces territoires, les droits et les devoirs seraient les mêmes pour tous; les Indiens n'y seraient pas entretenus par l'État, mais responsables de leur État provincial.

C'est la solution qu'a retenue le Danemark pour le Groenland, où les Inuit assument les obligations et les responsabilités de leur autonomie. Cette solution implique cependant que les territoires soient découpés de manière à y assurer une présence majoritaire d'Autochtones. Le risque serait toujours présent qu'ils y deviennent minoritaires, mais on peut imaginer qu'ils disposeraient, comme le Québec, de lois sur l'immigration. Le découpage de territoires est évidemment plus facile à proposer qu'à réaliser. Cela poserait toutes sortes de problèmes de tracés et inclurait fatalement des populations non consentantes. Sans compter que, pour agrandir les réserves, il faudrait affronter les papetières qui pratiquent la coupe à blanc, les compagnies minières, les grandes entreprises hydroélectriques comme Hydro-Québec, les associations privées de chasse et de pêche, et que sais-je encore. Mais ne pourrait-on pas envisager qu'au lieu d'être enfermés dans des réserves minuscules pour laisser le champ libre à l'exploitation forestière intensive dans le haut Saint-Maurice, les Attikamèques gèrent de grands territoires en y développant une prospère industrie touristique pour des Allemands et des Français qui rêvent d'une cabane au Canada, de grands espaces, d'Indiens et de nature ? Les Indiens travailleraient, la forêt garderait sa merveilleuse beauté, chacun réajusterait ses perceptions et puis les photographes fixeraient l'image d'une sittelle dans une pruche ! Ailleurs, les Inuit géreraient une mine ; les Montagnais, la production de bois de pulpe pour le papier. Par Inuit, nous entendrions l'ensemble des habitants de leur territoire : Inuit de souche, Canadiens français ou anglais, Haïtiens, Vietnamiens. La langue de travail pourrait bien y être l'innuktituut. L'ensemble des traités et des lois particulières issues du passé auraient été jetés aux poubelles de l'histoire. Y prévaudraient les lois fédérales et celles de la province autochtone où «pur-sang», Métis, Blancs et Noirs partageraient les mêmes droits et obligations. C'est heureusement sur cette base d'une démocratie territoriale que vient d'être créé le territoire autonome du Nunavut dans la moitié orientale des Territoires du Nord-Ouest, où les Inuit constituent la majorité de la population.

Quelles attitudes ?

Il n'y aura pas de solutions si nous ne revenons pas à la tradition de l'alliance. Cela implique qu'il faille cesser de s'ignorer mutuellement, qu'il faille rompre avec le refus de reconnaissance de l'existence de l'autre. Dire alliance, c'est dire partenaires, c'est dire plusieurs. Si les Québécois se représentent le Canada non pas comme «une nation», mais plutôt comme un contrat entre deux peuples fondateurs, les Amérindiens rappellent à juste titre qu'il n'y a pas deux, mais trois peuples fondateurs. À cet égard, ce qui est vrai pour le Canada l'est pour le Québec, qui compte également trois peuples fondateurs : les Amérindiens, les Français, les Anglais. Il faut donc chercher à reconnaître, dans nos institutions, l'existence de ces trois communautés. Les non-Autochtones, tout particulièrement les Euro-Canadiens, doivent rompre avec l'héritage colonial qui plaçait l'Amérindien et l'Inuk du côté du primitif qu'il fallait assimiler. Réciproquement, il importe que les Autochtones assument la réalité du passé colonial : tous ceux qui habitent l'Amérique sont désormais les enfants de ce continent ; des frontières, arbitraires certes, ont été tracées, il faut en tenir compte ; des gouvernements se sont implantés dans des pays qui ne sont plus ceux de 1492, mais qui sont là et dont les Amérindiens sont devenus des citoyens. Ainsi, les Iroquois canadiens, malgré leurs prétentions, ne peuvent nier leur insertion dans la société canadienne et affirmer qu'ils ne sont rattachés au Canada que par le seul lien d'alliance directe avec le gouverneur général. Il faut également que chacun relativise ses positions quant à la taille des populations respectives. Les non-Autochtones auraient tort de refuser aux Premières Nations un statut particulier parce qu'elles ne comptent légalement qu'un demi-million de représentants au Canada ou peut-être deux millions culturellement, soit entre 2% et 8% de la population totale. Inversement, les Amérindiens doivent bien comprendre que leur petit nombre limite les possibilités. Tout particulièrement s'il s'agit de revendications au nom non pas des Amérindiens, mais d'une communauté particulière de deux ou trois mille personnes. On aurait beau, dans ce cas, invoquer le principe absolu du droit à l'autodétermination des peuples, dans la réalité, l'obtention d'une complète autonomie ne serait ni réaliste ni viable. Il importe donc que les différentes communautés et nations autochtones s'élèvent au-dessus de leurs multiples factions et divisions pour développer une conscience nationale panindienne. Faire une place à quelqu'un à qui ce droit était refusé n'est jamais facile. Nous l'avons souligné, agrandir les réserves implique des affrontements non seulement avec le grand capital, mais avec l'ensemble des citoyens qui voudront garder tel une propriété, tel un travail, tel un droit de pêche. Il s'agit de surcroît d'une remise en question du territoire symbolique : l'espace national.

Les Québécois craignent beaucoup de se faire déposséder ainsi d'autres Labrador. Peu sensibles à cet aspect, plusieurs Amérindiens du Québec (particulièrement ceux qui sont anglophones) réclament leur rattachement au Canada en cas d'accession du Québec à la souveraineté. Dans la même voie, ils cherchent à constituer des ensembles qui ne tiennent pas compte des frontières du Québec. Cela peut s'expliquer parce que, comme toutes les autres en Amérique ou en Afrique, ces frontières sont sans rapport avec celles, traditionnelles, des premiers occupants. Cela tient également au fait que c'est par le lien fédéral que les Autochtones ont toujours été rattachés au Canada. Par contre, les frontières du Canada et des États-Unis sont tout aussi arbitraires et les peuples qui se retrouvent de part et d'autre n'exigent pas le démantèlement ou le rétrécissement du Canada pour se réunifier. Il appartient ici aux Autochtones d'assumer ces frontières, même arbitraires. Et si les Québécois ont tort de soupçonner trop souvent dans les revendications autochtones, chez eux, des «manigances» des Anglais, les Autochtones ont tout autant tort de ne pas reconnaître l'existence et la volonté de vivre du Québec. On n'avancera à rien à se nier l'un l'autre, à tour de rôle.

Pas de solutions non plus sans que les Autochtones n'acceptent les devoirs qui accompagnent les droits, les obligations qui résultent de la sortie de la dépendance et de l'acquisition de formes de souveraineté. Illustrons ce fait par le droit de saisie. Pour protéger les derniers vestiges des territoires et des biens des Indiens considérés de surcroît comme irresponsables, nos lois interdisent depuis plus d'un siècle le recours à la saisie dans les réserves. Il y a à cela des avantages certains pour ceux que la loi protège. Par contre, quelle institution financière prêtera à des Indiens dans ces conditions ? Comment ceux-ci pourraient-ils envisager de se lancer en affaires ? Ce privilège de la dépendance est incompatible avec la volonté d'assumer son destin et les risques que cela comporte.

Pas de solutions non plus en dehors d'une rupture avec le paradigme de la culpabilité. Personne n'est coupable des erreurs ou des crimes des siècles passés. Les Néo-Écossais contemporains ne sont pas coupables de la déportation des Acadiens; je ne suis pas coupable des expéditions de mes ancêtres contre les Indiens Renards des Grands Lacs au XVIIIe siècle; les Canadiens ne sont pas coupables de la *Loi sur les Sauvages* du XIXe siècle. Il nous appartient cependant de prendre nos responsabilités face à l'héritage qui nous est laissé. Cet héritage, nous ne pouvons pas l'assumer intégralement parce qu'il est injuste pour les Premières Nations. Trouver des solutions équitables ne veut pas dire payer des réparations et accorder des privilèges pour compenser les injustices passées, cela ne ferait qu'envenimer le présent.

Enfin, il n'y aura pas de solutions en dehors d'une rupture avec nos stéréotypes relatifs aux Amérindiens et aux Inuit. De part et d'autre, trop nombreux sont ceux qui figent l'identité autochtone dans des stéréotypes biologiques (Indien = cheveux noirs et pommettes saillantes) ou folkloriques (Indien = chasseur). Plus généralement, Blancs et Indiens s'entendent pour faire des seconds le miroir inversé des premiers. Au barbare sans feu, ni lieu, sans foi, ni roi s'opposait le civilisé sédentaire, chrétien et sujet d'un souverain; on oppose désormais le Blanc décadent, arriviste, égoïste, matérialiste, destructeur de la nature à l'Indien généreux, authentique, religieux, écologiste. D'une manière ou d'une autre, le résultat net conduit à la dépossession d'une identité. Il appartient donc aux «Blancs» de cesser de voir dans les Indiens l'envers d'eux-mêmes. La réciproque doit s'affirmer avec autant de fermeté: il appartient aux Amérindiens et aux Inuit de cesser de se définir dans l'œil du Blanc.

À cet égard, la métaphore de l'Indien aux pieds nus sur la terre sacrée, porteur d'une mission civilisatrice pour l'Europe décadente, n'est que l'inversion du vieux mythe. Les Amérindiens n'ont pas droit à une place au soleil parce qu'ils sont meilleurs ou moins dépravés que leurs compatriotes, mais simplement parce qu'ils existent, comme des humains normaux, avec leurs qualités et leurs défauts et qu'ils maintiennent une volonté collective de vivre. Il importe donc que les Premières Nations échappent aux stéréotypes qui les enferment (et par lesquels elles s'enferment elles-mêmes) dans un passé figé et qu'elles s'approprient le monde moderne sous toutes ses formes. On peut être un Noir américain dans le domaine de la finance ou de l'opéra tout autant que dans le basket-ball ou le jazz. On peut être Québécois derrière le volant d'une voiture américaine et voter pour un député à un parlement de tradition britannique plutôt que vêtu du capot de chat, de la ceinture fléchée, monté derrière son cheval en route pour rendre hommage à son seigneur. On ne cesse pas d'être Amérindien en préférant Beethoven à la pêche, en lisant les philosophes grecs plutôt que les mythes anciens, en portant un complet trois pièces pour la levée de la pelletée de terre inaugurale de l'érection du siège social d'une compagnie d'aviation. Il n'y a donc pas obligation de revenir aux coutumes anciennes pour maintenir l'identité.

Ce fut là, d'ailleurs, l'une des raisons pour lesquelles environ la moitié des Indiens, tout particulièrement les femmes, votèrent contre les propositions constitutionnelles faites en 1992 par le gouvernement du premier ministre fédéral Brian Mulroney. Ces propositions prévoyaient une large part d'autonomie pour les Premières Nations et garantissaient également que les traditions politiques des Indiens seraient protégées par la nouvelle constitution. Mais tout cela aurait impliqué, dans plusieurs communautés, qu'en vertu des traditions seuls les hommes auraient eu droit de vote. Dans d'autres, comme chez les Iroquois, seules les femmes ménopausées auraient eu droit de choisir les chefs. Au nom de la préservation des coutumes, l'acceptation de ces propositions aurait donc conduit à des aberrations. Pas plus que les Québécois ne vont renier la tradition parlementaire britannique parce que la monarchie absolue française de Louis XIV serait plus authentique, les Amérindiens ne doivent renoncer aux idéaux démocratiques qu'ils se sont appropriés. Cela fait partie de la modernité et celle-ci nous appartient à tous.

Conclusion

Le débat sur la place des Autochtones dans les sociétés québécoise et canadienne ne fait que s'amorcer. La crise d'Oka à l'été 1991 a été un catalyseur qui a tout autant éveillé que bloqué les consciences. La volonté obtuse de nier les revendications d'une communauté autochtone historiquement spoliée pour promouvoir le progrès représenté par l'agrandissement de 9 à 18 trous d'un terrain de golf était franchement ridicule.

Par contre, le comportement des «Warriors» masqués, armés de leurs mitraillettes et de leur fondamentalisme dogmatique ne pouvait s'accepter dans une société démocratique, bien que, faute d'un décision politique, seuls les Warriors aient réussi à stopper l'agrandissement du golf dans la pinède. Il importe de sortir de ces culs-de-sac et il en va de la responsabilité de tous. Il appartient à nos représentants élus d'accepter d'ouvrir enfin les négociations avec la minorité autochtone, mais il ne peut s'agir simplement de consentir à leurs demandes. La sortie du colonialisme représente un énorme défi pour les partenaires, tant colonisateurs que colonisés. Il appartient à chacun de le relever.

Processus cognitifs, processus culturels

Du langage et de la culture comme jeux sur «les frontières»

Georges Vignaux
CNRS, Paris

Khadiyatoulah Fall
CERII et Université du Québec à Chicoutimi

États identitaires, «états frontières»

Un linguiste peut-il approcher des préoccupations de la recherche interculturelle? Sauf exceptions, la démarche n'est guère familière. Du côté des linguistes pèsent autant les craintes du jugement des pairs («est-ce de la science?») qu'une certaine tradition d'études strictement syntaxiques (grammaticales), ignorant les faits sémantiques, *a fortiori* culturels. Du côté des recherches dites interculturelles, on sait encore le rôle souvent exclusif qu'y ont joué sociologues, anthropologues et spécialistes des sciences de l'éducation. Nous nous essaierons pourtant ici à travailler la relation entre langage et culture, arguant de cette préoccupation du sujet énonciateur qui sous-tend le modèle construit par Vignaux[1] sur les opérations langagières et argumentatives, et qui est à la base du travail de collaboration entre les deux auteurs. Un certain souci holistique nous a ainsi amenés progressivement à modéliser les phénomènes d'intrication entre le langagier et le cognitif afin d'analyser comment s'élaborent des *parcours* agencés sur *du* sens ou *des* sens, et jouant de la sorte sur ces *frontières* et ces *repères* (les références) que chaque discours opère pour construire connaissance, *représentation* de soi, du monde et des autres.

Ce faisant, il s'agit de renouer avec une certaine tradition de réflexion sur le langage, illustrée autant par les philosophes que par les linguistes. Cette préoccupation récurrente consiste à s'interroger sur les formes des rapports «de l'être au langage» (le langage est-il l'être?) et de «l'être dans le langage» (y a-t-il de l'être dans le langage?). Cette double interrogation réintroduit nécessairement la question de la relation du langage à la réalité

---

1. G. VIGNAUX, *Le discours, acteur du monde. Énonciation, argumentation et cognition*, Paris-Gap, Ophrys, 1988; G. VIGNAUX, *Les sciences cognitives: une introduction*, Paris, La Découverte, 1994 (Coll. «Le Livre de poche»).

et celle, surtout, des limites qui nous sont imposées dans cette relation même. Celui qui a longtemps travaillé sur le langage ne peut en effet ignorer à quel point chaque discours, même assuré, trahit son impuissance à «cerner» un objet dans le moment même où il s'efforce de le construire. Cette espèce de *situation-limite* inhérente au langage n'est pas sans évoquer certains processus que le clinicien nomme *états-limites*. Encore que notre propos ne soit pas ici de ramener le langagier au pathologique, mais plutôt d'emprunter toute analogie utile à la réflexion sur ce rapport entre le sujet, le langage et le monde, rapport sans cesse problématique et conflictuel: «Considérée du point de vue de son événement, la raison de l'homme — le logos — est aussi imputable au jeu, et en même temps à la violence[2]».

Ce qui est fréquemment en jeu, en effet, dans les processus identitaires — nous explique le clinicien —, c'est d'abord une protection du «Moi», lequel a recours à ce mécanisme de défense essentiel qu'est le clivage; ce clivage sert autant à scinder l'objet que le Moi en bon et mauvais. Du côté du Moi, il s'agit de prévenir la généralisation d'une angoisse persécutive; du côté de l'objet, il importe de protéger «le bon objet», c'est-à-dire celui qui permettra les introjections positives. Le Moi aurait dès lors, communément, deux fonctions essentielles: différencier les «bons objets» et les «mauvais objets», dans une dynamique toujours renouvelée sur la *frontière*.

Par là se fondent ce qu'on nomme des *identités,* mais surtout des situations qu'on dira culturelles dans la mesure où elles traduisent des moments, des *attributs,* des *territoires* jugés significatifs ou caractéristiques d'une société ou d'un groupe social sur des espaces et des durées déterminés. Espaces et temporalités nécessairement mouvants non seulement parce qu'ils sont en évolution de par l'histoire, mais encore parce qu'ils ne se définissent et ne s'authentifient qu'*à la frontière* d'autres espaces et d'autres temps baptisés eux aussi culturels. De même en va-t-il de ce qu'on nomme, en pathologie, les «états-limites» *(borderlines)* — mais l'analogie, encore une fois, n'est ici qu'opportune —, où l'on peut observer ces modes d'aménagement de la personnalité qui vont conjuguer, non sans heurts, plusieurs fonctions: fonction idéalisante («Idéal de Moi»), fonction de prise de conscience et de synthèse des informations («Moi proprement dit»), fonction de jugement intériorisé («Surmoi»)[3].

L'ancrage culturel est à l'instar de l'ancrage identitaire: tantôt conflictuel, tantôt apaisant, travaillant des objets du monde pour se les approprier, jouant de démarcations pour établir des stabilités nécessairement temporaires et donc fragiles dans le moment même où elles se veulent sécurisantes.

---

2. G. COLLI, *Filosofia dell' espressione,* Milan, Adelphi Edizioni, 1969. Traduction française: *Philosophie de l'expression,* Cahors, Éditions de l'Éclat, 1988.

3. J. BERGERET, «Faiblesse et violence dans le drame du dépressif contemporain», dans J. BERGERET (éd.), *Narcissisme et états-limites,* Paris, Dunod, Presses de l'Université de Montréal, 1990.

État de crise, mais au sens positif où toute crise signifie évoluer, surmonter, surpasser, se surpasser en *divergeant* de certaines choses, en *convergeant* vers des représentations renouvelées. *Travail d'images, travail sur des images. Questions d'images : de soi, de l'autre.*

On sait le nombre de couples en difficultés d'identification compte tenu de l'évolution des rôles sexuels au sein de la famille actuelle, avec, pour conséquence, la dilution des rôles respectifs homme-femme, père-mère. De même, encore, de ce qu'on nomme à l'occasion la «crise des institutions» du côté des «services publics» qui assuraient, sur de longues durées historiques, la stabilité de ces institutions. Le voyageur de banlieue parisienne connaît bien ces «fièvres» qui agitent de façon soudaine les réseaux de transport; on les nomme d'ailleurs «grèves surprises». De quoi s'agit-il? En vérité, de la conjonction/confrontation entre deux ordres de phénomènes: d'un côté, une institution (la Société nationale des chemins de fer français) vivant mal l'impossible ajustement entre une organisation statutaire rigide, fortement hiérarchisée, et les adaptations professionnelles requises par la mutation technologique; de l'autre côté, la perte de «visibi-lité» de ces compétences techniques, la disparition donc d'un certain nom-bre d'images faisant prestige aux yeux du public, lequel, à son tour, n'a plus, bien sûr, le respect qui confortait autrefois les mécaniciens de locomotives et les chefs de gare. Conflit d'images impliquant alors des besoins de «revalorisation» personnelle qu'occulte la revendication salariale mise en avant. Recherche, surtout, des inscriptions symboliques de certains rôles sociaux aujourd'hui dilués dans les automatismes technologiques.

De même, enfin, de ces logiques du *sale* et du *propre* qu'opposent les espaces urbains de transport — le métro — et où font «bruit» ceux que la société renvoie au «silence» — clochards, *tagers* —, brouillant d'une certaine façon un réseau qu'on veut «lisible», mettant en cause, de ce fait, sa continuité, le renvoyant au souterrain, aux *limites* de la ville. Et l'institu-tion — le métro parisien — reprend alors mémoire de sa fondation hygié-niste à l'aube de notre siècle, en réactualisant le clivage normalité/ marginalité et en traquant donc la déviance, «le sale», au prix de machines sans cesse plus perfectionnées dont les prochaines pourront, annonce-t-on, se déplacer seules, sans balayeur, lui aussi rejeté aux limites du visible. Tout cela mettant en scène, sous nos yeux, la constante logique d'une société qui, pour qu'elle «fonctionne», doit s'autoriser d'*oubli* et d'asepsie défensifs en forme d'images — celles du rejet ou du déchet[4].

Comme s'il y avait toujours «impasse d'identification» liée à l'impos-sibilité d'intégrer la mouvance des représentations, et particulièrement celles de soi: «le discours ne dit jamais *tout,* mais garde toujours quelque

---

4. J. DEKINDT, «L'oubli et l'anéantissement. Remarques sur le sale et le propre dans le métro», Paris, RATP, Mission Prospective, 1990.

chose par devers soi[5]». Et comment pourrait-il en être autrement du langage ? Le langage a-t-il rapport à *la vérité* ? Peut-être. En tout cas, c'est une évidence qu'il ne permet jamais de l'atteindre et que celle-ci demeurera «quête impossible». Le langage est-il *l'être* ? Assurément. Mais où l'être se retrouverait-il dans des mots qui, par définition, ne sont qu'expression fugace de lui ? Sans doute faudrait-il, à ce propos, revoir toutes nos illusions concernant le rapport «être, pensée et langage», et particulièrement s'agissant des modes de traitement scientifique du linguistique. Tel sera ici notre propos, inspiré d'une position orientée vers *l'appréhension des invariants holistiques de la construction du sujet et du monde dans le langage et des conditions inhérentes à cette construction sans cesse inachevée, conditions qui font en permanence du langagier une sorte de «processus-limite» inatteignable à l'être, mais indispensable pour l'être culturel.*

Jeux du langage, jeux sur «la frontière»

Considérons le phénomène langagier de manière générique. Ce qui nous distingue de toutes les autres espèces est bien ce fait que notre espèce, au cours d'une longue évolution, a su construire un système hautement développé — le langage —, lequel nous permet autant de «communiquer», c'est-à-dire de désigner des choses, de transmettre ainsi des «sens» et, par là, de réguler des actions, que d'assurer et surtout de fonder cet extraordinaire pouvoir qu'est l'échange symbolique sous la forme d'évocations de choses absentes ou imaginaires, autrement dit de représentations, de conceptualisations, d'abstractions, de cultures. «La séparation du monde en choses et en processus, en choses durables et en choses périssables, en objets et en procès, n'est pas antérieure à la formation du langage [...], c'est au contraire le langage lui-même qui amène cette séparation qu'il doit effectuer pour sa part[6].»

Ce processus phylogénétique que chaque petit être humain venant au monde doit revivre repose sur deux remarquables propriétés qui assurent sa transmissibilité. L'une se fonde sur l'existence des régularités internes — régularités liées à une «structuration de base» (le syntaxique) favorisant le repérage (la reconnaissance) des multiples agencements expressifs possibles. L'autre provient de cette combinatoire d'une infinie plasticité (la production) qui nous permet à tout instant de conjuguer des mots — du lexique dont on sait qu'il est en permanence polysémique — et des agencements de ces mots entre eux, qui vont, de ce fait, «faire sens» (le sémantique). Ces deux systèmes s'intriquent: chaque production de langage

5. C. PADRON ESTARRIOL, «Le jeu de cache-cache dans l'état-limite dépressif», dans J. BERGERET (éd.), *Narcissisme et états-limites, op. cit.*

6. E. CASSIRER, *Sprache und Mythos*, 1953. Traduction française: *Langage et mythe*, Paris, Éditions de Minuit, 1973.

travaille en reconnaissance pour sa compréhension; réciproquement, chaque reconnaissance d'un fait linguistique requiert simulation de ce qui a pu motiver sa production. À chaque fois, ainsi, aux manipulations qui seront faites des marques du repérage spatial, temporel et statutaire («les procès») correspondront autant de *significations,* c'est-à-dire d'évocations des mondes concrets ou imaginaires auxquels on veut référer.

Tout cela fait qu'en vérité, dès les débuts de notre entrée au monde, nous sommes confrontés à des dilemmes «redoutables», les uns liés à la découverte de la polysémie des mots («Comment s'y retrouver quand un terme correspond à autant d'usages?»), les autres provenant de la multiplicité des formes où ces mots vont se retrouver employés et où ils vont dès lors acquérir de nouvelles nuances («Que veut dire telle expression? Qui la dit et pourquoi? Est-ce vrai?»). Ces dilemmes, il nous faut les résoudre au prix d'une *déstabilisation* fondamentale qui est celle d'accepter les *jeux du langage,* autrement dit, nous résigner à ce qu'aucune expression ne possède l'univocité de sens qui nous rassurerait, mais comprendre qu'en revanche nous pourrons jouer des multiples formes de *l'être dans le langage* et ainsi sans doute, à chaque instant, perdre cet être, mais en même temps découvrir peu à peu les protections du leurre *(le jeu),* de même que le considérable pouvoir ainsi offert à chacun comme protection et liberté. Libre à nous, effectivement, d'en disposer ou de s'en inquiéter, faute de connaître et de comprendre que nous ne sommes jamais là autrement qu'*en limite* du rapport des mots aux choses, et à nous-mêmes.

Pour comprendre ce fait du langage, nous emprunterons ici une attitude généralisante. Au départ de toute énonciation, c'est-à-dire de ce qu'un sujet exprime, il existe une certaine «mise en forme» quasi «abstraite» (sous-jacente?) qu'il lui convient de respecter pour que ce soit reconnu comme du langage. Cette forme générique à tout fait expressif, on peut la nommer *lexis*[7]; elle est en vérité ce que le *dicible* — le *lekton,* au sens des Stoïciens — doit accepter pour sa mise en place afin d'être perçu effectivement comme du *dicible:* ce qui a possibilité (virtualité) de se dire, mais qui ne peut s'instaurer que par la *«mise en être»* du langage lorsque l'être — chacun de nous — met le langage *en acte*[8]. C'est la *prédication,* cet acte expressif commun à toutes les langues et qui marque la vraie frontière entre notre espèce, qui a su créer langage, et les autres espèces. Qu'est-ce que *parler,* qu'est-ce qu'*exprimer,* qu'est-ce que *penser* sinon *prédiquer,* c'est-à-dire toujours avancer quelque chose de quelque chose, pour l'*identifier* et donc le *différencier,* le montrer autrement.

---

7. A. CULIOLI, «Representation, Referential Processes and Regulation. Language Activity as Form Production and Recognition», dans J. MONTANGERO et A. TRYPHON (éd.), *Language and Cognition,* Genève, Fondation Archives Jean Piaget, Cahier n° 10, 1989.

8. G. VIGNAUX, *Le discours, acteur du monde…, op. cit.*

La prédication: inscription du sujet énonciateur

Toute prédication repose ainsi sur un agencement de base: il s'agit de *désigner* un agent (qu'il soit humain ou chose ou situation), d'*indiquer* un procès, c'est-à-dire une action ou un état de cet acteur, et de *montrer* dans le temps et dans l'espace (modalités du procès) une circonstance motivant ou légitimant cette mise en association d'un agent et d'un mode d'être ou d'un faire. Ce que d'emblée, ainsi, toute prédication opère, c'est la conjonction entre un *désigner* (référer à des choses, à des acteurs et surtout à des situations « authentifiables ») et un *montrer* légitimant le choix et l'intérêt d'en parler. C'est dans cette relation même entre désigner des choses du monde — ce qui n'engage guère — et en montrer un état ou un mouvement en situation — ce qui engage un «point de vue», une «façon de voir et penser» — que s'inscrit nécessairement à chaque fois le sujet qui choisit de prédiquer. En ce sens, toute prédication est bien un certain « acte » d'un sujet et va se construire comme *événement cognitif et culturel*.

Donnons cet exemple minimal:

Forme «abstraite» *(lekton)*: <livre, table, être>.

Forme prédiquée: «Il y a un livre sur la table» (ce qui est un constat).

Mais aussi: «Il y avait un livre sur la table» (sous-entendu: «moi, je l'ai vu» et, en la circonstance: «qu'en a-t-on fait?»).

Mais aussi: «Le livre était sur la table» (sous-entendu: «tu sais comme moi qu'il y était; qu'en as-tu fait?»).

Mais encore: «Sur la table, il y aura un livre» (sous-entendu: «si tu t'ennuies ou que tu as de l'insomnie, prends-le, lis, ne m'ennuie pas...»).

Mais enfin: «Sur la table, il y a un livre» (sous-entendu: «moi, spectateur de cette scène ou de ce tableau, je vous indique que cet homme est cultivé, voire savant: sur sa table, il y a un livre». Il n'est pas innocent que certains présidents ou chefs d'État choisissent de se montrer devant une bibliothèque).

Ce petit exercice témoigne, à travers le jeu des implicites, de ce phénomène essentiel qui fonde toute prédication, à savoir le *jeu d'échos entre un construit* — ce qui est là inscrit dans un agencement de langage — et *un opérant* — ce que cet agencement opère dans une situation, dans une interaction, dans une action en direction d'autrui. Toute énonciation (prédication) s'instaure comme *positionnement:* positionnement d'un sujet vis-à-vis d'une situation qu'il choisit de désigner ou d'évoquer, positionnement aussi de cette situation en regard d'autres et à l'intérieur du langage, c'est-à-dire dans la façon même de l'énoncer en regard d'autres propos ou discours possibles sur cette même situation. *Tout acte de langage est ainsi porteur d'inscriptions qui sont autant d'«instructions» pour un jeu sur des repères:* inscription du sujet vis-à-vis de ce qu'il choisit d'énoncer et d'autres énonciateurs présents ou possibles, instruction encore de ce qui est là énoncé en regard d'autres énonciations proches, adverses ou hypothétiques. Cette multiplicité de relations internes et externes à toute prédication pourrait prêter à confusion s'il n'y avait pas là, pour le linguiste, présentes, un certain nombre de marques qui constituent un véritable *système d'indexation interne à l'énoncé.*

Citons dans l'ordre:

(i)   le renvoi à du lexique, lequel se constitue comme *champ sémantique virtuel* repérant ce qui est désigné (acteurs, objets, états, mouvements);

(ii)   les formes d'agencement de ces termes entre eux («Pierre aime Marie» est tout autre chose que «Marie aime Pierre»), qui se constituent à chaque fois comme *parcours* orientant le *point de vue;*

(iii) les types de modalités temporelles et aspectuelles qui vont être affectées au procès reliant agent et objet ou agent et circonstance, et qui vont autant spécifier, dans le temps et l'espace, cette mise en relation que la légitimer (Si «Pierre aime Marie», c'est, par exemple, parce que *je* — sujet énonciateur — le sais, et qu'il n'est plus besoin d'imaginer que Pierre «aimerait» Marie s'il la rencontrait). Construction multiple de repérages traduisant, au niveau même de l'énoncé, la coexistence d'*opérations* qui vont intervenir simultanément sur la matière même du langage — ce qu'un sujet fait de celui-ci à chaque fois — et sur les référents externes que ce même énoncé veut «cadrer».

Les opérations de langage et de discours

Le *premier type d'opérations* travaillant le système du linguistique, nous les nommerons *langagières* pour exprimer qu'elles renvoient à du langage en acte; le *second type d'opérations* est de l'ordre du *cognitif:* elles visent à réguler du langage vers la connaissance et, réciproquement, à organiser et à moduler de la connaissance grâce au langage; elles fondent donc ce «travail» incessant du langage à la connaissance et de celle-ci sous celui-là. Leur distinction n'est qu'analytique; en vérité, elles sont toujours intriquées à l'intérieur même de chaque énonciation.

Ce qui s'opère ainsi quotidiennement, dans et par l'activité langagière, ce sont:

(i)   des localisations (désigner quelque chose — le livre par exemple —, c'est nécessairement le localiser dans un monde de référence et donc l'identifier pour le différencier);

(ii)   des identifications donc en regard de différenciations (placer en situation ce quelque chose qu'on désigne en le nommant, c'est l'identifier dans un certain contexte ou placement — le livre sur la table — et le différencier d'autres «quelque chose» et d'autres contextes ou placements — les livres qui ne sont pas sur la table);

(iii) des déterminations (qui, par le jeu des procès et de l'aspecto-temporel, mais aussi des quantifications et qualifications, seront nécessairement à la fois la construction des modes d'être de ce qu'on place en situation, et l'orientation dès lors vers un certain regard concernant cette mise en relation (si *le livre <u>est</u> sur la table*, c'est donc qu'il y est maintenant et que c'est le livre et non n'importe quel livre, et qu'éventuellement encore: «vois-le, il n'y sera pas toujours» ou: «il y sera toujours»; ou qu'enfin, de façon déictique: «prends-le, ne l'oublie pas»).

De même en va-t-il au niveau du discours. Ce que tout discours opère en permanence ce sont:

(i) des sélections: les objets qu'il choisit de traiter;

(ii) des qualifications: l'attribution de propriétés ou de caractéristiques à ces objets;

(iii) des déterminations: des placements repérant ces «objets» sous formes de «modes d'existence» qui vont leur être attribuées;

(iv) tout cela convergeant opportunément vers des jugements cognitifs ou réciproquement, à partir de jugements initiaux, s'instaurant comme arguments culturels développés à partir de ces jugements.

Ainsi en va-t-il de ces exemples empruntés au corpus d'enquêtes du sociologue genevois Windisch[9]:

La Suisse, mon pays natal, le pays qu'on m'a appris à aimer, à chérir, à vénérer, c'est plus du tout ça pour les jeunes maintenant.

Ce qui est sélectionné et donc identifié, c'est «une Suisse» qui est celle du sujet, dont la qualification déterminante est qu'elle était «celle qu'on apprenait à aimer et à vénérer» (i. e.: on était «déterminé» pour l'aimer), et cela induit et favorise la vraie visée du discours, à savoir un jugement de différenciation vis-à-vis des «jeunes Suisses» qui ne sont plus «formés» ad hoc. Donc: «rien ne va plus dans l'éducation et la morale suisses...»

D'abord parce que la Suisse a été envahie par l'étranger. La Suisse maintenant, surtout les jeunes, veulent singer l'étranger, ils croient que ça c'est formidable. Moi j'en sais quelque chose...

Ici le jugement est initial: «la Suisse est envahie», mais elle est envahie doublement: par les étrangers bien sûr, et par ses propres jeunes qui oublient d'«être Suisses». À partir donc d'une double différenciation «en miroir» (les étrangers/les jeunes Suisses), l'argumentation du sujet vise, en prenant appui sur un jugement xénophobe, à pointer sur la propre attitude

9. U. WINDISCH, *Le Prêt-à-Penser. Les formes de la communication et de l'argumentation quotidiennes*, Lausanne, L'Âge d'Homme, 1990.

des jeunes Suisses, source de danger encore plus grande... Et argument final de distinction/différenciation absolue: «moi, j'en sais quelque chose...»

On s'aperçoit ainsi qu'à vouloir rendre compte des *manipulations* de langage et internes au langage en termes *métalinguistiques* — c'est-à-dire: ce qu'un sujet énonciateur opère *du* et *dans* le langage —, la *frontière* avec ce qui serait des *opérations de pensée* n'est guère étanche. C'est qu'effectivement les *opérations cognitives sont intriquées aux opérations langagières,* celles-ci construisant celles-là au sens même du *repérage,* les premières ordonnant encore — au sens de mise en ordre, sinon de «conscience» du sujet — les *démarcations* des secondes. Mais il ne s'agit pas ici d'un quelconque «plan du conceptuel», lequel nous serait suggéré, sinon «traduit» par la langue — il y a longtemps que les linguistes ont abandonné la conception que les langues seraient des «vêtements» qui s'appliqueraient à de la pensée comme il en serait d'une forme à un contenu —; de même en va-t-il de la croyance en cette relation entre logique et langue où la première continuerait, dans la plus pure tradition occidentale, à réinterpréter les catégories grammaticales de la seconde ou à chercher, sous la langue naturelle, une sorte de *lingua abscondita* qui en fonderait l'essence.

Ce que nous appellerons «cognitif» ne relève donc pas du simple «contenu de pensée» plus ou moins décalqué de «ce que disent les mots», non plus de ces taxinomies déguisées que l'intelligence artificielle baptise «réseaux sémantiques» et qui seraient des «relations des choses aux choses». Il s'agit en vérité de ce *système d'opérations ancré* dans le sujet — à savoir chacun de nous —, mais non indépendant des moyens divers, concrets ou symboliques de sa réalisation, et dont la puissance réside dans sa capacité à «manipuler» cet autre système puissamment expressif qu'est le langage et, surtout, à «être manipulé» par celui-ci. La définition que nous avancerons des opérations cognitives minimales appliquées au langage éclairera peut-être les choses.

Dans ce rapport essentiel du sujet au langage, ce que tout sujet veut opérer — ou qu'il lui faut, au gré des circonstances, construire *grâce au langage* —, ce sont:

(i)   des identifications différenciations qui sont des démarcations au sens de l'établissement de frontières entre ce qu'il entend amener à considérer et ce qu'il souhaite faire «oublier» ou juger non pertinent au propos («ce dont je vous parle, c'est cela; ce dont il s'agit, c'est ça»);

(ii)   des stabilisations des domaines de sens et du «monde» qu'il aura ainsi institués entre deux «frontières» et, si nécessaire — c'est presque toujours le cas —, des déstabilisations de ce qu'il juge non pertinent à ces domaines et, surtout, à son propos («ce que je vous dis existe, est attesté; ce n'est pas ce que d'autres croient ou prétendent»);

(iii) des intégrations donc d'objets, de propriétés ou de situations à l'intérieur de domaines versus des désintégrations d'autres domaines concourants ou concurrents («ceci appartient à cela, mais cela n'en fait pas partie, je vous l'assure»);

(iv) enfin et surtout, des appropriations en regard bien sûr de désappropriations au sens de la prise en charge marquée, c'est-à-dire assumée ou non par le sujet de ce qu'il avance en son discours («moi, je vous dis», «moi, je pense que» versus «ils disent que», «certains pensent que», etc.).

Ainsi s'opèrent en permanence, par le discours et dans l'échange quotidien, *des jeux d'intégration ou d'exclusion sur la relation entre choses et êtres, entre êtres et choses et mondes, et de soi au monde* qui vont prendre forme de *catégorisations* appliquées aux choses ou aux êtres afin de les inscrire sous cette forme autoritaire mais banale qu'est le «rangement». Processus redoutable dans sa simplicité et qui va consister sans cesse à établir des *frontières* entre mondes, domaines, situations ou êtres, et qui impose la nécessité permanente *d'argumenter* ces rangements internes d'êtres ou d'objets au nom tantôt de propriétés qui leur seraient communes, tantôt de situations et de processus qui les conjoindraient. Et surtout de tenter de les «fonder», de justifier autrement dit, à chaque fois, un certain «*intérieur*» de la «catégorie» au regard de ce qui serait nécessairement son «*extérieur*» et, dès lors, légitimerait les frontières qui l'enserrent et la distinguent. Jeu de construction *d'intentions* qui ne peuvent en vérité que se «montrer» sous forme *d'extensions* ou encore, et le plus souvent, tirer prétexte de ce qui serait une sorte *d'essence* légitimante de chaque domaine, comme si le monde ne nous était offert que pour être *classé,* c'est-à-dire étiqueté, et que c'est ainsi qu'il faille penser[10].

Car en vérité, faute de renouvellement du «métaphysique», nous n'avons nul moyen d'organiser les «genres du monde» — au sens où Aristote et les logiciens médiévaux le pouvaient encore — sinon celui du langage, par le moyen de cette systématique ordinaire que lui seul permet, *bricolée* de multiples apports et qui fonde continûment nos catégorisations d'autrui et de la «réalité» en postulant que cette dernière existe bien.

Catégorisation, représentation et culture

Mais on ne peut formuler et tenter d'authentifier toute «catégorie» qu'au travers, d'une part, d'exemples qu'il faut lui trouver, et d'abord de l'ordre de l'énumérable, donc de l'extensif à même de fonder un *exemple,* un *type* («Grands espaces désertiques au centre, forêts tropicales au nord, régions montagneuses au nord-ouest et au sud-est, Grande Barrière de corail

---

10. G. PEREC, *Penser/Classer,* Paris, Hachette, 1985.

à la hauteur de Brisbane : l'Australie est une formidable réserve », *Le Monde,*
20/10/90), et, d'autre part, de la nécessité de postuler un principe intensif
légitimant à chaque fois le rangement, quelque chose qui serait une sorte de
point focal virtuel inatteignable bien sûr, mais au «fondement» de la
catégorie, comme une sorte de *centre attracteur*[11], souvent de l'ordre de la
suggestion, de l'admissible ou du « bien entendu» («Ça, c'est un
homme!»).

Bien évidemment, même si nous ne parlons plus d'*essences,* encore
que certains discours populaires, voire xénophobes, en abusent, tout cela
repose sur l'idée admise qu'il existerait des *notions* et qu'elles seraient
démontrables et suffisamment *stables* et *appropriables* au jugement ordinaire pour être possiblement attestées, voire respectées («À nous autres
Latins, il est fort malaisé de se montrer placide. Mais nous possédons "le
ressort", c'est-à-dire le don très précieux de transformer nos souffrances en
force»; «Les hommes à hérédité neuro-arthritique sont particulièrement
enclins à prendre ainsi la vie sous son aspect le plus énervant, le plus crispé,
si je puis dire, et c'est ainsi que se détrempe le ressort cérébral[12].»)

D'où la nécessité prenante au discours de toujours *sélectionner* les
«bons exemples» et de les *identifier* pour les *différencier* au prix de
déterminations laborieuses visant à leur ancrage dans une «idée», un «principe», voire une «image» qui fera métonymie de la réalité, recevant ainsi
le statut de *schème organisateur de la notion,* motivant à chaque fois un
certain découpage du monde et du social, une vision de l'autre, et surtout
les frontières d'une catégorisation («…les "Londoniennes", ces femmes
"libres", ainsi baptisées à cause de leur goût pour les minijupes et les
vêtements occidentaux», *Le Monde,* 24/10/90). Processus langagiers ordinaires qui offrent à chaque sujet le pouvoir redoutable d'être législateur du
quotidien. Après tout, il n'en va guère autrement dans ces lectures ordinaires
de la loi que tout tribunal d'instance opère quotidiennement[13]. Mais nul n'est
dupe du fait que «tout cela fonctionne» au prix d'une adhésion, d'une
croyance à des images toujours renouvelées — de soi, des autres et du monde
—, et que cela demeure tributaire d'*espaces* qu'il faut sans cesse repérer et
catégoriser, stabiliser donc dans des frontières.[14]

Travail harcelant sur des *limites* donc que le langage ne favorise guère
tout en le favorisant, car il faut toujours jouer d'*images, de relations* sous
contrainte des mises en relation entre mots, s'efforcer de *montrer* tout en

11. R. THOM, *Stabilité structurelle et morphogenèse,* New York, Benjamin, Paris, Édiscience,
1972.

12. M. de FLEURY, *Quelques conseils pour vivre vieux,* Paris, Albin Michel, 1926.

13. G. VIGNAUX, «De la simplicité comme argument», dans Y. LEMOINE (éd.), *Recherches.
Juges et procureurs,* 1980, p. 161-187.

14. P. FONAGY et A. HIGGIT, «A developmental Perspective on Borderline Personality
Disorder», *Revue internationale de psychopathologie,* n° 1, 1990, p. 125-159.

désignant, inscrire des univers pour les déconstruire et reconstruire. *Processus-limite* effectivement, inhérent au langage, mais témoin de cette fécondité du langage dans *l'à-peu-près* qui permet tous nos jeux de liberté entre domaines, enfermements, désignations et cultures: *à la frontière, donc.*

Notices biographiques

Daniel ARSENAULT a complété un doctorat en anthropologie, avec spécialisation en archéologie de l'Amérique précolombienne, à l'Université de Montréal en 1994 et s'est joint la même année au CÉLAT, comme chercheur postdoctoral. Spécialiste de l'étude des pratiques, institutions et représentations religieuses dans la préhistoire des Amériques, il poursuit actuellement des recherches à la fois sur le phénomène de l'art rupestre amérindien et inuit au Québec et sur la représentation iconographique des contextes rituels de la société mochica du Pérou préhispanique. En tant que chargé de cours au département d'histoire de l'Université Laval, il donne également des cours en archéologie (préhistoire de l'Amérique du Nord) et en histoire de l'art (art précolombien, art rupestre dans le monde). Il a publié plusieurs articles dans des ouvrages collectifs et des revues d'archéologie, d'anthropologie et de sciences de la religion, notamment : *Recherches amérindiennes au Québec, Latin American Antiquity, Culture, Études/Inuit/Studies, Revista andina, Paléo-Québec* et *Religiologiques*. Il a enfin codirigé la publication de *Constructions sociales du temps* (Sillery, Septentrion, 1996).

Réginald AUGER, titulaire d'un doctorat de l'Université de Calgary, est professeur d'archéologie à l'Université Laval. Ses travaux portent sur l'archéologie des contacts entre autochtones et Européens. Son projet actuel concerne les voyages de Martin Frobisher à la Terre de Baffin entre 1576 et 1578. En collaboration avec le professeur Marcel Moussette, il dirige le projet d'archéologie urbaine de la Ville de Québec. Outre ses articles dans *Arctic, Études/Inuit/Studies, Recherches amérindiennes au Québec* et *Occasional Papers of the British Museum*, il a aussi coédité *Ethnicity and Culture* (1987) et *Labrador Inuit and Europeans in the Strait of Belle Isle : From the Written Sources to the Archaeological Evidence* (Québec, Centre d'études nordiques, 1991).

Alain BEAULIEU est chargé de recherche au Musée de la civilisation (Québec) et rattaché au CÉLAT. Il travaille dans le cadre du projet d'édition critique de textes sur la Nouvelle-France dirigé par Réal Ouellet. Il a publié plusieurs articles et quatre livres : *Convertir les fils de Caïn : Jésuites et Amérindiens nomades en Nouvelle-France, 1632-1642* (Québec, Nuit blanche, 1990) ; avec Réal Ouellet, *Lahontan, œuvres complètes* (Montréal, Presses de l'Université de Montréal, 1990) et *Champlain, Des Sauvages*

(Montréal, L'Hexagone, 1993); et *Les autochtones du Québec* (Montréal, Fides, 1997).

Marie CARANI est professeure titulaire en histoire de l'art à l'Université Laval et directrice du doctorat interuniversitaire en histoire de l'art réunissant les universités Laval, Concordia, de Montréal et l'Université du Québec à Montréal. Spécialiste de la sémiotique visuelle, elle est rédactrice en chef de la nouvelle revue de l'Association internationale de sémiotique visuelle, *VISIO*, et auteure de deux livres: *Jean Paul Lemieux* (Québec, Musée du Québec, Publications du Québec, 1992); et *L'œil de la critique. Rodolphe de Repentigny, écrits sur l'art et théorie esthétique, 1952-1959* (Sillery, Septentrion, 1992). Elle a dirigé deux ouvrages collectifs: *Des lieux de mémoire: identités et cultures modernes au Québec, 1930-1960* (Québec, Presses de l'Université Laval, 1995); *De l'histoire de l'art à la sémiotique visuelle* (Sillery, Septentrion, 1992). Marie Carani a signé une trentaine d'articles publiés dans des revues spécialisées (*Protée, VISIO, Degrés, Recherches féministes, Recherches sémiotiques/Semiotic Inquiry*) et dans *Encyclopedia of Semiotics* (New York, Graland Publishers, 1996).

Denys DELÂGE est titulaire d'un doctorat en histoire sociale de l'École des hautes études en sciences sociales (Paris). Professeur au département de sociologie de l'Université Laval, il occupe également les fonctions de directeur de ce département depuis 1992. Il est spécialiste de l'histoire des Amérindiens et de la recherche qualitative. Ses travaux actuels portent sur l'interculturalité et les transferts culturels chez les Amérindiens du XVIe au XXe siècle. Auteur de l'ouvrage *Le pays renversé: Amérindiens et Européens en Amérique du Nord-Est, 1600-1664* (Montréal, Boréal, 1991), il a codirigé la publication *Transferts culturels et métissages Amérique/Europe, XVIe-XXe siècle* (Québec, Presses de l'Université Laval, 1996). Denys Delâge a également publié plusieurs articles dans des ouvrages collectifs ainsi que dans différentes revues d'histoire, de sociologie et d'ethnologie: *Revue internationale d'études canadiennes, Canadian Folklore canadien, Ethnohistory, Recherches amérindiennes au Québec, Anthropologie et sociétés, European Review of Native American Studies*, etc.

Philippe DUBÉ est professeur agrégé et directeur du programme de diplôme de deuxième cycle en muséologie de l'Université Laval. Au fil des années, il a accumulé une vaste expérience dans le domaine de la mise en valeur patrimoniale. Chargé de projet de l'exposition «Mémoires» au Musée de la civilisation, il a exercé antérieurement les fonctions de conservateur au Service canadien des parcs et au Musée de Charlevoix. Détenteur d'un doctorat en ethnologie historique, il a publié deux ouvrages, dont *Deux cents ans de villégiature dans Charlevoix*, traduit récemment par McGill-Queen's University Press. Son intérêt pour la formation et la profession muséale l'a amené à assumer des responsabilités corporatives au sein de la Société des musées québécois, tout en collaborant avec l'Association des musées canadiens et le Conseil international des musées (ICOM), plus particulièrement au comité de formation (ICTOP).

Jean DU BERGER est spécialiste de la littérature orale, des croyances populaires, de l'ethnologie urbaine et de la construction de la mémoire. Professeur au département d'histoire de l'Université Laval, il travaille aujourd'hui sur l'espace urbain et ses fontions. En plus d'avoir publié de nombreux articles, il a dirigé plusieurs ouvrages en collaboration avec Jacques Mathieu, dont *Les ouvrières de Dominion Corset à Québec* (Presses de l'Université Laval, 1993) et *La radio à Québec, 1920-1960* (Sainte-Foy, Presses de l'Université Laval, 1997). Il est également l'auteur de la *Grille des pratiques culturelles* qui vient de paraître aux éditions du Septentrion. Outil d'analyse essentiel, cette grille est une classification de l'ensemble des pratiques culturelles traditionnelles et contemporaines. Il a présidé le comité organisateur des États généraux du patrimoine vivant en 1992.

Khadiyatoulah FALL est professeur titulaire et directeur de la Chaire d'enseignement et de recherche interethniques et interculturels (CERII) à l'Université du Québec à Chicoutimi (UQAC). Auteur de nombreux articles et livres dans différents domaines (analyse du discours, études interculturelles, linguistique de l'énonciation, didactique), il a récemment publié deux ouvrages : *L'intégration des immigrants au Québec. Des variations de définition dans un échange oral* (en collaboration avec M. Buyck ; Sillery, Septentrion, 1995) et *Stratégies énonciatives, argumentatives et notionnelles dans des discours rapportés de la presse écrite* (en collaboration avec F. El Mankouch ; Québec, Presses de l'Université du Québec, 1996). Il a, de plus, codirigé les ouvrages *Mots et représentations : enjeux dans les contacts interculturels* (Ottawa, Presses de l'Université d'Ottawa, 1994), *Convergences culturelles dans les sociétés pluriethniques* (Québec, Presses de l'Université du Québec, 1996) et *Polysémie et construction du sens* (Montpellier, Presses de l'Université de Montpellier, 1996).

Agathe GAGNÉ-COLLARD est étudiante de doctorat dans le programme d'ethnologie de l'Université Laval. Ses recherches portent sur la consommation vestimentaire, plus particulièrement sur le pantalon dans la région de Québec de 1940 à 1990. Elle a déjà publié un article sur la chemise masculine dans la revue *Canadian Folklore canadien* (1994).

Marc GRIGNON est professeur agrégé en histoire de l'art à l'Université Laval. Il a étudié cette discipline à l'Université Laval et à l'École d'architecture du Massachusetts Institute of Technology (Ph.D., 1991). Sa thèse porte sur la pratique et la représentation architecturales à Québec pendant le Régime français et a paru sous le titre *Loing du Soleil. Architectural Practice in Quebec City during the French Regime* (New York, Peter Lang, 1997). Il a publié des articles sur l'architecture du Québec et sur la théorie architecturale dans des revues spécialisées. En 1994, il a réalisé l'exposition «Le rôle des maquettes dans l'architecture religieuse du XIXe siècle au Québec» pour le Centre canadien d'architecture.

Bogumil JEWSIEWICKI est professeur titulaire au département d'histoire de l'Université Laval et chercheur au CÉLAT. Il a enseigné en Pologne et au Zaïre. Ancien *fellow* au Woodrow Wilson Center, Washington, il a été plusieurs fois invité comme professeur à l'École des hautes études en sciences sociales de Paris et il a obtenu la bourse Killam du Conseil des arts du Canada. Ses travaux en cours portent sur la mémoire et sur la culture populaire en Pologne et au Zaïre. Avec Jocelyn Létourneau, il a dirigé une vaste enquête sur la mémoire historique et la conscience identitaire des jeunes dans six pays. Il vient de diriger un numéro spécial des *Cahiers d'études africaines* sur la culture de l'image en Afrique. Son ouvrage *Chéri Samba. L'hybridité d'un art* a paru à Montréal en 1995. Auparavant, il avait dirigé un collectif intitulé *Vivre et mourir au Zaïre* (Paris, Karthala, 1994) et un second ayant pour titre *L'art pictural zaïrois* (Sillery, Septentrion, 1992). Intervenant dans les universités américaines, il a publié des articles dans plusieurs revues internationales : *Social Identities, History and Theory, Callaloo, Transition, Civilisations, Cahiers d'études africaines, Africana Studies Review*.

Andrée LAPOINTE est ethnologue, historienne et gestionnaire, actuellement directrice du Centre de valorisation du patrimoine vivant, à Québec. Elle est chargée de cours (Les politiques culturelles) dans le cadre du programme de gestion des arts de l'École des hautes études commerciales de Montréal. Détentrice d'un doctorat en histoire de l'Université Laval portant sur les politiques culturelles et les musées nationaux (1993), elle a complété sa formation par des études en administration et en gestion. Elle a présenté des conférences au Québec, au Canada, en Europe et en Australie et compte à son actif quelques publications d'articles et la publication du livre *Patrimoine muséologique au Québec: repères chronologiques*, publié par la Commission des biens culturels en 1992.

Jocelyn LÉTOURNEAU est spécialiste de l'histoire économique et sociale du Canada et du Québec au XXe siècle. Il poursuit actuellement des recherches dans trois domaines: les identitaires québécois, l'économie politique et l'imaginaire du postkeynésianisme, la formation de la conscience historique et l'identité narrative chez les jeunes. Professeur titulaire au département d'histoire de l'Université Laval, il a dirigé le Centre d'études interdisciplinaires sur les lettres, les arts et les traditions des francophones en Amérique du Nord (CÉLAT). Il a été professeur invité à l'École des hautes études en sciences sociales de Paris et *fellow* au Zentrum für interdisziplinäre Forschung de l'Université Bielefeld en Allemagne. Il a publié des articles dans plusieurs revues spécialisées, notamment *Genèse, Revue française de* *science politique* et *Cahiers internationaux de sociologie,* de même qu'un ouvrage sur la méthodologie du travail intellectuel (Oxford University Press, 1989). En 1996, il a fait paraître aux éditions du Boréal (Montréal) un livre intitulé *Les années sans guide. Le Canada à l'ère de l'économie migrante.*

Suzanne LUSSIER est titulaire d'une maîtrise en ethnologie de l'Université Laval et auteure de plusieurs articles publiés dans la revue *Canadian Folklore Canadien.* Elle poursuit ses études au Courtauld Institute, à Londres, grâce à une bourse conjointe Musée de la civilisation/CÉLAT et à une bourse du FCAR.

Jocelyne MATHIEU est titulaire d'un doctorat en ethnologie de l'École des hautes études en sciences sociales (Paris). Professeure titulaire au département d'histoire de l'Université Laval, elle occupe également le poste de vice-doyenne de la Faculté des lettres de cette même institution. Spécialiste de la culture matérielle et du champ coutumier, elle a fait de nombreuses recherches sur les costumes et les textiles, sur les intérieurs domestiques, sur les cultures féminines ainsi que sur les régionalismes. Elle a dirigé la publication d'un numéro spécial de la revue *Cap-aux-Diamants* intitulé *La mode miroir du temps* (1988), en plus de signer de nombreux articles dans des revues telles *Canadian Folklore canadien, Ethnologie française* et *Bulletin d'histoire de la culture matérielle.* Ses travaux portent sur les rapports entre la tradition et la mode et sur l'identité régionale.

Juliana **MAXIM** est architecte diplômée de l'Université Laval. Elle a étudié l'architecture à l'École d'architecture de Venise et l'histoire de l'art à l'Université Laval (B.A. et M.A.). Son mémoire de maîtrise s'intitule «Le recyclage architectural. Analyse de la promotion esthétique d'une opération marchande» (1996). Elle travaille actuellement comme architecte à Bucarest.

Guy MERCIER est professeur au département de géographie de l'Université Laval. Ses travaux portent sur le rôle de la propriété dans l'organisation de l'établissement. Cette préoccupation théorique anime ses études monographiques en géographie urbaine (ville de Québec) et en histoire des idées géographiques (Friedrich Ratzel et Paul Vidal de La Blache). Guy Mercier a publié plusieurs articles scientifiques, notamment dans les *Annales de géographie* et dans *Diogène.* Il est actuellement rédacteur en chef des *Cahiers de géographie du Québec.*

Lucie K. MORISSET titulaire d'un doctorat en géoarchitecture de l'Université de Bretagne occidentale, est professeure au département d'études urbaines et touristiques de l'Université du Québec à Montréal et chercheure au CÉLAT. Elle s'intéresse à l'histoire des idées et des objets architecturaux, en transparence d'une histoire des constructions identitaires. Ses travaux portent tout particulièrement sur les significations du paysage construit, le processus d'évocation des lieux «patrimoniaux» et le potentiel du design architectural au regard de l'interprétation historique. Sur ces sujets, elle a publié plusieurs articles dans des revues scientifiques canadiennes et européennes, ainsi que dans des ouvrages collectifs. Dans la foulée de ses recherches sur l'histoire des formes urbaines planifiées, elle a récemment signé l'article «La ville de l'aluminium» de l'ouvrage *Villes industrielles planifiées* (Boréal et CCA, 1995). Avec Luc Noppen, Lucie K. Morisset est aussi coauteure des ouvrages *Art et architecture des églises à Québec : Foi et Patrie* (Les Publications du Québec, 1996), *La présence anglicane à Québec*: Holy Trinity Cathedral (Septentrion, 1995) et *Jonquière*: mémoires et lieux (1994).

Marcel MOUSSETTE est professeur titulaire au département d'histoire de l'Université Laval. Spécialiste en archéologie historique nord-américaine et en culture matérielle, il a fait de la recherche tant en ethnologie qu'en archéologie. Il s'est longuement intéressé aux rapports entre la culture matérielle et l'environnement naturel. De 1968 à 1980, il a travaillé comme chercheur pour le Service canadien des parcs. En mai 1981, il a pris la direction du Chantier-école d'archéologie de l'Université Laval, où il est demeuré jusqu'en 1993. Parmi ses publications les plus importantes, mentionnons *Le site du palais de l'intendant à Québec. Genèse et structuration d'un lieu urbain* (Sillery, Septentrion, 1994), *L'habitation de Champlain* (Québec, Ministère de la Culture et des Communications, 1985) et *Le chauffage domestique au Canada, des origines à l'industrialisation* (Québec, Presses de l'Université Laval, 1983). Il a également publié de nombreux articles parmi lesquels «Sens et contresens: l'étude de la culture matérielle au Québec» (*Canadian Folklore canadien*, vol. 4-2) et «L'objet archéologique, réceptacle et générateur de sens» (*Paléo-Québec,* vol. 23).

Luc NOPPEN, détenteur d'un doctorat en histoire de l'architecture de l'Université de Toulouse — Le Mirail (1976), est professeur titulaire à l'École d'architecture de l'Université Laval et chercheur au CÉLAT. Travaillant à la formation et à la recherche en histoire de l'art et de l'architecture au Québec, il s'intéresse tout particulièrement à la création, à la conservation et à la restauration de l'objet architectural, ancien ou moderne. Ses nombreux travaux et ses quelque 150 publications — dont plus de 20 ouvrages — recouvrent des champs variés, depuis la muséologie et les pratiques architecturales jusqu'aux mémoires construites et au paysage urbain. Avec Lucie K. Morisset, il a déposé récemment une étude en 6 volumes, menée pendant 18 mois, sur le *Patrimoine du quartier Saint-Roch* (Ville de Québec, 1996). Luc Noppen a collaboré de façon importante aux deux tomes des *Chemins de la mémoire* (1990-1991). Parmi ses publications les plus connues, on compte *Québec, trois siècles d'architecture* (Montréal, Libre Expression, 1979) et *Les églises du Québec, 1600-1850* (Montréal, Fides, 1977). Il a dirigé l'ouvrage collectif *Architecture, forme urbaine et identité*

collective (Sillery, Septentrion, 1995) et est coauteur, avec Lucie K. Morisset, de *La présence anglicane à Québec*: Holy Trinity Cathedral (Sillery,
Septentrion, 1995) ainsi que de *Art et architecture des églises à Québec*:
Foi et Patrie (Québec, Les Publications du Québec, 1996). Luc Noppen est
membre de la Société royale du Canada.

Réal OUELLET est professeur titulaire de littératures française et québécoise
au département des littératures de l'Université Laval. Spécialiste des relations de voyages en Amérique à l'époque coloniale, il a beaucoup publié sur
le sujet et a obtenu une bourse Killam du Conseil des arts du Canada pour
ses recherches. Parmi ses publications les plus importantes, signalons
L'univers du roman (avec R. Bourneuf, Paris, Presses universitaires de
France, 1995, 6ᵉ édition), *Le grand voyage du pays des Hurons*/Gabriel
Sagard (avec J. Warwick, Montréal, Leméac, 1990), *Des Sauvages*/Samuel
de Champlain (avec A. Beaulieu, Montréal, L'Hexagone, 1993) et surtout,
l'édition critique et commentée des *Oeuvres complètes* du baron de Lahontan
(Montréal, Presses de l'Université de Montréal, 1990). Il a également
codirigé la publication de *Transferts culturels et métissages Amérique/Eu-
rope, XVIᵉ-XXᵉ siècle* (Québec, Presses de l'Université Laval, 1996) et signé
de nombreux articles dans des revues d'histoire et de littérature : *La licorne,
Littératures classiques, Revue des sciences humaines, XVIIIᵉ siècle* et *Études
de lettres.*

Gilles RITCHOT est professeur titulaire au département de géographie de
l'Université Laval. Il a conçu une théorie structurale dynamique de la
géographie qui inspire de plus en plus d'études au Canada, en Europe, aux
États-Unis d'Amérique et en Amérique latine. Il est l'auteur de nombreux
livres et articles en géographie humaine et en géographie physique. Son
dernier ouvrage, réalisé en collaboration avec José Seguinot, s'intitule
Globalization in Americas (Puerto Rico University Press, 1997). Gilles
Ritchot rédige actuellement un ouvrage sur la géographie régionale du
Québec.

Mylène TREMBLAY est étudiante de troisième cycle au département des
littératures de l'Université Laval. Elle prépare une thèse sur les écrits du
missionnaire Louis Hennepin et vient de publier l'article intitulé «L'image
de l'Amérindien chez Louis Hennepin : méthodologie, perception et référence» (*Canadian Folklore canadien*, vol.18-2).

Laurier TURGEON est professeur titulaire d'histoire et d'ethnologie à l'U-
niversité Laval et directeur du Centre d'études interdisciplinaires sur les
lettres, les arts et les traditions des francophones en Amérique du Nord
(CÉLAT). Il a été professeur invité à l'École des hautes études en sciences
sociales à Paris (en 1993 et en 1996) et à l'École doctorale en sciences
sociales d'Europe centrale à Bucarest (en 1996 et en 1997). Il est l'un des
membres fondateurs du Centre Québec-Moscou de l'Université d'État des

sciences humaines de Russie à Moscou. Ses travaux portent surtout sur les rapports interculturels entre Français et Amérindiens en Amérique du Nord, notamment par l'étude de la culture matérielle. Il a publié plusieurs articles sur cette question dans des revues spécialisées : *Ethnohistory, William and Mary Quarterly, Man in the Northeast, Historical Archaeology, Recherches amérindiennes au Québec, Canadian Folklore canadien, Revue d'histoire de l'Amérique française.* Il a dirigé, avec Réal Ouellet et Denys Delâge, un numéro spécial de la revue *Canadian Folklore canadien* (1995) sur les Amérindiens. Il a également dirigé les ouvrages collectifs suivants : *Les productions symboliques du pouvoir* (Sillery, Septentrion, 1990) et, avec Denys Delâge et Réal Ouellet, *Transferts culturels et métissages Amérique/Europe, XVIᵉ-XXᵉ siècle* (Québec, Presses de l'Université Laval, 1996).

Georges VIGNAUX est directeur de recherche au CNRS. Docteur d'État en linguistique, il est aussi, de formation, logicien et cogniticien. Il est l'auteur de plusieurs ouvrages et articles importants sur les phénomènes d'argumentation et d'opérations discursives. Il a publié notamment *Le discours acteur du monde, Les sciences cognitives : une introduction* et *L'argumentation*.

Table des matières

AGMV
MARQUIS
Québec, Canada
1997